普通院校金融理财系列教材
金融理财师（AFP）资格认证培训教材

FINANCIAL INVESTMENT PRACTICE
金融投资实务

章 劼·主 编
曹 雷·副主编

复旦大学出版社

图书在版编目(CIP)数据

金融投资实务/章劼主编,曹雷副主编.—上海:复旦大学出版社,2010.7(2019.2 重印)
(普通院校金融理财系列教材)
ISBN 978-7-309-07378-2

Ⅰ.金… Ⅱ.①章…②曹… Ⅲ.金融投资-教材 Ⅳ.F830.59

中国版本图书馆 CIP 数据核字(2010)第 122095 号

金融投资实务
章 劼 主编 曹 雷 副主编
责任编辑/王联合 宋朝阳

复旦大学出版社有限公司出版发行
上海市国权路 579 号 邮编:200433
网址:fupnet@fudanpress.com   http://www.fudanpress.com
门市零售:86-21-65642857   团体订购:86-21-65118853
外埠邮购:86-21-65109143   出版部电话:86-21-65642845
浙江省临安市曙光印务有限公司

开本 787×1092 1/16 印张 23 字数 504 千
2019 年 2 月第 1 版第 5 次印刷
印数 10 401—12 500

ISBN 978-7-309-07378-2/F·1606
定价:45.00 元

如有印装质量问题,请向复旦大学出版社有限公司出版部调换。
版权所有 侵权必究

总　序

随着我国经济的快速发展，居民个人财富日益增长，中等收入的居民和家庭数量不断增加。在满足基本生活之后，如何安排子女教育、住房、社会医疗和退休保障，加强家庭风险管理等，是摆在人们面前的一系列现实问题。近几年，金融市场的迅猛发展，呈现出金融产品多样化、投资决策复杂化、家庭理财综合化的特点。人们的理财意识不断增强，依靠专业人士对家庭进行综合理财筹划的需求也日益高涨。

2004年9月，中国金融教育发展基金会金融理财标准委员会成立，并加入国际金融理财标准委员会(FPSB)，获得授权在大陆独家开展国际金融理财的黄金标准——CFP(是Certified Financial Planner的首字母缩写，意为国际金融理财师)资格认证工作，积极推广CFP资格认证培训。

CFP资格认证培训结合中国本土特点，秉承注重专业、侧重实务的原则，专注于为国内私人银行、财富管理、金融理财、零售银行等的专业人士进行金融培训，赢得了国内主流金融机构的高度认可及海内外业界人士的广泛赞誉。国内各大银行、保险公司、证券公司、基金公司等机构积极开展CFP资格认证培训，加大理财师队伍培养和建设。

国外金融理财业的迅速发展引起了教育界的关注，金融理财已经成为一门新兴的学科。在美国，多所高等教育机构培养了金融理财研究生，又有几所大学设立了金融理财博士学位。但在国内高校金融学科教学科研中，对金融理财方面的研究还不够。

2006年，上海金融学院获中国金融教育发展基金会金融理财标准委员会授权，开始进行金融理财师的培训。该院依托学校金融学科的综合优势，在金融理财方面的教学实践过程中，已经初步形成以培养应用型人才为目标的金融理财教学特色，为金融理财学科建设奠定了基础。

上海金融学院在上海市教委的大力支持下，获得了市教委高水平特色项目——金融理财中心。该项目建设任务之一是，要在金融学专业下新设金融理财方向。围绕这个新型专业方向的设立,需要建立相应的课程体系。学院在总结以往教材建设的基础上,结合应用型本科教育的经验,借鉴国内外的先进理念和做法,组织了长期在教学一线的教师,经过反复研究、讨论,推出了这套具有金融理财特色的系列教材,包括《金融理财学》、《税务筹划》、《保险理财学》、《金融理财分析与技巧》、《金融投资实务》和《金融理财规划》。

这套教材作为"金融理财中心"建设的标志性成果,具有鲜明的特点。一是超前性。吸收了西方发达国家金融理财的理论和方法,对我国的理财实践具有一定的借鉴意义。二是创新性。教材的理论结构和内容体系思路新颖,体例独特。三是应用性。充分体现了应用型本科教学和金融理财专业方向特色,将基础知识、专业理论和理财实践融为一体,注重基础与专业的结合、理论与实践的结合,培养学生的专业技能和综合素质。

金融理财这个新型专业方向在上海金融学院的创建,丰富了该学院金融学的学科体系,有力推动了金融理财的教学和研究工作,有利于培养金融理财专业人才,满足日益增长的理财需求。

我们期待着这套教材早日出版。

蔡重直
2009 年 12 月

前　言

随着我国经济的快速发展,国内百姓通过各种方式积累了越来越多的财富,其中财产性收入比重稳步增加。多样化的金融产品、时刻变动的利率和汇率、多样化的报价方式、繁杂的费率结构、不同的收益波动和风险水平,使得金融投资决策日益复杂化,需要专业金融投资人士的计划、评估、分析和决策,这极大地推动了金融理财服务的市场需求。

如何培养适应市场需求的专业金融人才,如何通过一些具体措施使这种相对宽泛的目标具体化并得以实现,是摆在经济类高校面前的一个不可回避的现实课题。改革开放后,金融学科在我国得到了长足发展,呈现出一派繁荣景象,但人才培养中理论与实际的脱节仍是高等教育中普遍存在的问题。众所周知,在影响教学质量的诸多因素中,教材所发挥的基础性作用是不可替代的。以往传统教学模式注重课堂上基本理论知识的传授无疑十分必要,但如何通过实践教学环节,让学生在人为创造的模拟实践环境下,巩固课堂所学的理论,提高理论学习的兴趣及在实践中应用的能力,对金融创新型人才培养目标的实现尤为重要。现代计算机信息处理技术的发展,各种金融投资模拟软件的大量出现,给金融投资实验室建设提供了良好的契机。但是,基于金融行业的特殊性和保密性,学生不可能直接进入金融投资机构真正实习,为了让学生在接受理论学习的过程中更好地了解现实中的金融市场,高校结合专业教学的需要,系统规划建设金融投资实验系统具有重要意义。金融投资实验课程,为学生提供了金融投资模拟操作平台,有利于培养学生综合能力。金融投资模拟实验是通过利用数据库、专业软件和多媒体技术,使教学内容更深入、更生动、更全面。金融实验教学以学生为主体,教师由主讲者的角色逐渐转变为学习活动的设计者和指导者。金融投资实验教学的最终目标是在学好现代金融市场学理论的基础上,掌握股票、外汇、期货、债券、证券投资基金、权证、股指期货、黄金等金融投资工具的交易规则及投资分析方法。

本书力图将金融投资的实务与理论教学进行有机结合,尽可能与金融投资市场活动相匹配,按照金融投资市场实际操作步骤进行实务设计,做到完整、准确、简洁、实用。为培养金融投资者提供实践的支撑,开拓学生的思路,提高学生的实践能力、创新能力和综合素质,为学生毕业后顺利融入经济社会,从事金融投资研究、分析、咨询奠定坚实的基础,增强学生就业、成才的竞争力。

本书的编写主要有以下特点:

一是金融投资产品种类齐全。本书由八个金融投资实验构成,分别是股票、外汇、商品期货、债券、证券投资基金、权证、股票指数期货和黄金投资等,几乎包括了目前我国金融投资市场常见的所有金融投资品种,每个实验都按照金融投资市场实际操作步骤进行设计,阐述了不同投资品种的投资基础知识、账户设立、交易规则以及投资分析等。

二是在每个投资实务中匹配了一个仿真交易系统。通过新华08信息系统与世华财讯模拟交易软件等金融投资仿真交易,加强学生对课堂知识的理解,训练学生的实际操盘能力,为学生日后走向社会提供理论联系实际的机会,从而培养出适应现代金融市场的、既懂金融理论又懂市场操作分析的复合型专业人才。

三是教学资源完善与共享。我们已经建设了一个完善的《金融投资实务》课程网站,网站包括了课程简介、课程大纲、教学团队、多媒体课件、仿真交易软件、题库、教学视频与教学互动等内容。网址是http://cec.shfc.edu.cn/Able.Acc2.Web/Template/View.aspx? action = view&courseId = 26762&courseType = 0。

本书适合金融专业本科生、金融投资者使用。

本书从编写大纲到稿件完成,倾注了编写人员的很大努力,但尽管如此,仍有许多不尽如人意之处,甚至会有一些不当或错误之处,恳请读者予以批评指正,我的联系邮箱为:zhangj@shfc.edu.cn。

章 劼

2010年5月

目 录

前言 1

实验1 股票投资实务

1.1 证券投资账户的开设 1
    1.1.1 开设证券账户 1
    1.1.2 开设资金账户 2
    1.1.3 "第三方存管" 2
1.2 股票投资基础知识 3
    1.2.1 委托 3
    1.2.2 竞价成交 5
    1.2.3 清算交割 7
    1.2.4 过户 7
    1.2.5 交易费用 7
    1.2.6 新股申购 14
    1.2.7 配股缴款的程序 17
    1.2.8 特别处理股票 18
    1.2.9 信息披露 19
    1.2.10 挂牌、摘牌、停牌与复牌 20
    1.2.11 分红派息与除权除息 20
    1.2.12 大宗交易 21
    1.2.13 融资融券 22
1.3 影响股价的基本因素分析 22
    1.3.1 影响股市价格的主要因素 22
    1.3.2 宏观经济因素对股价的影响 24
    1.3.3 市场规模对股价的影响 29
    1.3.4 心理因素对股价的影响 29
    1.3.5 《中华人民共和国证券法》对股市的影响 30
1.4 股票投资模拟实验 31
    1.4.1 登录系统 31
    1.4.2 行情显示 33

1.4.3　委托交易 …………………………………………………… 34
　　1.4.4　查询 ………………………………………………………… 36
　　1.4.5　修改登录密码和个人信息 ………………………………… 39
　复习思考题 …………………………………………………………… 40

实验2　外汇投资实务 ………………………………………………… 41
　2.1　外汇交易基础知识 …………………………………………… 41
　　2.1.1　外汇交易的商品——外汇 ………………………………… 41
　　2.1.2　外汇交易中价格——汇率 ………………………………… 44
　　2.1.3　外汇交易 …………………………………………………… 50
　2.2　外汇价格预测分析 …………………………………………… 55
　　2.2.1　基本因素分析 ……………………………………………… 55
　　2.2.2　影响美元的基本面因素 …………………………………… 59
　　2.2.3　影响欧元的基本面因素 …………………………………… 62
　　2.2.4　影响英镑的基本面因素 …………………………………… 63
　　2.2.5　影响日元的基本面因素 …………………………………… 64
　　2.2.6　影响瑞郎的基本面因素 …………………………………… 65
　2.3　个人外汇买卖 ………………………………………………… 66
　　2.3.1　个人实盘外汇买卖(实盘交易)简介 ……………………… 66
　　2.3.2　参与外汇实盘交易,可获得的好处 ……………………… 66
　　2.3.3　个人外汇买卖报价产生的原因 …………………………… 66
　　2.3.4　个人外汇买卖操作过程 …………………………………… 67
　附录2-1　工商银行个人外汇买卖交易规则 ……………………… 68
　2.4　外汇投资模拟实验 …………………………………………… 71
　　2.4.1　外汇实盘模拟交易 ………………………………………… 71
　　2.4.2　外汇保证金交易 …………………………………………… 79
　　2.4.3　保证金交易与实盘交易的区别 …………………………… 83
　复习思考题 …………………………………………………………… 86

实验3　期货投资实务 ………………………………………………… 88
　3.1　期货投资基础知识 …………………………………………… 88
　3.2　期货交易中的基本面分析 …………………………………… 91
　3.3　国内各主要期货品种的交易 ………………………………… 101
　　3.3.1　铜期货品种的交易 ………………………………………… 101
　　3.3.2　铝期货品种的交易 ………………………………………… 108
　　3.3.3　天然橡胶期货品种的交易 ………………………………… 114
　　3.3.4　燃料油期货品种的交易 …………………………………… 122

- 3.3.5 大豆期货品种的交易 …………………………………… 133
- 3.3.6 豆粕期货品种的交易 …………………………………… 140
- 3.3.7 玉米期货品种的交易 …………………………………… 146
- 3.3.8 豆油期货品种的交易 …………………………………… 152
- 3.3.9 小麦期货品种的交易 …………………………………… 157
- 3.3.10 棉花期货品种的交易 ………………………………… 162
- 3.3.11 白糖期货品种的交易 ………………………………… 170
- 3.4 期货投资模拟实验 …………………………………………… 176
  - 3.4.1 登录系统 ………………………………………………… 177
  - 3.4.2 行情显示 ………………………………………………… 178
  - 3.4.3 委托 ……………………………………………………… 179
  - 3.4.4 查询 ……………………………………………………… 181
  - 3.4.5 排行榜 …………………………………………………… 183
  - 3.4.6 修改登录密码和个人信息 …………………………… 184
- 复习思考题 …………………………………………………………… 185

实验4 债券投资实务 …………………………………………… 188
- 4.1 国债投资 ………………………………………………………… 188
  - 4.1.1 国债的种类 …………………………………………… 188
  - 4.1.2 国债发行方式 ………………………………………… 190
  - 4.1.3 国债的申购 …………………………………………… 192
  - 4.1.4 国债的交易 …………………………………………… 193
  - 4.1.5 国债的还本付息 ……………………………………… 193
- 4.2 公司债券投资 ………………………………………………… 194
  - 4.2.1 公司债券的发行 ……………………………………… 194
  - 4.2.2 公司债券的申购配售 ………………………………… 199
  - 4.2.3 公司债券的上市交易 ………………………………… 200
  - 4.2.4 公司债券的还本付息 ………………………………… 201
- 4.3 可转换公司债券投资 ………………………………………… 202
  - 4.3.1 可转换公司债券的优势 ……………………………… 202
  - 4.3.2 可转换公司债券的发行条件与发行程序 …………… 203
  - 4.3.3 可转换公司债券的申购 ……………………………… 204
  - 4.3.4 可转换公司债券的转股 ……………………………… 204
  - 4.3.5 可转换公司债券的赎回 ……………………………… 205
  - 4.3.6 可转换公司债券的回售 ……………………………… 206
  - 4.3.7 可转换公司债券的还本付息 ………………………… 206
- 4.4 债券投资模拟实验 …………………………………………… 207

4 金融投资实务

  4.4.1 认识交易所债券市场 ·· 207
  4.4.2 模拟国债、公司债券和可转换公司债券的交易 ························ 207
 复习思考题 ··· 207

实验5 证券投资基金投资实务 ·· 208
 5.1 证券投资基金账户的开立 ··· 208
  5.1.1 基金开户前需了解的知识 ·· 208
  5.1.2 银行开户 ·· 209
  5.1.3 证券公司开户 ·· 210
  5.1.4 基金公司开户 ·· 211
 5.2 证券投资基金投资基础知识 ··· 212
  5.2.1 基金认购与申购 ·· 212
  5.2.2 基金转换 ·· 215
  5.2.3 基金转托管、非交易过户 ·· 217
  5.2.4 基金分红 ·· 218
  5.2.5 基金赎回 ·· 220
 5.3 证券投资基金投资分析 ··· 223
  5.3.1 了解基金评级 ·· 223
  5.3.2 掌握基金信息 ·· 226
  5.3.3 比较基金投资的收益与费用 ·· 231
  5.3.4 挑选基金公司 ·· 233
  5.3.5 挑选基金经理 ·· 235
 5.4 网上买卖基金实验 ·· 238
  5.4.1 网上买卖基金的优缺点 ·· 238
  5.4.2 基金网上交易的三种途径 ·· 239
  5.4.3 网上交易基金的技巧 ·· 243
  5.4.4 网上买卖基金的风险防范 ·· 244
 附录5-1 中国工商银行基金交易操作流程 ······································ 245
 复习思考题 ··· 250

实验6 权证交易实务 ·· 251
 6.1 权证投资的基础知识 ·· 251
  6.1.1 权证相关概念 ·· 251
  6.1.2 权证的种类 ·· 252
  6.1.3 影响权证价格的因素 ·· 254
  6.1.4 影响权证投资的风险因素 ·· 254
 6.2 权证的发行和上市 ·· 254

6.2.1 权证的发行 …… 254
6.2.2 权证的上市申请 …… 256
6.2.3 权证的信息披露 …… 256
6.2.4 权证的创设 …… 257
6.3 权证的交易 …… 257
6.3.1 交易规则 …… 257
6.3.2 交易费用 …… 257
6.4 权证的行权 …… 258
6.4.1 权证行权的主要规则 …… 258
6.4.2 权证行权的结算 …… 258
6.4.3 权证行权的业务流程 …… 258
6.4.4 权证行权的操作要点 …… 259
6.4.5 权证行权的信息披露 …… 261
6.5 权证投资模拟实验 …… 263
6.5.1 认识标的证券 …… 263
6.5.2 认识权证 …… 264
6.5.3 权证应用 …… 265
复习思考题 …… 266

实验7 股指期货投资实务 …… 268

7.1 股指期货投资基础知识 …… 268
7.1.1 股指期货的含义 …… 268
7.1.2 股指期货的特点 …… 269
7.1.3 股指期货合约 …… 269
7.2 股指期货账户的开立 …… 280
7.2.1 投资者适当性制度 …… 281
7.2.2 途径一:通过期货公司开立股指期货账户 …… 282
7.2.3 途径二:通过符合资格的证券公司中间介绍开立股指期货账户 …… 283
7.2.4 开户流程及注意事项 …… 284
7.2.5 拟定适合自己的交易策略 …… 287
7.3 股指期货交易流程 …… 287
7.3.1 出入金 …… 287
7.3.2 下单与成交 …… 288
7.3.3 结算 …… 292
7.3.4 交割与其他环节 …… 299
7.4 股指期货投资基本分析 …… 301
7.4.1 影响股指期货的基本面因素 …… 301

7.4.2 成分股分析法 303
7.4.3 基本面分析的数据信息来源 303
7.5 股指期货投资模拟实验 304
7.5.1 主界面 304
7.5.2 功能介绍 305
附录7-1 期货交易风险说明书 312
附录7-2 股指期货交易特别风险揭示 312
复习思考题 313

实验8 黄金投资实务 314
8.1 黄金投资的基础知识 314
8.1.1 黄金的属性及其种类 314
8.1.2 黄金的商品价值和主要用途 316
8.1.3 黄金的重量计量单位和纯度计量方法 317
8.1.4 我国黄金投资品种的比较 319
8.2 黄金投资品种 321
8.2.1 实物黄金投资 321
8.2.2 纸黄金投资 326
8.2.3 黄金期货投资 331
8.2.4 黄金T+D延期交易投资 336
8.3 影响黄金价格的因素 338
8.3.1 黄金价格的主要类型 338
8.3.2 黄金市场价格机制的确定 340
8.3.3 影响黄金价格的因素 342
8.4 黄金期货投资模拟实验 345
8.4.1 登录系统 345
8.4.2 黄金行情显示 348
8.4.3 交易状态 349
8.4.4 下单 349
8.4.5 撤单 351
8.4.6 查询 351
8.4.7 排行榜 353
复习思考题 354

参考文献 355

实验 1　股票投资实务

实验目的：运用股票投资的相关知识，掌握股票账户的设立、委托交易方式，以及竞价、清算、过户、新股申购、信息披露等股票投资基本技能，学会进行投资分析的基本技巧，使用相关金融投资交易软件进行模拟股票交易，以帮助我们进行股票投资。

实验内容与要求：在初步了解沪深交易所各种规章制度和交易规则的基础上，通过相关证券行情交易软件，进一步认识在两市挂牌交易的各种股票的行情信息，并在开市期间，通过新华08信息系统与世华财讯股票投资模拟交易软件进行股票的模拟交易及投资分析。

实验工具：新华08信息系统与世华财讯股票投资模拟交易软件。

1.1　证券投资账户的开设

要进入证券市场买卖股票，首先必须开设两个账户：一个是存放股票用的证券账户或称为股东代码卡；另一个是存取资金用的资金账户卡或称为客户交易卡。只有开齐了这两个账户，投资者才能进行股票买卖。

1.1.1　开设证券账户

投资者首先要选择证券经纪商（证券公司）作为自己的经纪人，然后在证券经纪商处开立账户。证券账户是证券登记机构为了对证券投资者行为进行准确、有效的记载、清算、交割而给证券投资者设立的专门账户；每个证券账户对应一个股东代码，每个代码只对应一位投资者。证券账户卡是证券登记机构发出的，证明投资者开立了某个证券账户的有效凭证。投资者可凭借证券账户卡和本人有效身份证到指定的证券交易营业部门办理证券的交易、分红、派息、登记过户等事宜。

开立股票账户，一般需要办理以下手续：

首先要到上海和深圳证券中央登记结算公司在各地的开户代理机构处，办理有关申请开立上海和深圳股东账户的手续。办理开户时，要填写《上海（深圳）证券中央登记结算公司证券账户开户登记表》，开户须提交如下资料：

（1）个人开户。个人投资者开户时须出示本人身份证；由他人代办的，须提供代办人身份证及其复印件、授权委托书。然后，仔细阅读申请表上的事项，在申请表上填写姓名、性别、职业、文化程度、工作单位、家庭住址、联系电话等内容。

（2）机构开户。机构投资者开户时须携带以下证件：营业执照复印件、单位介绍信、法人证明书、法人授权书、开户银行名称及账号、经办人身份证及复印件。按申请表的提示填写有关内容，在指定位置盖上法人单位的公章及法人代表私章。

开户机构对上述申请资格审核合格后，缴纳一定的开户费用，即可获得证券账户卡。个人账户的收费标准是：上海证券交易所以下简称"上证所"每户收取开户费40元人民币，深圳证券交易所以下简称"深交所"每户收取开户费50元人民币。机构账户的收费标准是：上海证券交易所每户收取开户费400元人民币，深圳证券交易所每户收取开户费500元人民币（深圳当地机构开户费为300元人民币）。

注意：个人和机构投资者在同一证券交易所只能开立一个证券账户，禁止多头开户。一张身份证只能办理一个账户，若事后发现重复申请开户，将取消开户资格，不予开户，并收取手续费10元人民币。

1.1.2　开设资金账户

投资者开设证券账户后，要想进行股票买卖还必须到证券公司营业部开设资金账户。投资者在开设资金账户前要先选择一家证券营业部作为证券交易的经纪商，代理个人到交易所进行交易，并办理交割、清算、过户等手续。所以投资者为了日后交易的便利，须根据自身实际情况选择合适的证券营业部，一般选择离投资者较近、场内外服务质量较好、设备齐全、信息传输通道准确畅通的证券营业部作为自己的经纪人。

投资者选定证券营业部以后，就可以在此家营业部开立资金账户了。开立资金账户也要投资者提交一些证件。个人投资者须携带身份证、与身份证同名的股东代码卡原件及复印件，别人代办的还须提供代办人身份证原件、复印件及《个人客户授权委托书》；机构投资者需要提供法人营业执照、法定代表人证明书、股东代码卡、法人授权委托书和被授权人身份证、单位预留印鉴等相关资料和证件。投资者在柜台阅读营业部出示的《风险揭示书》，以充分了解证券市场的各种风险及投资者的相关权利义务，然后当面填写《委托代理协议书》。

证券公司营业部在审核了投资者所提供资料、证件的真实性、有效性和合法性后，由客户自设资金账户密码和交易密码，并由电脑自动产生资金账户号码。营业部向投资者发放证券交易卡。密码要妥善保管，以防他人盗取给自己造成财产损失。投资者可以通过银行存折、电话、现金和支票等方式将资金转账到资金账户卡上，这样投资者就可以炒股了。投资者存入资金账户中的资金按活期利息给予计息，每季度证券公司会定期把利息转入投资者的资金账户卡中。

1.1.3　"第三方存管"

客户交易结算资金第三方存管简称"第三方存管"。它指证券公司将客户证券交易结算资金交由银行等独立第三方存管。实施客户证券交易结算资金第三方存管制度后，证券公司将不再接触客户证券交易结算资金，而由存管银行负责投资者的交易清算与资金交收。第三方存管采用国际通用的客户证券交易资金、证券交易买卖、证券交易结算托管三分离的"防火"原则。《证券法》第一百三十九条规定："证券公司客户的交易结算资金应当存放在商业银行，以每个客户的名义单独立户管理。"这一规定明确要求证券公司实施客户交易结算资金第三方存管。第三方存管也是为了保障客户交易资金安全而实施的。第三方存管与

"银证转账"、"银证通"最大的不同之处就是后两者的客户交易结算资金由券商管理;而实施第三方存管后存管银行接受证券公司委托,保管证券公司委托的客户交易结算资金。这样更有效地避免了券商挪用客户交易结算资金,有效地防范系统风险,更好地保护投资者的利益。

投资者在办理第三方存管时,要首先了解一下开户的证券公司开通了哪些存管银行,然后可以自主从证券公司已开通的存管银行中选择一家银行作为自己的客户交易结算资金指定存管银行。投资者须持有效证件和对应的同名银行储蓄卡或存折,到证券公司营业网点签订第三方存管协议,由证券公司负责办理客户存管银行的预指定手续后,客户再到指定存管银行办理制定确认手续。或者投资者直接到指定存管银行网点签订第三方存管协议,并进行确认。应注意:只能选择一家银行作为自己的存管银行,并且原先与其他银行建立的银证转账对应关系将立即中断。银行储蓄卡或存款折与客户证券资金台账(资金账户)之间是实名制一一对应的关系,证券资金台账是客户用于证券交易的账户,客户取现须办理银证转账将资金划账到银行储蓄卡或存折,然后在银行柜面或 ATM 机上取出现金;往资金账户里存款须先将资金存入银行储蓄卡或存折中,然后再通过银证转账将资金投入股市。办理了第三方存管之后,投资者的资金就更加安全,资金转账更加便捷,投资者可以充分享受周到的银证服务。

1.2 股票投资基础知识

开户完成并转、存入一定数额的资金后,投资者就可以进行股票交易了。股票交易的具体操作过程主要涉及委托、竞价成交、清算交割和过户这几个步骤。

1.2.1 委托

投资者是不能直接进入证券交易所进行股票交易的,必须通过委托证券经纪人间接入场交易。于是,投资者与经纪人之间就产生了委托代理关系。委托就是投资者将自己的交易意愿传达给证券商,然后由证券商帮助投资者完成具体的买卖事项。投资者向证券商办理委托时,必须详细说明买卖股票的名称、价格、数量以及买进还是卖出指令。

1. 委托方式

委托的方式有多种,主要包括:柜台当面委托、电话自助委托、磁卡自助委托、远程终端委托和手机委托。

(1) 柜台当面委托。

指投资者携带身份证和账户卡,亲自到开户证券营业部柜台,填写买卖委托单,上面有委托人姓名、资金账号、股票名称、代码、买卖价格、数量(A 股买进必须是 100 股及其整倍数,100 股为一手;卖出时可以不按整手卖出)、委托日期、签章等,然后由柜台的工作人员审核后执行。

(2) 电话自助委托。

指投资者通过证券营业部专用电话与计算机系统连接建立起来的电话自动委托系统,用电话上的数字和符号键进行股票买卖委托。电话拨通后,按照电话里的语音提示,选择股市(上海或深圳),输入股东代码、交易密码、买卖类别(买进或卖出或撤销)、证券代码、买卖数量、买卖价格,最后系统进行语音复述,投资者对委托进行确认或取消。系统对确认的委托单将回复一个委托合同号,证券营业部将即时打印委托记录,投资者凭委托合同号可以对委托单成交与否进行查询。

(3) 磁卡自助委托。

指把计算机系统和磁卡识别读写系统连接起来,由投资者自行操作买卖的一种委托方式。这里的磁卡就是在证券营业部领取的交易卡。投资者用磁卡在读卡器刷卡槽中均匀划过,在键盘上输入密码,这时在电脑屏上出现选择"菜单",选择委托项,输入股票代码、买卖价格、数量等即可完成交易。

(4) 远程终端委托。

指通过与证券柜台电脑系统联网的远程终端或互联网下达买进或卖出委托。这种委托买卖实际上就是网上炒股。由于网上证券交易具有方便、快捷、费用成本低等优势,越来越受到投资者的青睐。网上炒股的具体流程是:①投资者携带身份证、股东代码卡和资金账户卡,到证券营业部柜台阅读《网上委托风险揭示书》,并签订《网上证券交易协议书》和《网上证券委托申请表》;②营业部开户人员验证投资者的身份,将投资者填写的《网上证券委托申请表》输入电脑后即可为投资者开通网上交易功能;③投资者到指定网站下载、安装网上证券交易分析软件和网上委托操作说明书;④登陆网上交易系统,就可以进行股票交易了。

(5) 手机委托。

随着中国股市的升温,与股票交易相关的行业也跟着火爆。手机炒股就是近来出现的一种新的买卖股票的途径。投资者通过一部具有股市行情软件的手机(例如联通 CDMA 手机),并办理了网上炒股业务后,就可以像在网上炒股一样进行股票的委托买卖了。

2. 委托指令

常用的委托指令或称委托报价方式主要有两种:限价委托和市价委托。

(1) 限价委托。

限价委托是指投资者向券商下达买卖股票的指令时,不仅提出买卖股票的数量,还要对买卖的价格作出限制。即要求券商在执行委托指令时必须按限定的价格或比限定的价格更有利的价格买卖股票。也就是在买进股票时,限定一个最高价格,只允许券商按限定的最高价格或低于最高价格的价格成交;在卖出股票时,限定一个最低价,只允许券商按限定的最低价或高于最低价的价格成交。限价委托可以按投资者的预期价格或更好的价格成交,有利于投资者实现预期投资计划,谋求最大利益;但采用限价委托时,必须等市价与限价一致时才有可能成交,因此限价委托成交速度慢,容易坐失良机而遭受损失。

(2) 市价委托。

市价委托是指投资者只指定交易数量,对委托券商成交的股票价格没有限制条件,只要求立即按当前的市价进行证券买卖的一种委托方式。市价申报只适用于价格涨跌幅限制证券连续竞价期间的交易。自 2006 年 7 月 1 日实施的《上海证券交易所交易规则》和《深圳证券交易所交易规则》分别规定可以接受证券公司按市价委托的方式进行的申报。

上海证券交易所规定,根据市场需要,可以接受下列方式的市价申报:

① 最优五档即时成交剩余撤销申报:即该申报在对手方实时最优五个价位内以对手方

价格为成交价逐次成交,剩余未成交部分自动撤销。

② 最优五档即时成交剩余转限价申报:即该申报在对手方实时最优五个价位内以对手方价格为成交价逐次成交,剩余未成交部分按本方申报最新成交价转为限价申报;如该申报无成交的,按本方最优报价转为限价申报;如无本方申报的,该申报撤销。

③ 上海证券交易所规定的其他方式。

深圳证券交易所规定,可以根据市场需要,接受下列类型的市价申报:

① 对手方最优价格申报:它是以申报进入交易系统时,集中申报簿中对手方队列的最优价格为其申报价格。

② 本方最优价格申报:它是以申报进入交易系统时,集中申报簿中本方队列的最优价格为其申报价格。

③ 最优五档即时成交剩余撤销申报:它是以对手方价格为成交价格,与申报进入交易系统时集中申报簿中对手方最优五个价位的申报队列依次成交,未成交部分自动撤销。

④ 即时成交剩余撤销申报:它是以对手方价格为成交价格,与申报进入交易系统时集中申报簿中对手所有申报队列依次成交,未成交部分自动撤销。

⑤ 全额成交或撤销申报:它是以对手方价格为成交价格,如与申报进入交易系统时集中申报簿中对手方所有申报队列依次成交能够使其完全成交的,则依次成交,否则申报全部自动撤销。

⑥ 深圳证券交易所规定的其他类型。

(3) 申报原则。

证券经纪商将客户委托传送到证券交易所撮合主机内称为申报或报盘。证券经营机构在申报时应坚持以下五条原则:

① 证券经营机构接受投资者委托后应按"时间优先、客户优先"的原则进行申报竞价。

② 证券经营机构在交易市场买卖证券均须公开申报竞价。

③ 证券经营机构在申报竞价时,须一次完整地报明买卖证券数量、价格及其他规定的因素。

④ 证券经营机构在同时接受两个以上委托人买进与卖出委托且种类、数量、价格相同时,不得自行对冲完成交易,仍应向交易所申报竞价。

⑤ 超过涨跌限价的委托为无效的委托,证券经营机构不得接受超过涨跌限价的委托。

1.2.2 竞价成交

1. 竞价成交的一般常识

(1) 在交易所挂牌的证券交易,采用投资者通过证券营业部和交易席位申报委托、集中竞价、自动撮合成交的方式。

(2) 交易时间的规定。

每周一至周五为交易日;双休日和交易所公布的休市日休市;每个交易日的上午 9:15 至 9:25 为集合竞价时间,期间交易所只接受申报,不进行撮合,可以撤单;9:25 时电脑主机自动撮合产生开盘价;9:25 至 9:30 期间交易所不接受申报和撤单;9:30 至 11:30 为连续竞价时间;11:30 至 13:00 停止交易;下午 13:00 至 15:00 为连续竞价时间。

(3) 竞价成交原则。

交易所市场所有的证券交易均按照"价格优先、时间优先"的原则进行竞价成交。所有买卖申报由电脑交易主机按照"公平、公正"的原则自动撮合成交,并通过交易所的通讯系统即时向市场公布行情。

2. 竞价方式

目前,上海、深圳证券交易所采用的竞价方式为电脑集中竞价,即电脑交易主机接受投资者的委托买卖指令,然后撮合成交。竞价又可分为集合竞价和连续竞价两种方式。

(1) 集合竞价。

集合竞价是指在交易日当天还没有成交价的时候,投资者可以根据上一交易日的收盘价和对当日股市的预测输入股票价格,在集合竞价期间里输入计算机主机的所有价格都是平等的,不按照时间优先、价格优先的原则交易,而是按最大成交量的原则来定出股票的开盘价位,这一对所有有效委托进行集中处理的过程就是集合竞价。

集合竞价有以下四个步骤:

① 确定有效委托。有效委托是委托价格在涨跌幅限制之内,即当日最高限价与最低限价之间。超出范围的委托为无效委托,系统予以自动撤单。

② 确定成交价位。成交价位选取原则是:第一,在此成交价位上的成交量必须是最大的成交量;第二,高于此价位的所有买入委托和低于此价位的所有卖出委托必须全部成交;第三,与此价位相同的买入和卖出委托中必须有一方能全部成交。

③ 委托排序与撮合。电脑系统对所有买入委托按照委托限价由高到低的顺序排列,限价相同者按照进入系统的时间先后排列;所有卖出委托按照委托限价由低到高的顺序排列,限价相同者按照进入系统的时间先后排列。依序逐笔将排在前面的买入委托和卖出委托配对成交,即按照"价格优先,同等价格下时间优先"的成交顺序依次成交,直至成交条件不满足为止。

④ 公布价位。进行这一步骤时,又有以下三种情况:

一是如果集合竞价过程中,产生一个符合以上这三个原则的价格时,上海证券交易所选取几个价格的中间价为成交价,深圳证券交易所选取离前一交易日收盘价最近的价格为成交价。

二是如果集合竞价过程中未能产生符合上述三个原则的成交价时,则开盘价在后面进行的连续竞价中产生,连续竞价的第一笔成交价为开盘价。

三是参加集合竞价但未能成交的委托仍然有效,按原来输入的价格和时间自动进入连续竞价。

(2) 连续竞价。

从每一交易日上午 9:30 开始就进入连续竞价期间。连续竞价是指对申报的每一笔买卖委托,由电脑交易系统按照"价格优先、时间优先和数量优先"的原则进行撮合成交。在连续竞价的期间进入系统的委托和集合竞价中未能成交的委托都参加连续竞价。连续竞价确定成交价的原则是:

① 最高买入申报与最低卖出申报相同,该价格即为成交价。

② 新进入系统的买入（卖出）申报，若能成交则与卖出（买入）申报队列顺序成交；若不能成交则进入买入（卖出）申报队列等待成交；部分成交的则让剩余部分继续等待成交。

③ 价格优先是指在买入委托中出价高者先成交，在卖出委托中出价低者先成交；时间优先是指投资者委托买卖的价格相同时，委托先进入交易系统者先成交；数量优先是指在委托价格和进入时间都相同的情况下，委托数量大者先成交。

投资者若要确保买入或卖出的成功，在买入竞价时申报要略高于当时最高卖出申报价；在卖出竞价时申报要略低于当时最低买入申报价。

(3) 委托价与成交价不一致的情况。

在实际交易中，投资者会发现委托价和成交价有时是不一致的。有以下几种情况会出现委托价和成交价不一致：

① 在参加集合竞价时，如果委托价格高于集合竞价决定价格，则按决定价格成交。

② 在参加连续竞价时，当委托买入申报价格高于市场即时的最低卖出申报价格时，取即时揭示的最低卖出申报价为其成交价。

③ 在参加连续竞价时，当委托卖出申报价格低于市场即时的最高买入申报价格时，取即时揭示的最高买入申报价格为其成交价。

1.2.3 清算交割

清算交割是指投资者在股票买卖成交以后，证券交易所与证券商、证券商与投资者之间的股票买卖数量和金额分别予以轧抵，在规定的时间内进行证券和价款的收付了结行为。

清算交割分为两级清算交割：交易所与证券商清算交割叫一级清算交割，证券商经纪人与投资者清算交割叫二级清算交割。清算交割的最终结果是买入方付出价款得到证券，卖出方付出证券得到价款。除此之外，投资者还要支付印花税和佣金。经调整后印花税收取标准是，对出让方按成交金额的1‰征收，对受让方不再征税。佣金小于或等于成交金额的3‰，起点是5元人民币并且是双向收费，即买入和卖出都要收取。

我国目前实行的交割制度是次日交割，即 T+1 交割。在此交割制度下，委托买卖股票成交后第二个交易日才能进行交割。投资者委托买卖股票成交与否应以第二天的交割单为准，当日成交回报价仅作为参考。投资者账户上的资金余额和股票数量均为可用数，不包括因买入而冻结的现金余额、因卖出而冻结的股票余额和当日买入成交的股票数量。当日买入成交的股票当日不能卖，当日卖出成交的股票的价款当日到账并可以用于当日股票委托买入。

1.2.4 过户

过户是股票买卖的最后一道手续。过户就是指投资者买入股票后，持所购买的股票及其他相关证明到发行公司办理变更股东名册登记的手续。由于在证券交易所上市的股票均采用集中保管和无纸化的记名方式，股票的过户手续在交易成交的同时就已经由电脑系统自动完成，无需专门办理股票过户手续。过户使得投资者成为名副其实的上市公司的股东了，可以享有上市公司的一切股东权益。由于上海证券交易所实行指定交易制度，对成交的股票交易按所成交股数的1‰收取过户费。而深圳证券交易所则不收过户费。

1.2.5 交易费用

交易费用分为两个部分：一是佣金，二是股票交易印花税。

所谓佣金,是证券商为投资者代理买卖证券时按成交金额计算向其收取的费用。在国际上,一般是由证券管理部门或证券交易所确定一个统一的佣金比率或上下浮动界限。美国在1975年通过一项法律修正案,规定实行佣金谈判制,即由经纪商根据代理业务具体情况与客户商定一个佣金比例。目前我国证券商收取佣金的标准,是经物价管理部门批准,由上海、深圳两个证券交易所分别制定的。上海、深圳证券交易所现行佣金率标准及相关税费详见表1-1、表1-2。

表1-1 上海证券交易所收费及代收税费一览表

业务类别		收费项目	收费标准	最终收费对象
交易	A股	经手费	成交金额的0.011%(双向)	会员等交上证所
		证管费	成交金额的0.004%(双向)	会员等交中国证监会(上证所代收)
		印花税	成交金额的0.1%(单向,对出让方按成交金额的1‰征收,对受让方不再征税)	投资者交税务机关(上证所代收)
	B股	经手费	成交金额的0.026%(双向)	会员等交上证所
		证管费	成交金额的0.004%(双向)	会员等交中国证监会(上证所代收)
	证券投资基金(封闭式基金、ETF)	经手费	成交金额的0.0045%(双向)	会员等交上证所
		证管费	成交金额的0.004%(双向)	会员等交中国证监会(上证所代收)
	权证	经手费	成交金额的0.0045%(双向)	会员等交上证所
		证管费	成交金额的0.004%(双向)	会员等交中国证监会(上证所代收)
	国债、企业债、可转换公司债券、分离交易的可转换债券等	经手费	成交金额的0.001%(双向)(2008年10月6日至2010年11月30日免收)	会员等交上证所
		证管费	成交金额的0.001%(双向)	会员等交中国证监会(上证所代收)
	公司债券	经手费	成交金额的0.001%(双向),不超过150元/笔(2008年10月6日至2010年11月30日免收)	会员等交上证所
		证管费	成交金额的0.001%(双向)	会员等交中国证监会(上证所代收)

续表

业务类别		收费项目	收费标准		最终收费对象
新质押式回购	1 天	经手费	成交金额的 0.000 05%(双向)	（2008 年 10 月 6 日至 2010 年 11 月 30 日免收）	会员等交上证所
	2 天	经手费	成交金额的 0.000 10%(双向)		会员等交上证所
	3 天	经手费	成交金额的 0.000 15%(双向)		会员等交上证所
	4 天	经手费	成交金额的 0.000 20%(双向)		会员等交上证所
	7 天	经手费	成交金额的 0.000 25%(双向)		会员等交上证所
	14 天	经手费	成交金额的 0.000 50%(双向)		会员等交上证所
	28 天	经手费	成交金额的 0.001 00%(双向)		会员等交上证所
	28 天以上	经手费	成交金额的 0.001 50%(双向)		会员等交上证所
国债买断式回购	7 天	经手费	成交金额的 0.000625%(双向)	（2008 年 10 月 6 日至 2010 年 11 月 30 日免收）	会员等交上证所
	28 天	经手费	成交金额的 0.002 5%(双向)		会员等交上证所
	91 天	经手费	成交金额的 0.003 75%(双向)		会员等交上证所
大宗交易	A、B 股、证券投资基金	经手费	相对于竞价市场同品种费率下浮 30 %		会员等交上证所
		证管费	同同品种竞价交易		会员等交中国证监会（上证所代收）
	国债、企业债券现券、回购，可转换公司债券	经手费	相对于竞价市场同品种费率下浮 10 %（2008 年 10 月 6 日至 2010 年 11 月 30 日免收）		会员等交上证所
		证管费	同同品种竞价交易		会员等交中国证监会（上证所代收）

续表

业务类别		收费项目	收费标准	最终收费对象
ETF 申购、赎回		经手费	暂免	会员等交上证所
专项资产管理计划转让		经手费	转让金额的 0.000 9%	会员等交上证所
发行	新股认购	经手费	成交金额的 0.012%（暂免）	会员等交上证所
	可转换公司债券认购	经手费	成交金额的 0.01%（暂免）	会员等交上证所
	投资基金认购	经手费	成交金额的 0.008 5%	会员等交上证所
	配股、转配股、职工股配股、国家股配售、股票配可转换公司债	经手费	成交金额的 0.012%（双向）（暂免）	会员等交上证所
	投资基金配售	经手费	成交金额的 0.008 5%（双向）	会员等交上证所
上市	A 股	上市初费	总股本的 0.03%，不超过 3 万元	上市公司交上证所
		上市年费	上市总面额的 0.012%，不超过 6 000 元	上市公司交上证所
	B 股	上市初费	发行总股本的 0.1%，折成美元最高不超过 5 000 美元	上市公司交上证所
		上市年费	600 美元/年	上市公司交上证所
	证券投资基金	上市初费	基金总额的 0.01%，起点 1 万元，不超过 3 万元	基金管理人交上证所
		上市年费	60 000 元/年	基金管理人交上证所
	权证	上市初费	20 万元	发行人交上证所
	企业债券	上市初费	上市总额的 0.01%，起点 8 000 元，不超过 4 万元（暂免）	发行人交上证所
		上市年费	上市总额的 0.009 6%，起点 4 800 元，不超过 24 000 元（暂免）	发行人交上证所
	可转换公司债券	上市初费	上市总面额的 0.01%，起点 1 万元，不超过 3 万元（暂免）	发行人交上证所
		上市年费	6 000 元/年（暂免）	发行人交上证所
席位	非 B 股席位	初费	60 万元/个	会员等交上证所
	B 股席位	初费	7.5 万美元/个	会员等交上证所
交易单元		交易单元使用费	会员等机构拥有的每个席位可抵免一个交易单元的使用费。对超出其席位数量的部分，本所收取每个交易单元每年 5 万元的交易单元使用费（2008 年 10 月 6 日至 2010 年 11 月 30 日，免收债券现券及回购交易专用的交易单元使用费）	会员等交上证所

续表

业务类别	收费项目	收费标准	最终收费对象
	流速费	会员等机构接入交易系统流速之和超出其免费流速额度时,超出部分每年按每个标准流速计收1万元的流速费(2008年1月1日起计收。2008年10月6日至2010年11月30日,免收债券现券及回购交易专用的交易单元流速费)	
	流量费	1. 计费期间为上年12月1日至当年11月30日。 2. 流量费=(该机构所用交易单元的年交易类申报笔数总和-2万笔/年×持有席位数)×0.15元+(该机构所用交易单元的年非交易类申报笔数总和-2万笔/年×持有席位数)×0.01元。 3. 以会员或机构为单位,最低收费标准为2万元/年。 4. 详见《关于调整本所席位年费收费模式有关问题的通知》。 5. 2008年10月6日至2010年11月30日,免收各交易参与人参与债券现券及回购交易的流量费。	
其他业务	费用项目、标准、收取方式按照相关业务规定执行		

资料来源:上海证券交易所网站,http://www.sse.com.cn/sseportal/ps/zhs/sczn/jyfy2.shtml。

表1-2 深圳证券交易所收费及代收税费明细表

收费对象	收费项目	收费标的	收费标准	备注
投资者	佣金	A股	不得高于成交金额的0.3%,也不得低于代收的证券交易监管费和证券交易经手费,起点5元(要约收购费用参照A股收费标准)	投资者交证券公司
		B股	不得高于成交金额的0.3%,也不得低于代收的证券交易监管费和证券交易经手费,起点5港元	
		基金	不得高于成交金额的0.3%,也不得低于代收的证券交易监管费和证券交易经手费,起点5元	
		权证	不得高于成交金额的0.3%,也不得低于代收的证券交易监管费和证券交易经手费,起点5元	

续表

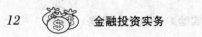

收费对象	收费项目	收费标的	收费标准	备注
		国债现货	不超过成交金额的0.02%	
		企业债/公司债、现货	不超过成交金额的0.02%	
		国债回购	1天 不超过成交金额的0.001% 2天 不超过成交金额的0.002% 3天 不超过成交金额的0.003% 4天 不超过成交金额的0.004% 7天 不超过成交金额的0.005% 14天 不超过成交金额的0.01% 28天 不超过成交金额的0.02% 28天以上 不超过成交金额的0.03%	
		其他债券回购	1天 不超过成交金额的0.001% 2天 不超过成交金额的0.002% 3天 不超过成交金额的0.003% 7天 不超过成交金额的0.005%	
		可转债	不超过成交金额的0.1%	
		专项资产管理计划	不超过转让金额的0.02%	
		代办A股	按成交金额收取0.3%	
		代办B股	按成交金额收取0.4%	
	证券交易经手费	A股	按成交额双边收取0.147 5‰	1. 由深交所收取(证券交易所风险基金由交易所自行计提,不另外收取)。 2. 大宗交易收费:A股大宗交易按标准费率下浮30%收取;B股、基金大宗交易按标准费率下浮50%收取;债券、债券回购大宗交易费率标准维持不变。 3. 此项费用包含在佣金之中。
		B股	按成交额双边收取0.301‰	
		基金	按成交额双边收取0.097 5‰	
		权证	按成交额双边收取0.045‰	
		国债现货	成交金额在100万元以下(含)每笔收0.1元	
			成交金额在100万元以上每笔收10元	
		企业债/公司债、现货	成交金额在100万元以下(含)每笔收0.1元	
			成交金额在100万元以上每笔收10元	
		国债回购	成交金额在100万元以下(含)每笔收0.1元,反向交易不再收取	
			成交金额在100万元以上每笔收1元,反向交易不再收取	

续表

收费对象	收费项目	收费标的	收费标准	备注
		其他债券回购	成交金额在100万元以下（含）每笔收0.1元，反向交易不再收取	
			成交金额在100万元以上每笔收1元，反向交易不再收取	
		可转债	按成交金额双边收取0.04‰	
		专项资产管理计划	成交金额在100万元以下（含）每笔收0.1元	
			成交金额在100万元以上每笔收10元	
		代办A股	按成交金额双边收取0.1‰	
		代办B股	按成交金额双边收取0.13‰	
	证券交易监管费	A股	按成交额双边收取0.04‰	1. 代中国证监会收取。2. 此项费用包含在佣金之中。
		B股		
		基金		
		权证		
		企业债/公司债、现货	按成交额双边收取0.01‰	
		可转债		
		专项资产管理计划	按转让金额双边收取0.01‰	
		国债现货	按成交额双边收取0.01‰（从交易经手费中扣除，不另收）	
		代办A股	按成交金额双边收取0.5‰	
		代办B股	按成交金额双边收取0.67‰	1. 代证券业协会收取。2. 此项费用包含在佣金之中。
	证券交易印花税	A股	对出让方按成交金额的1‰征收，对受让方不再征税	代国家税务局扣缴
		B股		
		代办A股		
		代办B股		
发行人	上市初费	A股	30 000元	深交所收取
		B股	30 000元	
		国债	免收	
		企业债/公司债	暂免收取	
		基金	30 000元	
		权证	200 000元	
		专项资产管理计划	暂免收取	

续表

收费对象	收费项目	收费标的	收费标准	备注
	上市月费	A股	5 000万股本以下500元；每增加1 000万元股本增收100元，最高限额2 500元	
		B股		
		债券	暂免收取	
		基金	5 000元	
		专项资产管理计划	暂免收取	
会员	席位费	席位	60万元/个	深交所收取
	交易单元费用	交易单元	1. 交易单元使用费：对会员使用超出交费席位（指已交席位初费的席位）数量以外的交易单元，每年收取30 000元/个的交易单元使用费。 2. 流速费：对会员使用超出交费席位（指已交席位初费的席位）数量以外的流速，每年收取9 600元/份的流速费。 3. 流量费：每笔交易类申报（指买入、卖出、撤单申报）收取0.15元，每笔非交易类申报（指除买入、卖出、撤单以外的申报）收取0.01元。此项费用以会员为单位收取，最低收费标准为每家会员每年2万元。详细计收方法见本所《关于调整席位管理年费收费模式的通知》（深证会〔2004〕191号）。	

资料来源：深圳证券交易所网站，http://www.szse.cn/main/aboutus/service/sjssf/。

1.2.6 新股申购

由于我国股市一级市场与二级市场存在较大的差价，并且申购新股风险很低，新股开盘价几乎全部高于申购价，打新股一直是我国股民的最爱。上证所对交易规则中涉及价格限制幅度的部分条款进行修改后，将新股上市首日无价格涨跌幅限制股票的集合竞价申报价格限制范围，从发行价（或前收盘价）的50%~200%，调整为发行价（或前收盘价）的50%~900%。可见打新股实际成为几乎无风险的投资。

1. 申购新股的申购步骤

申购新股有以下六个步骤：

（1）缴款与申购委托。申购之前，投资者根据发行价和申购股数缴足申购款。申购当日（T+0）投资者在规定时间内通过与证券交易所联网的证券营业部，发出新股申购委托。

（2）冻结资金。申购日后的第一天（T+1日），各证券营业部将申购资金划入清算银行的主承销商开立的申购资金专户，由中国证券登记结算公司将资金冻结。

(3) 验资和配号。申购日后的第二天(T+2日),由证券交易所指定的具备资格的会计师事务所对申购资金进行验资,并出具验资报告。证券交易所和主承销商确定有效申购账户和申购数量,然后根据有效申购总量按以下办法配售新股:①当有效申购总量等于该次股票上网发行量时,投资者按其有效申购量认购股票;②当有效申购总量小于该次股票上网发行量时,投资者按其有效申购量认购股票后,余额部分按承销协议办理;③当有效申购总量大于该次股票上网发行量时,则上证所按照每1 000股配一个号,深交所每500股配一个号的规则,由交易系统自动对有效申购进行统一配号。

(4) 摇号抽签。申购日后的第三天(T+3日)公布中签率,申购者确认申购配号,当日进行摇号抽签,根据中签情况进行新股认购中签清算,并将中签结果通过交易所发送到各证券交易网点。

(5) 公布中签和资金解冻。申购日后的第四天(T+4日)公布中签号,各营业部返还多余申购款和未中签部分的申购款,申购资金予以解冻,中国证券登记结算公司按规定将申购期内所有冻结申购资金的利息办理划转事宜。申购者根据公布的中签号核对申购结果。

(6) 发行结束。申购日的第四天以后,承销商依据承销协议与发行人进行认购资金和承销费用等资金事项的清算。

2. 申购新股的注意事项

在申购新股时,投资者应注意以下事项:

(1) 新股认购不可以撤单,参加认购前必须审慎;

(2) 合同号不是抽签配号;

(3) 一个股民只可以认购一次,不可以重复申购;

(4) 一个股民只可以认购在申购上限以下的股数,否则会被视为无效委托。

3. 申购新股的技巧

一般来说,新股的发行价均低于上市价,若以发行价买到新股,往往利润可观。但新股申购的中签率大多在0.2%~0.4%,由于中签率较低,申购不易成功。怎样才能提高申购新股的成功系数呢?下面介绍一些申购新股的技巧。

(1) 集中申购。投资者在申购新股时,应集中资金购买1只股票,这样可以提高中签率。

(2) 认购低价新股。新股发行由于行业背景、经营业绩等条件因素不同,每只新股发行的价格高低差别很大,有的仅几元,而有的达十几二十元。而散户资金有限,为多拿配号,以提高中签率,集中资金买价低的新股较易成功。

(3) 两个账户挨着申购。有的股民开两个资金账户,这样在申购新股时最好两个账户紧接着申购,使你的两个账户配号连续,易中签。

(4) 中间申购。正态分布原理表明,越接近中间值(准确说应是平均值),出现的概率越大。简而言之,申购新股最好不要在刚开市或闭市前夕进行,尽量在中间时段申购,如10:30、11:00、13:00较好(申购时间是上午9:30-11:30,下午13:00-15:00),中签机会相对比较大。虽然配号是随机的,但中签号码往往都靠近中间数值,如"55、365、687"等,还没有两头的数字,如"11、99、999"等。这也符合正态分布原理。反向也证明,你的配号尾数3位是111或999,那么你几乎不可能中签,如果是386、695,则相对机会要大些。因此你尽量在中间时段申购,使中签机会增大。

(5) 注意申购规则。一是一个账户不能重复申购;二是上证所发行的新股要求最低申购1 000股,超过1 000股的必须是1 000股的整数倍,深交所发行的新股每申购500股就能获取一个号码;三是不能突破申购规定的上限;四是记住申购时间及申购代码。若违反以上规则,则视为无效申购,你将丧失一次机会。

(6) 及时对号。有的股民申购后不去查对是否中签,而以资金是否返回来判断中签与否。这样做有时会出现偏差。一是电脑难免出差错,把应中签号漏掉(某股民已中签但资金仍全数返回,幸亏及时对号,营业部才办理了中签新股的交割);二是某些证券商有意漏掉你的中签号。因此,股民应在T+3日及时知道自己的配号,T+3日及时与摇号结果对号,以防万一。

4. 卖出新股的技巧

买入新股后,究竟是应该持有,还是一上市就抛出,这要根据各种情况进行综合分析后再作出决定。这里介绍一些相关的技巧。

(1) 重新阅读新股招股说明书。因为你中签了,所以必须了解该公司的状况,以决定是否一上市就卖掉。一般来说,新股都含权含息,含滚存利润①,留存比较好。

(2) 随时注意新股上市公告书。记住上市日期。在新股上市当天,最好提前10分钟到场,记熟股票代码,随时决定是否卖出。

(3) 新股一上市,一般价位都高于发行价10%~100%不等,有的更高。一开盘,大都瞬间冲高然后低走。若高开平走或低走,一般在尾市拉高或第二天高走。掌握这个规律,股民可以用"高开高走或高开平走低走"来决定你的卖出行为。一般高开高走时最好卖掉,高开平走低走应观察,持筹1天再说。

(4) 随大盘行情而动。新股上市虽有盈利,但大盘行情不好,新股也难以续阳。如2005年,正碰上熊市行情,上市当天仅升10%左右是很正常。而在2007年,新股一上市连续几天走强,这与大盘当时的猛涨行情有关。因此股民要根据大盘态势,决定卖出行为。大盘强,可持新股几天;大盘弱,不如当天就卖掉。

5. 发行价放开后的操作策略

新股发行价放开后应如何进行实际操作呢?

(1) 对新股在一级、二级市场价格的判断。新股发行价放开后,一级、二级市场的价差将大大缩小,无风险投资将不复存在。但可以预见,通常情况下,发行价仍会略低于上市价,但也不排除个别情况,即在特定条件下,上市价会跌破发行价。按国际惯例,成功的发行定价一般均低于上市价的10%,所以申购新股仍有利可图。

(2) 新股仍应作为重点投资对象。刚发行的新股,一般来说,公司业绩良好,最近3年盈利,短时期内不可能产生巨大变故,投资新股具有一定的安全性;同时,新股未经炒作,有一个价值发现的过程,股价涨升的想象空间较大,获利的可能性较大。

---

① 滚存利润一般指上市公司上一年度未分配利润,一般反映在资产负债表资本公积金增加。

(3) 积极参加新股申购。新股发行价放开后,中签率将会提高,申购新股将不会像以前那样因概率太低而难以中签,按前述申购技巧操作,将大大提高中签机会。

(4) 新股卖出要进行综合研判。中签买入新股后,上市时是否卖出,应对公司的行业前景、目前所处行业地位、公司发展方向、与同行同类型公司股票的比价等因素进行综合比较分析,同时结合上市后股价表现,经全面权衡后,再决定是否卖出。如果公司占据行业优势地位,发展前景良好,就不要为一时小利所动,应持股作中长期投资打算。如公司状况一般,而上市后股价涨幅可观,则应坚决抛出。

1.2.7 配股缴款的程序

投资者(原股东)获得公司配股后,必须按配股的份额办理缴款手续。

1. 办理配股缴款手续的步骤

办理配股缴款手续有以下几个步骤:

(1) 了解配股缴款的具体时间。沪深股市配股缴款都是通过挂牌方式直接在交易委托系统中认购的。

投资者应该自己注意持有的股票是否会配股或分红。

如果投资者担心漏了日期。最保险的方法就是到任意一家证券部,哪怕是散户交易大堂,那里会有一套电脑系统用以显示行情,而且可以由股民自行按键盘选择。只要股民在键盘上选好自己要查的股票,再按F10键,就可以看到该股票的详细资料以及历年分红、派息、配股情况及日期。这样掌握时间就比较有把握。

(2) 及时下单委托。查清配股缴款的具体时间后,投资者应尽量在到期前一天到证券部柜台或电脑自动委托认购。其委托方式与买入股票时一样,只是可以不必以100股为单位。

(3) 事后注意查询。投资者在确认所购配股是否成交时,深市配股当日委托认购不等于已认购权证,股民通过电话、小键盘查到的成交只能说明交易所收到了这笔认购委托,委托是否有效,还要在第二天查询资金和权证是否都扣除方能确定。沪市配股的成交查询,则是在委托之后第二天可确定认购是否有效。

在办理配股缴款时还应注意以下事项:

(1) 投资者应清楚自己股票的准配数额、配股比例及尾数处理办法,投资者只能根据自己实际可配售的股数认购,只能申购等于或小于自己可配售额数的股份,否则有可能因委托认购数量过大而被交易所拒绝,造成不必要的损失。

(2) 认购配股时,应注意社会公众股配股与转配股权证证券代码特征上的区别。

(3) 深市配股期间其权证不能转托管。

在配股缴款后,投资者常会发现所配股份迟迟没有到账,以致怀疑自己是否认购上配股。这是由于配股一般需20天左右的时间才能到账的缘故。证监会1996年1月24日发布的《关于1996年上市公司配股工作的通知》规定:上市公司实行增资配股,应当在缴款结束后20个工作日内完成新增股份的登记工作,聘请有从事证券业务资格的会计师事务所出具验资报告,编制公司股份变动报告;而证券交易所在收到上市公司有关配股的股份变动报告和验资报告前不得安排该配售的股票上市交易。

据此,投资者已认购的配股至少在 20 日后,上市公司公布股本变动公告时,配股才能到账,并可以交易。

需要指出的是,由于配股是自愿行为,因此凡投资者委托指定交易所属证券营业部进行代理配股业务的,均须与证券商签订《代理配股协议》。证券商在配股期间应该提醒投资者及时配股,而超过配股期限则一律不予补配。证券商在受理投资者配股申请时,应仔细核对投资者的证券账户及其可配股数量,同时冻结相应的配股资金。对配股不成交的数据,查清原因后应及时补配。

1.2.8 特别处理股票

所谓特别处理股票,就是通常所说的 ST 股票。这类股票的风险极大,投资者在日常交易中一般应尽量回避。投资者若要买入 ST 股票,就应加强对于目标上市公司基本面的研究。ST 股票分为退市风险警示和其他特别处理两种情况:

1. 退市风险警示

(1)上市公司出现以下情形之一的,对其股票交易实行退市风险警示:

① 最近两年连续亏损(以最近两年年度报告披露的当年经审计净利润为依据);

② 因财务会计报告存在重大会计差错或者虚假记载,公司主动改正或者被中国证监会责令改正后,对以前年度财务会计报告进行追溯调整,导致最近两年连续亏损;

③ 因财务会计报告存在重大会计差错或者虚假记载,被中国证监会责令改正但未在规定期限内改正,且公司股票已停牌两个月;

④ 未在法定期限内披露年度报告或者半年度报告,公司股票已停牌两个月;

⑤ 处于股票恢复上市交易日至恢复上市后第一个年度报告披露日期间;

⑥ 在收购人披露上市公司要约收购情况报告至维持被收购公司上市地位的具体方案实施完毕之前,因要约收购导致被收购公司的股权分布不符合《中华人民共和国公司法》(以下简称我国《公司法》)规定的上市条件,且收购人持股比例未超过被收购公司总股本的 90%;

⑦ 法院受理关于公司破产的案件,公司可能被依法宣告破产。

(2)退市风险警示的处理措施包括:

① 在公司股票简称前冠以"*ST"字样,以区别于其他股票。

② 股票报价的日涨跌幅限制为 5%。

2. 其他特别处理

(1)上市公司出现以下情形之一的,对其股票交易实行其他特别处理:

① 最近一个会计年度的审计结果表明其股东权益为负值;

② 最近一个会计年度的财务会计报告被会计师事务所出具无法表示意见或者否定意见的审计报告;

③ 撤销退市风险警示后,最近一个会计年度的审计结果表明公司主营业务未正常运营,或者扣除非经常性损益后的净利润为负值;

④ 由于自然灾害、重大事故等导致公司主要经营设施被损毁,公司生产经营活动受到严重影响且预计在三个月以内不能恢复正常;

⑤ 主要银行账号被冻结；
⑥ 董事会会议无法正常召开并形成董事会决议。
(2) 其他特别处理的处理措施包括：
① 在公司股票简称前冠以"ST"年样，以区别于其他股票。
② 股票报价的日涨跌幅限制为5%。

1.2.9 信息披露

投资者进行证券交易时，看懂、全面把握、准确分析公开披露的信息是作出投资决策的重要前提。证券交易所公开披露的信息包括以下三个方面。

1. 即时行情

(1) 每个交易日9:15至9:25开盘集合竞价期间，即时行情内容包括：证券代码、证券简称、前收盘价格、虚拟开盘参考价格、虚拟匹配量和虚拟未匹配量。

(2) 连续竞价期间，即时行情内容包括：证券代码、证券简称、前收盘价格、最新成交价格、当日最高成交价格、当日最低成交价格、当日累计成交数量、当日累计成交金额、实时最高5个买入申报价格和数量、实时最低5个卖出申报价格和数量。

2. 证券指数

(1) 综合指数包括上证指数、深证综指、中小板综指、创业板指数等。

(2) 成份指数包括上证50、上证180、深证成指、深证100、沪深300等。

(3) 分类指数包括上证工业指数、上证商业指数、上证地产指数、上证公用指数、上证综合指数及深证各种分类指数。

3. 证券交易公开信息

(1) 有价格涨跌幅限制的股票、封闭式基金竞价交易出现下列情形之一的，交易所公布当日买入、卖出金额最大的5家会员营业部的名称及其买入、卖出金额。

① 日收盘价格涨跌幅偏离值达到7%的各前3只股票(基金)。

收盘价格涨跌幅偏离值的计算公式为：

收盘价格涨跌幅偏离值 = 单只股票(基金)涨跌幅 - 对应分类指数涨跌幅

② 日价格振幅达到15%的前3只股票(基金)。

价格振幅的计算公式为：

价格振幅 = (当日最高价格 - 当日最低价格)/当日最低价格 × 100%

③ 日换手率达到20%的前3只股票(基金)。

换手率的计算公式为：

换手率 = 成交股数(份额)/流通股数(份额) × 100%

(2) 无价格涨跌幅限制的股票、封闭式基金，交易所公布当日买入、卖出金额最大的5家会员营业部的名称及其买入、卖出金额。

(3) 股票、封闭式基金竞价交易出现下列情形之一的，属于异常波动，交易所分别公告该股票、封闭式基金交易异常波动期间累计买入、卖出金额最大的5家会员营业部的名称及其买入、卖出金额。

① 连续3个交易日内日收盘价格涨跌幅偏离值累计达到20%的；

② ST 股票和*ST 股票连续 3 个交易日内日收盘价格涨跌幅偏离值累计达到 15%的；

③ 连续 3 个交易日内日均换手率与前 5 个交易日的日均换手率的比值达到 30 倍，并且该股票、封闭式基金连续 3 个交易日内的累计换手率达到 20%的。

1.2.10 挂牌、摘牌、停牌与复牌

（1）交易所对上市证券实行挂牌交易。

（2）证券上市期届满或依法不再具备上市条件的，交易所终止其上市交易，并予以摘牌。

（3）股票、封闭式基金交易出现异常波动的，交易所可以决定停牌，直至相关当事人作出公告当日的上午 10:30 予以复牌。

（4）交易所可以对涉嫌违法违规交易的证券实施特别停牌并予以公告，相关当事人应按照交易所的要求提交书面报告。

（5）证券停牌时，交易所发布的行情中包括该证券的信息；证券摘牌后，行情中无该证券的信息。

（6）证券开市期间停牌的，停牌前的申报参加当日该证券复牌后的交易；停牌期间，可以继续申报，也可以撤销申报；复牌时对已接受的申报实行集合竞价，集合竞价期间不揭示虚拟开盘参考价格、虚拟匹配量、虚拟未匹配量。

（7）证券挂牌、摘牌、停牌与复牌的，交易所予以公告。

1.2.11 分红派息与除权除息

1. 分红派息

我国《公司法》规定："公司股东作为出资者，按投入公司的资本额……享有所有者的资产权益。"这种资产受益的权利就是股东的分红权。

（1）上市公司可通过以下三种形式实现分红权：

① 以上市公司当年利润派发现金；

② 以公司当年利润送红股；

③ 以公司盈余公积金转增股本。

（2）上市公司通过以上三种形式进行分红派息，须满足不同的条件。

① 以当年利润派发现金须满足以下条件：

- 公司当年有利润；
- 已弥补和结转递延亏损；
- 已提取 10%的法定公积金和 5%~10%的法定公益金。

② 以当年利润送红股除满足第①项条件外，还要满足以下条件：

- 公司前次发行股票已募足并间隔一年；
- 公司在最近 3 年财务会计文件无虚假记录；
- 公司预期利润率可达到同期银行存款利率。

③ 以盈余公积金转增股本除满足第②项条件外，还要满足以下条件：

- 公司在最近 3 年连续盈利，并可向股东支付股利；
- 分配后的法定公积金留存额不得少于注册资本的 50%。

除此之外,根据有关规定,上市公司股利的分配必须由董事会提出分配预案,按法定程序召开股东大会进行审议和表决并由出席股东大会的股东所代表的1/2(现金分配方案)或2/3(红股分配方案)以上表决权通过时方能实现。

2. 除权除息

(1) 上市证券发生权益分派、公积金转增股本、配股等情况,交易所在权益登记日(B股为最后交易日)的下一交易日对该证券作除权除息处理。

(2) 除权(息)参考价格的计算公式为:

除权(息)参考价格 = [(前收盘价格 − 现金红利) + 配(新)股价格 × 流通股份变动比例] ÷ (1 + 流通股份变动比例)

除权(息)日即时行情中显示的该证券的前收盘价为除权(息)参考价。

(3) 除权(息)日证券买卖,按除权(息)参考价格作为计算涨跌幅度的基准。

1.2.12 大宗交易

所谓大宗交易是指单笔交易规模远大于市场平均单笔交易规模的交易现象。证券交易所为了防止大笔买单及卖单影响股价,造成市场人为波动,从而设置大宗交易机制。当买卖某方的单笔交易申报量超过一定幅度后,交易所便规定其在一个专用的席位内进行双边询价式的交易(即投资者要自己去寻找交易的对象,不再参加集合竞价),成交价格也不再计入该股票的收盘价格。

(1) 以上证所为例,在交易所进行的证券买卖符合以下条件的,可以采用大宗交易方式:

① A股单笔买卖申报数量应当不低于50万股,或者交易金额不低于300万元(人民币)。

② B股单笔买卖申报数量应当不低于50万股,或者交易金额不低于30万元(美元)。

③ 基金大宗交易的单笔买卖申报数量应当不低于300万份,或者交易金额不低于300万元(人民币)。

④ 国债及债券回购大宗交易的单笔买卖申报数量应当不低于1万手,或者交易金额不低于1 000万元(人民币)。

⑤ 其他债券单笔买卖申报数量应当不低于1 000手,或者交易金额不低于100万元(人民币)。

⑥ 持有解除限售存量股份的股东预计未来一个月内公开出售解除限售存量股份的数量超过该公司股份总数1%的,应当通过证券交易所大宗交易系统转让所持股份。所谓存量股份,是指已经完成股权分置改革、在沪深主板上市的公司有限售期规定的股份,以及新老划断后在沪深主板上市的公司于首次公开发行前已发行的股份。

(2) 交易所接受大宗交易申报的时间为每个交易日9:30-11:30、13:00-15:30。

(3) 大宗交易的申报包括意向申报和成交申报。

① 意向申报指令应包括证券账号、证券代码、买卖方向等。

② 成交申报指令应包括证券代码、证券账号、买卖方向、成交价格、成交数量等。

(4) 有涨跌幅限制证券的大宗交易成交价格,由买卖双方在当日涨跌幅价格限制范围内确定；无涨跌幅限制证券的大宗交易成交价格，由买卖双方在前收盘价的上下30%或当日已成交的最高、最低价之间自行协商确定。

（5）买卖双方达成协议后，向交易所交易系统提出成交申报，申报的交易价格和数量必须一致。成交申报一经交易所确认，不得变更或撤销，买卖双方必须承认交易结果。

1.2.13 融资融券

1. 融资融券的概念

融资融券又称证券信用交易，是指投资者向具有证券交易所会员资格的证券公司提供担保物，借入资金买入交易所上市证券或借入交易所上市证券并卖出的行为，包括券商对投资者的融资、融券和金融机构对券商的融资、融券。

（1）融资是借钱买证券，证券公司借款给投资者购买证券，投资者到期偿还本息。投资者向证券公司融资买进证券称为"买空"。

（2）融券是借证券来卖，然后以证券归还，证券公司出借证券给投资者出售，投资者到期返还相同种类和数量的证券并支付利息。投资者向证券公司融券卖出称为"卖空"。

2. 我国融资融券的相关规定

（1）投资者只能与一家证券公司签订融资融券合同，向一家证券公司融入资金和证券。证券公司与投资者签订融资融券合同前，应当指定专人向投资者讲解业务规则和合同内容，并将融资融券交易风险揭示书交由投资者签字确认。

（2）投资者若进行信用交易，应开立投资者信用证券账户。投资者用于一家证券交易所上市证券交易的信用证券账户只能有一个，并与其普通证券账户的开户人的姓名或者名称一致。

证券公司应当委托证券登记结算机构根据清算、交收结果等，对投资者信用证券账户内的数据进行变更。

证券公司应当参照投资者交易结算资金第三方存管的方式，与投资者及商业银行签订投资者信用资金存管协议。证券公司在与投资者签订融资融券合同后，应当通知商业银行根据投资者的申请，为其开立实名信用资金账户。投资者只能开立一个信用资金账户。

商业银行根据证券公司提供的清算、交收结果等，对投资者信用资金账户内的数据进行变更。

（3）证券公司与投资者约定的融资、融券期限不得超过6个月，且不得展期；融资利率不得低于中国人民银行规定的同期金融机构贷款基准利率。

（4）投资者融资买入证券的，应当以卖券还款或者直接还款的方式偿还向证券公司融入的资金。投资者融券卖出的，应当以买券还券或者直接还券的方式偿还向证券公司融入的证券。投资者融资买入、融券卖出的证券，不得超出证券交易所规定的范围。

投资者未能按期交足担保物或者到期未偿还融资融券债务的，证券公司应当根据约定采取强制平仓措施，处分投资者担保物，不足部分可以向投资者追索。

1.3 影响股价的基本因素分析

1.3.1 影响股市价格的主要因素

股票作为一种金融产品，同其他商品一样，其价格表现为不确定性，经常处于上下波动之中。在股票市场实际运行中,股价的变动受到多重因素的影响和作用。通常对股价走势产生影响的主要因素有以下四个方面。

1. 宏观因素

宏观因素主要包括对证券市场价格可能产生影响的社会、政治、经济、文化等方面的因素。

(1) 宏观经济因素。即宏观经济环境状况及其变动对证券市场价格的影响,包括宏观经济运行的周期性波动等规律性因素和政府实施的经济政策等政策性因素。证券市场是整个市场体系的重要组成部分,上市公司是宏观经济运行微观基础中的重要主体,因此,证券市场价格理所当然地会随宏观经济运行状况的变动而变动,会因宏观经济政策的调整而调整。例如,一般来说,股票价格随国民生产总值的升降而涨落;证券市场行情随着宏观经济政策的扩张与紧缩及由此导致的市场资金量的增减而升跌。

(2) 政治因素。即影响证券市场价格的政治事件。一国的政局是否稳定对证券市场有着直接的影响。一般而言,政局稳定则证券市场稳定运行;相反,政局不稳则常常引起证券市场价格下跌。除此之外,国家首脑的更换、罢工、主要产油国的动乱等也对证券市场有重大影响。

(3) 法律因素。即一国的法律特别是证券市场的法律规范状况。一般来说,法律不健全的证券市场更具投机性,振荡剧烈,涨跌无序,人为操纵成分大,不正当交易较多;反之,法律法规体系比较完善,制度和监管机制比较健全的证券市场,证券从业人员营私舞弊的机会较少,证券价格受人为操纵的情况也较少,因而表现得相对稳定和正常。总体上说,新兴的证券市场往往不够规范,而成熟的证券市场法律法规体系则比较健全。

(4) 战争因素。主要指军事冲突。军事冲突是一国国内或国与国之间、国际利益集团与国际利益集团之间的矛盾发展到不可以采取政治手段来解决的程度的结果。军事冲突小则造成一个国家内部或一个地区的社会经济生活的动荡,大则打破正常的国际秩序。它使证券市场的正常交易遭到破坏,因而必然导致相关的证券市场的剧烈动荡。例如,海湾战争之初,世界主要股市均呈下跌之势,而且随着战局的不断变化,股市均大幅振荡。

(5) 文化、自然因素。就文化因素而言,一个国家的文化传统往往很大程度上决定着人们的储蓄和投资心理,从而影响证券市场资金流入流出的格局,进而影响证券市场价格;证券投资者的文化素质状况则从投资决策的角度影响着证券市场。一般来说,文化素质较高的证券投资者在投资时较为理性,如果证券投资者的整体文化素质较高,则证券市场价格相对比较稳定;相反,如果证券投资者整体文化素质偏低,则证券市场价格容易出现暴涨暴跌。在自然方面,如发生自然灾害,生产经营就会受到影响,从而导致有关证券价格下跌;反之,如进入恢复重建阶段,由于投入大量增加,对相关物品的需求也大量增加,从而导致相关证券价格的扬升。

2. 产业和区域因素

产业和区域因素则主要是指产业发展前景和区域经济发展状况对证券市场价格的影响。它是介于宏观和微观之间的一种中观性影响因素,因而它对证券市场价格的影响主要是结构性的。

在产业方面,每个产业都会经历一个由成长到衰退的发展过程,这个过程被称为产业的生命周期。产业的生命周期通常分为四个阶段,即初创期、成长期、稳定期、衰退期。处于不同发展阶段的产业在经营状况及发展前景方面有较大差异,这必然会反映在证券价格上。蒸蒸日上的产业证券价格呈上升趋势,日见衰落的产业证券价格则逐渐下落。

在区域方面,由于区域经济发展状况、区域对外交通与信息沟通的便利程度、区域内的投资活跃程度等的不同,分属于各区域的证券的价格自然也会存在差异,即使是相同产业的证券也是如此。经济发展较快、交通便利、信息化程度高的地区,投资活跃,证券投资有较好的预期;相反,经济发展迟缓、交通不便、信息闭塞的地区,其证券价格总体上呈向淡趋势。

3. 公司因素

公司因素,即上市公司的运营对证券价格的影响。上市公司是发行证券募集资金的运作者,也是资金使用的投资收益的实现者,因而其经营状况的好坏对证券价格的影响极大。而其经营管理水平、科技开发能力、产业内的竞争实力与竞争地位、财务状况等无不关系着其运营状况,因而从各个不同的方面影响着证券市场价格。由于产权边界明确,公司因素一般只对本公司的证券市场价格产生深刻影响,是一种典型的微观影响因素。

4. 市场因素

市场因素,即影响证券市场价格的各种证券市场操作的因素。例如,看涨与看跌、买空与卖空、追涨与杀跌、获利平仓与解套或"割肉"等行为,不规范的证券市场中还存在诸如分仓、串谋、轮炒等违法违规操纵证券市场的操作行为。一般而言,如果证券市场的做多行为多于做空行为,则证券价格上涨;反之,如果做空行为占上风,则证券价格趋于下跌。由于各种证券市场的操作行为主要是短期行为,因而市场因素对证券市场价格的影响具有明显的短期性质。

1.3.2 宏观经济因素对股价的影响

影响证券市场的经济因素非常多,如经济周期、经济指标、通货膨胀、利率、汇率、外贸状况等,综合表现为经济形势。经济形势和证券市场走势存在明显的相关关系:当经济形势正常稳定时,股票价格稳中有升;当经济形势良好时,股票市场牛气冲天;当经济形势较差时,股票市场相对沉闷,股价有可能徘徊或下降。

1. 经济周期

市场经济的运行总是要经历复苏、繁荣、衰退、萧条各个阶段,周而复始,不断循环。经济周期对证券特别是普通股的价格有重要的影响。当经济趋向繁荣时,生产规模扩大,社会需求增加,公司的利润大大增加,普通股收益将大幅度提高,人们对股市预期乐观,踊跃购买股票,股价上扬;当经济衰退时,大量公司亏损甚至倒闭,普通股投资风险增大,人们纷纷抛售股票,股价连连下跌,因此,股票市场素有经济"晴雨表"之称。它反映着该国未来经济前景、实际经济形势、各行业的荣辱以及成长性。

但一般而言,股市变化的周期超前于经济周期。因为股市的投资者比从事生产经营活动的企业能更快地对未来的经济形势作出反应:当经济持续衰退至尾声——萧条时期,百业不振,投资者已远离股票市场之时,那些有眼光而且在不停搜集和分析有关经济形势并作出合理判断的投资者已在默默吸纳股票,股价已缓缓上升;当经济日渐复苏时,股价实际已上升至一定水平;随着人们普遍认同以及投资者自身境遇的改善,股票市场日趋活跃,更有大户趁机哄抬,因此股市连创新高;而有识之士此时却在经济分析的基础上悄然抛出股票,使得供需力量发生改变,股价开始下跌,当经济步入衰退时,股价已经下跌了一段时期。

1993年上半年我国经济处于过热状态,随后开始逐步降温,而股市则在1993年初已见顶回落,其后一直熊市;到1998年上半年我国经济周期运行至谷底,但我国股市早在1996年2月就结束了下跌转而向上,展开一轮又一轮的牛市行情。上证综合指数从1996年2月520点左右升至1997年5月1 500点左右,升幅达1 000点。1999年6月底,上证综合指数创历史新高,达1 750点左右。2000年以来,我国经济继续保持较高的增幅,导致了股市连续8个月的涨升走势,上证指数突破2 000点后,上摸2 114点,充分说明了我国经济周期变化是影响股市的重要因素。2008年全球经济危机,上证综合指数也从2007年10月的6 124点跌至了2008年10月的1 664点。2009年随着全球经济的逐步复苏,上证综合指数也开始了逐步上升。

2. 国民生产总值

从长期看,股票价格的波动与国民生产总值的变化呈正比例的关系。国民生产总值是一个综合的经济指标,它的下降就表明这个国家经济不景气,大多数公司的经营盈利状况肯定也是不佳的,股票的价格当然要下跌;反之,就上涨。

国民生产总值是一个极具综合性的最重要的指标,反映在一特定时间内(一般是1年)国民经济所生产的全部商品和劳务的价值总和。仔细分析国民生产总值及各个组成部分的变化,能够为投资者把握股市行情提供重要的信息。

如果真实国民生产总值持续增长,则普通股收益将大大提高;如果名义国民生产总值增加而真实国民生产总值不变甚至下降,则表明经济步入滞胀,不宜投资于普通股。具体形态有以下四种:

(1) 持续稳定、高速的GNP增长。在这种情况下,社会总需求和总供给协调发展,经济结构逐步合理,处于闲置的或利用率不高的资源得以充分利用,从而表明经济发展势头良好,证券市场呈上升趋势。

(2) 高通胀下的GNP增长。当经济处于严重失衡下的高速增长时,总需求大于总供给,这表现为高的通货膨胀率。此时证券市场会受到刺激。这是经济形势变化的征候,经济中的矛盾表现突出,企业经营会面临困境,国民实际收入也将降低,因而失衡的经济增长必然导致证券市场股价下跌。

(3) 宏观调控下的GNP减速增长。当GNP呈现失衡的高速增长时,政府可能采取宏观调控措施来维持经济的稳定增长;如果调控目标得以顺利实现,而GNP未出现负增长或低增长,表明宏观调控措施十分有效,经济矛盾逐步得以解决,证券市场逐步平稳渐升。

(4) 转折性的GNP变动。如果GNP一定时期呈负增长,当负增长速度逐渐减缓并呈现向正增长转变的趋势时,恶化的经济环境逐步得以改善,证券市场也将由下跌转为上升。

国民生产总值分为私人消费、私人投资、净出口和政府支出,它们的变动均反映了整个经济相应行业、部门的发展前景的变化,因而能为投资者投资提供有用的信息。如家庭电脑在市场走俏,则可以预测生产家庭电脑的公司股票价格上涨,而从政府支出的结构中不难看出国家产业政策的重点变化。

3. 银行利率

从投资者的角度看,银行利率是影响股票价格诸因素中最敏感的因素。银行存款一般是没有任何风险的,而且可以存取自由。当银行利率升高时,投资者就会转向没有风险的银行存款,纷纷抛出股票,资金流入银行,由此引起股票市场供求的不平衡,从而使股票的价格下跌;反之,银行利率调低时,股票价格就会上扬。

具体而言,在现实生活中,利率主要从以下两个方面影响证券价格:

(1) 利率变动引起证券投资预期变动,因而带动证券价格变动。一方面,利率水平的高低反映了资金调度的难易,反映了融资成本的升降,致使企业的利润率发生变动,带动股价变化。利率上升,公司借款成本增加,利润率下降,股票价格自然下跌,特别是那些负债率比较高,而且要靠银行贷款从事生产经营的企业影响将较为显著,相应股票的价格也损失得更惨重;同时,利率上升,将使得负债经营的企业经营风险增大,公司债券与股票价格都将下跌。另一方面,利率是国家宏观经济调控的重要政策之一,降低利率是国家为刺激经济而出台的政策,因而证券的预期收益便会增加,股价上升;而利率上升,则是国家为抑制通货膨胀、经济过热而采取的措施,目的是放慢经济增长速度,投资收益因经济环境而减少,证券价格会低落。

(2) 利率还会影响到证券市场的供求关系,进而影响证券价格。利率提高,使得银行存款及同期的企业债券与其他金融资产的可替代性提高,债券和股票投资机会成本加大,降低了对证券投资的需求,部分资金由证券市场转向储蓄。此时,证券市场供过于求,股价下挫;反之,则上涨。美国前总统里根在1981年实行降低利率的政策之后,大大刺激了美国股市,1982—1986年,美国的股票价格平均上涨了120%。但在1986年9月,美国股票投资者预期美国的利率可能回升,购股热情锐减,同年9月11日,道琼斯指数下跌81.61点;而美国在1987年8月提高了利率0.1%,随后,道琼斯指数即作出反应,先下跌50点,后继续下跌64.4点。我国在通货紧缩、有效需求不足的背景下,于1999年6月10日宣布第七次降息,降息幅度达10%,证券市场立即作出反应,股价纷纷暴涨,成交量更是连创新高(沪深两市日成交达800多亿元),利率对证券市场的刺激效应显露无遗。

4. 通货膨胀

通货膨胀指货币发行数量超过实际需要量的货币现象,外在表现为物价总水平的持续上升。通货膨胀对股市,特别是个股的影响比较复杂。一般而言,当通货膨胀温和时,不会对股市产生负面影响,甚至有可能推动股价上升,因为温和型通货膨胀往往伴随经济的发展,为发行公司的经营活动提供良好环境,同时温和型通货膨胀会导致投资者产生保值心理并购买股票。而恶性通货膨胀则与此相反,造成社会经济失去效率,原材料、劳务成本急剧上升,企业经营严重受挫,盈利水平下降,甚至破产倒闭,因此投资者无意长期投资股票,股价下跌,乃至暴跌。

对于通货膨胀,还必须考虑到各种各样的社会、心理因素,才能对通货膨胀影响股市有个更深层次的把握,作出正确的投资决策。

(1) 政府一般偏向低通货膨胀政策,不会长期容忍通货膨胀存在,必然会动用宏观经济工具来抑制通货膨胀,从而对股价产生影响。

(2) 通货膨胀并非使所有价格和工资以同一比率变动,也就是相对价格会发生变化。相对价格的变化导致财富和收入的再分配,产量和就业的扭曲,某些公司从中获利而另一些公司蒙受损失。与之相应,获利公司的股票上涨而受损公司的股价下跌。

(3) 通货膨胀不仅产生经济影响,而且产生社会影响,影响公众的心理和预期,导致投资者行为的变化,从而对股价产生巨大影响。在适度通货膨胀时,投资者仍会选择股票投资;但当通胀恶化时,投资者心理预期发生变化,手中货币贬值,未来股息实际收益下降,导致投资者对股票投资偏好下降,而转向实物资产的投资,于是他们抛售股票,使股价大幅下跌。例如,石油危机曾经导致世界性的通货膨胀,工业原料、生产资料价格普遍上扬,最初拥有这些原料的厂商极度兴奋,因为价格上涨增加了他们的利润,因此股价上涨。待一段时间行情急速变化之后,通货膨胀现象未减轻反而加重,表明此次通胀并不是景气复苏,于是直接影响投资者的投资预期,股价大跌。

5. 经济政策

国家的经济政策对股票市场具有重大影响。在我国现行经济体制下,政府的作用在于利用税收、利率和货币政策等经济手段从宏观上对经济的发展实施调控,经济的运行在很大程度上仍受到国家经济政策的影响,有时还会受到直接的干预。在股票市场上,这种政策的影响不可避免地要被反映出来,股市的反应有时还更为强烈。

(1) 税收政策。单纯的税收效应显示的是整个经济范围内的增税或减税将造成经济的收缩或扩张。仅就增税而言,一方面,减少了人们的收入,从而减少了他们的消费支出,降低了总需求;另一方面,税收直接减少了企业的税后利润,抑制投资,同时总需求下降使得企业不得不减少投资,压缩生产并降低价格,进一步使企业利润下降。由于这两方面的原因,造成股价下跌的局面,具体表现在:一是企业利润大降,股票预期收益降低,股价下跌;二是个人收入减少,货币需求相应增加,抛股套现,股票需求下降造成股价下跌。

另外,税收政策中有关证券交易税(目前我国征收证券交易印花税)的规定变化将直接影响股价的波动,其是否征收以及税率高低都将导致股价的波动,甚至是大幅振荡。1999年11月1日始,我国开征利息所得税,这对分流储蓄进入股市有一定作用。

(2) 货币政策。货币政策又称金融政策,指政府为实现一定的宏观经济目标,通过中央银行对货币供给的管理来调节信贷和利率,从而对宏观经济进行调控。货币政策按运作方向可分为:紧的货币政策和松的货币政策。紧的货币政策指减少货币供应量,提高利率,加强信贷控制;松的货币政策,指增加货币供应量,降低利率,放松信贷控制。在运作方法上,一般采取"过周期"的方法,在经济衰退时采取扩张性货币政策,在经济过热时采取紧缩性货币政策。总体而言,松的货币政策使得证券价格上扬,紧的货币政策使得证券价格下跌。具体表现为以下三个方面:

① 松的货币政策为企业生产发展提供充足的资金,利润上升,从而股价上升。

② 松的货币政策使社会总需求增大,刺激生产发展;同时,居民收入得到提高,因而增加对证券投资的需求。

③ 银行利率随货币供应量的增加而下降,部分资金从银行转移出来流向证券市场,扩

大了证券市场的需求；同时，利率下降还提高了证券的吸引力，两者均使股价上升。反之，股价则下降。

（3）个人收入政策。收入政策是国家为实现宏观调控总目标和总任务在分配方面所制定的原则和方针。收入政策对股市的影响有短期和长期之分。短期，主要通过财政政策和货币政策的传导对证券市场产生影响；长期，主要是收入分配格局的变化对证券市场产生影响。随着我国社会主义市场经济体制的建立和完善，收入分配格局发生了根本性的变化。农民收入增加，城乡居民收入增加，企业留利增加，从而导致了民间金融资产大幅度增加，并具相当规模。由于社会积累资金向民众倾斜，向社会分散，须借助证券市场来实现资金的最佳利用。因此，我国新的分配格局，已成为证券市场发展的现实和潜在推动力。随着经济形势的好转，经济体制的完善，证券市场的规范与有关问题的妥善解决，其潜在影响力最终将得以实现。

（4）国债政策。国债作为弥补财政赤字的主要手段，本身也是证券市场的投资工具之一，其发行量、期限、利率、流动性等都直接影响股票市场。从供需角度看，国债发行增加了证券供应，减少了市场货币资金量，对股价有负面影响；从利率水平看，其利率越高，对投资者的吸引力越大，从而减少了投资于股市的资金，导致股价下跌。

6. 国家对股市的政策

中国股市作为一个新兴市场，非理性的投资行为时常发生，游戏规则也须完善。国家对股市采取了多种调控方式，避免股市大起大落。在这种情况下，中国股市"唯政策马首是瞻"的特点较为突出，其运行轨迹时常被扭曲或修正，故常有"政策底"、"政策顶"之说（这些说法有其道理，但在不同时期和背景下量度标准是不同的）。政策作为一种外力，背倚国家后盾，其效用为股市内在张力所无法抗衡。

我们看到，在股市高涨时，投资者热情有加，追涨者如"过江之鲫"，这就出现超买再超买的场面；而在股市低迷时，杀跌者争相出局，恐慌气氛弥漫，股票犹如烫手山芋，技术指标超卖钝化，技术派人士大跌眼镜。可以说，此时技术分析只是摆设和自我麻醉，并无多少实际意义，仅凭股市内力已难以转势，唯有依靠外力。如1999年"5.18"行情得到国家政策首肯和支持，被定性为"恢复性"行情，从而确定一轮牛市。

国家一直不希望股市低迷。1994年，沪深股市屡创新低，市场充斥悲观绝望情绪。当时专家对中国股市的合理投资领域进行争论，其中一种典型观点认为中国股票市盈率应向国际成熟股市看齐，并以上海股市指数为例，认为上证综合指数在2 000多点比较合理。从现在的角度看，这种观点未免草率和偏颇。国家希望证券市场健康发展，保护投资者所存的一点热情。在1994年3月和7月，管理层宣布"四不政策"和"三大利好"，直接引发当年两次行情的启动。此后，每当股市处于低迷阶段，管理层均有调控举措，推出利好方案。在促进经济发展、扩大内需的政策目标下，中国股市的地位得到广泛认同，人们更加全面地审视这个羽翼渐丰的市场，给其合理定位。我们注意到，政策重心对股市的倾斜十分明显，管理层对股市呵护有加，这无疑为股市发展营造了良好的氛围。

当然，国家也不愿看到股市过度投机，在股市炽热情况下采用政策手段降温。如1999年"5.18"行情，正当沪深股市如脱缰野马上冲时，管理层迅速拿出调控法宝：推出新股发行额度。犹如一盆冰水泼灭熊熊投机之火,一天内沪市暴跌150点。1996年年底,当股指节节上升时,管理层采取降温措施。《人民日报》发表特约评论员文章《正确认识当前股票市场》使股市暂趋沉寂。1997年5月,沪深股市迅猛上涨,出现一发不可收之势,管理层接连出台强力措施,力控局面,此时,政策的威力显露无遗,这是任何技术分析都望尘莫及的。因此,把握国家对股市的政策取向和态度变化,可以帮助我们研判大势,及时作出投资抉择。

1.3.3 市场规模对股价的影响

股票市场同其他市场一样,股价的涨跌同样受到供求关系的影响,当股市出现供不应求时,股价随之上涨;当供过于求时,股价便会下跌。具体表现在买方大于卖方(即多头强于空头)时,股价上涨;卖方大于买方(即空头强于多头)时股价下跌;而当供求平衡(即多空双方力量均衡)时,多出现盘整的市况。

因此,股票的品种数和发行量对股价的涨跌具有重大影响。上市公司的增多、股票品种的增加和发行量的扩大,使市场规模越来越大。这不仅表明一个国家对于利用股市来筹集资金的认同和具有高涨的投资热情,又是证券市场繁荣的象征。

毫无疑问,股市扩容会对股价的波动带来直接影响。在股市规模小的新兴市场,由于供求关系矛盾突出,出现僧多粥少的现象,常常发生抢购股票的情况,从而导致股价暴涨,并出现炒卖中签表的现象。受此影响,股价的波动常常引发大起大落,暴涨暴跌。而当股市扩大到一定规模的时候,供求关系达到一定程度的平衡,投资者对股票的品种已有所选择,整个股市暴涨暴跌的情况不复存在,涨跌幅度较大的情况只出现在少数股票品种上。同时由于市场规模的扩大,少数机构大户操纵股市疯狂炒作更加困难,有利于股市的健康稳定发展。

股市扩容带来的另一变化就是资金的分散,新上市的股票必定会吸引一部分资金,从而分散了原有股已有的资金。就社会资金总量来说,它是相对固定的。新股的发行上市,会使一部分场外资金进入股市,但也会使场内部分资金流入新股。这就必然使供求关系发生一定的变化,导致股价的波动起伏。一般而言,新股的不断上市,扩容的步伐加快,往往使股价出现徘徊的局面。

1.3.4 心理因素对股价的影响

心理因素是指投资者心理状况对股票价格的影响。引起投资者心理变化的因素是多种多样的,有时甚至传闻和谣言也会造成投资者抢购或抛售某种股票,以致引起这种股票价格的暴涨或暴跌。因此,在股票市场上,心理因素起着十分重要的作用。其主要表现为以下五个方面。

(1) 投资心理乘数。它是指投资心理对股价影响有乘数的作用。当股票行情开始上涨时,人们对行情看好,便争先恐后买进,导致供不应求,促使股价进一步上涨。价格进一步上涨,又引诱人们进一步购买,同时也带动一部分新人加入股市,导致供求关系更加紧张,价格不断上涨。相反,当价格一跌,人们唯恐价格进一步下跌,价格越跌,人们卖出越多,供大于求越多,价格跌势越强。1991年上半年深圳股市股价大跌,投资者的心理因素是主要原因之一。投资心理有一种倾向,即行情好时更加乐观,行情跌时更加悲观。经济上的因素会造成股价的小幅变动,而投资者心理乘数将使这种价格的小波动变成大幅度变动,起到对股价变动幅度放大的作用。

(2) 投资偏好。它是指投资者在投资股票的种类上,总倾向于某一类或几类股票,特别是倾向于自己喜欢的、经常做的股票类型。经常做某种类型股票的投资者,在做股票交易时,无论怎样打转,最后还是选择自己常做的股票作为投资目标。产生投资偏好的原因,首先是由于投资动机的不同,如喜欢稳健股票的股民,其动机是取得稳定的股息收入;而喜欢冒险、希望追逐差价利润的投资者,总是在价格波动较大的投机股之间进进出出。这样的投资偏好,将导致价格稳定的股票的价格更加稳定,而价格波动大的股票的价格变得更加不稳定。投资偏好的产生,还有其他一些原因,如信息来源、操作习惯、生活和工作环境等。

(3) 嫌贵贪低。有些投资者只知道买股票就能获利,要获利就买便宜的即价格下跌的股票,而永远不会去买价格大幅度上升的股票,以求保险。这种增加对低价股票的需求而减少对高价股票的需求的投资倾向,必然会影响股票价格的变化。

(4) 盲目跟风。有些投资者容易受市场股票买卖风潮的影响,特别是受到大户投资者行为的影响,看到别人纷纷买进或卖出股票时,唯恐落后而无利可图,便一哄而上,盲目跟风。一旦有大宗股票抛售,股价有所下跌时,他们就会产生恐慌心理,急于抛出股票,以尽量减少损失。跟风越盛,股票价格下跌就越严重。有时,谣言和传闻也会影响股票价格的变动。投资者由于不明真相看到别人争购或抛售股票就紧紧跟上。

(5) 人为投机行为。人为的投机行为对股票价格的变动也会产生很大的影响。例如,极少数人利用内幕消息等人为的影响进行炒股,大进大出,短期买卖,以牟取暴利。有些投机者将股票价格炒高或炒低,低价收进,高价抛出,并诱发民众投机心理,促使一般小户投资者盲目跟风炒股,人为地影响股票的价格。为了保护股票市场的正常交易,各国都制定了有关法律,以便最大限度地控制这种人为投机因素对股价的影响。

1.3.5 《中华人民共和国证券法》对股市的影响

《中华人民共和国证券法》(以下简称《证券法》)的出台标志着我国证券市场向规范化发展跨出了关键的一步,是我国证券市场发展道路上的一个重要里程碑,对证券市场方方面面产生了巨大而深远的影响。证券投资者对这些影响保持清醒而正确的认识,有助于在将来的投资实践中找准正确的方向。

从1992年起,《证券法》的起草、审议、通过,历时6年有余,正式开会讨论5次,于1998年12月29日第9届全国人民代表大会常务委员会第6次会议通过,于1999年7月1日正式实施。2005年10月27日,第10届全国人民代表大会常务委员会第18次会议又作了修订。

《证券法》的颁布实施,对股市的发展产生了深远而重大的影响,具体表现在以下几个方面:

(1)《证券法》的出台有利于进一步规范证券市场运行。当前我国证券市场的运行显现出极不规范的特征,其突出表现之一是市场的投机性和人为操纵性较强。新颁布的《证券法》则明确禁止任何人以任何手段操纵证券交易价格,获取不当利益或转嫁风险,并对操纵证券交易价格的行为规定了严厉的制裁和惩罚措施,为我国证券市场的规范化提供了有力的法律保证。

(2) 有利于提高上市公司质量。上市公司是证券市场的基础,有品质的、良好的上市公司才会有证券市场的稳定发展。而在我国目前的证券市场上,企业在改制上市的过程中出钱包装甚至伪装,以各种虚假的信息欺骗投资者,并骗取上市资格,这种现象如果不能杜绝,整个证券市场将失去稳定的基础。已颁布实施的《证券法》对发行人、证券承销商都规定了严格的责任,以确保证券发行过程中向投资者所公布的信息的真实性,从而保证了上市公司的质量。

(3) 进一步规范证券市场的信息披露。目前,我国证券市场上上市公司的信息披露很不规范,应披露的信息未披露或披露不及时,使得投资者无法作出合理的选择,甚至有些上市公司还误导投资者。有一些人利用这些未披露的信息进行内幕交易,严重扰乱了正常的市场秩序。《证券法》以专门的章节对上市公司的持续信息公开作出了规定,其中对上市公司以后应定期和临时披露的各种信息作了详细的列举,从而使投资者能够及时、准确地了解有关信息并作出相应的判断选择。

(4) 有利于防范和减少金融风险。《证券法》的颁布和严格执行将大大减少证券市场主体的违法违规行为,使各种证券业务经营者的经营行为更加规范、合法,从而为防范和控制金融风险,促进我国证券市场的安全运行奠定了必要的法律基础。

(5)《证券法》的出台对一级市场是一个长期的利好消息。证券市场作为市场经济的重要组成部分,具有高风险、高收益、波动剧烈、投机性强等特点,尤其需要严格的法律规范和强有力的监管。我国证券市场上各种违规和欺骗投资者的行为时有发生,如操纵市场、内幕交易等,长此以往必将打击投资者的信心,证券市场也就失去了赖以生存和发展的前提。《证券法》对于维护投资者的信心,建立一个公平、有序和高效的证券市场起着不可替代的作用,对一级市场将产生长期的利好影响。

总的来说,《证券法》的颁布实施使得我国证券业的发展终于有法可依,标志着我国证券市场从此进入依法治市的新阶段。我国证券业的发展将更加繁荣兴旺,市场运作将更加规范。

1.4 股票投资模拟交易

要求学生在教师的指导下,在初步了解沪深交易所各种投资特点和交易规则的基础上,进一步认识在两市挂牌交易的各种股票的行情信息,并在开市期间,通过世华财讯软件进行股票的模拟交易。

1.4.1 登录系统

1. 登录步骤

在 Windows 系统中,依次点击"开始→程序→模拟股票投资客户端",或直接双击桌面快捷图标,系统弹出"世华财讯模拟股票交易系统(投资者端)"登录窗口,如图 1-1 所示。

图1-1　股票模拟交易系统登录窗口

请输入登录名称及密码,单击"确认"。

注:一个用户名在同一时刻只允许一个登录。同一个用户名的第二个登录将被提示用户已在线。

2. 主界面

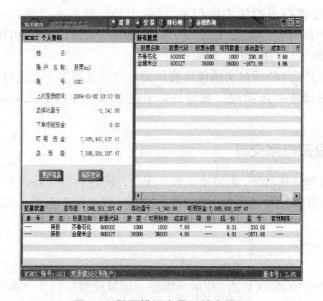

图1-2　股票模拟交易系统主界面

登录成功后,系统进入"世华财讯股票模拟交易系统(投资者端)"主界面,如图1-2所示,界面上方为功能模块区,系统设有首页、交易、排行榜、在线咨询共4个模块;界面下方为每个功能模块操作区,显示每个功能模块对应的详细内容。

3. 系统退出

单击图1-2所示主界面右上角系统关闭的快捷按钮,系统退出。

1.4.2 行情显示

进入交易界面,左侧部分即是行情信息部分,显示股票产品的最新动态行情,如图 1-3 所示。用户可以根据自己的需要选择要查看的产品。

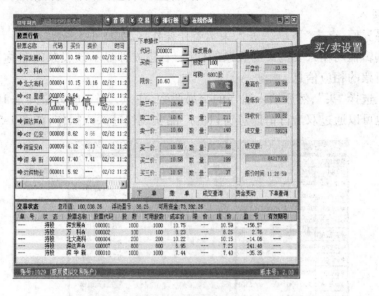

图 1-3 行情显示

在行情页面,点击鼠标右键,在弹出菜单里面选择自选产品,即可进入自选产品界面,如图 1-4 所示。

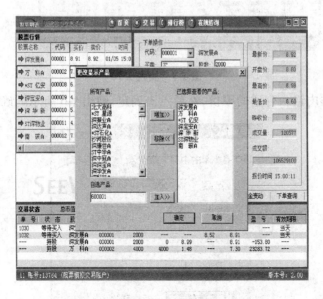

图 1-4 自选产品

选择左侧的产品列表中的产品(可以复选),然后点击增加,右边即显示自选产品列表,最多自选产品为 20 个,且自选产品列表产品不能重复。

或者在自选产品里面直接输入产品代码,点击加入按钮可以直接加入代码所对应的产品。点击确定保存自选产品列表。

1.4.3 委托交易

1. 委托买入

进入交易界面,点击"下单",进入买卖委托操作区,如图1-5所示。

在代码编辑框内输入要购买的股票的代码,右边立即显示该股票的名称,然后行情区域会显示这个股票的相应信息。

在买卖栏选择"买",然后填入适当的交易股数,注意,买入股数必须是100的倍数。

该操作也可以通过双击行情信息窗口的产品实现快速买入操作,如图1-5所示。

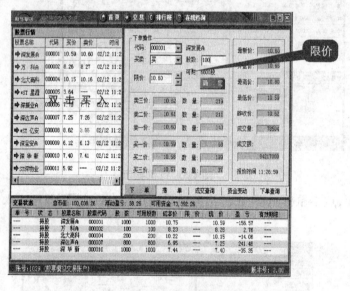

图1-5 委托买入

在限价输入框内输入合适的限价,然后点击确定,弹出1-6所示的确认对话框。

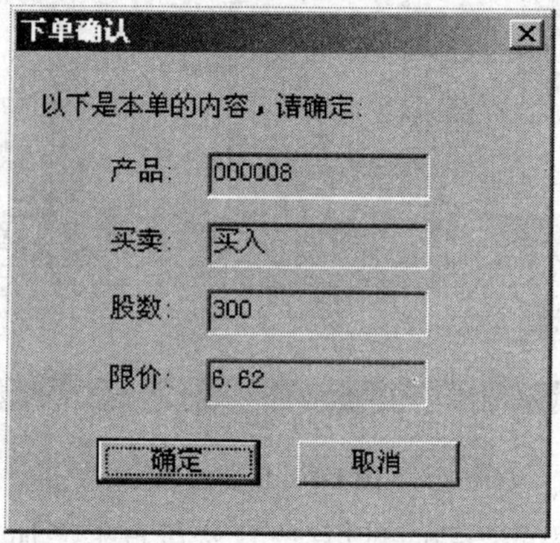

图1-6 确认对话框

点击"确定"确认下单,点击取消重新下单。

下单成功则显示图 1-7 所示提示成功界面,否则显示 1-8 所示的出错提示。

图 1-7　成功提示

图 1-8　错误提示

2. 委托卖出

进入交易界面,点击"下单",进入买卖委托操作区,如图 1-5 所示。

在代码编辑框内输入要卖的股票的代码,右边立即显示该股票的名称,然后行情区域会显示这个股票的相应信息。

在买卖栏选择"卖",该产品的可卖出股数即显示在股数编辑框内;也可以通过双击委托状态栏里的持股列表实现快速卖出操作。

在限价输入框内输入合适的限价,然后填入适当的卖出股数点击确定,再点击确认对话框的确定按钮进行下单。卖出股数也必须是 100 的倍数,只有在全卖的时候才允许零卖。

下单成功则显示提示成功界面,否则显示出错提示。

3. 委托撤单

点击"撤单",进入撤单操作区。系统显示等待成交的委托单明细,如图 1-9 所示。

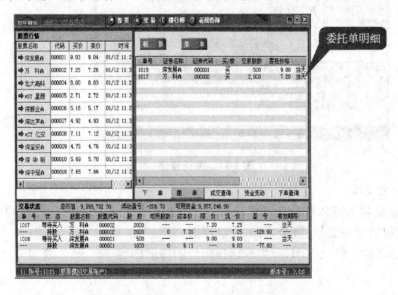

图 1-9　委托单列表

双击"委托单明细",出现如图 1-10 所示提示框,点击"是"按钮完成撤单。

图 1-10　撤单对话框

1.4.4　查询

1. 查询委托记录

点击"下单查询",进入下单查询操作区,系统自动显示当天委托记录,如图 1-11 所示。

通过"开始日期"及"结束日期"选择查询委托的起始时间,如图 1-11 所示。单击"查询"键即可查看该起始范围内的所有委托记录。

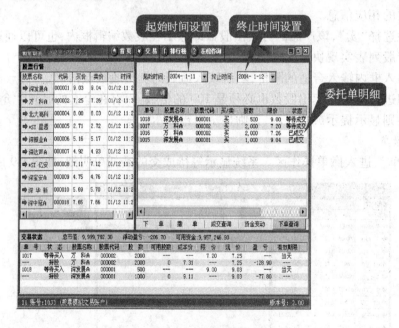

图 1-11　委托查询

2. 查询资金变动

单击"资金变动",进入资金变动模块,系统自动出现如图 1-12 所示的账户明细。账户明细显示内容包括变动金额、资金余额、变动原因、时间等信息。

可根据起始时间、终止时间、分类来选择账户明细的内容。

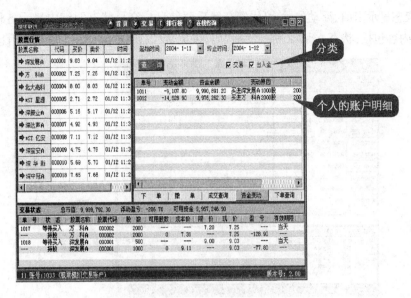

图 1-12　账户明细

3. 成交查询

点击"成交查询"键,系统弹出图 1-13 所示界面。成交单明细内容包括产品名称、股票代码、买卖、交易股数等信息。

默认情况下显示昨天到今天的成交单明细。用户也可通过选择起始时间和终止时间查看成交单的明细。

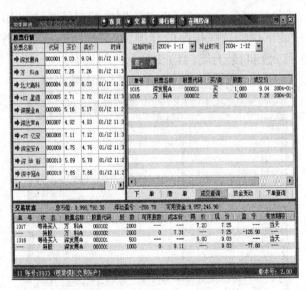

图 1-13　成交单明细

4. 查询持股和委托状态

交易状态实时显示在操作界面上,以利于用户随时查看自己的持股及委托情况。如图 1-14

所示。交易状态显示市值、浮动盈亏、可用资金等重要信息。交易状态明细内显示各种货币持仓的信息明细，内容包括：状态、产品名称、产品代码、买卖、股数、成本价、限价、盈亏等信息。

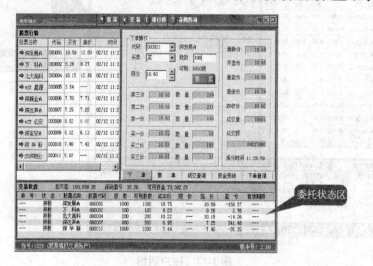

图 1-14　交易状态查询

双击委托状态栏的"持股"子项可以进行快速平仓操作，双击"等待买入"或者"等待卖出"的子项可以进行快速撤单，其功能与撤单页面相同。

5．查询交易成绩排行前 10 名

点击"排行榜"，进入排行榜模块操作区，如图 1-15 所示。

点击全校或班级，排行榜将显示全校或班级范围内的交易成绩前 10 名及本人的名次。

点击排序方式对应的下拉框选择排序的标准，即可按所需进行排序显示。本系统可按市值、成交量、最大周（月）盈利、最大周（月）交易量进行排名。

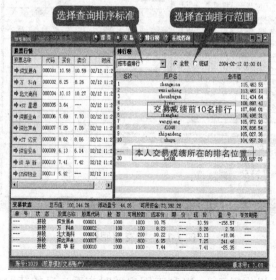

图 1-15　交易成绩排行查询

1.4.5 修改登录密码和个人信息

进入首页,点击"密码修改",进入密码修改模块操作区,如图 1-16 所示。输入旧密码,并两次输入新密码,即可修改密码。

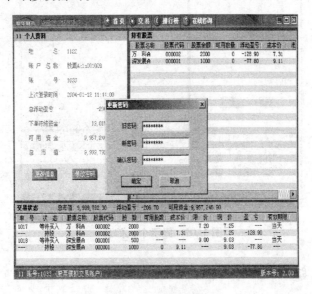

图 1-16 更新密码

点击"更改信息",进入更改信息模块操作区,如图 1-17 所示。输入昵称、姓、名即可修改个人信息,并在首页显示如图 1-18 所示的个人信息。

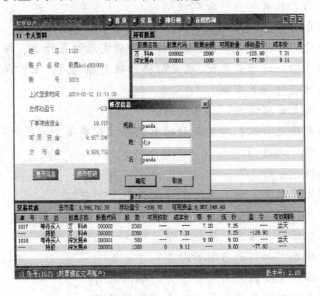

图 1-17 修改信息

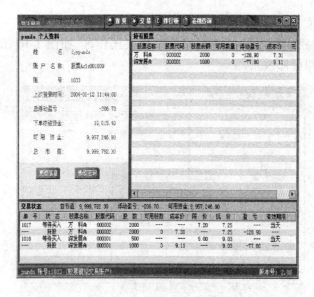

图1-18 显示个人信息

复习思考题

1. 简述什么是证券账户、资金账户、第三方存管？
2. 简述A股如何开户？
3. 证券委托交易方式有哪些？分别说明。
4. 证券委托指令有哪些？分别说明。
5. 什么是集合竞价？集合竞价时，成交价格的确定原则是什么？举例说明。
6. 什么是连续竞价？连续竞价时，成交价格的确定原则是什么？举例说明。
7. 股票投资如何进行清算交割？
8. A股交易费用主要有哪些？具体说明。
9. 新股申购的程序是什么？申购新股时有哪些注意事项？
10. 申购新股有些什么技巧？
11. 配股缴款的程序是什么？
12. 什么是特别处理股票？退市风险警示的条件有哪些？
13. 证券交易所公开披露的信息有哪些方面？
14. 什么是除权？什么是除息？举例说明。
15. 什么是融资融券？如何进行融资融券？
16. 影响股市价格的主要因素有哪些？分别举例说明。
17. 哪些宏观因素会对股价产生影响？分别举例说明。
18. 心理因素如何对股价产生影响？
19. 《证券法》对股市的影响表现在哪几个方面？

实验 2　外汇投资实务

实验目的： 能准确运用国际惯例表示任何一个货币的汇率标价方式，了解当代外汇的交易特点，掌握外汇交易的报价技巧，学会分析外汇交易的影响因素等外汇投资基本技能，使用相关金融投资交易软件进行模拟外汇交易，以帮助我们进行外汇投资。

实验内容与要求： 在初步了解外汇交易规则的基础上，通过相关证券行情交易软件，进一步认识在金融交易软件挂牌交易的各种外汇的行情信息，并在开市期间，通过新华08信息系统与世华财讯外汇模拟交易软件进行外汇投资的模拟交易，掌握外汇交易技能与技巧。

实验工具： 新华08信息系统与世华财讯外汇投资模拟交易软件。

2.1　外汇交易基础知识

2.1.1　外汇交易的商品——外汇

1. 外汇的定义

（1）动态外汇：动态外汇即国际汇兑，即外汇交易。

（2）静态外汇。

① 广义外汇指一切以外币表示的资产，它包括：a. 外国货币，包括纸币和铸币；b. 外币支付凭证，包括票据、银行存款凭证和邮政储蓄凭证等；c. 外币有价证券，包括政府债券、公司债券和股票等；d. 特别提款权；e. 其他外汇资产。

② 狭义外汇是以外币表示的，用于国际结算的支付手段。具体指银行存款、银行汇票和支票等。

2. 外汇交易中的外汇

我们先来说明一下现钞和现汇的区别与联系。

现钞是具体的、实在的外国纸币和硬币。当客户要把现钞转移出境时，可以采用携带或汇出的方式。但是，当客户采取"汇出"时，由于现钞有实物的形式，银行必须将其运至国外，运输费用将由客户承担，表现为"钞卖汇买"（客户卖出现钞、买入现汇）。可见现钞不能变成等额的现汇，如果要把现钞变成现汇，客户将在外汇金额上遭受一定的损失。

现汇是账面上的外汇。它的转移出境，不存在实物形式的转移，可以直接汇出，只是账面上的划转。现汇支取现钞时，由于汇入方已经承担了运输费，因此，现汇可以支取等额的现钞。

在外汇指定银行公布的外汇牌价中,现钞买入价小于现汇买入价,而现钞、现汇的卖出价则相等。这说明国家的外汇管理政策是:鼓励持有现汇,限制持有现钞,因为现汇作为账面上的资金比现钞更便于外汇管理。

外汇买卖的外汇是指现汇,现汇也指外汇存款账户中的"头寸",头寸实际上就是银行存款账户中的虚拟数字。

3. 外汇交易中的部位——头寸

外汇交易部位(Foreign Exchange Position):暴露在汇兑风险下的外汇买卖余额。即指留置在市场中尚未结清的合约,是一种市场约定,承诺买卖外汇合约的最初部位。外汇交易部位通常有三种情况:

(1)多头,即买超部位(Long Position):买入金额大于卖出金额;
(2)空头,即卖超部位(Short Position):卖出金额大于买入金额;
(3)平仓,即轧平(Spuare):买卖金额相等。

4. 外汇交易中的货币名称及符号

每个国家都有自己的货币及特有的货币名称和符号。在国际标准ISO04217货币代码的三个字符中,前两个字符代表该货币所属的国家或地区,第三个字符表示货币单位。如美元为USD,人民币为CNY。表2-1列举了外汇交易中一些主要交易货币。

有些交易中,也用俚语或俗称表示,如Greenback Buck为美元,Cable表示英镑,Fund表示加拿大元,TT为港元,Stocky代表瑞典克朗,Ozzie为澳大利亚元,Swissy代表瑞士法郎等。

表2-1 全球主要外汇及代码

国家(地区)	货币名称	英文简写	国家(地区)	货币名称	英文简写
中国	人民币	CNY	新加坡	新加坡元	SGD
美国	美元	USD	韩国	韩国元	DRW
日本	日元	JPY	泰国	泰国铢	THA
欧元区	欧元	EUR	印尼	印尼盾	IDR
英国	英镑	GBP	马来西亚	马来西亚林吉特	MYR
瑞士	瑞士法郎	CHF	澳大利亚	澳大利亚元	AUD
加拿大	加拿大元	CAD	中国香港地区	港元	HKD
菲律宾	菲律宾比索	PHP	新西兰	新西兰元	NZD
俄罗斯	俄罗斯卢布	SUR			

注:表中有阴影的币种为外汇交易中常用的8种基本货币。

5. 主要货币的属性

(1)欧元。

① 欧元是除美元外交易量最大的货币品种。可作为美元的对立面对冲,在美元指数里占有较大比重。

② 活跃时间是指欧洲交易时段和美国交易时段。

③ 属性较为稳定,走势较为规范,假、破的现象较少;每当美国或者欧洲有重要经济数据公布时其受到的冲击在欧系货币中属于最大的品种。

④ 起重要影响的交叉汇率有:EUR/JPY、EUR/GBP、EUR/CHF。

(2) 瑞士法郎(以下简称瑞郎)。

① 走势基本和欧元相同,由于瑞郎交叉盘在短期内一般较为稳定,因此,短线的涨跌一般情况下和欧元保持一致;但瑞郎交叉如果大幅变动,也会出现某一个币种短期相对较强的现象。

② 具有避险属性,如果世界局势不稳定,瑞郎一般会受到避险需求的青睐。

③ 相对欧元,走势较为不稳定。因此,在用技术分析的时候,要注意假、破现象的出现。

④ 起重要影响的交叉汇率有:EUR/CHF、GBP/CHF。

(3) 英镑。

① 英镑和欧元、瑞郎同属欧系币种,大的方向较为一致,偶尔会出现单独走强/走弱的行情。

② 英镑的利息较高,有时会受到高息货币走强的利好刺激而表现较为出色。

③ 波动点数较大,但从百分比上来看,与欧元、瑞郎相近。

④ 起重要影响的交叉汇率有:GBP/JPY、EUR/GBP、GBP/CHF。

(4) 日元。

① 走势较为独立。

② 容易受到交叉盘的影响。

③ 每年3月为日本财政年结算月,历史上经常在这个月份出现较大的走强行情。

④ 每年9月为日本半年财政结算月,也经常会出现大幅走强行情。

⑤ 日本政府是世界上唯一一个经常对汇市进行直接干预的政府,而且干预的方向一般是推低日元,起重要影响的交叉汇率有:EUR/JPY、GBP/JPY。

⑥ 在单边走势中,有时候会出现较长时间的盘整。

(5) 加拿大元(以下简称加元)。

① 高息币种。

② 走势和石油等商品期货有较大联系(因为加拿大是全球第二大石油出口国)。

③ 走势方向性很强,一旦出现一个中线方向,比较容易走出较大的单边行情。

④ 主要活跃时段是在美国交易时段(这个时段也是加拿大市场开市的时间)。

(6) 澳大利亚元(以下简称澳元)。

① 高息币种。

② 走势和黄金等商品期货有较大联系(因为澳大利亚黄金产量较大)。

③ 由于日本在澳洲投资较多,在日本财政结算前后,经常出现大幅下跌行情(由于日本的资金回流国内)。

④ 受新西兰元(NZD)走势影响较大。

⑤ 起重要作用的交叉汇率有:NZD/AUD。

2.1.2 外汇交易中价格——汇率

1. 汇率的定义

本币的价格:利率,利率是本币的使用价格(成本)。

外汇的价格:汇率。关于汇率的定义,有以下三种:

定义1:外汇的价格;

定义2:两种货币价格之比;

定义3:一国货币以另一国货币表示的价格。

这是从外汇买卖角度来定义,如1USD=6.8200CNY,把货币USD看成是商品,CNY看成是标价货币,则1美元商品的价格是6.8200元人民币。

利率是一个百分比数,而汇率却是一个包含两种货币的等式。如美元兑日元的汇率是:1USD = 105.20JPY;美元兑人民币的汇率是:1USD =6.8200CNY 等。

2. 价格的表示方法——汇率标价法

汇率(价格)等式的表示方法有直接标价法和间接标价法两种。

(1) 直接标价法:以"本币"表示"外币"的价格(商品"外币")。

(2) 间接标价法:以"外币"表示"本币"的价格(商品"本币")。

如果汇率表达式中的两种货币,其中一个货币固定为美元,则是美元标价法:等式中的一币种为美元。

凡是谈到直接、间接标价法,就必须分清楚谁是本币?谁是外币?但对于一个汇率表达式,有时两个货币对于我们来说都是外币,这时候就必须站在某一货币角度来判断。例如:1USD = 105JPY,如果站在JPY货币角度,即把JPY看成本币,USD看成外币,则JPY是直接标价法;如果站在USD货币角度,即把USD看成本币,JPY看成外币,则USD是间接标价法。

由此可见,同一汇率表达式既可以认为是直接标价法,也可以认为是间接标价法,只是站在不同角度而已。

3. 汇率标价法的游戏规则(国际惯例)

从汇率的定义可知汇率是两种货币价格之比,例如USD/JPY = 105/1,从数学的变换可以推出→1USD = 105JPY→1JPY = 1/105USD,在数学上这两个等式性质一样,但在标价上就会导致同种商品有两种标价方法,也就导致在交易过程中会产生混乱,也会效率低下,所以,上述等式只能二者选择其一。到底选择哪个等式来表示美元兑日元的汇率呢?这就是每个国家必须选择自己的标价方法,即直接或间接标价法中选择一种来表示自己国家货币的汇率。

汇率标价的国际惯例,即汇率表达式的游戏规则是:世界上绝大多数国家采用直接标价法,只有少数国家采用间接标价法。

采用间接标价法的少数货币是:英镑(GBP)、美元(USD)、澳元(AUD)、欧元(EUR)、新西兰元(NZD)、爱尔兰镑(LEP)。由此可见,任何两种货币的汇率表达式都是唯一的。在美元标价法下,通俗地说:美元在遇到GBP、AUD、EUR等货币时,美元在汇率等式的右边,即:1GBP = ×××USD;1AUD = ×××USD;1EUR = ×××USD,除此以外美元与任何货币在一起,都是在汇率等式的左边,占据在单位1项下的霸主地位,即 1USD = ×××JPY(HKD、

CHF、CAD、RMB……),注意 USD 在等式中的位置。

4. 外汇交易中的汇率——买入汇率与卖出汇率

外汇是一种特殊金融商品。银行经营外汇买卖业务需要一定的成本,也需要赚取一定的利润。因此,所有经过银行交易的外汇汇率都分为买入汇率和卖出汇率。在外汇市场上,通常汇率采取双向报价方式,亦即报价者(Quoting Party)同时报出买入价格(Bid Rate)及卖出价格(Offer Rate)。

买入汇率,又称"买入价"。买入价(Bid Rate)是银行向客户买入外汇(标价中列于"/"左边的货币,即基础货币)时所使用的汇率。银行的买入价也就是客户的卖出价。

在采用直接标价法报价时,银行报出的外币的两个本币价格中,前一个数字(即外币折合本币数较少的那个汇率)就是买入价;在采用间接标价法的情况下则反之,银行报出的本币的两个外币价格中,后一个较大的外币数字是银行愿意为一个单位的本币而买进的外币数,即外汇的买入价。

卖出汇率,又称"卖出价"。卖出价(Offer Rate)是指银行卖出外汇(标价中列于"/"左边的货币,即基础货币)时所使用的汇率。银行的卖出价也就是客户的买入价。

在采用直接标价法时,银行报出的外币的两个本币价格中,后一个数字(即外币折合本币数较多的那个汇率)是卖出价;在采用间接标价法报价时,本币的两个外币价格中,前一个较小的外币数字是银行愿意为一个单位的本币而付出的外币数,即外汇的卖出价。

买入价和卖出价都是站在银行(而不是客户)的角度来定的;另外,这些价格都是外汇(而不是本币)的买卖价格。所以,在实际上进行外汇买卖业务操作时,千万不要把这些关系搞混淆。买入价和卖出价的差价代表银行承担风险的报酬。

外汇买入汇率与卖出汇率的差额,称"买卖差价",一般为 1‰~5‰,计算方法是:(卖出价 - 买入价)/卖出价×100%。它构成了银行经营外汇买卖业务的利润来源。这个买卖差价越小,说明外汇银行的经营越有竞争性或外汇市场越发达。例如,美元、英镑由于交易频繁,而且交易额较大,能形成规模经济的效益,故纽约和伦敦外汇市场上,这两种货币的买卖差价只有 0.5‰。

除了买入汇率和卖出汇率以外,还有中间汇率,它是买入汇率与卖出汇率的算术平均数,即中间汇率 =(买入汇率 + 卖出汇率)/2。它是为了使报道简洁、表达方便而使用的汇率。此外,在企业内部的会计处理过程中也经常使用中间价以简化核算。但中间汇率绝非是外汇买卖业务中实际成交的价格。

我们来举两个例子加以说明:

(1)美元/日元的汇率为 115.25/115.35,表示客户向银行卖出美元买入日元(银行买入美元)的汇率为 115.25,而客户向银行卖出日元买入美元的汇率为 115.35。因此,如果客户想将 100 美元兑换成日元,那么,客户将按照 115.25 的汇率兑换得 11 525(即 100×115.25)日元;如果客户想将 10 000 日元兑换成美元,那么,客户将按照 115.35 的汇率,兑换得 86.69(即 10 000/115.35)美元。

(2)澳元/美元汇率为 0.583 0/0.584 0,表示客户卖出澳元买入美元的汇率为 0.583 0,而卖出美元买入澳元的汇率为 0.584 0。

从以上可以发现,确定汇率后,在计算兑换所得的货币数额时,还要确定是用乘法还是用除法。相关计算办法,可以用两句话来概括:"(货币)从左到右,乘以左(汇价);(货币)从右到左,除以右(汇价)。"所以,按照上述报价,要把100澳元兑换成美元时,就获得100×0.5830美元;要把100美元兑换成澳元时,就获得100/0.5840澳元。

5. 外汇交易中商品位置的确定

由于汇率的标价方式有直接标价法与间接标价法两种形式,而这两种形式的标价很容易使买入价与卖出价相混淆。在直接标价法下,买入价在前、卖出价在后;在间接标价法下,卖出价在前,买入价在后。另外,处于报价者和询价者不同立场时,买入价与卖出价也恰好相反;同时,同一汇率表达式既可以认为是直接标价法,也可以认为是间接标价法,只是处于不同角度而已。这样会被汇率的标价法翻来翻去、买卖不同价所困惑。为了使买卖双方能清楚知道外汇交易中的商品是什么、使用的是什么价,就必须明确外汇交易中买入或卖出的对象,即选择确定的商品参照物。

(1) 在直接标价法下:USD1 = JPY110.00 – 110.20。

USD是外币,JPY是本币,商品的位置在USD,110.00是买入商品USD的价格,110.20是卖出商品USD的价格。所以,在直接标价法下,商品的位置在汇率等式的单位1项下的货币,即等式的左边,买入价在前,卖出价在后。

(2) 在间接标价法下:GBP1 = USD2.5320 – 2.5360。

USD是外币,GBP是本币,USD为商品,2.5320是卖出商品USD的价格,2.5360是买入商品USD的价格。所以,在间接标价法下,商品的位置在汇率等式的右边,卖出价在前,买入价在后。

综合直接标价法和间接标价法,可以知道,外汇交易的对象是外币,即商品是外币,而商品外币的位置在汇率等式的左右两边变动,也就带来了买入价与卖出价的位置变动,所以,商品位置的不确定性就带来了买卖双方对报价的混乱,为交易带来了混淆,也降低了交易效率。

6. 外汇交易中游戏规则(国际惯例)——被报价币角色的确立

在国际外汇市场上,由于报价方式不同,为便于沟通,能清楚地表明买入或卖出的对象,我们创造了被报价币的角色。所谓被报价币(Reference Currency,RC)的角色,就是被其他货币用来表示价格的货币,在汇率上所扮演的是商品的角色,也叫基础货币(标的货币)。其计价单位为:

$$1 \text{被报价币} = \times \times \times \text{报价币}$$

不论是直接标价法还是间接标价法,凡是扮演商品角色的货币,便是被报价币。如1GBP = 1.4380 USD中,GBP是RC;1USD = 110.20JPY中,USD是RC。在外汇交易中,被报价币将时常被引用,以说明在外汇市场操作中所有的题材,也就是所有参与外汇交易的买卖双方,都是站在被报价币的角色立场来谈论的。通过被报价币的角色统一直接标价与间接标价法中的商品位置,即外汇交易的商品位置始终在汇率等式中的单位1项下的货币,即在等式的左边。我们只要抓住被报价币的角色,便可以了解外汇交易的一切。

在被报价币体系下,在直接标价法USD1 = JPY110.00 – 110.20中USD是RC,也就是商品,同直接标价法下的外币商品位置相同,所以,买入 RC(USD)的价格都是 110.00,卖出 RC(USD)的价格都是 110.20。

因为外汇交易的实质就是两种货币的交换,外汇是以一组货币对形式交易,即外汇交易是买入一种货币的同时卖出另一种货币,所以,在间接标价法 GBP1 = USD2.532 0 - 2.536 0 中,间接标价的商品是外币 USD,卖出 USD 价格是 2.532 0,2.532 0 也是买入 GBP 的价格;2.536 0 是买入 USD 价格,也是卖出 GBP 的价格。这样我们把 GBP 当成是商品,2.532 0 是买入 GBP 的价格,2.536 0 是卖出 GBP 的价格,而此时 GBP 是 RC,也是商品,即买入 RC(GBP)的价格是 2.532 0,卖出 RC(GBP)的价格是 2.536 0。

综合直接标价法与间接标价法,在 RC 体系下,商品位置都是在单位 1 项下的货币,在汇率等式的左边,这样买入价永远在前,卖出价永远在后。

因此,RC 统一了买卖对象(商品)的位置、买入价、卖出价,交易也就不会产生混乱。

7. 如何判断外汇的买卖价

要理解一个外汇交易的报价似乎令人困惑,但是如果记住两件事后,就会觉得非常简单。第一,先列示的货币是被报价币;第二,被报价币的价值总是以 1 为单位,即单位 1 项下的货币是被报价币。

美元是外汇交易市场中的中心点,主要货币对有以下三组形式:

(1) 美元作为被报价币,如美元/日元,美元/港元,美元/加元和美元/瑞郎等,对于这些货币,报价表示每一单位美元兑换多少货币对报价中的另一货币。例如:美元/日元的交易价格在 123.00,表示 1 美元等于 123.00 个单位的日元,这个数字上升表示美元的价值上升,日元的价值下降;反之,如果这个数字下降的话,则表示美元的价值下降,日元的价值上升。

(2) 美元作为报价币,如欧元/美元,英镑/美元,澳元/美元,这是例外的 3 个货币对,欧元、英镑及澳元成了被报价币。例如:欧元/美元的报价是 1.210 0,表示 1 欧元等于 1.210 0 个单位的美元,如果这个数字上升,就表示欧元的价值在上升,美元的价值在下降;相反,如果这个数字下降,则表示欧元价值下降,美元价值上升。

简而言之,如果一种货币报价上升,则被报价币会升值;而一个更低的报价意味着被报价币在贬值。

(3) 交叉货币对,是没有美元所组成的货币对。比如:欧元/日元的交易价位在 126.34,表示 1 欧元等于 126.34 日元。

在外汇交易中,客户会看到一个两边的报价,由买价与卖价组成。买价是在此价格上客户准备卖掉被报价币(同时买进相反报价币);卖价是在此价格上客户可以买进被报价币时卖掉相反报价币。银行的买卖行为恰好与客户行为相反。

8. 汇率的双向报价

(1) 以美元为中心的报价体系(往往省略 USD)。例如:Spot Cable(GBP)表示即期买卖英镑。

(2) 报价行必须同时报出买卖价(双向报价)。

(3) 报价遵循被报价币原则,商品永远站在 RC 角色上。例如:1USD = JPY110.50/60,USD 是 RC,110.50 是报价行买入 USD 的价格,即买入价;110.60 是报价行卖出 USD 的价格,即卖出价。

(4)只报后两位小数。例如:50/60。

一般情况下,报价者(Quoting Party)会同时报出买价与卖价,如 USD/CHF1.325 0/60,第一个数字(1.325 0)表示报价者愿意买入被报价币的价格,这就是所谓的买入汇率(Bid Rate);第二个数字(1.326 0)表示报价者愿意卖出被报价币的价格,这就是卖出汇率(Offer Rate)。在国际外汇市场上,外汇交易通常只会报出 50/60,一旦成交后,再确认全部的汇率是 1.325 0。依据外汇市场上的惯例,汇率的价格共有 5 个位数(含小数位数),如 USD/CHF1.325 0、GBP/USD1.783 0 和 USD/JPY132.70。

外汇汇率中的"点"(基本点)指的是什么?

按市场惯例,外汇汇率的标价通常由 5 位有效数字组成,从右边向左边数过去,第一位称为"X 个点",它是构成汇率变动的最小单位;第二位称为"X 十个点",如此类推。如:1 欧元 = 1.101 1 美元;1 美元 = 120.55 日元。欧元兑美元从 1.101 0 变为 1.101 5,称欧元兑美元上升了 5 点;美元兑日元从 120.50 变为 120.00,称美元兑日元下跌了 50 点。

一般而言,汇率价格的最后一位数被称为基本点(Point),也有人称之为 Pips 或 Ticks。这些皆是汇率变动的最小基本单位。每 100 个 Points 被称为 One Penning。将外汇交易员在报价时未曾报出的数字(USD/CHF1.325 0/60 中的 1.32),称为大数(Big Figure)。交易员未报出的原因是:在短短数秒的询价、报价及成交的过程中,汇率通常不会如此快速地变动,于是 Big Figure 便可省略不说。

图 2-1 说明了在双向报价(Two Way Quotation)中,报价银行(Quoting Bank)与询价者(Calling Customer)的相对关系。

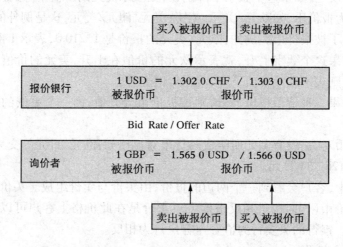

图 2-1 报价银行与询价者在汇率报价上的相对关系

我们必须掌握被报价币的角色,才不会被复杂的买卖关系所困惑。外汇交易就是以一种货币换取另一种货币的买卖行为。因此,简单地说,买入被报价币的同时就是卖出报价币。若被报价币的地位与报价币的地位互换,则买卖价位不但互换,而且互为倒数。

9. 交易员报价技巧

报价者在报价时会同时报出买入汇率(Bid Rate)及卖出汇率(Offer Rate),买入汇率与卖出汇率之间的差异,称之为价差(Spread)。价差是报价者称作外汇交易的利润及风险成本。价差愈大,报价者的利润愈大;而风险成本愈低,市场竞争力愈弱。报价者出于市场竞争力与利润的考虑,如何报出一个有竞争性(价差愈小,愈有竞争力)、又能赚取利润的汇率买卖价格,便是报价者必须面对的挑战。就市场实务而言,报价者的报价好坏,常以其所报价格之价差大小来评定;亦即,价差愈小,其报价愈好。

通常外汇交易员在报出价格时,应考虑到下列五个因素。

(1) 交易员本身已持有的外汇部位(Position)。

每位外汇交易员都有被授权的外汇部位额度(Position Limit),在额度之内,交易员尽其最大可能来赚取利润。为了控制风险,交易员是不允许其持有的部位(Holding Position)超过其被授权的部位额度。交易员报价时必须考虑其所持有的部位在目前市场的波动幅度之下,其所报的价格是否对其现有部位有利。

(2) 各种货币的极短期走势。

交易员必须对欲进行报价的货币的极短期走势有准确的预测,在此所谓极短期,可能是1小时、5分钟或5秒钟。一般而言,在银行从事报价的交易员大多是属于Intra day Trader,亦即交易员所持有的外汇部位不会超过1日以上。交易员会随着市场波动状况,随时改变自己的持有部位,以俟机获利。因此,对各种货币的极短期走势应有准确的预测,才能报出理想的价格。

(3) 市场的预期心理。

若市场有明显的预期心理,货币的走势就较易往预期的价位波动。交易员必须了解目前市场的预期心理,而调整本身的持有部位,使本身的部位处于有利状况。如此报出来的价格才不会违反市场走势,而遭到重大损失。

(4) 各种货币的风险特性。

每种货币如同人一样,各有其个性。交易员必须了解每种货币的特性,才能在报价时,报出适当的价格。

(5) 收益率与市场竞争力。

报价者在报出价格之后,即希望询价者愿意以其所报出的价格来交易;然而,为增加市场竞争力,有时需要缩小买卖价差(Spread),亦即利润相对减少。因此,交易员在报价时,必须顾及市场竞争力与利润。

综合上述五个考虑因素之后,交易员的基本报价技巧可归为四种。

以市场价 CBP/USD :1.787 0/80 为例:

① 市场预期被报价币上涨,应报高 75/80。

② 市场预期被报价币下跌,应报低 65/75。

③ 报价行不想持有该部位,应报宽 50/95。

④ 报价者有强烈交易意愿,应报窄 72/78。

10. 交叉汇率的计算

外汇交易通常都以美元报价。如果知道所有货币兑美元的汇率,那么,任何两种非美元货币之间的汇率就能够很方便地套算出来,这便是所谓的"交叉汇率"或"套算汇率"。计算交叉汇率时,正确使用买入价和卖出价是很重要的。

计算交叉汇率的方法主要有以下三种(主要考察 USD 的位置)。

(1) USD 同为被报价币。

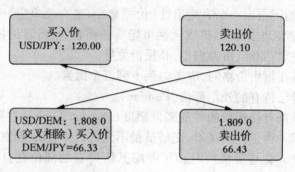

(2) USD 同为报价币。

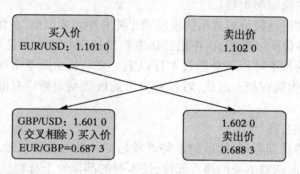

(3) USD 分别为被报价币与报价币。

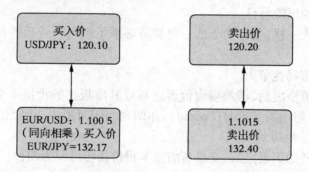

2.1.3 外汇交易

1. 外汇交易市场

外汇交易市场作为一个国际性的资本投机市场的历史要比股票、黄金、期货、利息市场短得多,然而,它却以惊人的速度迅速发展。目前,外汇交易市场每天的交易额已达 3 万亿美元以上,其规模已远远超过股票、期货等其他金融市场,已成为当今全球最大的单一金融市场和投机市场。

外汇交易市场，也称外汇"Forex"或"FX"市场，是世界上最大的金融市场，平均每天超过1兆美元的资金在当中周转，相当于美国所有证券市场交易总和的30倍。

外汇交易是同时买入一对货币组合中的一种货币而卖出另外一种货币。外汇是以货币对形式交易，例如，欧元/美元(EUR/USD)或美元/日元(USD/JPY)。

外汇交易主要有两个原因：大约每日交易周转的5%是由于公司和政府部门在国外买入或销售它们的产品和服务，或者必须将它们在国外赚取的利润转换成本国货币；另外95%的交易是为了获得盈利或者投机。

对于以营利为目的的投资者来说，最好的交易机会常常是交易那些最通常交易的（并且是流动量最大的）货币，即"主要货币"。目前，每日交易中大约有85%是这些主要货币，它包括美元、日元、欧元、英镑、瑞郎、加元、澳元和港元。

外汇交易市场是一个24小时全球交易市场，市场交易每天从悉尼开始，并且随着地球的转动，全球每个金融中心的营业日将依次开始，首先是东京，然后是伦敦和纽约。与其他的金融市场不同，外汇交易投资者可以对无论是白天或者晚上发生的经济、社会和政治事件而导致的外汇波动而随时作出反应。

外汇交易市场是一个超柜台(OTC)或"银行内部"交易市场，因为外汇交易是交易双方通过电话或者一个电子交易网络而达成的，外汇交易不同于股票和期货交易市场，不是集中在某一个交易所里进行的。

外汇交易市场之所以存在，是因为：(1)贸易和投资；(2)投机；(3)对冲。

自从外汇交易市场诞生以来，外汇交易市场的汇率波幅越来越大。1985年9月，1美元兑换220日元，而1986年5月，1美元只能兑换160日元，在8个月时间里，日元升值了27%。近几年，外汇交易市场的波幅就更大了，1992年9月8日，1英镑兑换2.0100美元，11月10日，1英镑兑换1.5080美元，在短短的2个月时间里，英镑兑美元的汇价就下跌了5 000多点，贬值25%。不仅如此，目前，外汇交易市场上每天的汇率波幅也不断加大，一日涨跌2%~3%已是司空见惯。1992年9月16日，英镑兑美元从1.8755下跌至1.7850，英镑一日下挫5%。

正为外汇交易市场波动频繁且波幅巨大，给投资者创造了更多的机会，吸引了越来越多的投资者加入这一行列。

2. 外汇交易市场的特点

外汇交易市场有以下三个主要特点。

(1) 有市无场。

西方工业国家的金融业基本上有两套系统，即集中买卖的中央操作和没有统一固定场所的行商网络。股票买卖是通过交易所买卖的。如纽约证券交易所、伦敦证券交易所、东京证券交易所，分别是美国、英国、日本股票交易的主要场所。集中买卖的金融商品，其报价、交易时间和交收程序都有统一的规定，并成立了同业协会，制定了同业守则。投资者则通过经纪公司买卖所需的商品，这就是"有市有场"。而外汇买卖则是通过没有统一操作市场的行商网络进行的，它不像股票交易有集中统一的地点。但是，外汇交易的网络却是全球性的，并且形成了没有组织的组织，市场是由大家认同的方式和先进的信息系统所联系，交易商也不具有任何组织的会员资格,但必须获得同行业的信任和认可。这种没有统一场地的外汇交易市场被称为"有市无场"。全球外汇市场平均每天达上万亿美元的交易,如此庞大的巨额资金,就是在这种既无集中的场所又无中央清算系统管制,以及没有政府的监督下完成清算和转移。

(2) 循环作业。

由于全球各金融中心的地理位置不同,亚洲市场、欧洲市场、美洲市场因时间差的关系,连成了一个全天24小时连续作业的全球外汇市场。早上8点半(以纽约时间为准)纽约市场开市,9点半芝加哥市场开市,10点半旧金山开市,18点半悉尼开市,19点半东京开市,20点半香港、新加坡开市,凌晨2点半法兰克福开市,3点半伦敦市场开市。如此24小时不间断运行,外汇市场成为一个不分昼夜的市场,只有星期六、星期日以及各国的重大节日,外汇市场才会关闭。这种连续作业,为投资者提供了没有时间和空间障碍的理想投资场所,投资者可以寻找最佳时机进行交易。比如,投资者若于上午在纽约市场上买进日元,晚间香港市场开市后日元上扬,投资者则可在香港市场卖出,不管投资者本人在哪里,他都可以参与任何市场、任何时间的买卖。因此,外汇市场可以说是一个没有时间和空间障碍的市场。

(3) 零和游戏。

在股票市场上,某种股票或者整个股市上升或者下降,那么,某种股票的价值或者整个股票市场的股票价值也会上升或下降,例如,日本新日铁的股票价格从800日元下跌到400日元,这样新日铁全部股票的价值也随之减少了一半。然而,在外汇市场上,汇价的波动所表示的价值量的变化和股票价值量的变化完全不一样,这是由于汇率是指两国货币的交换比率,汇率的变化也就是一种货币价值的减少与另一种货币价值的增加。比如在1984年前,1美元兑换360日元,而2009年,1美元兑换90日元,这说明日元币值上升,而美元币值下降,从总的价值量来说,变来变去,不会增加价值,也不会减少价值。因此,有人形容外汇交易是"零和游戏",更确切地说是财富的转移。近年来,投入外汇交易市场的资金越来越多,汇价波幅日益扩大,促使财富转移的规模也愈来愈大,速度也愈来愈快,以全球外汇每天1.5万亿美元的交易额来计算,上升或下跌1%,就是1500亿的资金要换新的主人。尽管外汇汇价变化很大,但是,任何一种货币都不会变为废纸,即使某种货币不断下跌,然而,它总会代表一定的价值,除非宣布废除该种货币。

3. 外汇交易市场中的参与者

各种类型的市场参与者,包括主要与次级的报价者、价格接受者、投资顾问、经纪人、投机商与中央银行。

(1) 主要报价者。

也称初级报价者,是指专业的交易商而言,提供外汇的双向报价,即一般所谓的市场创造者。当客户询价时,他们将提供买进与卖出的报价,并愿意根据报价买进或卖出任何合理数量的外汇。初级报价者包括:大型银行、大型投资交易商与大型企业。

初级报价者必须提供双向的报价。当A银行请求B银行提供报价时,不会表示自己希望买进或卖出。所以,B银行必须提供买进与卖出的报价。A银行或许会同时接受这两个报价,或许只接受其中一个报价。B银行提供的报价必须合理,而足以代表专业的价差;换言之,买价与卖价之间的差额应该很小。

在提供市场报价时,初级报价者扮演关键性的角色,必须承担其他交易商、公司行号或个人的风险,然后将相关的外汇风险转移到其他交易对手,以冲销原先的风险头寸。

初级市场创造者是市场中最活跃的人士,通常也极了解(仅次于中央银行)本国货币在外汇市场中的供需关系。然而,由于外汇市场的规模非常庞大,而主要外汇的造市者又为数众多,所以,即使是主要的交易商,也很难判定行情将如何变动、何时会变动以及变动的幅度将会多大。

(2) 次级报价者。

次级报价者虽然提供外汇的报价,但不是双向报价。许多服务业提供这类的报价,例如饭店与旅馆通常都接受客户以外汇结账。

期货市场的交易者也属于次级市场的交易者。这类交易者会表示买进、卖出或同时买进与卖出的意思,但他们没有必要向交易对手表示价格。虽然在某些情况下会有双向的报价,但并不普遍。

(3) 价格接受者。

第三种市场参与者是接受初级或次级报价者的报价,以供自己使用。他们不提供报价,仅接受价格。价格接受者包括公司、政府机构、小型银行、富有的个人与一般大众。

在某些情况下,大型银行也可能是价格接受者。例如,交易某些比较冷门的外汇。

(4) 投资顾问。

在世界各地,有许多机构专门为其客户建议外汇的买卖时机与种类,另一些顾问机构则为其客户设计最适当的外汇交易策略与方法。它们所提供的服务通常都要收费,但分红的方式也相当普遍。

(5) 外汇经纪商。

外汇经纪商不是交易当事人。换言之,他们买进或卖出的外汇不属于自己的头寸。交易完成时,经纪商会通知两位交易当事人(通常是银行)。只要两位当事人之间没有受到类似信用额度的限制,双方可以各自签发单据给对方。经纪商只是为银行间市场提供服务,但未介入实际的交易。大型的经纪商通常属于全球性的机构,并为银行间市场提供一天24小时的服务,才能够使初级报价者为其客户做全天候的服务。

(6) 投机商。

对某些人来说,投机这个名词具有负面含义。市场出现的大幅走势经常被归咎于投机行为,这种说法有时候没错。在外汇市场中,投机性的交易活动占有相当大的比例,而且可以造成汇率的严重波动,这些波动通常有害全球经济的发展;然而,市场确实需要这些投机性的活动,因为它们可以提供市场流动性,以处理"非投机性"的交易。如果市场不具备这类的流动性,则买卖报价的汇率价差会扩大,交易的撮合会延缓,大额的交易将很难成交。所以,投机行为虽然具有某种程度的负面意义,却是外汇市场能够有效运作的重要贡献者。

(7) 中央银行。

中央银行是政府的专属银行。政府在中央银行开立银行账户,处理相关的收支活动。政府发生赤字的时候,需要筹措资金,发行短期或长期的债务工具。

利率走高可以压抑通货膨胀,常是基于国内经济的考虑。另外,利率也可以用来调整汇率。利率上升可以吸引国外的资金,促使本国货币升值。货币升值可以使进口价格下跌,压低国内的物价水平。然而这也将同时牺牲经济成长。

① 中央银行可以通过许多方式来影响利率水平。最重要的如下:

a. 在发行新的债务工具时,是否采用货币化的手段。

b. 公开市场操作。买卖政府先前所发行的债务工具,并借此收缩或扩张货币供给。

c. 直接增加或减少银行体系的现金。以加拿大为例,每家大型银行都在加拿大银行(央行)设有账户。加拿大银行可以增加或减少这些账户的余额。银行体系将被迫筹措所减少的资金,或运用所增加的资金。

d. 调整存款准备金的比率。中央银行调高存款准备金的比率时,将减少银行体系可供贷款的资金,因此,减少货币供给。虽然中央银行很少调整存款准备金的比率,但仍然是其控制手段之一。

② 中央银行可以通过各种渠道直接干预外汇市场:

a. 直接通过银行体系;

b. 通过经纪商;

c. 通过期货市场;

d. 以自己的名义与其他中央银行交易。

中央银行的干预可能只是为了稳定市场,也可能是为了扭转汇率的走势。在某种情况下,可能只是试盘,以观察市场对于大量干预的可能反应;也可能试图操纵汇率的升贬。除了直接干预以外,中央银行也可以通过货币政策或道德劝说进行干预。

4. 外汇交易市场的发展

回顾国际外汇市场的发展历史,国际外汇市场主要经历了以下几个阶段:

(1) 8世纪前,以贵金属作为两国交换货币之评价基准。

(2) 金本位制度(The Gold Standard),是人类历史上最有系统的国际支付制度(International Payment System)。

(3) 第二次世界大战之后,则演变成为以国际货币基金为中心的金汇兑本位制度(Gold Exchange Standard)——布雷顿森林体系。

(4) 1970年以后各国先后改用浮动汇率制度(Floating Exchange Rate System),以牙买加协定为代表。

(5) 以美元为主,其他货币为辅的多种准备制度(Multiple Currencies Reserve System)。

5. 主要外汇市场交易时段

表2-2列出了主要外汇市场的交易时段。

表2-2 外汇市场交易时间表

地区	城市	开市时间	收市时间	活跃品种	活跃程度
大洋洲	新西兰惠灵顿	04:00	13:00	AUD、NZD	较小
	悉尼	7:00	15:00	AUD、NZD	较小

续表

地区	城市	开市时间	收市时间	活跃品种	活跃程度
亚洲	东京	8:00	16:00	JPY	一般
	香港	9:00	17:00	JPY、HKD	一般
	新加坡	9:00	17:00	NZD、JPY	一般
	巴林	14:00	22:00	USD	较小
欧洲	法兰克福	16:00	0:00	JPY、EUR、GBP、CHF	较好
	苏黎世	16:00	0:00	CHF	一般
	巴黎	17:00	1:00	EUR	一般
	伦敦	18:00	2:00	所有币种	活跃
北美洲	纽约	20:00	4:00	所有币种	活跃
	洛杉矶	21:00	5:00	所有币种	一般

2.2 外汇价格预测分析

2.2.1 基本因素分析

基本分析是外汇交易分析和预测的基本形式和方法,是指外汇交易主体根据客观因素(如政治和经济等因素)的变化状况,推断外汇汇率的走向和趋势,从而采取相应决策行为的过程和形式。一般来说,汇率的走向是由供求关系决定的,当一种外汇的买家多于卖家时,汇率就会上升;反之则下跌。实际上,决定和影响外汇供求关系的因素很多。例如,当中东局势紧张的时候,美元汇率就会上升;当欧洲央行连续加息时,欧元汇率就会出现一定程度的反弹;而当日本公布的经济数据显示其经济状况未有明显好转时,日元汇率大多会下挫。这些影响外汇供求的因素可以归纳为基本经济因素、心理预期因素、政治和新闻因素、中央银行干预和市场投机因素等。下面,我们将分别讨论各因素对汇率走向的影响和作用。

1. 基本经济因素

一定的经济状况和关系决定一定的金融状况和关系及其外汇汇率的走向,同时后者对前者又具有一定的反作用。因此,从根本的经济关系来看,货币和金融现象及状况是基本经济因素和关系的表象和实现形式。经济因素永远是主导金融及外汇市场变化的最基本因素。影响外汇汇率波动的基本经济指标主要包括:(1)国内生产总值(GDP);(2)通货膨胀指标,包括:生产者物价指数(PPI)、消费者物价指数(CPI)、零售物价指数(RPI);(3)货币指标,包括:货币供应量、利率;(4)生产指标,包括:失业率、非农就业数据、新屋开工率、设备使用率、工业生产指数、商业存货、耐用品订单;(5)贸易指标,包括:外贸平衡数、流动账数据。

一般来说,在经济数据公布之前,市场会讨论可能的情况,形成预期。外汇交易也会根据这些预期来进行。因此,实际的数据公布时,如果符合市场的预期,汇率就不再作反应;反之则会产生相应的走势。要深入分析市场的形势和预测汇率未来的变化,就要仔细研究和认识每一项经济指标的意义,这是外汇交易基本分析的要义之一。

(1) 国内生产总值。

一国的 GDP 大幅增长,反映出该国经济状况蓬勃发展,国民收入增加,消费能力也随之增加。在这种情况下,该国的中央银行将有可能提高利率,紧缩货币供给,国家经济表现良好及利率的上升会增加该国货币的吸引力;反之,该国货币的吸引力就会下降。因此,一般来说,高经济增长率会推动本国货币汇率的上升,而低经济增长率则会造成本国货币汇率的下跌。

但实际上,经济增长率差异对汇率变动产生的影响是多方面的。例如,在美国,国内生产总值由商务部负责分析统计,惯例是每季估计及统计一次。每次在发表初次预测数据后,还会有两次的修正公布,主要发布时间在每个月的第三个星期。国内生产总值通常用来与上年同期作比较,如有增加,就说明经济发展较快,有利于货币升值;反之则会使货币有贬值的压力。以美国来说,国内生产总值能有 3% 的增长,表明经济发展是健康的,高于此水平表示有通胀压力;低于 1.5% 的增长,就显示经济放缓和有步入衰退的迹象。

(2) 利率。

利率是影响汇率最重要的因素。当某种货币的利率上升,持有该种货币的利息收益增加,则会吸引投资者买入该种货币,因此,对该货币有利好支持;如果利率下降,持有该种货币的收益就会减少,该种货币的吸引力就会下降。因此,可以说"利率升,货币强;利率跌,货币弱"。

在一般情况下,美国利率下跌,美元的走势就疲软;美国利率上升,美元走势就偏好。20 世纪 80 年代前半期,美国存在着大量的贸易逆差和巨额的财政赤字,而美元依然坚挺,就是美国实行高利率政策,促使大量资本从日本和西欧流入美国的结果。美元的走势,受利率的影响很大。

(3) 通货膨胀率。

按照一价定律和购买力平价理论,当一国的通货膨胀率高于另一国时,该国货币实际代表的价值相对另一国减少,则该国货币汇率就会下跌;反之,则会上升。

例如,20 世纪 90 年代前,日元和原西德马克汇率十分坚挺的一个重要原因就是这两个国家的通货膨胀率一直很低。而英国和意大利的通货膨胀率经常高于其他西方国家的平均水平,故这两国货币的汇率一直处于跌势。

许多外汇市场分析人员十分注重考察零售物价指数的变化。社会经济发展迅速,个人消费增加,便会导致零售物价上升。该指标持续上升,将可能带来通货膨胀上升的压力,令政府收紧货币供应,利率趋升为该国货币带来利好的支持。因此,该指数向好,理论上亦会利好该国货币。

(4) 失业率。

一般情况下,失业率下降,代表整体经济健康发展,利于货币升值;失业率上升,便代表经济发展放缓衰退,不利于货币升值。美国劳工统计局每月均对全美家庭抽样调查,如果该月美国公布的失业率数字较上月下降,表示雇佣情况增加,整体经济情况较佳,有利美元上升;如果失业率数字大,显示美国经济可能出现衰退,对美元有不利影响。1997 年和 1998 年,美国的失业率分别为 4.9% 和 4.5%,1999 年失业率又有所下降,达到 30 年来最低点。

这显示美国经济状况良好,有力地支持了美元对其他主要货币的强势。

另外,失业率数字的反面是就业数字(The Employment Report),其中最具有代表性的是非农业就业数字为失业率数字中的一个项目。当非农业数字大幅增加时,理论上对汇率应属有利;反之则相反。

(5) 耐用品订单。

当耐用品订单大幅下降时,可反映出制造业疲软,制造业疲软将会令失业率增加,经济对该国表现较淡,对该国货币不利;反之,当经济表现蓬勃时,耐用品订单亦会随之而上升,会利好该国货币。

(6) 外贸平衡数字。

当该国外贸赤字扩大时,就会利淡该国货币,令该国货币下跌;反之,当出现外贸盈余时,则是利好该国货币。因此,国际贸易状况是影响外汇汇率十分重要的因素。日美之间的贸易摩擦充分说明了这一点。美国对日本的贸易连年出现逆差,致使美国贸易收支恶化。为了限制日本对美贸易连年出现的顺差,美国政府对日施加压力,迫使日元升值。而日本政府则千方百计防止日元升值过快,以保持较有利的贸易状况。

如果一国国际收支出现顺差,对该国的货币需求就会增加,流入该国的外汇就会增加,从而导致该国货币汇率上升;反之,流入该国的外汇就会减少,从而导致该国货币汇率下降,该国货币贬值。例如,美元汇率下跌的一个重要原因,就是美国的贸易逆差愈益严重;相反,日本由于巨额的贸易顺差,国际收支情况较好,日元的外汇汇率呈不断上升的趋势。

(7) 外汇储备状况与外债水平。

如果一国货币遭受到投机力量的冲击,且在短期内不能满足外汇市场上突然扩大的外汇流动,这一货币也只好贬值。从1998年的亚洲金融危机看,在浓厚的投机氛围下,缺乏耐心的国民和谨慎的外国投资者常常丧失对货币的信心,成为推动外汇市场剧烈波动的致命力量。在这一力量的推动下,政府维护汇率的努力实际远在储备降为零之前就已经被迫放弃。

(8) 综合领先经济指标。

综合领先经济指标又称先行指标指数,是指一系列引导经济循环的相关经济指标和经济变量的加权平均数,它每月公布一次。如指标较上月有增加,便代表经济增长持续,若能连续上升10个月以上,就表示有通胀及收紧银根的压力;但若出现连续3个月的下跌,甚至出现负增长,则象征经济放缓或衰退。综合领先经济指标上升,显示该国出现经济增长,有利于该国货币表现;如果此指标下降,则显示该国有经济放缓或衰退的迹象,对该国家货币构成不利的影响。

(9) 其他指标。

除了上面单独介绍的一些重要指标外,还有以下四个指标须了解和把握:

① 如果生产完成之后,销售量快,大众消费强,存货量当然就会降到最低程度,商品流转速度快,经济状况良好,货币汇率会呈上升趋势;相反,存货量堆积,资金积压,有生产、无消费,则经济不景气,利淡外汇汇率。

② 新房屋建设数字增加,代表整体经济良好或代表衰退的经济将要复苏,对外汇汇率

是利好；相反，该数字下降，显示经济景气差，或指健康的经济情况将要转坏，利差货币。

建筑业与汽车业还是两个具有代表性的行业，当经济欠佳时，是最先衰退的两个部门；当经济好转时，是最先复苏的两个部门，因此，外汇交易市场对该指标极为敏感。

③ 一般情况下，外汇交易市场对政府预算赤字持怀疑态度，当赤字增加时，市场会预期该货币走低；当赤字减少时，会利好该货币。

④ 个人收入提升总比下降好，个人收入提升代表经济景气，下降当然是放缓、衰退的征兆，对货币汇率走势的影响不言而喻。如果个人收入上升过急，央行担心通货膨胀，又会考虑加息，加息当然会对货币汇率产生强势的效应。

2. 心理预期分析

以美元为例，没有预期时：货币供给量↑→利率↓→美元汇率↓；有预期时：货币供给量↑→预期价格水平↑→预期汇率贬值↓。在存在通货膨胀的压力和预期通货膨胀时，货币供给的增加都会导致美元的贬值。它包括两个部分：一是由于利率的降低而引起的；二是由通货膨胀的预期而引起的。显然，有通货膨胀的预期时，货币贬值的幅度要更大一些。

3. 政治和新闻因素

从任何一种主要外汇对美元汇率的长期走势图中，人们都可以发现国际政治、经济格局的变化情况。由于每次突发事件，每项重要的经济统计数据都会在每天的外汇市场上引起剧烈的波动，使汇率涨跌史成为国际政治经济发展史的一个缩影。从事外汇投资，进行外汇交易的基本分析，把握外汇走势的长期趋势，要十分注意分析政治和新闻因素的作用，只有认清它的作用规律，才能在外汇市场立于不败之地。

影响外汇交易行情的政治和新闻因素包括政权的更迭、选举、战争、重大政策的改变等。某些政治事件即将发生时，由于其中所涉及的不确定性，也就是说事情不明朗时，外汇汇率通常会走软。在某些情况下，市场可能对事件结果有相当把握，汇率也会预先反映相关的预期，或是上升，或是下降。在政治和新闻事件发生之前，往往会先出现一些传言，外汇交易市场对各种政治和新闻传言会作出相应的反应。如果传言确实可信，汇率会产生反应；当传言被证实，市场可能不再反应。所以，有一句古老的格言："传言出现时买进，传言证实后卖出"（Buy the rumour, sell the fact）。

4. 投机因素

投机性因素是影响外汇汇率走势的重要因素，据国际清算银行（BIS）的统计，全球外汇交易额中有80%的交易是投机性交易，因此，外汇交易的基本分析必须研究投机因素如何影响外汇市场的走势。在浮动汇率制度下，许多经济学家认为浮动汇率制度本身存在着某种内在稳定机制，即当某种货币贬值时，投机者会买进这种货币；当某种货币升值时，投机者会卖出这种货币，投机者的行为对汇率具有稳定的冲击。如果投机者的行为是不稳定的，他们低卖高买，那么他们将蒙受损失，最终会在外汇市场上消失。

5. 中央银行的干预

中央银行的干预可能只局限在稳定汇价的范围内。它们的干预可能是希望扭转汇率走势，或仅测试市场的走势，也可能试图操纵汇率的升值与贬值。它们可以直接干预汇率，也可以通过利率政策来进行间接的干预，甚至采用道德劝导或威胁。它们有时成功，有时失败。然而,从整体来说,现在的中央银行都有丰富的经验,并掌握完备的市场信息,所以中央银行的意图与行为都应该被视为重要的市场因素。

需要指出的是,还应该注意把握以下几点:

(1) 全面分析资料。注意对影响国际金融市场的因素的全面分析,尽可能找比较充分的资料,防止由于片面性的信息导致作出错误的判断。

(2) 掌握最新信息。某些新近的信息,如某个国家的某项经济政策、某个地区发生的自然灾害等都可能对国际金融市场带来影响,也许这种影响不一定马上发生,而一旦发生影响,对毫无防备的投资者来说可能就是致命的一击。

(3) 结合技术分析法。在外汇买卖交易中,最为重要的是对外汇汇率的走势进行正确的预测,而一项正确预测的得出既依赖于对影响外汇汇率走势的基本因素分析,也依赖于外汇交易的技术分析。

2.2.2 影响美元的基本面因素

影响美元的基本面因素主要有以下 13 个。

(1) 美国联邦储备银行,简称美联储(Federal Reserve Bank,Fed),是美国的中央银行,其以完全独立的货币政策,来保证经济获得最大程度的非通货膨胀增长。它的主要政策指标包括:公开市场运作(Open Market Operation)、贴现率(Discount Rate)、联邦资金利率(Fed Funds Rate)。

(2) 联邦公开市场委员会(Federal Open Market Committee,FOMC)主要负责制定货币政策,包括每年制定 8 次关键利率调整公告。FOMC 共有 12 名成员,由 7 名政府官员、纽约联邦储备银行总裁以及从其他 11 个地方联邦储备银行总裁中选出的任期为 1 年的 4 名成员组成。

(3) 利率(Interest Rate)、联邦资金利率(Fed Funds Rate),是最为重要的利率指标,也是储蓄机构之间相互贷款的隔夜贷款利率。当 Fed 希望向市场表达明确的货币政策信号时,会宣布新的利率水平。每次这样的宣布都会引起股票、债券和货币市场较大的动荡。

(4) 贴现率(Discount Rate),是商业银行因储备金等紧急情况向 Fed 申请贷款而被 Fed 收取的利率。尽管这是个象征性的利率指标,但是其变化也会表达强烈的政策信号。贴现率一般都小于联邦资金利率。

(5) 30 年期国库券(30-Year Treasury Bond),也叫长期债券,是市场衡量通货膨胀情况的最为重要的指标。市场在很多情况下,都是用债券的收益率而不是用价格来衡量债券等级的。和所有的债券相同,30 年期的国库券和价格呈负相关。长期债券和美元汇率之间没有明确的联系,但是,一般会有如下的联系:因为考虑到通货膨胀的原因导致的债券价格下跌,即收益率上升,可能会使美元受压。这些考虑可能是由于一些经济数据引起的。

但是,随着美国财政部的"借新债还旧债"计划的实行,30 年期国库券的发行量开始萎缩,随即 30 年期国库券作为一个基准的地位开始让步于 10 年期国库券。根据经济周期的不同阶段,一些经济指标对美元有不同的影响:当通货膨胀不成为经济的威胁的时候,强经济指标会对美元汇率形成支撑;当通货膨胀对经济的威胁比较明显时,强经济指标会打压美元汇率,手段之一就是卖出债券。

作为资产水平的基准,长期债券通常会受到由于全球资本流动而带来的影响。新兴市场的金融或政治动荡会推高美元资产,此时,美元资产作为一种避险工具,会间接地推高美元汇率。

(6) 10年期短期国库券(10-Year Treasury Note),当我们比较各国之间相同种类债券收益率时,一般使用的是10年期短期国库券。债券间的收益率差异会影响到汇率。如果美元资产收益率高,会推高美元汇率。

(7) 3月期欧洲美元存款(3-Month Eurodollar Deposits),欧洲美元是指存放于美国国外银行中的美元存款。如:存放于日本国外银行中的日元存款称为"欧洲日元"。这种存款利率的差别可以作为一个对评估外汇利率很有价值的基准。以USD/JPY为例,欧洲美元和欧洲日元存款之间的正差越大,USD/JPY的汇价越有可能得到支撑。

(8) 财政部(Treasury),美国财政部负责发行政府债券,制定财政预算。财政部对货币政策没有发言权,但是其对美元的评论可能会对美元汇率产生较大影响。

(9) 经济数据(Economic Data)(见美国经济数据情况表2-3,经济指标的含义表2-4)。
表2-3列出了美国经济数据的相关情况。

表2-3 美国经济数据情况表

经济数据名称	公布时间	公布大致日期	公布部门	排位
国内生产总值	21:30	第一季度的月底	商务部	1
失业率	21:30	每月的第一个周五	劳工部	2
零售销售	21:30	每月月中13、14、15日	商务部	3
消费者信心指数	23:00	每月月底	咨询商会	4
商业和批发、零售和库存	21:30/23:00	每月月中	商务部	5
采购和非采购经理人指数	23:00	每月月初1、2、3日	供应管理学会	6
工业生产	21:15/22:15	每月15日	美联储	7
工业订单和耐用品订单	23:00/21:30	每月月底或月初	商务部	8
领先指标	23:00	每月月中或靠近每月月底	咨询商会	9
贸易数据	21:30	每月月中或靠近每月月底	商务部	10
消费者物价指数	21:30	每月20—25日	劳工部	11
生产者物价指数	21:30	每月第二个周五	劳工部	12
预算报告	21:30	每月月底	财政部	13
新屋出售、开工率和营建	21:30/23:00	每月月中或靠近每月月底	商务部	14
个人收入和支出	21:30	每月月初	商务部	15

表2-4列出了对美国这些经济指标含义的解释。

表2-4 美国经济指标解释表

经济指标	指标解释
失业率(Unemployment)	它作为反映一国宏观经济发展的晴雨表,预示着该国经济当前与前景发展的好坏,势必影响货币政策的制定,对汇率产生重大影响。
非农就业人口(Nonfarm Payroll Employment)	美国的就业报告数据,与失业率一同公布。通常公布时间为每月第一周的周五。
国民生产总值(GNP)	目前各国每季度公布一次,它以货币形式表现了该国在一个时期内所有部门的全部生产与服务的总和,是不同经济数据的综合表现,反映了当前经济发展的状况。
国内生产总值(GDP)	目前各国每季度公布一次,显示了该国在一定时期境内的全部经济活动,包括外国公司在其境内投资建立子公司所产生的盈利。
生产者价格(物价)指数(PPI)	显示了商品生产的成本(生产原材料价格的变化)对未来商品价格的变化,从而影响今后消费价格、消费心理的改变。
消费者物价指数(CPI)	反映了消费者目前花费在商品、劳务等方面的价格变化,显示了通货膨胀的变化状况,是人们观察该国通货膨胀的一项重要指标。
个人收入(Personal Income)	包括一切从工资及社会福利所取得的收入,反映该国个人的实际购买力水平,预示未来消费者对于商品、服务等需求的变化。
个人消费支出(Personal Consumption Expenditures)	包括个人购买商品和劳务支出两方面的支出,是衡量居民消费支出的重要标志。
消费者信心指数(Consumer Sentiment Index)	反映该国国民对其经济发展的看好程度,预示未来消费支出的变化。
工业生产指数(Industrial Production)	工业生产指数反映该国生产和制造业的总生产情况。
住房开工率(Housing Starts)	衡量该国建筑业活跃程度的指标,由于建筑业为经济发展变化周期中的先导产业,预示未来经济的变化。
采购经理人指数(PMI)	反映了制造业在生产、订单、价格、雇员、交货等各方面综合发展状况的晴雨表,通常以50%为分界线,高于50%被认为是制造业的扩张,低于50%则意味着经济的萎缩。
全美采购经理人协会指数(NAPM)	美国的采购经理人指数,与芝加哥采购经理人指数在前后两天公布。
零售销售指数(Retail Sales Index)	反映了不包括服务业在内的零售业以现金、信用卡形式的商品交易情况。
批发物价指数(Wholesale Price Index)	反映了不包括劳务在内的大宗物资批发价格,如原料、中间商品、最终产品和进出口品等。
对外贸易(贸易收入)(Foreign Trade)	反映了该国在一个时期内对外贸易总额的收入与支出的对比,即货币流入、流出的情况,此数据对各国汇率的重要性一般情况下依次为日本、英国、欧元区、美国。

经济指标	指标解释
工厂订单(Factory Order)	反映了消费者、厂商或政府对未来商品产出的需求。
耐久商品订单(Durable Good Orders)	指不易损耗的商品的订购,如车辆、电器等,反映了短期内制造商生产和投资支出情况。
设备使用率(Capacity Utilization)	工业生产中对设备使用的比率,通常80%的设备使用率被认为是工厂和设备的正常闲置。
经常账户(Current Account)	指该国与外国进行商品、劳务进出口、投资等所产生的资金流入、流出情况。
商业库存(Business Inventory)	反映商业部门对短期信贷的需求,商业库存增加,可能带动短期利率的上升,经济发展减缓,表明经济可能进入停滞状态。

（10）股市(Stock Market)。3种主要的股票指数为:道·琼斯工业指数(Dow Jones Industrial Index, Dow),标准普尔500指数(5&P500)和纳斯达克指数(NASDAQ)。其中,道·琼斯工业指数对美元汇率影响最大。从20世纪90年代中期以来,道·琼斯工业指数和美元汇率有着极大的正关联性(因为外国投资者购买美国资产的缘故)。影响道·琼斯工业指数的3个主要因素为:①公司收入,包括预期和实际收入;②利率水平预期;③全球政经状况。

（11）交叉汇率影响(Cross Rate Effect)。交叉盘的升跌也会影响到美元汇率。

（12）联邦资金利率期货合约(Fed Funds Rate Futures Contract)。这种合约价值显示市场对联邦资金利率的期望值(和合约的到期日有关),是对联邦政策的最直接的衡量。

（13）3月期欧洲美元期货合约(3-Month Eurodollar Futures Contract)。和联邦资金利率期货合约一样,3月期欧洲美元期货合约对于3月期欧洲美元存款也有影响。例如,3月期欧洲美元期货合约和3月期欧洲日元期货合约的息差决定USD/JPY未来走势的基本变化。

2.2.3 影响欧元的基本面因素

影响欧元的基本面因素有以下9个。

（1）欧元区(The Eurozone)。由16个国家组成,分别为德国、法国、意大利、西班牙、荷兰、比利时、奥地利、芬兰、葡萄牙、爱尔兰、卢森堡、希腊、斯洛文尼亚、塞浦路斯、马耳他和斯洛伐克,均使用欧元作为流通货币。

（2）欧洲央行(European Central Bank, ECB)。控制欧元区的货币政策。决策机构是央行委员会,由执委和12个成员国的央行总裁组成。执委包括ECB总裁,副总裁和4个成员国。

（3）ECB的政策目标,首要目标就是稳定价格。其货币政策有两大主要基础:一是对价格走向和价格稳定风险的展望。价格稳定主要通过调整后的消费物价指数(Harmonized Index of Consumer Prices, HICP)来衡量,使其年增长率低于2%。HICP尤为重要,由一系列指数和预期值组成,是衡量通货膨胀的重要指标。二是控制货币增长的货币供应量(M3)。ECB将M3年增长率的参考值定为4.5%。ECB每两周的周四举行一次委员会,来制定新的利率指标。每月的第一次会议后,ECB都会发布一份简报,从整体上公布货币政策和经济状况展望。

（4）一般利率（Interest Rates）。是央行用来调节货币市场流动性而进行的"借新债还旧债"中的主要短期汇率。它和美国联邦资金利率的利差，是决定 EUR/USD 汇率的因素之一。

（5）3个月欧洲欧元存款（3-Month Eurodeposits Euribor）。指存放在欧元区外的银行中的欧元存款。同样，这个利率与其他国家同种同期利率的利差也被用来评估汇率水平。如当3个月欧洲欧元存款利率高于同期3个月欧洲美元存款利率时，EUR/USD 汇率就会得到提升。

（6）10年期政府债券（10-Year Government Bonds）。其与美元10年期国库券的利差是另一个影响 EUR/USD 的重要因素。通常用德国10年期政府债券作为基准。如果其利率水平低于同期美国国库券，那么如果利差缩小（即德国债券收益率上升或美国国库券收益率下降），理论上会推升 EUR/USD 汇率。因此，两者的利差一般比两者的绝对价值更有参考意义。

（7）经济数据（Economic Data）。最重要的经济数据来自德国，因为其是欧元区内最大的经济体。主要数据包括：GDP，通货膨胀数据（CPI 或 HCPI），工业生产和失业率。如果单独从德国看，则还包括 IFO 调查（是一个使用广泛的商业信心调查指数）。另外，还有每个成员国的财政赤字，依照欧元区的稳定和增长协议（The Stability and Growth Pact），各国财政赤字必须控制在占 GDP 的 3% 以下，并且各国都要有进一步降低赤字的目标。除此之外，还要考虑到交叉汇率（Cross Rate Effect）的影响，同美元汇率一样，交叉盘也会影响到欧元汇率。

（8）3月期欧洲欧元期货合约（3-Month Euro Futures Contract, Euribor）。这种合约价值显示市场对3个月欧洲欧元存款利率的期望值（和合约的到期日有关）。例如，3月期欧洲欧元期货合约和3月期欧洲美元期货合约的利差决定 EUR/USD 未来走势的基本变化。

（9）政治因素（Political Effects）。和其他汇率相比，EUR/USD 最容易受到政治因素的影响，如法国、德国或意大利的国内因素。俄罗斯国家政治金融上的不稳定也会影响到欧元，因为有相当大一部分德国投资者在俄罗斯投资。

2.2.4 影响英镑的基本面因素

影响英镑的基本面因素有以下10个。

（1）英国央行（Bank of England, BOE）。从1997年开始，BOE 获得了独立制定货币政策的职能。政府用通货膨胀目标作为物价稳定的标准，一般用除去抵押贷款外的零售物价指数（Retail Prices Index Excluding Mortgages, RPI-X）来衡量，年增长率控制在 2.5% 以下。因此，尽管独立于政府部门来制定货币政策，但是 BOE 仍然要符合财政部规定的通货膨胀标准。

（2）货币政策委员会（Monetary Policy Committee, MPC）。此委员会主要负责制定利率水平。

（3）利率（Interest Rates）。央行的主要利率是最低贷款利率（基本利率）。每月的第一周，央行都会用利率调整来向市场发出明确的货币政策信号。利率变化通常都会对英镑产生较大影响。BOE 同时也会通过每天对从贴现银行（指定的交易货币市场工具的金融机构)购买政府债券,通过对交易利率的调整来制定货币政策。

(4) 金边债券(Gilts)。英国政府债券也叫金边债券。同样,10年期金边债券收益率与同期其他国家债券或美国国库券收益率的利差也会影响到英镑和其他国家的汇率。3个月欧洲英镑存款(3-Month Eurosterling Deposits),存放在非英国银行的英镑存款称为欧洲英镑存款,其利率和其他国家同期欧洲存款利率之差也是影响汇率的因素之一。

(5) 财政部(Treasury)。其制定货币政策的职能从1997年以来逐渐减弱,然而财政部依然为BOE设定通货膨胀指标并决定BOE主要人员的任免。

(6) 英镑与欧洲经济和货币联盟的关系。英国如果想加入欧元区,则英国的利率水平必须降低到欧元利率水平。如果公众投票同意加入欧元区,则英镑必须为了本国工业贸易的发展而对欧元贬值。因此,任何关于英国有可能加入欧元区的言论都会打压英镑汇价。

(7) 经济数据(Economic Data)。英国的主要经济数据包括:初始失业人数。初始失业率。平均收入。扣除抵押贷款外的零售物价指数。零售销售。工业生产。GDP增长。采购经理指数。制造业和服务业调查。货币供应量(M4)。收入与房屋物价平衡。

(8) 3个月欧洲英镑存款期货(3-Month Eurosterling Futures Contract),即短期英镑(Short Sterling)。期货合约价格反映了市场对3个月以后的欧洲英镑存款利率的预期,与其他国家同期期货合约价格的利差也可以引起英镑汇率的变化。

(9) 金融时报100指数(FTSE-100)。这是英国的主要股票指数。与美国和日本不同,英国的股票指数对货币的影响较小。但是尽管如此,金融时报指数和美国道·琼斯指数有很强的联动性。

(10) 交叉汇率的影响(Cross Rate Effect)。交叉汇率也会对英镑汇率产生影响。

2.2.5 影响日元的基本面因素

影响日元的基本面因素有以下8个。

(1) 日本财政部(Ministry of Finance,MOF)。它是日本制定财政和货币政策的唯一部门。日本财政部对货币的影响要超过美国、英国和德国财政部。日本财政部的官员经常就经济状况发布一些言论,这些言论一般都会给日元造成影响,如当日元发生不符合基本面的升值或贬值时,财政部官员就会进行口头干预。

(2) 日本央行(Bank of Japan,BOJ)。1998年,日本政府通过一项新法律,允许央行可以不受政府影响而独立制定货币政策,而日元汇率仍然由财政部负责。

(3) 利率(Interest Rates)。隔夜拆借利率是主要的短期银行间利率,由BOJ决定。BOJ也使用此利率来表达货币政策的变化,是影响日元汇率的主要因素之一。

(4) 日本政府债券(Japanese Government Bonds,JGB)。为了增强货币系统的流动性,BOJ每月都会购买10年或20年期的JGB。10年期JGB的收益率被看作是长期利率的基准指标。例如,10年期JGB和10年期美国国库券的基差被看作推动USD/JPY利率走向的因素之一。JGB价格下跌(即收益率上升)通常会利好日元。

(5) 经济和财政政策署(Economic and Fiscal Policy Agency, EFPA)。于2001年1月6日正式替代原有的经济计划署(Economic Planning Agency,EPA)。职责包括阐述经济计划和20世纪90年代早期已经大大削弱,当时日美贸易量会左右汇市。

(6) 经济数据(Economic Data)。较为重要的经济数据包括:GDP、每季度的商业景气现状和预期调查、国际贸易、失业率、工业生产和货币供应量(M2+CDs)。

(7) 日经225指数(Nikkei-225)。这是日本主要的股票市场指数。当日本汇率出现合理的降低时,会提升以出口为目的的企业的股价,同时,整个日经指数也会上涨。不过有时,情况也并非如此,股市强劲时,会吸引国外投资者大量使用日元投资于日本股市,日元汇率也会因此得到推升。

(8) 交叉汇率的影响(Cross Rate Effect)。例如,当EUR/JPY上升时,也会引起USD/JPY的上升,原因可能并非是由于美元汇率上升,而是由于对日本和欧洲不同的经济预期所引起。

2.2.6 影响瑞郎的基本面因素

影响瑞郎的基本面因素有以下8个。

(1) 瑞士国家银行(Swiss National Bank,SNB)。瑞士国家银行在制定货币政策和汇率政策上有着极大的独立性。不同于大多数其他国家的中央银行,瑞士央行并不使用特定的货币市场利率来指导货币状况。直到1999年秋,央行一直使用外汇互换和回购协议作为影响货币供应量和利率的主要工具。由于使用了外汇互换协议,货币流动性的管理成为影响瑞郎的主要因素。当央行想提高市场流动性,就会买入外币,主要是美元,并卖出瑞郎,从而影响汇率。从1999年12月开始,央行的货币政策发生了转移,从货币主义经验者的方式(主要以货币供应量为目标)转移到以基于通货膨胀的方式,并定下2.00%的年通货膨胀率上限。瑞士央行将使用一定范围内的3月期伦敦银行间拆借利率(LIBOR)作为控制货币政策的手段。央行官员可以通过对货币供应量或货币本身的一些评论来影响货币走势。

(2) 利率(Interest Rates)。瑞士央行使用贴现率的变化来宣布货币政策的改变。这些变化对货币有很大影响,然而贴现率并不经常被银行作为贴现功能使用。例如:2004年4月30日纽约汇市尾盘,美元兑瑞郎走高,原因是交易商会在将于周末前及下周对汇市造成影响的事件发生前调整头寸。在经历短暂的上扬后,美元对4月30日公布的美国消费者信心指数和芝加哥采购经理人指数反应冷淡,纽约汇市交易时段美元的走势与欧洲汇市交易时段的走势极为近似。这意味着欧元兑美元基本持平,但瑞郎兑美元的走势相当疲软。

(3) 3个月欧洲瑞郎存款(3-Month Euroswissfranc Deposits)。存放在非瑞士银行的瑞郎存款称为欧洲瑞郎存款。其利率和其他国家同期欧洲存款利率之差也是影响汇率的因素之一。

(4) 瑞郎作为避险货币角色。瑞郎有史以来一直充当避险货币的角色,这是因为:瑞士央行独立制定货币政策和汇率政策、全国银行系统的保密性以及瑞士的中立国地位。此外,瑞士央行充足的黄金储备量也对货币的稳定性有很大帮助。

(5) 经济数据(Economic Data)。瑞士最重要的经济数据包括:M3货币供应量(最广义的货币供应量)、消费者物价指数(CPI)、失业率、收支平衡GDP和工业生产。

(6) 交叉汇率的影响(Cross Rate Effect)。和其他货币相同,交叉汇率的变化也会对瑞郎汇率产生影响。

(7) 3个月欧洲瑞郎存款期货合约(3-Month Euroswiss Futures Contract)。期货合约价格

反映了市场对 3 个月以后的欧洲瑞郎存款利率的预期。与其他国家同期期货合约价格的利差也可以引起瑞郎汇率的变化。

（8）其他因素。由于瑞士和欧洲经济的紧密联系,瑞郎和欧元的汇率显示出极大的正相关性。即欧元的上升同时也会带动瑞郎的上升。两者的关系在所有货币中最为紧密。

2.3　个人外汇买卖

2.3.1　个人实盘外汇买卖（实盘交易）简介

这里所讲的实盘交易,又称个人实盘外汇买卖,俗称"外汇宝",它是由国内银行面向个人推出的,以个人所持外汇自由兑换其他种类外汇的交易。个人外汇买卖业务俗称炒汇,它指银行接受客户委托,按照银行公布的个人外汇买卖业务的牌价进行的客户外汇账户或现钞之间的外币兑换。现在的个人外汇买卖业务中,客户可选择实时交易或委托交易两种形式。

自从 1993 年 12 月中国工商银行上海市分行开始代理个人外汇买卖业务以来,随着我国居民个人外汇存款的大幅增长,新交易方式的引进和投资环境的变化,个人外汇买卖业务迅速发展,目前已成为我国除股票以外最大的投资市场。

截至目前,我国的工、农、中、建、交、招等银行都开展了个人外汇买卖业务。预计银行关于个人外汇买卖业务的竞争会更加激烈,服务也会更加完善,外汇投资者将享受到更优质的服务。

由于目前我国尚未全面开放外汇保证金交易,所以国内大多数外汇投资者参与的是实盘交易。与保证金方式相比,参与实盘交易的客户必须持有足额的需要卖出的货币,才能按照实时汇率买入想买的货币。因此,实盘交易没有卖空机制,也没有融资放大的机制,较国际通行的外汇保证金交易逊色不少,但由于银行仍根据国际外汇市场实时行情报价,因此,每日的波幅仍然带来大量的交易机会,如果操作得当,仍然可以获得 20% 左右的收益。

2.3.2　参与外汇实盘交易,可获得的好处

参与外汇实盘交易,可获得以下三方面好处。

1. 保值

投资者可以通过不同的外汇组合,规避汇率风险,以达到保值的目的。

2. 套利

投资者可以将所持利率较低的外汇通过买卖转换成另一种利率较高的外汇,从而增加存款的利息收入。

3. 增值

投资者可以利用外汇市场汇率的频繁波动,通过买卖获取汇差收益。

2.3.3　个人外汇买卖报价产生的原因

银行根据国际外汇市场行情,按照国际惯例进行报价。因受国际上各种政治、经济因素以及各种突发事件的影响,汇价经常处于剧烈的波动之中,因此,进行个人实盘外汇买卖,应认识到风险与机遇并存。我国银行开办个人外汇买卖业务的报价,是参照国际外汇市场的即时汇率,加上一定幅度的买卖差价后确定的。按国际通行的做法,银行对散户做零售业

务,再集中零售业务中的头寸作批发业务,批发业务比零售业务的汇率要优惠。因此,国内银行对客户报价中的买价要低于国际外汇市场的汇率,而卖价要高于国际外汇市场的汇率,银行的盈利包含在买卖差价当中,这也就是我们通常叫的点差。

2.3.4 个人外汇买卖操作过程

1. 开户流程

（1）选择开户银行。可以根据个人偏好选择开户银行。

（2）开户并存入外汇。本人携带有效身份证明到银行开立外汇买卖账户,签署《个人实盘外汇买卖交易协议书》,存入外汇;办理网上交易和电话委托交易开户手续。

（3）确定交易策略和制定交易计划。

（4）建立日常的汇市信息来源渠道。

2. 相关建议

（1）非专业的外汇投资者:建议加入外汇通等网站成为免费会员,获取外汇通专为外汇投资者提供的资讯、信息、培训、操作建议、理财等一站式服务。

（2）专业投资外汇的投资者:建议加入外汇通网站成为黄金会员,优惠获得由外汇通和世华国际金融信息有限公司共同提供的外汇交易实时信息服务和操作建议服务。

（3）初入汇市的投资者:建议加入外汇通等网站成为白金会员,获取外汇通的各项专业服务的同时,得到由专业交易员提供的每日操作建议,进入外汇投资获胜的捷径。

（4）资金大而不能自己操作的投资者:建议委托专业公司和交易员管理外汇资产,省时省力省心,坐享投资之利。

3. 学习委托指令的含义和使用操作

例如:招商银行个人实盘外汇买卖交易系统提供以下6种委托指令:

（1）即时委托:以立即有效的价格完成交易的买卖指令,成交汇率为市场正在进行交易的当前汇率。

【例2-1】 如果在做买入欧元卖出美元的即时委托时,市场汇价是1.383 5/55,那么即时委托就以1.385 5的价格买入欧元卖出美元。

（2）挂盘委托:当市场汇率达到指定价位时按市场汇率完成交易的买卖指令。挂盘委托的价格通常高于买卖货币当前的市价。

【例2-2】 如果持有一笔欧元头寸(以1.385 5的价格买入),希望在汇价1.391 5时卖出欧元,则可以通过招商银行的系统投放挂盘委托,当市场汇价达到1.391 5时(等于或大于1.391 5),该项委托成交并带来至少60点的利润。

（3）止损委托:当市场汇率达到并跌破指定价位时按市场汇率完成交易的买卖指令。止损委托的价格通常低于买卖货币当前的市价。

【例2-3】 如果持有一笔欧元头寸(以1.385 5的价格买入),当前汇价1.383 5/55,为防止欧元贬值可能带来的损失,此时可通过招商银行的交易系统投放一个止损委托的交易指令,比如,可将止损委托设定成以1.382 5的价格卖出欧元,这样在欧元下跌时,最多损失30点。

（4）二选一委托:二选一委托由挂盘委托和止损委托两部分组成,即该委托可以同时预设挂盘价和止损价,俗称天地价。一旦市场汇率达到指定价位(挂盘价或止损价),交易自动完成。

【例 2-4】 如果持有一笔欧元头寸(以 1.385 5 的价格买入),此时希望同时投放一份挂盘委托和一份止损委托,以保护利润并控制欧元下跌的损失,那么可通过招商银行的交易系统投放一份二选一委托的交易指令。如果二选一委托挂盘汇率为 1.391 5 而二选一委托的止损汇率为 1.382 5,一旦市场汇率达到 1.391 5,那么系统将在 1.391 5 卖出欧元,同时止损汇率被撤销;反之,如果欧元跌至 1.382 5,则系统将按止损价卖出欧元,同时挂盘汇率被撤销。

(5) 追加委托:追加委托是一种假设完成委托,在与其相关联的原委托成交后随即生效并投放市场。其交易方向与原委托的交易方向相反,卖出金额为原委托的买入金额。原委托可以是挂盘委托、止损委托或二选一委托,追加的委托也可以是挂盘委托、止损委托或二选一委托。

【例 2-5】 当前汇价 EUR/USD = 1.383 5/55,根据预测,针对欧元的操作策略可在 1.384 0 的目标位及 1.386 0 的止损位买入欧元,在 1.391 5 的目标位及 1.381 0 的止损位卖出欧元。此时,可以通过招商银行的交易系统投放一个二选一委托买入欧元,挂盘价 1.384 0,止损价 1.386 0;同时追加一个二选一委托卖出欧元,挂盘价 1.391 5,止损价 1.381 0,以实现利润或及时止损。

(6) 撤单委托:是撤销委托的指令。对未成交的委托以及未生效的追加委托,可以投放撤单委托指令。

为保证正确投放有效的委托指令,当输入无效委托汇率时,系统将不会接受该委托,并给予相应提示。一是当委托汇率(不含追加委托)与市场汇率差距较大时,系统将给予提示;二是为了方便客户通过电话银行委托下单,在输入委托金额时,客户可连续输入 * 号、# 号键将卖出货币的专户活期余额一次全额委托。

附录 2-1 工商银行个人外汇买卖交易规则

第一条 电话交易定义

个人外汇买卖电话交易,是指个人客户在中国工商银行北京市分行规定的交易时间内,使用音频电话机,按照我行个人外汇买卖指南,由客户自己按键操作,通过个人外汇买卖电话交易系统进行的外汇买卖。

第二条 网上交易定义

个人外汇买卖网上交易,是指个人客户在中国工商银行北京市分行规定的交易时间内,登录 Internet 网,按照《中国工商银行北京市分行个人外汇买卖网上交易操作指南》,由客户自己利用电脑操作、通过中国工商银行北京市分行个人外汇买卖网上交易系统进行的外汇买卖。

第三条 报价

我行根据国际外汇市场即时行情进行报价。因受国际上各种政治、经济因素以及各种突发事件的影响,汇率经常处于剧烈波动之中,所以客户应充分认识到外汇投资的风险,并愿意承担由此带来的一切责任。

第四条　开立交易账号

客户进行个人外汇买卖电话及网上交易前,必须持本人有效身份证,到中国工商银行北京市分行外币储蓄所开立《活期一本通存折》,填写《电话银行开户(注册)申请表》,申请电话银行的专用编号,并预留密码,即可进行电话交易或网上交易。

第五条　密码的修改

电话及网上银行专用密码由六位阿拉伯数字组成,客户可随时通过我行的电话银行系统或网上银行系统对自己的密码进行更改。只有密码输入正确,才能打开账户进行操作。凡因客户自己泄露密码而造成的损失,由客户自行承担。

第六条　网上交易安全及时滞性

客户应充分认识到 Internet 公共网络的安全性问题。凡因客户过失,如登录我行网上交易系统未及时退出等原因而造成的损失,由客户自行承担。

网上交易具有时滞性及交易中断性的特点,因此,客户须在交易前后经常核对账户余额。

第七条　熟悉电话交易操作指南

客户进行个人外汇买卖电话交易,必须熟知《中国工商银行北京市分行个人外汇买卖电话交易操作指南》,并严格按照《操作指南》使用电话交易系统;若因输入错误而造成损失,由客户自行承担。

第八条　按照提示进行网上交易

客户进行个人外汇买卖网上交易,必须熟知《中国工商银行北京市分行个人外汇买卖网上交易操作指南》,并严格按照《操作指南》使用网上交易系统;若因输入错误而造成损失,由客户自行承担。

第九条　账户挂失解冻

客户因输入错误导致存款账户挂失冻结时,请持本人有效身份证件及存折到原开户储蓄所办理解除挂失手续。因上述原因造成账户冻结而导致委托不能成交的,责任由客户自负。

第十条　交易币种及金额起点

个人外汇买卖电话交易的币种为美元、欧元、日元、港元、英镑。交易的起点金额为100美元(含100美元)或其他等值外币。对于单笔交易超过一定金额的实行优惠政策。

第十一条　即时交易和委托交易

个人外汇买卖电话交易及网上交易方式包括外汇买卖即时交易和外汇买卖委托交易。外汇买卖即时交易是指客户按我行交易系统的即时报价当即成交的交易方式;外汇买卖委托交易是指客户委托我行在即时汇率达到其指定的汇率水平时,将客户指定的一定金额的一种货币,按当时我行汇率买卖客户指定的另一种货币。

第十二条　实盘交易

实盘交易是指客户以其真正持有的外币数量为交易的限额,卖出其持有的外币,买入其他外币的交易。

第十三条　基础货币与非基础货币

个人外汇买卖电话交易及网上交易的报价为我行公布的 10 种汇率的即时牌价。这些汇率是：英镑兑港元，英镑兑美元，英镑兑日元，港元兑日元，美元兑港元，美元兑日元，欧元兑英镑，欧元兑港元，欧元兑美元，欧元兑日元。客户应明确上述货币组合，表示在前的币种为该汇率的基础货币，表示在后的货币为该汇率的非基础货币。

第十四条　关于委托交易的规定

（一）客户输入委托交易汇率时，若我行的即时汇率优于客户当时输入的委托交易汇率，我行电话语音或网上交易将按即时汇率给予成交。

（二）客户的委托被接收后：

1. 客户委托买入基础货币同时卖出非基础货币，当我行此货币组合的汇率的卖出价低于或等于客户的委托价格时，客户的委托自动成交，成交汇率为我行当时相应的即时汇率价格。

2. 客户委托卖出基础货币同时买入非基础货币，当我行此货币组合的汇率的买入价高于或等于客户的委托价格时客户的委托自动成交，成交汇率为我行当时相应的即时汇率价格。

（三）客户的委托被接收后，客户账户上相应的交易资金被保留，直至客户撤销交易委托或委托有效期结束时交易委托自动失效；如账户内资金不足，客户委托不被接受。

（四）客户在查询账户余额时，电话和网上将播报或显示实际余额和可用金额。实际余额指客户账户中实有的金额；可用金额指实际余额扣除保留金额后的余额。

（五）委托交易的成交顺序按委托时间优先的顺序排列。

（六）客户所建立的委托有效期按 24 小时计算，即被受理的委托交易有效期从委托时间开始至次个交易日同一时间止。周五的委托有效期从委托时间开始至周六凌晨 4:00 整。因委托而保留的资金在委托失效以后将自动返回到各自的账户中去。

（七）当客户在建立有效委托之后办理挂失手续时，原来的委托视同自动失效。客户账户上的资金将被冻结，直到解冻为止。

（八）当客户撤销委托时，该笔委托所涉冻结资金将自动返回相应的账户中。

第十五条　交易记录

由客户自己操作的电话及网上交易是否成交，以及成交的币种、金额、汇率等均以我行系统自动记载的成交记录为准。

第十六条　交易的核对

电话交易或网上交易完成后，客户可以利用我行的电话交易系统或网上交易系统通过查询功能，了解是否成交，也可利用网上交易系统通过交易明细查询功能，了解相应的成交情况；同时须在成交后，尽快携带活期一本通存折到我行任意一家外币储蓄所补登电话或网上交易成交记录。

第十七条　休市及交易中断

如我行个人外汇买卖电话及网上交易遇节假日或国际主要金融市场假日休市时，在休市前我行将以柜台公告、电话语音、网上通知的方式将具体休市安排通知客户。因通信线路障碍、我行正在调整交易汇率或发生非人力所能控制的意外时，我行电话及网上交易暂停。

第十八条　交易时间

我行个人外汇买卖电话交易的时间定为:除公告休市的时间外,周一早7:00~周六凌晨4:00。

第十九条　本规则的修订

我行若对本规程所列之条款进行必要修改或补充,将以柜台公告方式通知客户。

第二十条　本规则及《工商银行北京市分行个人外汇买卖电话交易操作指南》由工商银行北京市分行负责解释和修订。

2.4　外汇投资模拟实验

要求学生在教师的指导下,通过世华财讯软件进行外汇投资的模拟交易。全面了解外汇模拟交易系统;学习如何进行外汇模拟交易账户的开户、销户、挂失、解挂、批量开户等;了解外汇模拟交易账户资金的分配、资金存取、资金的冻结、解冻及资金冲账等;了解外汇资金流水账、汇总账的查询;以新开设的交易账户进入自助委托系统,查询模拟交易资金是否到账等操作;进行外汇投资分析等。

2.4.1　外汇实盘模拟交易

1. 登录系统

(1) 登录步骤。

用户在 Windows 系统中,依次点击"开始→程序→模拟外汇客户端",或直接双击桌面快捷图标 ,系统弹出"世华财讯模拟外汇交易系统(客户端)"窗口,如图2-2所示。

图2-2　外汇模拟交易系统登录窗口

请输入登录名称及密码,单击"确定"。

注:一个用户名在同一时刻只允许一个登录。同一个用户名的第二个登录将被提示用户已在线。

(2) 主界面。

登录成功后,系统进入"世华模拟外汇交易系统(客户端)"主界面,如图 2-3 所示,界面上方为功能模块区,系统设有交易、排行榜、切换、在线咨询共四个模块;界面下方为每个功能模块操作区,显示每个功能模块对应的详细内容。

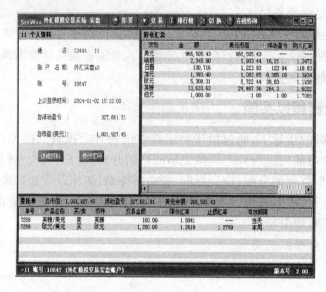

图 2-3　外汇模拟交易系统主界面

(3) 系统退出。

单击如图 2-3 所示主界面右上角系统关闭的快捷按钮,系统退出。

2. 行情信息

点击顶部的交易按钮,进入交易页面。页面左侧是行情信息区域,显示产品的最新行情信息,刷新时间由服务器设定(如图 2-4 所示)。

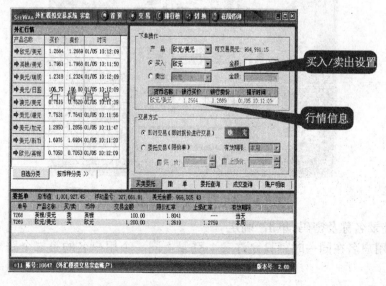

图 2-4　行情显示

行情有两种分类方式,一种是按名字排序,即点击按币种排序,或者点击鼠标右键,然后在弹出菜单里面选择要显示的币种。

点击弹出菜单里的自选产品子菜单,可以进行自选产品显示,如图2-5所示。先选择左边产品列表里面的产品(可以复选),然后点击增加按钮,选择好的产品即被添加到右边的已选择产品中,自选产品最多可以显示8个,不可以重复选择相同产品。

点击确定则自选产品被保存,以后点击自选产品列表即显示。

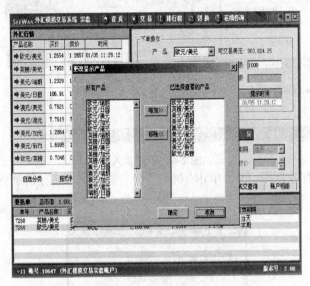

图2-5 自选产品

3. 委托

进入"买卖委托"模块操作区。点击"买卖委托",进入买卖委托操作区,如图2-6所示。

(1) 买入委托。

- 委托交易

① 点击"买入/卖出"设置键设置为"买入"状态,如图2-6所示。

② 可在"产品"下拉框选择外汇产品,在界面中部"行情信息"区域可看到该产品的银行最新买卖价明细,如图2-6所示。

③ 点击"委托交易"单选按钮,然后通过复选框选择委托交易的交易方式(限价、止损和双向单),点击输入框,在"限价"栏或者"止损价"栏中显示该外汇的当前对应汇率,客户可根据自己的需要更改委托买入外汇的汇率。如图2-6所示,委托价格输入后,用户可向金额设置框输入购买外汇产品金额(是否有足够的可用资金在点击确定后判断)。

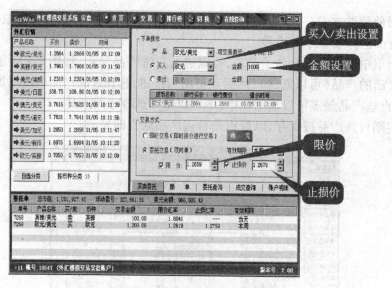

图 2-6　委托买入

④ 选择适当的有效期限,然后单击"确定"键。如可以委托,系统弹出如图 2-7 所示的提示窗口。

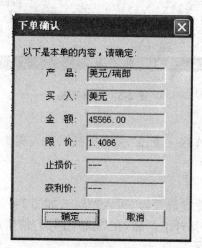

图 2-7　确认对话框

⑤ 单击"确定"键。如委托成功,系统弹出如图 2-8 所示的提示窗口。

图 2-8　成功提示

- 即时交易

即时交易即按行情的当前汇率马上进行交易(不需要输入限价),操作过程与委托交易一样,只要选择即时交易这一交易方式;另外即时交易必须在15秒内确认,否则自动取消。

(2) 卖出委托。

- 委托交易

① 点击"买入/卖出"设置键设置为"卖出"状态,如图2-9所示。

② 选好外汇产品后,在界面中间行情报价区域可看到该外汇产品的即时行情信息,如图2-9所示。

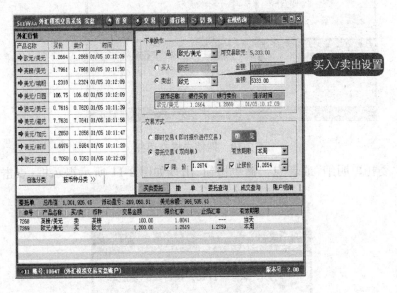

图2-9 委托交易

③ 点击"委托交易"单选按钮,然后通过复选框选择委托交易的交易方式(限价、止损和双向单),点击输入框,在"限价"栏或者"止损价"栏中显示该外汇的当前对应汇率,客户可根据自己的需要更改委托买入外汇的汇率。

④ 输入委托金额(是否有足够的可用资金在点击确定后判断),选择适当的有效期限,并单击"确定"确认操作。如委托成功,系统弹出如图2-8所示的提示窗口。

- 即时交易

即时交易即按行情的当前汇率马上进行交易(不需要输入限价),操作过程与委托交易一样,只要选择即时交易这一交易方式;另外即时交易必须在15秒内确认,否则自动取消。

(3) 委托撤单。

① 点击"撤单",进入撤单操作区。系统显示等待成交的委托单明细,如图2-10所示。

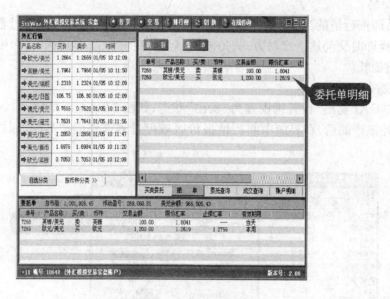

图 2-10　撤销未成交委托

②双击"委托单明细"或者点击撤单按钮,出现如图 2-11 所示提示框,点击"确定"按钮完成撤单。

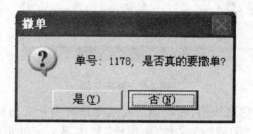

图 2-11　确认撤单

4．查询

（1）查询下单委托记录。

点击"委托查询",进入委托查询操作区,系统自动显示当天委托记录,如图 2-12 所示。

通过"开始日期"及"结束日期"选择查询委托的起始时间,单击"查询"键即可查看该起始范围内的所有委托记录。

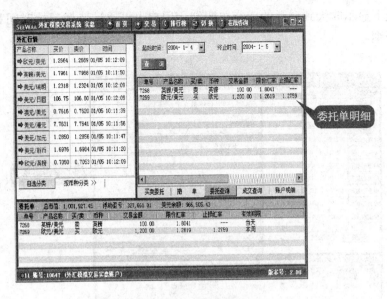

图 2-12　委托查询

(2) 账户明细：查看资金变动情况。

单击"账户明细"，进入账户明细模块，系统自动出现如图 2-13 所示的账户明细。账户明细显示内容包括货币、描述、金额、余额、时间等信息。

可根据起始时间、终止时间、币种来选择账户明细的内容。

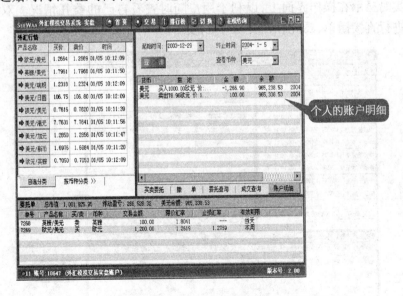

图 2-13　账户查询

(3) 成交查询。

点击"成交查询"键，系统弹出图 2-14 所示界面。成交单明细内容包括产品名称、币种、成交价、金额等信息。

默认情况下显示昨天到今天的成交单明细。用户也可通过选择起始时间和终止时间查看成交单的明细。

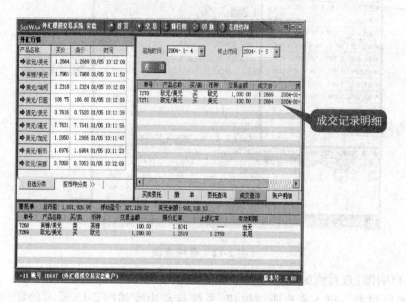

图 2-14 成交记录明细

(4) 查询委托状态。

委托单实时显示在操作界面上，以利于用户随时查看自己的委托情况。双击委托状态的下单可以进行直接撤单，功能和在交易界面的撤单一样(如图 2-15 所示)。

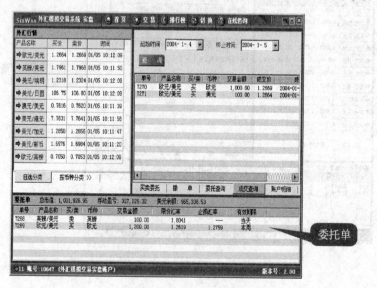

图 2-15 查询委托状态

(5) 查询排行榜。

点击"排行榜",进入排行榜模块操作区,如图 2-16 所示。

① 点击全校或班级,排行榜将显示全校或班级范围内的交易成绩前 10 名及本人的名次。

② 点击排序方式对应的下拉框选择排序的标准,即可按所需进行排序显示。本系统可按市值、成交量、最大周(月)盈利、最大周(月)交易量进行排名。

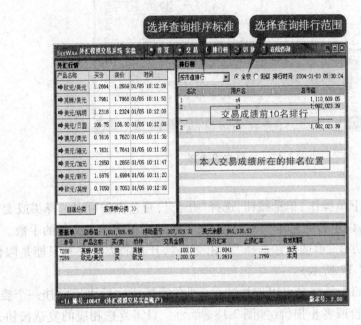

图 2-16 查询排行榜

5. 修改登录密码和个人信息

同股票模拟交易。

2.4.2 外汇保证金交易

"切换"按钮实现由"实盘交易"到"保证金交易"的转换。

1. 行情信息

保证金的行情信息和实盘交易的完全一样。

2. 交易

(1) 买卖委托。

与实盘交易相似,当客户选择委托交易方式,即出现如图 2-17 所示界面。

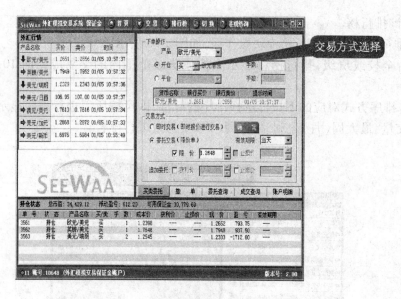

图 2-17　交易方式选择

（2）开仓委托。

① 首先点击"下单操作"单选按钮，选择"开仓"，开仓操作可以选择买或卖。

② 保证金交易以手数为基本交易单位，在手数编辑框内输入交易的手数。

③ 点击"交易方式"单选按钮选择"委托交易"，开仓的委托交易只能是限价交易，不能输入止损价（如图 2-17 所示）。

④ 另外，开仓的委托交易可以追加挂单（即在委托成交后再反向挂一个委托单），追加挂单可以输入获利价或者止损价（如图 2-18 所示）。只需复选相应的复选按钮，填入适当的价格即可（如填入不合适的价格，系统会给出相应提示）。

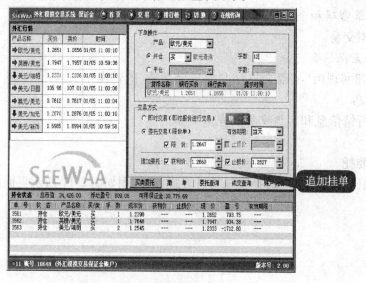

图 2-18　委托交易

⑤ 输入适当的价格并且选择相应的有效期限后,点击确认按钮,弹出确认对话框(如图 2-19 所示)。

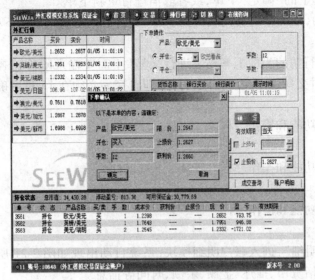

图 2-19 下单确认

⑥ 点击对话框上的"确定"下单,或者取消进行重新下单。
⑦ 如委托成功,系统弹出委托成功提示窗口,如委托失败则提示下单失败。
(3) 平仓委托。
① 首先点击"下单操作"单选按钮,选择"平仓"。
② 从平仓下拉列表里面选择要平仓的持仓。
③ 点击"交易方式"单选按钮选择"委托交易",平仓的委托交易可以下限价、止损价、或者双向单,但是不能追加下单(如图 2-20 所示)。

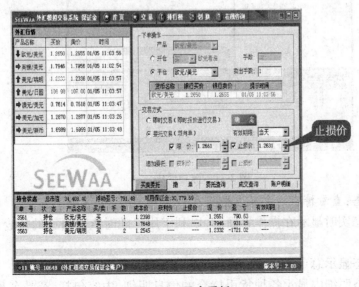

图 2-20 平仓委托

④ 输入相应的委托价格,并且选择相应的有效期限后,点击确定,弹出确认对话框。
⑤ 点击对话框上的"确定"下单,或者取消进行重新下单。
⑥ 如委托成功,系统弹出委托成功提示窗口,如委托失败则提示下单失败。

(4) 即时交易。

即时交易即按行情的当前汇率马上进行交易(不需要输入限价),操作过程与委托交易一样,只要选择即时交易这一交易方式;另外,即时交易必须在 15 秒内确认,否则自动取消。

3. 撤单

与实盘交易的功能和操作一样。

4. 委托查询

与实盘交易的功能和操作一样。

5. 成交查询

与实盘交易的功能和操作一样。

6. 账户明细

① 单击"账户明细",进入账户明细模块,系统自动出现如图 2-21 所示的账户明细。账户明细显示内容包括货币、描述、金额、余额、时间等信息。

② 选择起始时间,终止时间,并选中"交易"、"出入金"、"利息"、"清算"的相应项,击"查询"按钮,系统则显示相应的账户资金变动列表。

图 2-21　账户明细

7. 持仓状态:查看持有资金及委托状态

① 持仓状态实时显示在操作界面上,以利于用户随时查看自己的持仓及委托情况(如图 2-22 所示)。

② 持仓状态显示总市值、总浮动盈亏、可用保证金等重要信息。

③ 持仓状态明细内显示各种货币持仓的信息明细,内容包括:产品名称、交易手数、成

本价、获利价、现价、止损价、盈亏等信息。

④ 双击委托状态的下单可以进行直接撤单,功能和在交易界面的撤单一样。双击持仓可以直接对该持仓进行平仓操作。

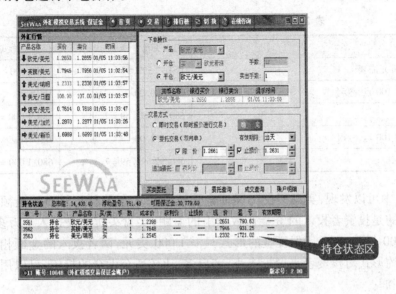

图2-22 持仓状态

8. 排行榜查询

与实盘交易的功能和操作一样。

9. 修改登录密码和个人信息

与实盘交易的功能和操作一样。

10. 切换:切换到现金交易状态

此功能用于从"保证金交易"切换到"实盘交易"状态。

2.4.3 保证金交易与实盘交易的区别

外汇保证金交易,又称合约现货外汇交易或者按金交易、虚盘交易,指投资者和专业从事外汇买卖的金融公司(银行、交易商或经纪商),签订委托买卖外汇的合同,缴付一定比例(一般不超过10%)的交易保证金,便可按一定融资倍数买卖十万、几十万甚至上百万美元的外汇。因此,这种合约形式的买卖只是对某种外汇的某个价格作出书面或口头的承诺,然后等待价格出现上升或下跌时,再做买卖的结算,从变化的价差中获取利润,当然也承担了亏损的风险。由于这种投资所需的资金可多可少,所以,近年来吸引了许多投资者的参与。

外汇投资以合约形式出现,主要的优点在于节省投资金额。以合约形式买卖外汇,投资额一般不高于合约金额的5%,而得到的利润或付出的亏损却是按整个合约的金额计算的。外汇合约的金额是根据外币的种类来确定的,具体来说,每一个合约的金额分别是12 500 000日元、62 500英镑、125 000 欧元、125 000 瑞郎,每张合约的价值约为10万美元。每种货币的每个合约的金额是不能根据投资者的要求改变的。投资者可以根据自己定金或保证金的多少,买卖几个或几十个合约。一般情况下,投资者利用1 000美元的保证金就可以买卖一个合约,当外币上升或下降,投资者的盈利与亏损是按合约的金额即 10 万美元来计算的。有人认为以合约形式买卖外汇比实盘买卖的风险要大,但我们仔细地把两者加以比较就不难看出差别所在,请详见表 2-5。

表 2-5　1 美元兑换 135.00 日元时买日元情况表

	实盘买卖	保证金形式
购入 1 250 000 日元需要	USD92 592.59	USD1 000
若日元汇率上升 100 点,盈利	USD680.00	USD680
盈利率	680/92 592.59 = 7.34%	680/1 000 = 68%
若日元汇率下跌 100 点,亏损	USD680.00	USD680
亏损率	680/92 592.59 = 7.34%	680/1 000 = 68%

从表 2-5 中可以发现,实盘买卖与保证金形式的买卖在盈利和亏损的金额上是完全相同的,所不同的是投资者投入的资金在数量上的差距,实盘买卖的要投入 9 万多美元,才能买卖 12 500 000 日元,而采用保证金的形式只需 1 000 美元,两者投入的金额相差 90 多倍。因此,采取合约形式对投资者来说投入小、产出多,比较适合大众的投资,可以用较小的资金赢得较多的利润。

但是,采取保证金形式买卖外汇特别要注意的问题是,保证金的金额虽小,但实际撬动的资金却十分庞大,而外汇汇价每日的波幅又很大,如果投资者在判断外汇走势方面失误,就很容易造成保证金的全军覆没。以表 2-5 为例,同样是 100 点的亏损幅度,投资者的 1 000 美元就亏掉了 680 美元,如果日元继续贬值,投资者又没有及时采取措施,就会造成不仅保证金全部赔掉,而且还可能要追加投资。因此,高收益和高风险是对等的,但如果投资者方法得当,风险是可以管理和控制的。

在合约现货外汇交易中,投资者还可能获得可观的利息收入。合约现货外汇的计息方法,不是以投资者实际的投资金额,而是以合约的金额计算。例如,投资者投入 1 万美元作保证金,共买了 5 个合约的英镑,那么,利息的计算不是按投资人投入的 1 万美元计算,而是按 5 个合约的英镑的总值计算,即英镑的合约价值乘以合约数量(62 500 英镑 ×5),这样一来,利息的收入就很可观了。当然,如果汇价不升反跌,那么,投资者虽然拿了利息,怎么也抵不了亏掉的价格变化的损失。

财息兼收也不意味着买卖任何一种外币都有利息可收,只有买高息外币才有利息的收入;卖高息外币不仅没有利息收入,投资者还必须支付利息。由于各国的利息会经常调整,因此,不同时期不同货币的利息的支付或收取是不一样的,投资者要以从事外币交易的交易商公布的利息收取标准为依据。

利息的计算公式有两种:一种是用于直接标价的外币,如日元、瑞郎等;另一种是用于间接标价的外币,如欧元、英镑、澳元等。

日元、瑞郎的利息计算公式为:

$$合约金额 \times 1/入市价 \times 利率 \times 天数/360 \times 合约数$$

欧元、英镑的利息计算公式为：

$$合约金额 \times 入市价 \times 利率 \times 天数/360 \times 合约数$$

合约现货外汇买卖的方法，既可以在低价先买，待价格升高后再卖出，也可以在高价位先卖，等价格跌落后再买入。外汇的价格总是在波浪中攀升或下跌的。这种既可先买又可先卖的方法，不仅在上升的行情中获利，也可以在下跌的形势下赚钱。投资者若能灵活运用这一方法，无论升市还是跌市都可以左右逢源。

那么，投资者如何计算合约现货外汇买卖的盈亏呢？主要有3个因素要考虑。

首先，要考虑外汇汇率的变化。投资者从汇率的波动中赚钱可以说是合约现货外汇投资获取利润的主要途径。盈利或亏损的多少是按点数来计算的，所谓点数实际上就是汇率，比如说1美元兑换130.25日元，130.25日元可以说成13 025点，当日元跌到131.25时，即下跌100点，日元在这个价位上，每一点代表了6.8美元。日元、英镑、瑞郎等每种货币的每一点所代表的价值也不一样。在合约现货外汇买卖中，赚的点数越多盈利也就越多，赔的点数越少亏损也就越少。

【例2-6】 投资者在1.6000价位时买入1个合约的英镑，当英镑上升到1.7000价位时，投资者把这个合约卖掉，即赚1 000点的英镑，盈利高达6 250美元。而另一个投资者在1.7000价位时买英镑，英镑下滑至1.6900价位时，他马上抛掉手中的合约，那么，他只赔了100点，即赔掉625美元。当然，赚和赔的点数与盈利和亏损的多少是成正比的。

其次，要考虑利息的支出与收益。前面曾叙述过先买高息外币会得到一定的利息，但先卖高息外币就要支付一定的利息。如果是短线的投资，例如当天买卖结束，或者在一二天内结束，就不必考虑利息的支出与收益，因为一二天的利息支出与收益很少，对盈利或者亏损影响很小。对中、长线投资者来说，利息问题却是一个不可忽视的主要环节。例如，投资者在1.7000价位时先卖英镑，一个月以后，英镑的价格还在这一位置，如果按卖英镑要支付8%的利息计算，每月的利息支付高达750美元。这也是一个不少的支出。从目前一般居民投资的情况来看，有很多投资者对利息的收入看得比较重，而同时忽视了外币的走势，从而都喜欢买高息外币，结果造成了以少失多。例如，当英镑下跌时，投资者买了英镑，即使一个合约每月收息450美元，但一个月英镑下跌了500点，在点数上赔掉3 125美元，利息的收入弥补不了英镑下跌带来的损失。所以，投资者要把外汇汇率的走势放在第一位，而把利息的收入或支出放在第二位。

最后，要考虑手续费的支出。投资者买卖合约外汇要通过金融公司进行，因此，投资者要把这一部分支出计算到成本中去。金融公司收取的手续费是按投资者买卖合约的数量，而不是按盈利或亏损的多少，因此，这是一个固定的量。

以上3个方面，构成了计算合约现货外汇盈利及亏损的计算方法。

日元、瑞郎的损益计算公式为：

$$合约金额 \times (1/卖出价 - 1/买入价) \times 合约数 - 手续费 +/- 利息$$

而欧元、英镑的损益计算公式为：

$$合约金额 \times (卖出价 - 买入价) \times 合约数 - 手续费 +/- 利息$$

外汇保证金交易，作为一种投资工具，在欧美、日本、中国香港、中国台湾等国家和地区是合法的,交易商和交易行为受到政府的监管。

目前国内银行没有外汇保证金交易的业务,如通过境外银行进行外汇保证金交易,开户程序通常是:

(1) 在境外金融交易所开户。

① 提交护照或驾驶执照或身份证的复印件;
② 填写"外汇交易合同书";
③ 将开户款汇入指定银行的本人账户;
④ 交易所收到开户款后,电话通知客户开仓操作。

(2) 在境外金融交易所开户并通过互联网进行交易。

① 提交护照或驾驶执照或身份证的复印件;
② 填写"外汇交易合同书";
③ 将开户款汇入指定银行的本人账户;
④ 交易所收到开户款后,通过电子邮件通知客户开仓操作。

注:按中国现行的外汇管理政策,如在境外开户,交易保证金从中国境内汇出将受到限制。

风险提示:

(1) 保证金交易虽然有着种种的优点,也应看到在巨大获利机会的同时,也存在着潜在的巨大风险。从事保证金交易,首先要有较强的抗风险能力,否则不宜介入。

(2) 建议开始时先做三个月的模拟交易,逐步积累经验,摸索方法,有一定经验后再投入最小的初始资金,在实盘的情况下考察自己的盈利能力和盈利的稳定性。

(3) 经纪商的服务水准和诚信度参差不齐,在开户前应仔细考察,避免上当受骗。

(4) 国内对于在境外从事金融投资的规定不甚明朗,投资者需要慎重对待。

 复习思考题

1. 什么是外汇?
2. 现钞和现汇的区别与联系是什么?
3. 简述欧元、瑞士法郎、英镑、日元、加拿大元、澳大利亚元等货币的主要属性。
4. 什么是汇率?
5. 什么是直接标价法?什么是间接标价法?举例说明。
6. 什么是外汇买卖价差?如何计算。
7. 什么是外汇买卖中的被报价币(Reference Currency,R. C.)?它有什么作用?
8. 外汇汇率中的"点"(基本点)指的是什么?
9. 外汇交易员在报出价格时应考虑的因素有哪些?
10. 外汇交易市场之所以存在的原因是什么?
11. 为什么说外汇投资市场是"零和游戏"
12. 外汇交易市场中的参与者有哪些?

13. 如何进行外汇交易价格预测?
14. 影响美元的基本面因素有哪些?
15. 影响欧元的基本面因素有哪些?
16. 影响英镑的基本面因素有哪些?
17. 影响日元的基本面因素有哪些?
18. 影响瑞郎的基本面因素有哪些?
19. 为什么要参与外汇实盘交易?
20. 试比较外汇保证金交易与实盘交易的区别。

实验3 期货投资实务

> **实验目的：** 在了解期货投资开户流程、交易方式以及各种期货交易品种合约特征的基础上，学会分析影响期货品种价格因素的基本技能，运用期货投资的相关知识，使用相关金融投资交易软件进行模拟期货交易，以帮助我们进行期货投资。
>
> **实验内容与要求：** 在初步了解期货合约与交易规则的基础上，通过相关证券行情交易软件，进一步认识在金融交易软件挂牌交易的各种期货的行情信息，并在开市期间，通过新华08信息系统与世华财讯期货投资模拟交易软件进行期货投资的模拟交易及投资分析。
>
> **实验工具：** 新华08信息系统与世华财讯期货投资模拟交易软件。

3.1 期货投资基础知识

1. 寻找合适的期货经纪公司

期货经纪公司是客户和交易所之间的纽带，除了交易所的自营会员外，所有投资者要从事期货交易都必须通过期货经纪公司进行。

寻找合适的期货经纪公司，首先必须强调的是合法性问题。合法的期货经纪公司应该在交易现场挂出中国证监会颁发的《期货经纪业务许可证》以及国家工商总局颁发的营业执照。期货经纪公司在异地开设的合法的营业部也应该挂出中国证监会颁发的《期货经纪公司营业部经营许可证》以及当地工商局颁发的营业执照。注意，无论是许可证还是营业执照，上面都标明了有效期限。此外，由于中国证监会对期货经纪公司及其营业部实行年检制，注意你所选择的期货经纪公司是否按时通过年检也很重要。

其次，在满足了合法性条件之外，期货经纪公司的商业信誉如何，能否确保客户的资金安全也是必须考虑的重要条件。一般说来，运作规范、严格遵守不自营规定的期货公司的可靠程度比较高。

再次，硬件设施也应该考虑在内。比如，该公司有哪些信息系统、是否开通了自助委托交易、是否开通网上交易、交易速度怎么样等。

最后，软件设施也应该考察。比如，期货经纪公司或营业部是否专设有研究咨询部门、可提供的专业信息咨询质量是否较高、手续费的收取标准是否合理。

2. 开户流程

当你找到合适的期货经纪公司或营业部后，就可进入开户阶段了。所谓开户，是指在期货经纪公司开立专门用于期货交易的交易账户。从开户到进行交易,你需要配合期货经纪公司完成下列手续(如图3-1所示)。

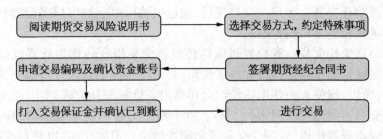

图3-1　开户流程图

3. 开户条件及需要准备的材料

客户开户必须以真实身份办理开户手续,开户对象分为个人户和法人户。

个人开户必须出示身份证原件,并且提供复印件,签署时须提供相应的居住地址、联系方式等信息。需要提示的是,个人户只能从事投机交易。

法人户开户须出示营业执照与税务登记证的副本原件、法人身份证原件及其授权书、开户授权人身份证原件。国有企业或者国有资产占控股地位或者主导地位的企业,还需要出示主管部门或董事会批准进行期货交易的文件等。上述证件、文件要求留存复印件。

按照中国证监会的现有规定,有下列情况之一的,不得成为期货经纪公司的客户:

(1) 无民事行为能力或者限制民事行为能力的自然人;

(2) 期货监管部门、期货交易所的工作人员;

(3) 本公司职工及其配偶、直系亲属;

(4) 期货市场禁入者在未满禁入期内;

(5) 金融机构、事业单位和国家机关;

(6) 未能提供法定代表人签署的批准文件的国有企业或者国有资产占控股地位或主导地位的企业;

(7) 单位委托开户未能提供委托授权文件的;

(8) 中国证监会规定的其他情况。

4. 期货交易风险说明书

按照规定,只有当客户已经知道期货交易的风险并在期货交易风险说明书上签字确认后,期货经纪公司才能与客户签署期货经纪合同。目前,国内各期货经纪公司制定的期货交易风险说明书在内容上基本是相同的。主要内容包括:头寸风险、保证金损失和追加的风险、被强行平仓的风险、交易指令不能成交的风险、套期保值面临的风险和不可抗力所导致的风险等。

5. 选择交易方式

传统的交易方式有书面方式和电话方式。书面方式是客户在现场填写交易指令单,通过期货经纪公司的接单员将指令下达至交易所场内;电话方式是客户通过电话将指令下达给期货经纪公司的接单员,接单员在同步录音后再将指令下达至交易所场内。

随着计算机技术的进步,期货经纪公司在提供上述交易方式之外,现在又增加了如下的电子化交易方式：

(1) 热自助委托交易。客户在交易现场,通过电脑(该电脑通过期货经纪公司的服务器与交易所交易主机相连接)进行交易。

(2) 电话语音委托交易。客户通过电话键盘将交易指令转化为计算机命令,再由计算机送入交易所主机。由于其操作过程非常烦琐,必须按照提示语音分步骤完成,每个步骤之间还必须等待,所以,即使有一些期货经纪公司推出了这种交易方式,实际使用的人不多。

(3) 网上交易。利用互联网进行交易。由于网上交易不受地域限制,具有成交及回报快、准确性高、成本低等优点,故深受交易者和期货经纪公司的欢迎,也是目前推广速度最快的一种交易方式。

然而,新的交易方式由于主要采用电脑进行,可能会因计算机系统或通讯传输系统出现一些额外的风险,因而,客户如果选择电子化交易方式,期货经纪公司会要求客户在签署期货经纪合同书的同时,签署电脑自助委托交易补充协议、网上期货交易风险揭示书、网上期货交易补充协议等相应的协议。

6. 商定选择事项或特殊事项

期货经纪合同书包含了期货经纪业务中的最基本内容,通常是一种格式化文本。其中,有些内容具有可选择性或有待商定的,比如,交易方式的选择、通知方式的选择；又如,有些期货经纪公司在客户出入金方面可以提供银期转账方式,客户也可以作出是否使用银期转账的选择,但是,如果决定使用,那么还要签署银期实时转账协议书；另外,手续费的高低也有待双方协商后确定；最后,如果客户有一些格式化合同书之外的特殊要求,也可以通过双方协商确定。而所有这些,自然都必须在签署合同之前确定。

7. 期货经纪合同书的主要内容

期货经纪合同书对合同约定双方的权利和义务作出了明确的约定。由于合同书具有法律效应,受到法律保护,双方必须按照合同书的约定履行自己的权利和义务。合同书通常有下列内容：

(1) 委托；(2) 保证金；(3) 强行平仓；(4) 通知事项；(5) 指定事项；(6) 指令的下达；(7) 报告和确认；(8) 现货月份平仓和实物交割；(9) 保证金账户管理；(10) 信息、培训和咨询；(11) 费用；(12) 免责条款；(13) 合同生效和修改；(14) 账户的清算；(15) 纠纷处理；(16) 其他事宜。

在这些条款中,投资者应该特别关注条款(3)到(7)的内容。其中,条款(3)是有关风险度量方法及在什么情况下期货经纪公司可以采取的相应措施；条款(4)是双方约定期货经纪公司如何尽通知义务及怎样认定期货经纪公司已经尽了通知义务；条款(5)中的指定事项是指指定指令下达人、指定资金调拨人及指定联系方式(注意,如果指令下达人和资金调拨人不是投资者本人,意味着已经对他人进行了授权,投资者必须对被授权人的行为负责)；条款(6)中的内容是环绕着指令下达方式展开的,如果交易投资者选择电子化交易方式,还须签署相应的补充协议；条款(7)中的内容则是结算报告的确认或发生异议时如何解决的约定。

8. 签署期货经纪合同书及相应的补充协议

按照规定,期货经纪公司在接受客户进行期货交易之前必须与客户签署期货经纪合同书,而且,为了确保合同的真实性和有效性以及保障合同真实持有人的切身利益,合同书必须当面签署。通常,这种签署是在公司营业场所进行的。然而,遇有特殊情况,期货经纪公司也会派出员工到客户处,与客户当面签署合同。

个人开户比较简单,只要提供本人身份证及留下复印件,并在合同及相应的补充协议上签字就可以了。如果指定事项中有他人,则该人的身份证也得提供并留下复印件,并且还应该在合同上留存印鉴或签名样卡。

法人开户应带齐前面曾经提到过的一系列证明材料,并由法人代表在该合同及相应的补充协议上签字并加盖公章。当指定事项中出现他人姓名时,则他人的身份证也得提供并留下复印件,同时还应该在合同上留存印鉴或签名样卡。如果法定代表人不能亲临现场,则应该有相应的书面授权书。

9. 申请交易编码及确认资金账号

合同签署完毕后,客户还应该填写期货交易登记表。这张表格将由期货经纪公司提交给交易所,为客户申请交易所的专用交易编码。同时,经纪公司还会向客户分配一个专用的资金账号。

10. 打入交易保证金并确认到账

客户在办齐一切手续之后及交易之前,应按规定缴纳开户保证金。期货经纪公司应将客户所缴纳的保证金存入期货经纪合同中指定的客户账户中,供客户进行期货交易之用。

期货经纪公司向客户收取的保证金,属于客户所有。期货经纪公司除按照中国证监会的规定为客户向期货交易所交存保证金,进行交易结算外,严禁挪作他用。现在,不少公司已经实行客户保证金封闭管理。

客户入金应以人民币资金缴纳,如果资金是以转账方式进行的,出票单位应与客户开户名称相符,如不符合则应由出票单位出具书面的资金证明书。期货经纪公司财务部收到客户入金,应出具收据;以转账方式的入金,在确认资金到账后出具收据。

客户资金到账后,即可进行期货交易。

3.2 期货交易中的基本面分析

期货交易中的输赢这么大,人们不免会想,如果可以提前知道期价涨跌就太好了!那么,期货价格究竟能不能预测呢?对此,有人作出了否定的回答,认为期货价格根本不可能预测;然而也有人认为可以预测。在交易实践中,各种各样的预测方法出现而且流行了起来。这些方法,从大类上分有两种,那就是基本面分析和技术面分析。下面,对基本面分析做一下介绍。

1. 价格涨跌,谁主沉浮

市场上,商品的价格忽涨忽跌。有些商品,涨起来时居然在短时期内可以翻一番,而跌起来也不得了,杀半价的情况也会出现。是什么原因导致价格会如此波动呢?经济学家告诉我们,决定价格涨跌的根本原因是供求关系。

当商品供大于求时,商品的价格就会下跌。想想也有道理。供大于求时,肯定有一部分商品卖不出去,这时,不少人都会想到降价促销这一办法。而只要有人带头降价,在竞争的压力下,其他供应商就不得不随之而动,甚至掀起一股竞跌之风。

当商品供不应求时,商品的价格就会上涨。其道理也不难明白。供不应求时,一些为了先得到这种商品的需要者会宁愿出高一些的价格,这样,在需求者的竞价压力下,价格就会开始逐渐上涨。

2. 价格涨跌有没有好处

通常,人们总是希望价格稳定,认为价格波动不是好事情。其实,价格波动也并非全无好处。按经济学的原理来说,正是因为价格有涨有跌,才使得商品的供求之间不会出现长时间的缺口。因为价格涨跌可以起到调节供需的作用,起到弥补缺口的作用。

比如,供大于求时,降价会增加需求量和促使供应者减少供应量。显然,这些都是有利于扭转供大于求局面的。为什么降价会增加需求量呢?一是因为降价后,使用者会觉得便宜而增加使用;二是因为大多数商品之间有一定的替代关系,例如,豆粕和玉米都是重要的饲料来源,饲养业在使用时会比较它们的价格,如果豆粕价格大跌,饲养业会觉得多用豆粕少用玉米更经济,而这就是替代效应。为什么降价又会起到减少供应量的作用呢?那是因为在降价之前,该商品的生产商因为有利可图而愿意多多生产。而降价后由于利润降低,甚至亏损,生产的积极性自然就降低了。当一部分生产者减产或停产后,总的供应量就减少了。

同样,当供不应求时,涨价也会产生减少需求和增加供应的双重结果,其最终效应也是缓解供不应求的局面。

3. 价格何以涨了又跌,跌了又涨

有丰富阅历的人都会有如此经历,一些商品的价格经常会涨了又跌,跌了又涨,呈现出一种周期性的状况。这说明了什么?说明市场供需这对矛盾是动态的,是始终存在的。

供大于求的局面形成后,价格会下跌,实际上,你也可以理解为下跌的价格发出了供大于求的信号。在价格下跌的过程中,供应量逐渐减少,需求量逐渐增加。一段时间后,市场可能已经达到某种程度的均衡,即供需相当。但由于市场的惯性作用,价格还会继续下跌,以至于不知不觉中,市场可能已经转化为供不应求的局面了。这时候,人们会发现,价格不仅跌不下去,反而又开始回升了。价格回升,是供不应求的信号。一路高涨的价格,一方面会促使使用者尽可能节约使用,减少需求;另一方面由于生产商的利润越来越大,会促使他们扩大生产能力,增加供应量,同时,高额利润还会起到诱使其他经营者加入该生产行业,使供应量进一步增长。然而,这些都需要时间,在增长的过程中,价格还会上涨,一直要等到供大于求的局面又形成后,才迎来另一个循环。

4. 供需平衡能持久吗

尽管供需平衡是一种理想状况,但遗憾的是,即使暂时形成了这种格局,迟早也会被其他因素打破。这些"其他因素"有两个特点:一是多且复杂;二是在这些因素中,有些还是人类无法控制的,换言之,它要发挥影响,谁也奈何不了。

我们不妨举几个例子。

假设某种商品目前的价格是均衡价格,在这个价格下,供需双方不仅满意而且供需数量也差不多。但是,该商品的生产成本在科学技术进步的推动下,大大降低了。对生产商来

说,暴利替代了原先的薄利。在这种情况下,生产商当然愿意扩大生产,提供更多的产品。于是,原先的供需平衡一下又变成供大于求的关系了。

又如,某一农产品的供需几年来一直处于均衡状态,价格几乎没有什么波动。但一场自然灾害,使得该产品的产量大幅下降,供需平衡的局面还能维持下去吗?或者,该年恰恰是风调雨顺,总产量比往年高出许多,供需平衡的局面也还会被打破。

5. 库存是供求关系的重要表现

对一些重要商品,无论是生产、流通企业,还是国家,都会有一定的库存量。其中,国家库存表现为政府储备,政府储备不会因一般的价格变动而轻易投放市场,只有当市场供给出现严重短缺时,才有可能动用。但动用之后,还会在适当的时候补回来。

从一国的供求数量来看,期末库存与供求之间的关系式为:

期末库存 = 期初库存 + 当期产量 + 当期进口量 − 当期出口量 − 当期消费

其中,期初库存、当期产量、当期进口量这三项为当期可供应量;而当期出口量和当期消费为当期需求量。如果当期可供应量大于当期需求量,则期末库存势必增加;反之,期末库存势必减少。

如果进出口渠道通畅,当国内供不应求时可以通过进口来弥补,这时实际进口价会成为影响国内价格的重要因素;当国内供大于求时可以通过出口来宣泄,这时实际出口价也会成为影响国内价格的重要因素。

期末库存减少,意味着当期需求大于供应,但不能下结论说价格一定会涨,因为还得看这个期末库存是否正常。比如,农产品以一年为周期,如果以月度作为观察期,则在收获季节之后肯定逐月减少。又如,某品种在以前积压太多,即使目前库存有所降低,但仍旧大大高于正常库存,价格就难以上涨。

6. 基本面分析是什么

从商品供求关系决定价格走向这一思路出发,人们自然会想到,如果能够搞清楚现有价格水平下,究竟是供大于求,还是供不应求,不就能够预测价格走向了吗?这个想法,理论上完全正确。但困难在于:未来时期内,需求量和供应量会有多少,自身就是不确定的。因为除了价格会影响它们外,还有其他各种因素会影响它们。比如,经济周期会影响它们,政府的经济政策、金融政策会影响它们,还有诸如国际市场行情因素、投机因素、季节因素等也会影响它们,再加上难以预测的自然因素、风云突变的政治因素一旦出现,对它们的影响就更大了。

所谓"基本面分析",就是分析供求状况及分析影响供求状况的基本因素,分析的目的是为了把握供求状况,预测价格变化趋势。

7. 基本面分析有价值吗

看了上面的介绍,读者一定能体会到:基本面分析不好做。的确,要做好基本面分析是不容易的。首先,基本面分析要求拥有及时准确的数据,全面可靠的信息,这些对于一般的投资者来说是很难做到的;其次,光有数据还不行,还需要有科学的统计及处理方法,这对于没有受过专业训练的人来说,仍旧是一道难题;最后,影响供求关系的因素有很多,不仅其中一些因素无法量化,而且有些因素甚至是无法预料的,比如,突发性的重大自然灾害、政治事件等。

然而,不容易做与有没有价值是两回事。应该说,基本面分析在行情预测方面不仅有其合理的地方,而且真正做好了其价值是很大的。尽管基本面分析也有盲区,不可能预测突发事件,但突发事件毕竟是小概率事件,它不是常态。

基本面分析的最大价值在于它的着眼点是行情大势,不被日常的小波动迷惑,具有结论明确、可靠性较高及指导性强等优点。

对于一般的投资者而言,即使自己没有能力进行基本面分析,了解和掌握相关知识也是大有益处的。因为你可以凭借这些知识去读懂相关资讯,通过长期的积累,逐步提高自己的理解能力和判断能力。

8. 期货价格比现货价格更敏感

有过期货交易经历的人都会发现,有些基本面方面的消息出来后,期货价格震荡剧烈,但现货价格却没有什么变化。为什么期货价格会如此敏感,如此强烈呢?

首先,期货价格是远期价格,它反映的是未来市场的供求关系,具有预期性作用。而现货价格是即期价格,它反映的是现在市场的供求关系。尽管未来价格与现在价格是有联系的,但其表现方式不同是合理的。比如,有时它会比现货价格高,有时又可以比现货价格低。

其次,大多数基本因素的变化本身就是远期性质的,比如,国家的政策变动,通常会提前发布,其真正的影响作用在远期;又如,天气的变化,尽管现在时,影响的是现在已经种植的作物,但这些作物实际上仍旧属于未来供应的内容。由于基本因素本身的远期性,其对远期的供求关系会产生重大影响,对现在价格的影响较小是正常的。

最后,期货交易采取买空卖空方式进行,因此,供求关系的变化对期货市场价格的影响会在很大程度上受交易者心理预期变化的左右,从而导致期货市场价格以反复的频繁波动来表现其上升或下降的总趋势。

9. 经济周期对价格的影响

经济周期一般由复苏、繁荣、衰退和萧条四个阶段构成,通常用国民生产总值(GNP)、国内生产总值(GDP)等指标来衡量。复苏阶段开始时是前一周期的最低点,产出和价格均处于最低水平。随着经济的复苏、生产的恢复和需求的增长,价格也开始逐步回升。繁荣阶段是经济周期的高峰阶段,由于投资需求和消费需求的不断扩张超过了产出的增长,刺激价格迅速上涨到较高水平。衰退阶段出现在经济周期高峰过去后,经济开始滑坡,由于需求的萎缩,供给大大超过需求,价格迅速下跌。萧条阶段是经济周期的谷底,供给和需求均处于较低水平,价格停止下跌,处于低水平上。这些是经济周期四个阶段的一般特征。在整个经济周期演化过程中,价格波动略滞后于经济波动。

为什么商品的价格难逃经济周期的影响?这是因为商品的供求关系都难以逃脱经济周期的影响。比如,萧条时期,其他商品的价格都跌,会导致实际生产成本降低,原先供需平衡的产品,如果不跌价,那么就会因生产利润增长而导致供应增长;另外,其他商品的价格都跌,原先供需平衡的产品,如果不跌价,则会被替代效应挖去一大块需求。两方面的综合结果就是原先供需平衡的产品也变成供大于求了,因此,也只能加入跌价的行列。

当然,不同的商品,受经济周期影响的程度不会一样(如图 3-2 所示)。

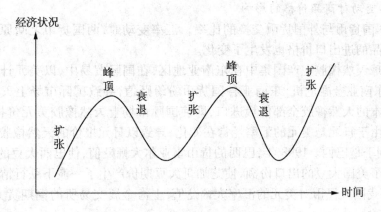

图 3-2　经济周期示意图

10．经济政策对价格的影响

政府的经济政策会对商品价格产生不同程度的影响,这种影响可以分为两个层面:其一是政府针对整体经济所制定的宏观政策;其二是对具体商品所制定的特殊性政策。

政府对整体经济制定的宏观政策,通常具有"反周期政策"特点。当总需求小于总供给,产生萧条和失业扩大化时,采取扩张性措施来刺激总需求;当总需求大于总供给,产生通货膨胀时,采取紧缩性措施来抑制总需求。调控经济的主要手段分别有:财政政策(包括收入政策)、货币政策和汇率政策。由于调控政策的出台往往是针对现实经济中的问题而作出的,会对经济走势产生一定程度上的影响。宏观调控政策会打破一些商品原有的供需关系,从而使价格发生变化。

对具体商品而言,政府所制定的特殊政策所带来的影响更为直接。比如,政府对某一品种的税收政策或进出口关税进行调整,将直接打破原有的价格平衡。具体的案例有:1996年,美国国会批准新的《1996年联邦农业完善与改革法》,使1997年美国农场主播种大豆的面积猛增10%,从而导致大豆的国际市场价格大幅走低。还有,前几年我国出台的有关转基因作物进口的政策,对国内大豆的期货价格也造成了直接影响。

11．国际市场行情的影响

任何一个国内市场都是国际市场的一部分。在自由贸易时代,任何一国的国内市场都不可能摆脱国际市场的影响。如果国际市场价格有较大波动,国内市场想不受其影响几乎是不可能的。比如,国际市场上由于供大于求导致价格下跌,即使国内自身供需是平衡的,能逃脱其影响吗? 不能,因为国际市场的低价会吸引该国的进口商开始进口或增加进口。这样,原本平衡的国内市场因为进口增加也变得供大于求了,只有当价格下跌至进口商无利可图时,进口才会停止。相反,如果国际市场价格高了,国内市场的低价也维持不下去,因为这时出口商会活跃起来。

当然,国内市场价格受国际行情影响的程度与该国的开放度有关,开放程度越高,影响程度就越大,价格之间的联系就越紧密。比如,我国铜的生产和贸易开放得早,开放程度也相当高,以至于上海期货交易所的铜期货价格与伦敦金属交易所的铜期货价格之间的联系非常紧密。

12. 汇率变动对商品价格的影响

汇率是本国货币与外国货币交换的比率。汇率变动时,两国货币之间原本的比率被打破,意味着商品的进出口价格也发生了变化。

例如,全球天然橡胶主产国集中在东南亚地区,在国际贸易中,以美元计价已经成为惯例。1997年东南亚金融危机,东南亚各国货币纷纷贬值,导致国际市场上天然橡胶价格暴跌。又如,日本的天然橡胶全部依赖进口,即使国际市场上天然橡胶美元价格相当稳定,但在日本国内,由于日元与美元的汇率经常在变化,导致以日元报价的天然橡胶价格也不时波动。另一个例子是巴西。1998年,巴西的货币雷亚尔大幅贬值,使巴西大豆的出口竞争力大幅提高,挤占了美国大豆的出口份额,使芝加哥大豆期价产生了一波下跌行情。

1994年,我国人民币对美元的汇率大幅贬值,上海金属交易所的铜期货大幅上涨,也是一个典型的案例。

一般而言,一国的某种商品,其国内供需平衡对进出口的依赖程度越大,对汇率变动的敏感度也就越大。因此,交易者如果进行这类商品的期货交易,就必须密切关注相关汇率的变动情况。

13. 利率变动对商品价格的影响

利率变动或调整本身是政府宏观调控的一个手段。它对商品价格的影响是双重的:一方面,宏观调控后经济形势本身的变化会对商品价格带来间接影响;另一方面,利率变化后,商品供需双方的资金成本也发生了变化。不过,即使它对商品价格产生了影响,其影响力也是间接的。因而,其影响力不如汇率变动因素那么大。

尽管利率变动对商品价格的影响并不大,但对金融期货的影响却非常大。比如,对股指期货而言,利率波动可以说是重量级的影响因素;还有,在汇率期货中,一国利率是否变动,变动多少,也是交易者十分关注的重要因素;而在利率期货中,利率变动更是期货价格变动的直接原因。

14. 自然因素对价格的影响

自然条件因素主要是气候条件、地理变化和自然灾害等。具体来讲,包括地震、洪涝、干旱、严寒、虫灾、台风等方面的因素。

农产品价格最容易受自然因素的影响,当自然条件不利时,农作物的产量就会受到影响,从而使供给趋紧,刺激期货价格上涨;反之,如气候适宜,又会使农作物增产,增加市场供给,促使期货价格下跌。例如,巴西是全球咖啡的主要生产供应国。有一年,巴西遭受严重霜冻,据说一夜之间冻伤了30%的咖啡树,消息一传出,国际咖啡期货价格就上涨了好几个停板。

气候因素已经成为农产品期货炒作的一个重要因素。由于各种农产品在播种期、成长期或收割期对气候的要求不一样,因而,在这些时期,主产区的气候情况及其变化就会引起交易者的十分关注,一有风吹草动,就会引起价格波动。

自然因素的重大变化对工业品和能源产品也会产生相当大的影响,比如,当生产、运输和仓储因灾难天气而造成较大损失时,价格就会上涨。

15. 政治因素对价格的影响

政治因素主要指国际国内政治局势、国际性政治事件的爆发或国际关系格局的变化。

1980年1月4日，美国为警告前苏联入侵阿富汗。决定向前苏联禁运粮食1700万吨，结果，引起芝加哥交易所闭市两天，到9日开市后又出现多次跌停板。

1999年11月上旬，中美贸易代表团在北京举行关于中国加入世界贸易组织的谈判，消息一出，大连大豆期价即告下跌，猛跌一周，大豆2000年5月合约价格从2 240元/吨下跌至2 060元/吨。因为交易者都认为，一旦谈判成功，美国向中国出口大豆的障碍就消除了。

2001年9月11日，美国发生震惊全球的恐怖袭击事件，商品期货价格普遍下跌，能源价格在一个月内下跌高达40%左右。

在分析政治因素对期货价格影响时，应注意不同的商品所受影响程度是不同的。比如，国际局势紧张时，对战略性物资价格的影响就比对其他商品的影响大一些。

16. 季节性因素对价格的影响

有些商品的供应或需求具有季节性特点，如农产品的供应都是每年同一时期集中上市，而需求却是分散的。又如，活猪的屠宰、销售以及小猪生产期也有季节性特点。还有，燃油在冬季的需求量明显超过其他季节。

供需的季节性特点引发价格的季节性波动，这一点在农产品上表现得特别明显。比如，有人经过统计比较，发现大豆市场的特点为：每年从三四月份开始，南美新豆上市，进口量增多，致使现货价格走到谷底；随着五六月份消费旺季的来临，价格从谷底缓慢回升，至七八月份大豆青黄不接时，价格达到年内峰顶；10月份后由于北半球的新豆上市，价格再次回落至谷底；一二月份随年关消费高潮的来临，价格略有反弹，并于年关后重回三四月份的谷底。如此循环往复。

由于职业投资者和现货商都懂得季节性的影响，因而，这种特点一般在不同合约月份上会得到提前反应，比如，5月合约对3月合约升水，而11月合约对9月合约贴水。但从全年走势来讲，期货价格的低点通常会在收获季节出现。有些交易者在判断后市时，会将其作为一个参考依据。当然，在应用之前，他们首先会对历史数据作定量的统计分析，从中发掘出更多有意义的信息。

17. 投机因素对价格的影响

买涨不买跌是人们的一种普遍心理。当市场价格上涨时，赚钱效应会使更多人愿意买进，并且有些人还愿意进行实物投机，即买进货物后囤积起来。尽管这些购买者并非是对货物的真正需求者，但至少暂时加大了需求，加剧了供不应求的局面。当市场价格下跌时，情况又反过来了，甚至连实际使用者也会降低储备量，这又加剧了供大于求的局面。在期货交易中，这一现象不仅存在，有时甚至会表现得更突出。当市场处于牛市时，人气向好，一些微不足道的利好消息都会刺激投机者的看好心理，引起价格上涨；当市场处于熊市时，人心思空，即使有利好消息也会被忽视，而一些微不足道的利空消息则会被放大，以至于价格继续下跌。

与中小投机者相比，大投机商引发期价涨跌的能量更大，这也是交易者为什么特别关注大户持仓数量及方向的原因。例如，美国的CFTC每周五定期公布商业性和非商业性（通常认为是基金）的持仓报告，这份报告会被分析人士和交易者广泛重视，而重视的目的就是希望能够从中了解大户的动向。

大投机商如果过度投机,很可能导致期价非理性的涨跌,这种涨跌,用其他合理的因素是无法解释的。比如,美国的白银期货,从1979年的每盎司6美元一度上涨到1980年年初的50美元,但那是亨特兄弟操纵的结果。后来由于操纵失败,银价又回到了老地方。

18. 基本面分析对数据的基本要求

没有数据谈不上分析,这一点交易者都明白。然而,什么样的数据才是合格的,才是对判断行情有用的,就不是所有交易者都清楚了。比如,有报道说:"某地棉花产量今年有望比去年增产10%",这一消息对行情是利多还是利空?有人可能会不屑一顾地回答,供给增加,显然是利空。能下这个判断吗?不能!因为该地增产不等于其他地方也增产。如果报道的内容为:"我国棉花产量今年有望比去年增产10%"或"全球棉花产量今年有望比去年增产10%",其意义就不一样了。然而,仅凭此还不足以判断供需关系,因为还不知道今年需求情况怎么样。如果今年全球棉花需求有望比去年增长15%,恐怕大家还是认为行情应该上涨。

显然,基本面分析要求的是能够全面反映供需两方面的数据,归纳起来就是全面系统。单方面的数据不足以判断,局部的数据更无用处。

19. 充分利用公开性的专业报告

要获得全面系统的数据,谈何容易。如果你寄希望于自己亲力亲为,那还是趁早放弃,因为你即使整日不休息也干不好。好在现在资讯传媒发达,大多数的国家政府都有专门的机构在干这活,问题是你会不会利用。美国农业部(USDA)每年、每月、每周都会定时公布世界和美国主要农产品的供需报告。比如,每月10—13日发布的月度报告,公布小麦、玉米、大豆等主要农产品的供需平衡表即供需报告。内容包括世界和主要农产品生产国的主要产品的种植面积、收获面积、平均单产、产量、期初库存、期末库存和进出口量等。周一上午公布上一周大豆、玉米、小麦、豆粕、豆油等农产品出口装船的检验报告,并按国家和地区进行了细分;周四上午又公布上一周大豆、玉米、小麦、豆粕、豆油等农产品出口销售报告。报告按国家和地区进行了划分;周一下午还公布作物生长进度报告,包括作物的优良率、开花、结荚、抽穗、扬花等指标,以此判断作物的生长情况和产量,还公布天气和农作物概况。所有这些报告,提供了大量的基本数据,事实上也已经成为期货交易者在进行基本面分析时最重要的依据了。

20. 数据比较,大有讲究

如果有报道说:"今年棉花增产10%,需求量增长8%",是不是一定供大于求呢?还不一定。因为你必须结合历史数据进行分析后才能判断。如果今年增产10%是在过去几年大幅减产的基础上实现的,很可能今年的实际产量仍旧低于需求量。即使是实际产量与需求量差不多,也可能因为去年库存大幅减少仍旧显得供应紧张。又如,12月份活猪报告显示生猪屠宰数量较去年同期增加10%,是否真的反映了需求的增加呢?如果前一年度的数值是非常低的,在历史数据中也属于异常,那么今年需求恢复正常,尽管出现了10%的增加,利多程度也会大打折扣了。显然,在判断供求关系的现状时,仅使用前后两年数据比较就得出结论可能存在偏差,科学的比较就必须结合更多的历史数据。

21. 供求状况与价格的关系是相对的

交易者很容易犯的一个错误是将供求状况绝对化,脑中只记得:供大于求,价格必跌;供不应求,价格必涨。表面上看,这似乎很合理,其实不然。那么错在哪里呢?错在他们忘了:供大于求也好,供不应求也好,本身是与价格水平有关的。供大于求是指在一定的价格水平上的供大于求,价格下跌后,是不是还是供大于求就不好说了,有可能跌过头后,供大于求反而转化为供不应求了。

比如,拍卖会上有两张邮票,标价1万元时,有50个人举牌,显然是供不应求;标价10万元时,只有1个人举牌,这时还能说供不应求吗?又比如,2004—2005年度美国玉米单产可能会达到创纪录的155蒲式耳/英亩,而2004年却只有146.3蒲式耳/英亩,这预示着2005年新玉米的供给将会超过往年。当大幅增产的消息第一次公布后,价格下跌的可能性比较大。但是,如果玉米价格已经因此而下跌了20%,当这一消息仍旧在相关报告中出现时,是否还意味着是利空呢?一些基本面分析师之所以会在价格形态的底部继续看空,就是因为犯了将供求状况绝对化的错误。所以,基本面的因素到底是利多还是利空,是相对于价格水平而言的判断,而不是绝对的判断。

22. 连续跟踪,方能明事

看一本侦探电影,只有从头看起,才能理解剧中的人物和情节。如果电影演到一半才进场观看,由于不知道前面的故事,产生莫名其妙的感觉是难免的。同样,在期货交易中,人们对新出现的信息能否理解也与是否连续关注有关。

比如,新进场的交易者看到一条信息说,世界棉花产量估计会增加10%,那么他的第一反应就是看空棉花。但是如果早在几天之前就有类似的预测认为产量将增加12%,那么人们的理解显然就不一样了。又如,最新报道说,谷物主要生长带的部分地区气温达到华氏100度。这是否能成为做多的理由?如果事实上是过去3周这些地区一直在下雨,那这个消息还真不能算作坏消息。还有,天气对某地的作物造成了某种损害,损失是真的,并且供应量也减少了,但是市场对之却没有反应。怎么回事?你也许后来才明白,原因是其他地方的供应太多了。而这些消息前面都有过报道,只不过你没有留心,或当初还没有人市。

显然,对相关信息连续跟踪是极其重要的,只有将新信息结合旧信息一起研判,才能更好地理解和把握新信息。对新入市的交易者而言,尤其要注意避免"电影演到一半时才进场观看"的尴尬,不仅要多观察些时间,而且要花时间回顾浏览以往的历史资料。

23. 考虑因果关系,不能忽视时间因素

交易者在研究基本面时,有时会进行逻辑推理,但要注意的是:即使其前提是成立的,也不能忽略时间因素。例如,饲用谷物价格在未来走高,则禽肉和猪肉价格也将会上涨,于是应该在这些品种上做多。尽管这样的逻辑推理的确是合理性的,但如果忽略了时间因素,效果很可能适得其反。

从长期来看,如果用来制作饲料的谷物原料价格上涨,会增加家禽和猪、牛的饲养成本,确实可能会造成肉的供给减少,价格上涨,也就是饲用谷物价格和禽肉、猪肉价格之间确实存在着正相关的因果关系。但是如果从短期来看,两者之间正相关关系完全可能不正确。因为当谷物价格提高的同时,肉类价格由于竞争压力未必马上能提高。由于饲料价格是实实在在上去了,饲养户的成本加大了,当他们难以承受时,很可能采取的措施是降价促销以减少存栏数量。这样,在短期内,饲用谷物价格和肉类价格之间反而成了负相关关系,导致抢先买进肉类期货的交易者亏损。总而言之,在进行基本面之间逻辑推导时,必须注意时间因素,有一些因果关系可能会立即发挥作用,但也有一些却存在着时间滞后。

24. 商品成本,不一定能成为价格底线

价格下跌到很低时,交易者难免会将价格与产品的生产成本进行比较。的确,价格如果长期低于生产成本,生产者会考虑退出该品种生产,最终导致供应大幅减少,促使价格回升。但是,必须知道,这也需要时间。在大规模减少供应未成为现实之前,价格跌破成本甚至相当一段时间内一直在成本之下运行仍是可能的。

当然,不同品种的价格,在生产成本之下运行的可能性不一样。一般而言,可以储存的品种,如金属铜、铝、黄金等,生产成本的支撑力度大一些。但对农产品来说,支撑力度就弱得多。即便价格下跌到成本以下,如果供给仍然大于需求,价格就还可能下跌。由于农产品种植的季节性和种植刚性,价格的调整一般至少需要经过1年甚至几年的时间。

在国际农产品期货市场上,曾经几度出现过期货价格低于农产品成本价格的现象。比如,白糖期货市场上,糖价居然跌到比包装袋价格还低的程度,换言之,等于是糖不要钱了。为什么会如此,因为当时的糖实在太多,由于储存条件有限,不使用就会自己融化,如果能出售,至少还能回收包装袋的成本,总比分文不值好。

25. 长期价格比较,留意价格水平的调整

当我们使用历史价格数据进行分析时,如果不考虑通货膨胀的因素将会给分析结果带来较大的误差。所用的历史数据时间越长,可能带来的误差就会越大。比如,我们通过某农产品的基本面数据对比,发现2004年的基本面与1965年、1979年时候的基本面非常相似,如果直接将这3年的名义价格比较,肯定会带来误差,不利于科学度量产品的合理价格。如果考虑通货膨胀的因素,显然今年价格的绝对水平要比1965年和1979年高出许多。

又如,伦敦金属交易所的金属价格是以美元标价的,2001年至2004年初,金属价格大幅上涨。而与此同时,美元却连连贬值。两相比较,不难发现,对世界上那些货币升值的国家而言,金属价格的实际涨幅并没有名义涨幅那么大。

26. 对相关国际组织的限价不能迷信

国际上许多商品都有相应的组织,比如国际糖贸易协定、国际咖啡贸易协定、天然橡胶国际组织、石油输出国组织等。这些组织通常是由该商品的主要生产国组成的,目的是为了保护成员国的商业利益。在实际运作中,企图影响市场价格,甚至制定相应的限价条款是常用手段。

这些限价条款确实可能会对期货价格产生暂时的支撑作用,但是必须明白:主导市场的主要力量还是供求关系,这是保护协定所左右不了的。所以,在做基本面分析时,不可对这些限价措施迷信。比如,石油输出国组织对油价的影响,每到关键时刻往往会失效,油价不是跌落到他们的底线之下,就是上涨到规定价格之上。过分迷信这些价格限制,在期货交易中会吃大亏的。

伦敦金属交易所"大锡危机"也是一个典型的案例。由马来西亚、印尼、秘鲁、巴西、泰国和玻利维亚等国组成的国际锡理事会有着全球90%以上的锡产量。在它们的控制之下,国际大锡价格一直居高不下。1985年10月,国际锡理事会成员国终于因无力在高位承接大量

卖盘,被迫宣布政府行为不可抗力。价格直线下落,造成巨额亏损。伦敦金属交易所也被迫于当年关闭大锡交易。

27. 应用基本面分析必须注意的事项

应用基本面分析必须注意以下几个事项:

(1) 有些交易者在交易时,很关心基本面方面的消息,但仅仅是看看而已,然后凭借着自己的理解对行情作出预测或判断。这不是严格意义上的基本面分析。真正的基本面分析需要做大量的工作,不仅需要搜集资料,更重要的是对数据和资料进行科学处理。比如,应用统计技术进行定量分析,建立计量经济模型,利用计量经济模型及应用电脑分析计算各要素之间的制约关系等。只有这样,预测才不是流于形式的,也能够提高预测的精度。

(2) 利用基本面分析预测行情,也有盲区和局限性,因此不能迷信。比如,资料和数据只能告诉你过去的情况,即使知道所有的因素,也无法预测突发因素。这些都会影响预测的能力与预测的精度。

(3) 基本面分析的长处和优点是抓大势,但即使看对了大势,在何时入市这个重要问题上不一定能够把握好。比如,2002 年初,全球天胶期货辞熊走牛。在此之前几个月,国际橡胶研究组织通过供需及库存数据比较,已经作出了提醒。但如果据此提前进入期货市场,不知要受多少折磨,弄得不巧还会亏损出场。因此,有成功人士建议:何时入场,向技术分析方法请教或结合技术分析方法更好。

3.3 国内各主要期货品种的交易

3.3.1 铜期货品种的交易

1. 上海期货交易所的铜期货合约

20 世纪 90 年代初,国内刚开始进行期货交易时,铜就被多家交易所列为交易品种。期货业经过两次整顿之后,交易所剩下 3 家。铜期货被指定为上海期货交易所的交易品种。上海期货交易所的铜期货合约如表 3-1 所示。

表 3-1 上海期货交易所铜合约

交易品种	阴极铜
交易单位	5 吨/手
报价单位	元(人民币)/吨
最小变动价位	10 元/吨
每日价格最大波动限制	不超过上一结算价 ±3%
合约交割月份	1—12 月
交易时间	上午 9:00-11:30 下午 13:30-15:00
最后交易日	合约交割月份 15 日(遇法定假日顺延)
交割日期	合约交割月份 13—20 日(遇法定假日顺延)

交易品种	阴极铜
交割等级	(1) 标准品： 标准阴极铜，符合国标 GB/T467-1997 标准阴极铜规定，其中主成分铜加银含量不小于 99.95%。 (2) 替代品： a. 高级阴极铜，符合国标 GB/T467-1997 高级阴极铜规定。 b. LME 注册阴极铜，符合 BS EN 1978:1998 标准（阴极铜级别代号 CU-CATH-1）。
交割地点	交易所指定交割仓库
交易保证金	合约价值的 5%
交易手续费	不超过合约价值的 0.2‰（含风险准备金）
交割方式	实物交割
交易代码	CU

2. 交易标的物方面的规定

第一，交易单位为 5 吨/手，但交割单位为 25 吨，且每张标准仓单所列阴极铜的重量为 25 吨，溢短不超过 ±2%，磅差不超过 ±0.2%。

第二，对交割商品的规定。铜期货合约标的物在 1998 年 9 月起全部执行 GB/T467-1997 标准，高纯阴极铜和标准阴极铜均可交割，没有质量升贴水，只有品牌升贴水。

第三，对交割地点的规定。上海期货交易所制定了 6 个仓库为阴极铜的交割仓库，分别位于上海和天津，其中，上海 4 个，天津 2 个。同时，上海期货交易所还分别列出了交割仓库的地址、联系人、业务电话等以方便投资者。

第四，对交割阴极铜注册商标规定。上海期货交易所允许 25 家国内生产企业，包括上海鑫冶铜业有限公司、江西铜业股份有限公司等，生产的不同品牌和质量的阴极铜用于交割。由于不同公司生产的铜的质量有所差别，上海期货交易所对不同企业生产的阴极铜指定为标准、升水两种交割等级。

第五，对交割商品包装的规定。国产商品的包装：每一交割单位阴极铜必须是由同一生产企业生产、同一注册商标、同一质量品级、同一块形、捆重近似的商品组成。每捆包装采用 30-32×0.9-1.0 毫米表面作防锈处理的钢带井字形捆扎，捆扎应坚固，同时标有醒目的、不易脱落的商品标志及捆重。每捆重量不超过 2.5 吨。进口商品的包装：一般按原进口包装（紧固完好）交割，最大捆重为 4 吨。

第六，对在伦敦金属交易所（LME）注册并经上海期货交易所允许进行交割的阴极铜的规定。上海期货交易所列出了 20 个国家（如奥地利、比利时等）的 61 个牌号的阴极铜，并允许其在上海期货交易所用于交割。

3. 交割仓库的收费标准

进行实物交割的铜要先进入交割仓库，换取标准仓单，用仓单进行流转。而交易所的交割仓库对于入库的铜要收取一定的费用，具体规定如表 3-2 所示。

表 3-2 交割仓库收费标准

		价格	主要作业内容
仓储租金	库房	0.4 元/吨·天	按日计算,自商品到库日起计租
	货场	0.25 元/吨·天	
进库费用	专用线	24 元/吨	谐车至货位,包括分唛理货、表面检验、数量、重量点数检斤、单证检验、吊运码垛、计码标码、设立账卡、签发仓单等
	自送	15 元/吨	
出库费用	专用线	24 元/吨	验证发货、装车、签发出门证、码单质保书随货同行、仓库内部销账等
	自送	10 元/吨	
过户费		3 元/吨	更换仓单户名、收回原仓单、签发新仓单、调整库内相应账目
分检费		5 元/吨	散捆混装分拣码垛
代办车皮申请		5 元/吨	落实车皮计划
代办提运		2 元/吨	接货、提运、交接(不包括运输费用)
加急费		3 元/吨	在正常作业期间无法完成的作业量,应客户要求加急处理可增收加急费
打包费		20 元/吨	打包材料:0.9-1.0×3 毫米,表面作防锈处理的钢带,井字形打扣

4. 限仓制度

限仓是指交易所规定会员或客户可以持有的,按单边计算的某一合约投机头寸的最大数额。经纪会员、非经纪会员和客户的各品种期货合约在不同时期限仓的具体比例和数额如表 3-3 所示。

表 3-3 上海期货交易所铜期货合约限仓规定

	合约挂牌至交割月前第二月的最后一个交易日				交割月前第一月的持仓限额(手)			交割月份的持仓限额(手)		
	某一期货合约持仓量(万手)	限仓比例(%)			经纪会员	非经纪会员	客户	经纪会员	非经纪会员	客户
		经纪会员	非经纪会员	客户						
阴极铜	≥12	15	10	5	8 000	1 200	800	3 000	500	300

表 3-3 中某一期货合约持仓量为双向计算,经纪会员、非经纪会员、客户的持仓限额为单向计算;经纪会员的限仓数额为基数,交易所可根据经纪会员的注册资本和经营情况调整其限仓数额。

5. 保证金的变动

在一般情况下,交易所按照合约价值 5% 收取保证金。但在下列三种情况下,保证金标准会发生变化:一是合约总持仓量较大时;二是合约临近交割时;三是风险控制需要时。与总持仓量有关的规定如表 3-4 所示。

表 3-4　铜期货合约持仓变化时的交易保证金收取标准

持仓总量 X(手)	铜	
	投机头寸	保值头寸
X≤12 万	5%	5%
12 万＜X≤14 万	6.5%	6.5%
14 万＜X≤16 万	8%	8%
X＞16 万	10%	10%

注：X 表示某一月份合约的双边持仓总量。

在交易过程中，当某一期货合约持仓量达到某一级持仓总量时，新开仓合约按该级交易保证金标准收取。交易结束后，交易所对全部持仓收取与持仓总量相对应的交易保证金。

与合约交割时间有关的规定如表 3-5 所示。

表 3-5　铜期货合约临近交割期时的交易保证金收取标准

交易时间段	铜	
	投机头寸	保值头寸
合约挂牌之日起	5%	5%
交割月份的第一个交易日起	10%	5%
交割月份的第六个交易日起	15%	5%
最后交易日前一个交易日起	20%	5%

在进入交割月份后，卖方可用标准仓单作为与其所示数量相同的交割月份期货合约持仓的履约保证，其持仓对应的交易保证金不再收取。

6. 风险控制

在正常情况下，铜期货的每日最大涨跌幅为 3%，但当某一铜期货合约达到涨跌停板时，下一交易日的停板幅度将有所变动，同时，当日结算时合约保证金也要相应提高。具体规定如下：收盘时处于涨跌停板单边无连续报价的第一交易日结算时，交易保证金提高到合约价值的 6%，高于 6% 的按原比例收取，同时第二交易日涨跌停板变为 4%；当第二交易日出现与第一交易日同方向涨跌停板单边无连续报价的情况，则第二交易日结算时交易保证金提高到合约价值的 8%，高于 8% 的按原比例收取，同时第三交易日涨跌停板变为 5%；当第三交易日出现与第二交易日同方向涨跌停板单边无连续报价的情况，则第三交易日结算时交易保证金提高到合约价值的 8%，高于 8% 的按原比例收取，同时第四交易日该铜期货合约暂停交易一天。

当某铜期货合约连续三个交易日的累计涨跌幅达到 7.5%，或连续四个交易日的累计涨跌幅达到 9%，或连续五个交易日的累计涨跌幅达到 10.5% 时，交易所可以根据市场情况，采取单边或双边、同比例或不同比例、部分会员或全部会员提高交易保证金，限制部分会员或全部会员出金，暂停部分会员或全部会员开新仓，调整涨跌停板幅度，限期平仓，强行平仓等措施中的一种或多种措施，但调整后的涨跌停板幅度不超过 20%。

7. 伦敦金属交易所铜期货合约

LME 是世界上最大的铜期货交易市场,成立于 1876 年,铜的期货交易始于 1877 年。由于交易非常活跃,其价格已成为全球铜价的指示器。LME 要求可交割的铜必须有伦敦交易所核准认可的 A 级铜的牌号,符合英国 BSEN1978 年:1998 年标准,铜含量为 99.95%。LME 阴极铜期货合约如表 3-6 所示。

表 3-6 LME 铜期货合约

交易品种	A 级电解铜(交易所注册品牌)
交易单位	25 吨
报价单位	美元/吨(日元、英镑和欧元都可用于结算)
最小变动价位	0.5 美元/吨
每日价格最大波动限制	无
合约交割月份与交割日期	现货到 3 个月期货之间,为每日交割(到期提前两个工作日进行处理平仓或实物交割);3 个月至 6 个月的远期,为每个星期三;7 个月至 63 个月的远期,为每个月的第三个星期的星期三
场内交易时间	12:00-12:05 12:30-12:35(结算价与官方价) 15:30-15:35 16:10-16:15

LME 的交易方式有三种,分别为场内交易、场外交易(办公室之间交易)和电脑网上平台交易,绝大部分交易都是以场外交易形式完成的。会员经纪公司不仅可以兼做自营与代理,即使与客户作对手交易也是合法的。

与其他交易所不同的是,LME3 个月期货合约是连续的合约,所以每日都有交割,LME 为即期铜也就是现货(CASH)铜的贴水设立了底限,现货贴水不得低于 3 月铜 30 美元;相反,现货升水却可以无限大。另外,LME 无涨跌停板限制。

8. 纽约商业交易所 COMEX 分部高级铜合约

在国际铜期货市场上,除了 LME 的铜期货合约最具有权威性外,纽约商品交易所 COMEX 分部的高级铜合约也比较有影响力。纽约商业交易所(NYMEX)与纽约商品交易所(COMEX)原来是两家独立的期货交易所,合并为一家后,COMEX 成为 NYMEX 的分部。表 3-7 是 COMEX 的铜期货合约。

表 3-7 纽约交易所 COMEX 分部的高级铜合约

商品	高级铜
交易所	COMEX
合约大小	25 000 磅
报价方式	美分/磅
最小变动价格	0.05 美分/磅

续表

每日停板额	20 美分/磅
交割品质	1 号电解铜
交易时间	纽约时间 9:25-14:00
合约月份	连续 3 个月份及 23 个月内的 1、3、5、7、9、12 月
最后交易日	交割月的倒数第三个营业日

9. 影响铜期货价格主要因素

影响铜期货价格的主要因素有以下 9 个方面。

(1) 供求关系与库存。

库存是反映供求关系的重要指标。

供求关系是影响商品价格的最直接的因素,而库存是反映供求关系的重要指标。无论是供大于求还是供不应求,都会在库存上得到反映。根据历史数据我们看到,铜库存处于低位,供应减少,铜价处于高位;反之亦然。

铜的库存分报告库存和非报告库存。报告库存又称"显性库存",是指交易所库存,目前世界上比较有影响的进行铜期货交易的有伦敦金属交易所(LME),纽约商品交易所的 COMEX 分部和上海期货交易所(SHFE)。三个交易所均定期公布指定仓库库存。

非报告库存,又称"隐性库存",指全球范围内的生产商、贸易商和消费商手中持有的库存。由于这些库存没有对外公布的义务,因此很难统计,但专业信息机构会对此作出估计。

(2) 用铜行业的发展情况。

用铜行业的发展是影响消费的重要因素。例如,20 世纪 90 年代以后,发达国家在建筑行业中管道用铜增幅巨大,建筑业成为铜消费最大的行业,从而促进了 90 年代中期国际铜价的上升,美国的住房开工率也成了影响铜价的因素之一。2003 年以来,中国房地产、电力的发展极大地促进了铜消费的增长,从而成为支撑铜价的因素之一。在汽车行业,制造商正在倡导用铝代替铜以降低车重从而减少该行业的用铜量。此外,随着科技的日新月异,铜的应用范围在不断拓宽,铜在医学、生物、超导及环保等领域已开始发挥作用。IBM 公司已采用铜代替硅芯片中的铝,这标志着铜在半导体技术应用方面的最新突破。这些变化将不同程度地影响铜的消费。

(3) 国际国内经济形势。

铜是重要的工业原材料,其需求量与经济形势密切相关。经济增长时,铜需求增加从而带动铜价上升;经济萧条时,铜需求萎缩从而促使铜价下跌。例如,20 世纪 90 年代初期,西方国家进入新一轮经济疲软期,铜价由 1989 年的 2 969 美元/吨回落至 1993 年的 1 995 美元/吨;1994 年开始,美国等西方国家经济开始复苏,对铜的需求有所增加,铜价又开始攀升;1997 年亚洲经济危机爆发,整个亚洲地区(中国除外)用铜量急剧下跌,导致铜价连续下跌至 20 年来最低点;1999 年下半年亚洲地区经济出现好转,美国经济持续增长,铜价又逐步回升。因而铜价与经济周期密切相关。

在分析宏观经济形势时,以下两个指标是很重要的:一是经济增长率,或者说是 GDP 增长率;另一个是工业生产增长率。从历史数据中可以看出,精铜消费增长率与 GDP 增长率之间同涨同跌的倾向非常明显。

(4) 进出口政策。

铜的进出口政策,尤其是关税政策对我国铜市场的供求状况起到很大的影响作用。

长期以来,由于我国是个铜资源不足的用铜大国,因而在进出口方面一直采取"宽进严出"的政策。近两年随着国内铜冶炼能力的增强,国家逐步取消铜的出口关税,铜基本可以自由进出口。但由于我国铜资源缺乏,因此依然是铜的净进口国。

2003 年 5 月海关总署发布公告,自同年 6 月 1 日起停止执行铜矿砂、铜精矿及铜材(包括电解铜)边境贸易进出口优惠政策,使我国铜市场的局面得到改善,铜价得到支撑。

(5) 国际上相关市场的价格。

从历史地位看,LME 的铜期货交易是"百年品牌",其权威性不言而喻。长期以来,上海期交所的铜价一直紧跟着 LME 的价格走势。但是,近年来,由于中国消费市场异军突起,铜消费增长排在全球消费增长第一位,已成为国际有色金属市场举足轻重的一员。在这种背景下,上海铜期货价格越来越表现出了一定的独立性,价格行情领先于 LME 期价的情况也时有发生。当然,这并不表示国内铜价任何时候都会超前于 LME。由于 LME 是对全世界开放的,其价格更具全球性的意义,某种程度上也反映了中国国内的情况。而上海期交所还没有对外开放,只是一个国内市场,故从价格影响力来说,上海期铜价格仍旧摆脱不了从属地位。

(6) 铜的生产成本。

生产成本是衡量商品价格水平的基础。铜的生产成本包括冶炼成本和精炼成本。不同矿山测算铜生产成本有所不同,最普遍的经济学分析是采用"现金流量保本成本",该成本随副产品价值的提高而降低。20 世纪 90 年代,由于科技的发展、新的冶炼法的采用,铜的生产成本呈下降趋势。目前,国际上火法炼铜平均综合现金成本约为 1 500 美元/吨,湿法炼铜的平均成本更低,不到 1 000 美元/吨。当然,由于生产成本是变动的,会随着投入品的价格波动而波动,另外,不同国家、不同地区的生产成本也有很大的差别。

一般而言,当铜价低迷、生产商无利可图时,生产商的积极性会降低,但由于部分生产成本低的生产商仍旧坚持增加产量以抢占市场,所以供应量不见得会因此减少,只有当价格极端低迷,大多数生产商都承受不起时,才会发生大规模减产的行为。当需求旺盛、铜价高涨,生产商获利丰盛时,生产商的积极性会充分高涨。通常,他们都会挖掘现有的生产能力,提高产出量。如果仍旧无法满足需求,就需要通过新增投资来扩大生产能力,然而,通过这种方式的周期通常都较长。

(7) 基金的交易方向。

在国际金属期货市场中,基金的作用不可忽视。它们有时"呼风唤雨",有时"推波助澜"。基金唯一的目的就是赚取利润。它们总是唯恐天下不乱,从中渔利。当然,它们并非屡战屡胜,也有"失手"的时候。

基金一般分为以下三类:①Macro Fund(宏观基金),主要以长线战略投资为主,它们的背后一般是银行。如索罗斯的量子基金,高盛、摩根斯坦利、美林等投资银行。②Hedge

Fund（对冲基金或套利基金），这种基金规模小于第一类基金，但也具有相当规模。此类基金的背后一般是大型实物贸易商、生产商或消费商，也有的具有银行背景。它们在期货市场的做法是以长线为主，短线为辅。③第三类基金为CTA(Commercial Trading Advisory)，此类基金规模小，基本以技术性短线操作为主，长线为辅。

基金往往是借市造势，利用良好的基本面、技术面或其他突发因素推高市场。反之，则利用世界经济的衰退和供应过剩打压市场。一般情况下，基金做多，价格上扬，基金做空，价格则跌。但此规律并非绝对。比如，1994—1995年铜价的飙升和1998年铜价的暴跌，都能见到基金的影子。由于基金对宏观基本面的理解更为深刻且"先知先觉"，所以了解基金的动向也是把握行情的关键之一。

(8) 相关商品价格的波动对铜价的影响。

石油和铜都是重要的工业原料，它们需求的旺盛与否最能反映经济的好坏，所以从长期来看，油价和铜都与宏观经济密切相关。因此就出现了铜价与油价一定程度上的正相关性，但从短期看，两者间的正相关并不突出。在经济刚启动或者刚见顶回落时可能最为明显。

举例而言，如果油价从不到10美元/桶到20美元/桶是价格的合理回归，更是经济复苏的表现，则此时铜价应该同时上升。但若油价涨到一定程度，则此时人们关心的不是经济复苏，而是油价飙升对经济的负面影响，甚至引起经济衰退，所以这时油价上涨反而可能会使铜价下跌。

(9) 汇率。

国际上铜的交易一般以美元标价，美元汇率的强弱将影响主要工业国家铜的进口与消费成本，美元兑主要货币的走强将压制相关地区的消费。所以，一般来讲，国际市场金属铜与美元汇率之间保持着密切的负相关关系，历史上每次美元汇率的大的、趋势性的变动都会引起金属铜价的反向运动。当然，决定铜价走势的根本因素是铜的供求关系，汇率因素不会改变铜市场的基本格局，但在涨跌幅度上的影响仍不可小觑。从历史数据中可见，美元贬值，则铜价上升；美元升值，则铜价下跌。

3.3.2 铝期货品种的交易

1. 上海期货交易所的铝期货合约

中国最早开展铝期货交易的是原深圳有色金属交易所，时间大约是1991年，随后，原上海金属交易所、沈阳金属交易所等多家期货交易所都曾将铝作为上市品种进行交易。由于华东、华南地区是中国经济发达地区，强大的现货市场和超前的投资意识使得铝期货在原深圳有色金属联合交易所和上海金属交易所率先取得了成功。1998年，上海原三家期货交易所合并成为上海期货交易所后，上海期货交易所成了国内唯一一家开展铝期货交易的交易所，铝期货标准合约见表3-8。

表 3-8　上海期货交易所铝期货标准合约

交易品种	铝
交易单位	5 吨/手
报价单位	元(人民币)/吨
最小变动价位	10 元/吨
每日价格最大波动限制	不超过上一结算价 ±3%
合约交割月份	1—12 月
交易时间	上午 9：00-11：30 下午 13：30-15：00
最后交易日	合约交割月份 15 日(遇法定假日顺延)
交割日期	合约交割月份 16 日至 20 日(遇法定假日顺延)
交割等级	(1)标准品：铝锭,符合国标 GB/T1196-93 标准中 AL99.70 规定,其中主铝含量不低于 99.70%。(2)替代品：LME 注册铝锭,符合 P1020A 标准
交割地点	交易所指定交割仓库
交易保证金	合约价值的 5%
交易手续费	不超过合约价值的 0.2‰(含风险准备金)
交割方式	实物交割
交易代码	AL

2. 交易标的物方面的规定

第一,交易单位为 5 吨/手,但交割单位为 25 吨。

第二,对交割地点的规定。上海期货交易所制定了 12 个仓库为铝的交割仓库,分别位于广东、江苏、上海和天津,其中,广东 4 个,江苏 1 个,上海 4 个,天津 3 个。同时,上海期货交易所还分别列出了交割仓库的地址、联系人、业务电话等以方便投资者。

第三,对交割铝注册商标的规定。上海期货交易所允许 24 家国内生产企业,包括抚顺铝厂、中国铝业股份有限公司等,生产的 25 个不同品牌的铝用于交割。该 25 种品牌的铝产品的交割等级都为标准等级。

第四,对在伦敦金属交易所(LME)注册并经上海期货交易所允许进行交割的铝的规定。上海期货交易所列出了 30 个国家(如美国、南非等)的 86 个牌号的铝,并允许其在上海期货交易所用于交割。

3. 交割仓库的收费标准

进行实物交割的铝要先进入交割仓库,换取标准仓单,用仓单进行流转。而交易所的交割仓库对于入库的铝要收取一定的费用,具体规定如表 3-9 所示。

表3-9 交割仓库收费标准

		价格	主要作业内容
仓储租金	库房	0.4元/吨·天	按日计算,自商品到库日起计租
	货场	0.25元/吨·天	
进库费用	专用线	24元/吨	谐车至货位,包括分唛理货、表面检验、数量、重量点数检斤、单证检验、吊运码垛、计码标码、设立账卡、签发仓单等
	自送	15元/吨	
出库费用	专用线	24元/吨	验证发货、装车、签发出门证、码单质保书随货同行、仓库内部销账等
	自送	10元/吨	
过户费		3元/吨	更换仓单户名、收回原仓单、签发新仓单、调整库内相应账目
分检费		5元/吨	散捆混装分拣码垛
代办车皮申请		5元/吨	落实车皮计划
代办提运		2元/吨	接货、提运、交接(不包括运输费用)
加急费		3元/吨	在正常作业期间无法完成的作业量,按客户要求加急处理可增收加急费
打包费		35元/吨	打包材料:0.9-1.0×3毫米,表面作防锈处理的钢带,井字形打扣

4. 限仓制度

限仓是指交易所规定会员或客户可以持有的,按单边计算的某一合约投机头寸的最大数额。经纪会员、非经纪会员和客户的各品种期货合约在不同时期限仓的具体比例和数额如表3-10所示。

表3-10 上海期货交易所铝期货合约限仓规定

	合约挂牌至交割月前第二月的最后一个交易日				交割月前第一月的持仓限额(手)			交割月份的持仓限额(手)		
某一期货合约持仓量(万手)	限仓比例(%)									
		经纪会员	非经纪会员	客户	经纪会员	非经纪会员	客户	经纪会员	非经纪会员	客户
铝	≥12	15	10	5	8 000	1 200	800	3 000	500	300

在表3-10中,某一期货合约持仓量为双向计算,经纪会员、非经纪会员、客户的持仓限额为单向计算;经纪会员的限仓数额为基数,交易所可根据经纪会员的注册资本和经营情况调整其限仓数额。

5. 保证金的变动

在一般情况下,交易所按照合约价值5%收取保证金。但在下列三种情况下,保证金标准会发生变化:一是合约总持仓量较大时;二是合约临近交割时;三是风险控制需要时。与总持仓量有关的规定如表 3-11 所示。

表 3-11 铝期货合约持仓量变化时的交易保证金收取标准

持仓总量 X(手)	铝	
	投机头寸	保值头寸
X ≤ 12 万	5%	5%
12 万 < X ≤ 14 万	6.5%	6.5%
14 万 < X ≤ 16 万	8%	8%
X > 16 万	10%	10%

注:X 表示某一月份合约的双边持仓总量,单位为手。

在交易过程中,当某一期货合约持仓量达到某一级持仓总量时,新开仓合约按该级交易保证金标准收取。交易结束后,交易所对全部持仓收取与持仓总量相对应的交易保证金。

与合约交割时间有关的规定如表 3-12 所示。

表 3-12 铝期货合约临近交割期时的交易保证金收取标准

交易时间	铝	
	投机头寸	保值头寸
合约挂牌之日起	5%	5%
交割月份的第一个交易日起	10%	5%
交割月份的第六个交易日起	15%	5%
最后交易日的前一个交易日起	20%	5%

在进入交割月份后,卖方可用标准仓单作为与其所示数量相同的交割月份期货合约持仓的履约保证,其持仓对应的交易保证金不再收取。

6. 风险控制

在正常情况下,铝期货的每日最大涨跌幅为 3%,但当某一铝期货合约达到涨跌停板时,下一交易日的停板幅度将有所变动,同时,当日结算时合约保证金也要相应提高。具体规定如下:收盘时处于涨跌停板单边无连续报价的第一交易日结算时,交易保证金提高到合约价值的 6%,高于 6% 的按原比例收取,同时第二交易日涨跌停板变为 4%;当第二交易日出现与第一交易日同方向涨跌停板单边无连续报价的情况,则第二交易日结算时交易保证金提高到合约价值的 8%,高于 8% 的按原比例收取,同时第三交易日涨跌停板变为 5%;当第三交易日出现与第二交易日同方向涨跌停板单边无连续报价的情况,则第三交易日结算时交易保证金提高到合约价值的 8%,高于 8% 的按原比例收取,同时第四交易日该铝期货合约暂停交易一天。

当某铝期货合约连续三个交易日的累计涨跌幅达到 7.5%,或连续四个交易日的累计涨跌幅达到 9%,或连续五个交易日的累计涨跌幅达到 10.5% 时,交易所可以根据市场情况,采取单边或双边、同比例或不同比例、部分会员或全部会员提高交易保证金,限制部分会员或全部会员出金,暂停部分会员或全部会员开新仓,调整涨跌停板幅度,限期平仓,强行平仓等措施中的一种或多种,但调整后的涨跌停板幅度不超过20%。

7. 伦敦金属交易所铝期货合约

伦敦金属交易所(LME)1978年推出铝期货合约以来,铝期货合约交易活跃,且对国际市场上铝的价格走势有较大影响,目前是国际上相对比较有影响力的铝期货合约品种。表3-13是LME铝期货标准合约。

表3-13 LEM铝期货标准合约

交易品种	高级原铝(交易所注册品牌)
报价	美元/吨(日元、英镑和欧元都可以用于结算)
交易单位	25 吨/手
最小报价单位	0.5 美元/吨
每日价格波动限制	无
交割品质	高级原铝,纯度为99.7%的铝锭、T型铝条或铝块形状;重量:每锭为12~16千克,T型铝条或铝块,每块750千克
交割日期	现货到3个月期货之间,为每日交割(到期提前两个工作日进行处理平仓或实物交割);3个月至6个月的远期,为每个星期三;7个月至63个月的远期,为每个月的第三个星期的星期三
交易时间	11:55-12:00(场内交易) 12:55-13:00(场内交易)(结算价与官方价) 13:15-15:10(场外交易) 15:35-16:00(场内交易) 16:15-16:20(场内交易) 16:35-17:00(场外交易)

LME的交易方式有三种,分别为场内交易、场外交易(办公室之间交易)和电脑网上平台交易,绝大部分交易都是以场外交易形式完成的。会员经纪公司不仅可以兼做自营与代理,即使与客户作对手交易也是合法的。

8. 影响铝期货价格主要因素

影响铝期货价格的主要因素有以下8个方面。

(1) 供求关系。

供求关系直接影响着商品的市场定价,当市场供求关系处于暂时平衡时,该商品的市场价格会在一个窄小的区间波动;当供求关系处于失衡时,价格会大幅波动。在这一点上,铝也不例外。

库存是反映供求关系的重要指标。铝的库存又分为报告库存和非报告库存,报告库存又称"显性库存",是期货交易所定期公布其指定交割仓库铝的库存数量。而非报告库存主要是指全球范围内的生产商、贸易商和消费者手中持有的铝的数量,由于这些库存无专门机构进行统计和对外发布,所以这些库存又被称为"隐性库存"。

(2) 氧化铝的供应。

氧化铝成本通常要占到铝锭生产成本的1/3,因此,氧化铝的价格波动将影响市场铝锭价格的波动,尤其是对于那些氧化铝短缺而电解铝生产规模较大的国家,国际氧化铝价格的波动会直接影响其国内铝锭的生产成本。例如,2000年,国际氧化铝现货价格从年初最高的450美元/吨大幅回落至年底的170美元/吨左右,而同期国际铝锭期货价格也从年初的1 753美元/吨下降至1 570美元/吨。

由于国际氧化铝市场高度集中,全球大部分氧化铝都通过长期合约的方式进行销售,因此,可供现货市场买卖的氧化铝少之又少。以中国为例,1997年以前,中国氧化铝缺口部分主要在国际现货市场上购买,没有长期合约。到了1997年,中国有色与美铝签订了30年长期供货合约,每年40万吨,价格根据LME原铝价格的一定比例定价。近年来,中国电解铝生产规模的不断扩大,导致了国内对氧化铝需求也在不断增长,目前约有2/3的进口氧化铝需要从现货市场购买。中国在国际市场上大量采购氧化铝,直接推动了国际氧化铝价格的大幅上涨。据统计,2004年中国共进口氧化铝587万吨,同比增长4.8%,平均进口价为340美元/吨(国外氧化铝生产的现金成本不到120美元/吨)。

(3) 电价。

电解铝产业又称"电老虎"行业。据统计,2000年初全球铝锭生产成本中电费所占比例的平均水平为22.5%。其所占比例的高低,既与平均单产电力消耗量有关,也与当地的电价高低有关。目前,国内外铝厂吨铝平均耗电均控制在15 000kWh/t以下。

由于电力成本的比重太大,因此,电价的高低不仅会影响电解铝的生产,自然也会影响铝价。在电价高涨时,如果铝价不能随之而涨,势必造成电解铝厂亏本,影响供应量。如1999年下半年以来,美洲西北部发生的能源危机导致电价的猛涨,曾致使美国、巴西等国铝企业相继减产和关闭。

我国属能源短缺的国家,电力资源地区之间极不平衡。2004年中国铝厂吨铝平均耗电为14 683kWh/t,比2003年减少了347kWh/t,是中国电解铝行业平均综合交流电耗降幅最大的一年。尽管如此,由于中国属能源短缺国家,数次上调的电价使铝企业的平均电价上升至0.355元/kWh以上,比2003年上升了近4分/kWh,这意味着铝企业吨铝的生产成本增加了6元。当然,各地各厂的电价并不一样,一些通过煤电铝联营、水电铝联营、铝厂办电厂、电厂办铝厂的企业用电成本相对较低。

显然,电力因素不仅影响着电解铝的生产,也影响着国内国际铝市场的价格。

(4) 国际、国内经济形势。

铝已成为重要的有色金属品种,特别是在发达国家或地区铝的消费量与经济的发展高度相关。当一个国家或地区经济快速发展时,铝消费亦会出现同步增长。同样,经济的衰退会导致铝在一些行业中消费的下降,进而导致铝价格的波动。比如,1997年亚洲的经济危机和2000年上半年以后美国经济的持续下滑,都直接导致了铝消费量的减少,从而导致铝价格的大幅滑落。而1999年初亚洲经济的复苏也曾带动铝价格的回升。

(5) 进出口关税、汇率。

国际上铝的贸易一般以美元进行标价和结算。近年来,美元的走势对铝价的影响显而易见。一般而言,美元贬值,则铝价上升;美元升值,则铝价下跌。

进出口关税对铝价的影响在中国显得尤其突出。中国是氧化铝的进口大国,加入 WTO 前,为了保护国内氧化铝工业,进口关税为 18%。根据世贸协议,中国在 2002 年将氧化铝关税调整为 12%,2003 年为 10%,2004 年为 8%;电解铝的关税从 2002 年起也由 9% 调整到 5%。关税的降低使得国内铝的价格也开始走低,两者有很大的趋同性。电解铝出口以前可以享受 15% 的出口退税的优惠,2004 年中国把 15% 降低为 8%;从 2005 年起,不仅 8% 完全取消,还要加征 5% 的关税。据初步测算,取消出口退税将使铝企业的出口成本增加 600~1 000元/吨,而征收 5% 的关税将使企业的出口成本再增加 770 元/吨(按 2005 年初的国际市场价格估算)。

(6) 用铝行业发展趋势的变化。

汽车制造、建筑工程、电线电缆等主要用铝行业在铝锭使用面和使用量上的变化,会对铝的需求从而对价格产生影响。仅以汽车制造为例,到 2010 年,仅小轿车及小型载重汽车对铝的需求量就将增加 80%,即由目前每年的 580 万吨增加到 1 050 万吨。又如,从人均消费角度看,目前全球铝的人均消费为 5 千克,工业发达国家如美国、日本、德国等国的人均消费达到了 28~32 千克,而我国只有 3 千克,由此可见,铝的消费空间相当大。特别是我国随着上述用铝行业的迅速发展,将对铝的需求和价格产生积极的影响。

(7) 铝生产工艺的改进与革新。

铝生产工艺的改进与革新能降低铝的生产成本,从而降低铝的价格。随着计算机技术在铝电解行业的迅速应用,带动了对电解过程中物理场的深入研究和有关数学模型的建立,使电解槽的设计更趋合理,电槽容量大幅度增加。目前,世界上电解铝工业生产的最大容量已经达到了 300kA 以上,电流效率达到 94%~96%,吨铝直流电耗下降至 13 000~13 400kWh 之间。可以预见,随着大容量高效能的智能化铝电解技术的普及和广泛应用,铝生产成本还会继续下降。

(8) 基金对铝价的影响。

国际金属期货市场始终是基金关注的热点,从 10 多年 LME 铝价的每次剧烈波动中,都可以看到各种国际基金的身影。

基金往往是借市造势,利用良好的基本面、技术面或其他突发因素推高市场;反之,则利用世界经济的衰退和供应过剩打压市场。比如,LME 铝价自 1995 年年初的 2 200 美元高位跌至 1998 年年底历史低位时引起了一些国际基金的关注,并开始大量买入 LME 铝远期合约,逐步掌握了一半以上的库存。1999 年上半年,铝价从 1 158 美元起步,展开了一波五浪的上升行情。

3.3.3 天然橡胶期货品种的交易

1. 上海期货交易所天然橡胶合约

我国的天然橡胶期货交易始于 1993 年 11 月。当时的海南中商期货交易所推出天然橡胶期货合约。后来,经过合并重组后上海期货交易所成为我国唯一上市交易天然橡胶期货合约的场所。表 3-14 是上海期货交易所的天然橡胶标准合约及相关规定。

表 3-14　上海期货交易所天然橡胶标准合约

交易品种	天然橡胶
交易单位	5 吨/手
报价单位	元(人民币)/吨
最小变动价位	5 元/吨
每日价格最大波动限制	不超过上一交易日结算价的 ±3%
合约的交割月份	1、3、4、5、6、7、8、9、10、11 月
交易时间	上午 9:00-10:15　10:30-11:30 下午 13:30-14:10　14:20-15:00
最后交易日	合约交割月份的 15 日
交割日期	合约交割月份的 16 日至 20 日
交割等级	标准品:国产一级标准橡胶(SCR5),质量符合国标 GB8081-8090-87;进口 3 号烟胶片(RSS3),质量符合《天然橡胶等级的品质与包装国际标准(绿皮书)》(1979 年版)
交割地点	交易所指定交割仓库
交易保证金	合约价值的 5%
交割方式	实物交割
交易代码	RU

2. 交易标的物方面的规定

第一,对交割商品的规定。国产一级标准橡胶(SCRS)与进口 3 号烟片胶(RSS3)都是标准品,两者之间没有升贴水。

第二,对交割地点的规定。上海期货交易所制定了 10 个仓库为天然橡胶的交割仓库,分别位于上海、天津、山东、云南和海南,其中上海 3 个,天津 2 个,海南 2 个,山东 2 个,云南 1 个。海南库交割贴水 210 元/吨,云南库交割贴水 280 元/吨。

第三,对交割商品有效期的规定。国产一级标准橡胶在库交割的有效期限为生产年份的第二年底,超过期限的转作现货。当年生产的国产一级标准橡胶如要用于实物交割,最迟须在第二年的 6 月份以前入库完毕,超过期限不得用于交割。进口 3 号烟片胶在库交割的有效期限为商检证签发之日起 18 个月,超过期限的转作现货。用于实物交割的 3 号烟片胶须在商检证签发之日起 6 个月内入库,否则不得用于交割。在库天然橡胶的商检证、质检证(或检测/鉴定报告)自签发之日起 90 天内有效。期满后,其相应的商品须重新检验合格后方可用于下次交割。

第四,对交割商品包装检验的规定。国产一级标准橡胶的外包装必须用乙烯薄膜和聚丙烯编织袋双层包装。每包净重 40 千克,每吨 25 包,无溢短,胶包尺寸为 60×40×20 厘米,胶包外表面须注明:标准橡胶、级别、净重、生产厂名或代号、生产日期等内容。进口 3 号烟片胶为胶片覆盖的胶包。每个交货批次的胶包重量须一致,标准件重 111.11 千克,每吨 9

包,无溢短。非标准件重可按实计量,允许有0.2%的磅差和3%的溢短。

3. 交割仓库的收费标准

进行实物交割的天然橡胶要先进入交割仓库,换取标准仓单,用仓单进行流转。而交易所的交割仓库对于入库的天然橡胶要收取一定的费用,具体规定如3-15所示。

表3-15 交割仓库收费标准

仓储租金	0.8元/吨/天	按日计算,自商品到库日起计租
金库费用	15元/吨	验车至货位,包括分唛理货、表面检验、数量、重量点数检斤、单证检验、吊运码垛、计码标码、设立账卡、签发仓单等
出库费用	15元/吨	验证发货、装车、签发出门证、码单质保书随货同行、仓库内部销账等
过户费	10元/吨	更换仓单户名、收回原仓单、签发新仓单、调整库内相应账目

4. 限仓制度

限仓是指交易所规定会员或客户可以持有的,按单边计算的某一合约投机头寸的最大数额。经纪会员、非经纪会员和客户的各品种期货合约在不同时期限仓的具体比例和数额如表3-16所示。

表3-16 天然橡胶期货合约的限仓制度

某一期货合约持仓量	合约挂牌至交割月前第二个月的最后一个交易日			交割月份前一个月(手)			交割月份(手)		
	限仓比例(%)								
	经纪会员	非经纪会员	投资者	经纪会员	非经纪会员	投资者	经纪会员	非经纪会员	投资者
天然橡胶 ≥10万手	15	10	5	5 000	1 500	300	1 500	250	100

5. 保证金的变动

在一般情况下,交易所按照合约价值5%收取保证金。但在下列三种情况下,保证金标准会发生变化:一是合约总持仓量较大时;二是合约临近交割时;三是风险控制需要时。具体规定见表3-17和表3-18。

表3-17 天然橡胶期货合约持仓量变化时的交易保证金收取标准

持仓总量X(手)	天然橡胶	
	投机头寸	保值头寸
X≤12万	5%	5%
12万<X≤16万	7%	7%
16万<X≤20万	9%	9%
X>20万	11%	11%

注:X表示某一月份合约的双边持仓总量,单位为手

表 3-18 天然橡胶期货合约临近交割期时的保证金收取标准

交易时间	天然橡胶	
	投机头寸	保值头寸
合约挂牌之日起	5%	5%
交割月前二月的第十个交易日起	10%	10%
交割月前一月的第一个交易日起	15%	15%
交割月前一月的第十个交易日起	20%	20%
交割月份的第一个交易日起	30%	30%
最后交易日前二个交易日起	40%	40%

6. 风险控制

在正常情况下,天然橡胶期货的每日最大涨跌幅为3%,但当某一天然橡胶期货合约达到涨跌停板时,下一交易日的停板幅度将有所变动,同时,当日结算时合约保证金也要相应提高。具体规定如下:收盘时处于涨跌停板单边无连续报价的第一交易日结算时,交易保证金提高到合约价值的7%,高于7%的按原比例收取,同时第二交易日涨跌停板变为6%;当第二交易日出现与第一交易日同方向涨跌停板单边无连续报价的情况,则第二交易日结算时交易保证金提高到合约价值的9%,高于9%的按原比例收取,同时第三交易日涨跌停板变为6%;当第三交易日出现与第二交易日同方向涨跌停板单边无连续报价的情况,则第三交易日结算时交易保证金提高到合约价值的9%,高于9%的按原比例收取,同时第四交易日该天然橡胶期货合约暂停交易一天。

当某天然橡胶期货合约连续三个交易日的累计涨跌幅达到9%;或连续四个交易日的累计涨跌幅达到12%;或连续五个交易日的累计涨跌幅达到13.5%时,交易所可以根据市场情况,采取单边或双边、同比例或不同比例、部分会员或全部会员提高交易保证金,限制部分会员或全部会员出金,暂停部分会员或全部会员开新仓,调整涨跌停板幅度,限期平仓,强行平仓等措施中的一种或多种,但调整后的涨跌停板幅度不超过20%。

7. 国际天然橡胶期货的市场概况

世界上交易天然橡胶期货合约的交易所有东京工业品交易所、大阪商业交易所、新加坡商品交易所、泰国农产品交易所。

早在1951年12月5日,日本就成立了神户橡胶交易所。1952年1月16日,该所正式推出国际3号皱纹烟片胶(International No. 3 Ribbed Smoked Sheet,RSS3)期货合约交易,这是世界上最早进行的天然橡胶期货交易。成立于1952年的东京橡胶交易所紧跟其后,在1952年的12月12日也推出了RSS3期货交易。1984年11月1日,东京橡胶交易所、东京纺织品交易所(成立于1951年)及东京黄金交易所(成立于1982年)合并为东京工业品交易所(TOCOM)。TOCOM继承了原来的RSS3期货交易。1995年3月10日,神户橡胶交易所又推出了橡胶新品种,即橡胶指数(Rubber Index)期货合约交易。1997年10月1日,神户橡胶交易所与大阪纺织品交易所合并为大阪商业交易所(OME)。OME继承了原来神户橡胶交易所的RSS3及橡胶指数期货交易。2000年6月28日,OME又推出了一个橡胶新品种,那就是20号标准颗粒胶(Technically Specified Rubber 20,TSR20)。

新加坡的橡胶期货起源于20世纪20年代,最初由新加坡橡胶贸易协会国际部提供期货交易的汇算工具,后来由新加坡橡胶协会(RAS)接管。在新加坡橡胶协会(RAS)的基础上,1992年5月27日成立了新加坡橡胶协会商品交易所(RASCE)。1994年2月,为了更好地行使股份制交易所的使命,又改名为新加坡商品交易所(SICOM)。

泰国农产品交易所的天然橡胶期货交易是2004年才开始的。

8. 东京天然橡胶期货合约

国际市场天然橡胶期货交易最为活跃的当属东京工业品交易所的橡胶期货合约,表3-19为该交易所的天然橡胶标准合约。

表3-19 东京工业品交易所橡胶标准合约

上市日期	1952年12月12日
标准等级	3号皱纹烟片胶(RSS3)
交割等级	1年之内已结关的进口国际标准3号和4号皱纹烟片胶
合约单位	10 000千克
交割单位	10 000千克
交易方式	按节公开喊价交易(Itayose)
行情报价	日元/千克
最小价格变动单位	0.1日元/千克
日内价格波动限制	标准价格 交割限制 低于70日元 3日元/千克 70~119.9日元 4日元/千克 120~169.9日元 5日元/千克 170日元及以上 6日元/千克 注:标准价格是指上月扣除最后三个交易日后所有合约收盘价的平均值;交易所可以根据市场情况调整价格波动量,调整后的数量参见"日内价格波动限制"栏目。
客户持仓头寸限制	月份 合约数 现货月 100张 第二月 300张 第三月 800张 其他月份每月 1 500张 总共 5 000张
客户初始保证金	标准价格 每张合约保证金 低于70日元 45 000日元 70~119.9日元 60 000日元 120~169.9日元 75 000日元 170日元及以上 90 000日元
客户交易费用	通常情况为每张合约4 000日元

续表

客户交割费用	通常情况为每张合约 4 000 日元
交易时间	日盘:9:00-15:30(中间不休息) 夜盘:17:00-19:00
合约月份	从当前月份起的六个连续月
最后交易日	交割日之前第四个交易日
交割日	每月(12 月除外)最后交易日,12 月为最后交易日之前的一个交易日
交割地点	指定交割库
交割	实物交割

9. 影响天然橡胶价格的主要因素

影响天然橡胶价格的主要因素有以下 9 个。

(1) 天然橡胶供应的特殊性。

尽管天然橡胶的使用主要是工业部门,但从生产角度看却是农产品(更准确一些应该说是林产品),因而,从供应角度看,天然橡胶自然具有农产品的特征。如果进一步分析,则可以看到,天然橡胶的生产不仅具有农产品的共同特征,还具有很大的差异性。一般的农作物可以一年一收甚至一年两次收成,而橡胶树从种植开始到可以割胶需要 6 年左右。换言之,当遭遇供给瓶颈时,天然橡胶的调节周期将远长于一般的农产品;反之,在供大于求时,由于可用于割胶的天然橡胶树的数量短期内不会缩减,胶乳在胶树内无法贮存,不割也是浪费,除非价格低到割胶成本也补不足,供应量是很难减少的。在价格低迷时,胶农最容易作出的决定是减少种植新树,但很显然,这种决策并不一定明智,因为新树的供应量要在若干年后才会起作用。

(2) 季节性因素。

与一般的农产品一样,天然橡胶供应也有季节性特点,但相比而言,供应的集中性却弱得多,因为天然橡胶的割胶期长达 8 个月左右。比如,对我国橡胶生产而言,一般从每年的 4 月下旬进入割胶期,五六月份进入第一个高产期,八九月份进入第二个高产期,10 月份后逐渐进入淡季,次年的 1 月份进入停割期。而东南亚主产区的割胶时期更长。正常情况下,在割胶的高峰期或在此前的一段时间内,胶价会呈现出低谷;而在停割期,胶价会随之走高。

(3) 气候及病虫害的影响。

天然橡胶树生长在热带和亚热带地区,对气候条件非常敏感。而这些地区通常是台风多发地区,台风频频来袭,使橡胶树受到损害。此外,雨季过长,会影响橡胶的产量,因为下雨会导致天然橡胶的停割,比如,对海南农垦地区来说,在割胶旺季,停割一天会减产 1 000 吨左右。霜冻和低温,也是导致天然橡胶产量减少的重要因素。反之,如雨水偏少,出现持续干旱,也会降低天然橡胶的产量。

病虫害导致的危害也不能小看。如白粉病、红根病、炭疽病等,这些都会影响天然橡胶树的生长,甚至导致死亡。病虫害一旦出现失控局面,将会导致大幅减产。比如,橡胶原产地为巴西,全球的橡胶树都是从巴西引种而来的,但现在巴西的橡胶产量是极低的,巴西之所以放弃种植橡胶就是因为无法克服南美落叶病。天然橡胶树的生长对地理、气候条件有一定的要求,适宜割胶的胶树一般要有 5~7 年的树龄,因此,可用于割胶的天然橡胶树的数量短期内无法改变。

(4) 主要用胶行业的发展情况。

天然橡胶用途很多,但消费量最大的是汽车工业(约占天然橡胶消费总量的65%),汽车工业的发展带动了轮胎制造业的进步。因此,汽车工业及其相关轮胎行业的发展情况将会影响天然橡胶的需求。20 世纪末期开始,欧美、日本等国汽车工业已进入相对稳定期,轮胎制造业对天然橡胶的需求因之进入相对平稳期。但从此时开始,中国汽车工业进入起步发展阶段,世界各国的轮胎制造巨头也纷纷来中国投资,带动了中国轮胎制造业的快速发展,以至于中国轮胎生产数量急剧上升。1998 年,我国的轮胎生产数量还远低于美国和日本,但到了 2003 年,生产数量已经超过日本,2004 年又超过了美国,成为全球最大的轮胎制造国。了解了这个背景,对于中国天然橡胶消费量急剧膨胀的原因也就不难理解了。

(5) 国际、国内经济大环境。

天然橡胶作为一种重要的工业原料,其需求量的大小或增长速度与国际、国内经济大环境可以说休戚相关。当经济大环境向好,市场需要发展及需求旺盛时,对天然橡胶的需求量就会增加;相反,当经济大环境向恶,市场悲观情绪严重,需求不足时,对天然橡胶的需求就会减少。

总体而言,世界天胶的需求量和供应量都是逐年提升的。有关统计资料表明,1960 年时,全球消费量和供应量大约在 200 万吨水平级别,而到 2004 年,消费量和供应量分别达到 800 万吨级别,年均增长速度差不多在 3.1%。然而,这种总体平衡是从平均意义上而言的,具体到若干年度,这种平衡几乎又不存在了。当经济增长加速引发天然橡胶需求量快速增长时,由于天然橡胶的种植周期较长,无法在短期内保证供应,就会形成短缺,导致价格上升;反之,当经济增长速度放慢时,天然橡胶的需求量增长速度也会减缓,而已经形成的供应能力又会产生供大于求的局面。比如,1996 年开始的东南亚金融危机引起了全球性经济衰退,天然橡胶的需求增长率大大降低,使得前期在价格高昂时已经形成的供应增长能力一下无法释放,供大于求的局面导致全球库存剧增,价格也因此一路下滑。低迷的价格又致使天胶供应能力的增长速度迅速回落。这样经过六七年的调整之后,局面才得以扭转。

(6) 石油及合成胶的价格及供应情况。

随着科学技术的进步,合成胶的使用范围越来越广。由于在一定的范围内,合成胶与天然橡胶之间具有可替代性,自然会导致使用者在可替代范围内对两者进行价格/性能的比较。因而形成天然橡胶和合成橡胶之间的市场竞争。第二次世界大战期间,由于美国很难获得天然橡胶原料,从而大力推动合成橡胶生产技术的发展,致使全球合成橡胶占全部橡胶的份额几乎上升到了 80%。战争结束后,合成胶的市场份额快速下降至 35% 以下。20 世纪五六十年代,由于合成橡胶类型的不断改善,使其在工业消费中逐渐占据上风,到 1979 年,市场份额几乎回升到 71%。接下来,由于子午胎的逐步发展加大了天然橡胶的使用量,合成橡胶的市场份额又开始回落。从 20 世纪 90 年代初期开始,由于合成橡胶需求在俄联邦、中东欧及主要天然橡胶生产国均有所增长,合成橡胶市场份额下降的势头有所减缓。目前,全球合成橡胶市场份额相对稳定在59%左右。按国别分,由于各国的技术水平、生产习惯、资源禀赋之间的差异,合成橡胶市场份额大小的差别很大。从统计数据看,地处北方高寒地带的国家和地区使用合成橡胶的比例较高,使用比例最高的是俄联邦(95%左右),而天然橡胶主产国的合成橡胶使用比例最低,如印度和马来西亚一直没有超过25%,泰国在35%左右。

显然,当合成橡胶的价格/性能比小于天然橡胶的价格/性能比时,使用者会愿意使用更多合成橡胶;反之,则宁愿采用天然橡胶。由于合成橡胶的主要原料是石油,因而合成橡胶的价格高低与石油价格的高低密切相关。当然,从长期来看,与生产方式、技术进步也有关系。由于石油价格的波动性非常大,合成橡胶的价格波动性也不可能不大。石油价格暴涨时,合成橡胶价格也相应上涨,当使用者选择天然橡胶作为替代时,更多的需求将推动天然橡胶价格上升;反之则又会出现相反的情况。比如,2003年年初,美英联军对伊拉克开战前夕,世界石油价格猛涨,引发合成橡胶价格上涨,天然橡胶价格也因此突飞猛进。到了3月13日至21日期间,美英联军正式开战前一周,石油价格开始暴跌,也因此引起合成橡胶与天然橡胶价格双双猛烈下挫。

(7) 主产国对价格干预的企图与能力。

天然橡胶主要出口国是泰国、印度尼西亚和马来西亚。出于保护自身利益的目的,这些国家希望能在价格上发挥影响的愿望是能够理解的,事实上,联合行动的努力也一直在进行之中。

20世纪70年代,国际天然橡胶组织曾试图联合种植商与买家达成相互限价协定,但由于各成员政府无法控制数量众多的小规模农田的产量,也不能提供足够的补贴基金以支持橡胶价格,计划最终失败。

从1997年开始,天然橡胶价格全面回落,东南亚各产胶国损失惨重。出于自救的目的,2001年12月,泰国首先提出成立新的天然橡胶卡特尔组织,控制天然橡胶产量,保护天然橡胶主产国的利益。2002年4月,泰国、印尼、马来西亚三国达成减少10%出口额及4%生产额的联手保价协议。这一举动果然引起了市场恐慌,起到了促使天然橡胶价格回升的作用。2002年8月,橡胶联盟正式成立。随后,越南和斯里兰卡表示希望加入橡胶联盟并获得批准。2003年1月初,泰国总理宣布执行减产计划,然而一个月之后,突然宣布由于环境问题退出橡胶限产保价协议。2003年3月份,泰国、印尼、马来西亚三国注册成立三国橡胶集团(ITC),决定再度联手干预国际天然橡胶价格。然而,随着胶价的上涨,原先达成协议的橡胶生产大国纷纷放弃限产和控制价格的初衷,分别表露出扩大生产的勃勃雄心,如泰国宣布未来5年把天然橡胶产量提高16%,印尼也不甘示弱,计划增产3%~5%。这些行动自然会导致人们对国际天然橡胶联盟能否建成产生怀疑。2003年10月8日,三国正式签署协议,合资成立国际橡胶公司(IRCo),之所以改名为国际橡胶公司(IRCo),其目的就是方便其他橡胶出口国加入到这个集团中,如越南、斯里兰卡等。

(8) 国际市场价格及汇率。

天然橡胶已经成为一个国际性商品,其市场组成相当完备。但由于地域性因素,主要的现货市场和期货市场都在亚洲。目前,从事天然橡胶期货交易的主要有:东京工业品交易所

(TOCOM)、大阪商品交易所(OME)、上海期货交易所、新加坡商品交易所及泰国的农产品交易所。东京工业品交易所由于历史悠久再加上所占市场份额较大,相对影响较大。新加坡交易所的交易量并不大,但由于以美元报价,且参与者中大多具有国际背景,是一个很有代表性的国际市场,因而其价格具有相当高的影响力。

天然橡胶主产国集中在东南亚,它们是天然橡胶的主要出口国。出口价格的高低自然与各国货币之间的汇率高低有关。美元在国际上是强势货币,国际市场上大多数商品都采用美元报价,天然橡胶商品也是这样。因而,东南亚各国货币与美元之间的汇率高低对天然橡胶的价格影响是非常大的。如果东南亚各国货币贬值,会拖累以美元报价的价格下滑;反之,则会引起价格上涨。事实上,这两种情况在最近几年中都已出现过。1997年开始的天然橡胶价格全面滑坡,其最初起因就是东南亚金融危机、货币大幅贬值的结果。2003年之后天然橡胶价格有较大回升,与美元有较大幅度的贬值也有很大关系。

(9) 国内政策与进口成本。

我国国产天然橡胶一直处于供不应求的局面,因而需要进口来弥补。政府出于保护国内天胶种植业的目的,一直在进口政策上进行调整性干预。2004年之前,国家还一直对天然橡胶进口实行配额管理制度。2004年,国家取消了天然橡胶配额管理,于是调节主要依靠进口关税进行。除来料加工和双限部分实行零关税外,能够进入流通市场的一般贸易部分须征收20%的进口关税。由于按规定进口复合胶的关税只有5%(2005年7月20日之前为8%),于是不少不能享受零关税的国内企业采用进口复合胶的形式。

下面,以复合胶进口为例,说明进口成本的构成。

进口成本 = 进口售价(即报价) × 汇率(人民币对美元) + 关税 + 增值税 + 其他费用

假定国外报价为1 200美元/吨;海上运费与保险费为40美元/吨;汇率为8.10;进口关税率为5%;增值税率为17%;货物到港、吊装等费用为200元/吨,进口商的进胶所需资金利息、运杂费、仓储费等费用大致为140元/吨。

则进成本 = (1 200 + 40) × 8.10 + 关税 + 增值税 + 200 + 140
        = 10 044 + 10 044 × 5% + 增值税 + 340
        = 10 546.2 + 10 546.2 × 17% + 340
        = 12 339 + 340
        = 12 679 元/吨

显然,如果不是复合胶,按照20%的进口关税,则进口成本会高出很多。

3.3.4 燃料油期货品种的交易

1. 上海期货交易所燃料油期货合约

上海期货交易所于2004年新推出了一种商品期货——燃料油期货,并于2004年8月正式上市交易。表3-20是上海期货交易所推出的燃料油期货标准合约。

表 3-20　上海期货交易所燃料油标准合约

交易品种	燃料油
交易单位	10 吨/手
报价单位	元(人民币)/吨
最小变动单位	1 元/吨
每日价格最大波动限制	上一交易日结算价的 ±3%
合约交割月份	1-12 月(春节月份除外)
交易时间	上午 9:00-11:30 下午 1:30-3:00
最后交易日	合约交割月份前一个月份的最后一个交易日
交割日期	最后交易日后连续五个工作日
交割品质	180CST 燃料油或质量优于该标准的其他燃料油
交割地点	交易所指定交割地点
最低交易保证金	合约价值的 8%
交易手续费	不高于成交金额的 0.2‰(含风险准备金)
交割方式	实物交割
交易代码	FU
上市交易所	上海期货交易所

注:燃料油期货合约交易手续费为 2 元/手

2. 交易标的物方面的规定

第一,交易单位为 10 吨/手,但交割单位为 100 吨,即 10 手,且入库或提货时实际油品溢短数量不超过 ±3%。

第二,对交割油库的规定。上海期货交易所指定了粤海(番禺)石油化工储运开发有限公司、广东南华石油有限公司等 5 个交割油库,均在广东省内,其中广州 3 个,湛江 1 个,珠海 1 个。

第三,对检验机构的规定。上海期货交易所第一批指定了两个检验机构,分别为中国检验认证集团广东有限公司和通标标准技术服务有限公司。

第四,对交割燃料油质量标准的规定。上海期货交易所对交割的燃料油质量标准的规定如表 3-21 所示。

表 3-21　上海期货交易所燃料油质量标准

项目	限度	检验方法
密度(15℃,(kg/l)	不高于 0.985	ASTM D1298
运动粘度(50℃,CST)	不高于 180	ASTM D445
灰分(m/m,%)	不高于 0.10	ASTM D482
残炭(m/m,%)	不高于 14	ASTM D189
倾点(℃)	不高于 24	ASTM D97

续表

项目	限度	检验方法
水分(V/V,%)	不高于0.5	ASTM D95
闪点(℃)	不高于66	ASTM D93
含硫(m/m,%)	不高于3.5	ASTM D4294/D1552
总机械杂质含量(m/m,%)	不高于0.10	ASTM D4870
钒含硫(PPM)	不高于150	ICP

注：在交割的燃料油入库前，需要由上海交易所指定的检验机构对其进行抽样检验。

3. 交割仓库的收费标准

进行实物交割的燃料油要先进入交割油库，换取标准仓单。用仓单进行流转。对此，交易所会酌情收费。

第一，进行实物交割的买卖双方应分别向交易所支付1元/吨的交割手续费。

第二，标准仓单合法持有人若用油罐车提货，应向交割油库支付50元/吨的作业费用。

第三，交易所的交割油库对于入库的燃料油要收取一定的费用，具体规定如下所示：

(1)储存费：1.2元人民币/吨·天(含加温费)；

(2)其他费用如港务费、装卸费、港建费等由油库按现行收费标准向油品入库时的货主收取。

4. 限仓制度

限仓是指交易所规定会员或客户可以持有的，按单边计算的某一合约投机头寸的最大数额。经纪会员、非经纪会员和客户的各品种期货合约在不同时期限仓的具体比例和数额如表3-22所示。

表3-22 燃料油期货合约限仓规定

某一期货合约持仓量	合约挂牌至交割月前第三个月的最后一个交易日			交割月份前第二个月			交割月前第一个月		
	限仓比例(%)			经纪会员	非经纪会员	投资者	经纪会员	非经纪会员	投资者
	经纪会员	非经纪会员	投资者						
燃料油 ≥50万手	15	10	5	20 000	10 000	1 000	5 000	2 000	300

表3-22中某一期货合约持仓量为双向计算，经纪会员、非经纪会员、客户的持仓限额为单向计算；经纪会员的限仓数额为基数，交易所可根据经纪会员的注册资本和经营情况调整其限仓数额。

5. 保证金的变动

在一般情况下，交易所按照合约价值8%收取保证金。但在下列三种情况下，保证金标准会发生变化：一是合约总持仓量较大时；二是合约临近交割时；三是风险控制需要时。与总持仓量有关的规定如表3-23所示。

表 3-23　燃料油期货合约的持仓量变化时的保证金规定

持仓总量 X(手)	交易保证金比例
X≤100 万	8%
100 万＜X≤150 万	10%
150 万＜X≤200 万	12%
X＞200 万	15%

注:X 表示某一月份合约的双边持仓总量。

在交易过程中,当某一期货合约持仓量达到某一级持仓总量时,交易所将按相应比例收取与持仓总量相对应的交易保证金。

与合约交割时间有关的规定如表 3-24 所示。

表 3-24　燃料油期货合约临近交割时的保证金规定

交易时间段	交易保证金比例
合约挂牌之日起	8%
交割月前第二个月的第一个交易日起	10%
交割月前第二个月的第十个交易日起	15%
交割月前第一个月的第一个交易日起	20%
交割月前第一个月的第十个交易日起	30%
最后交易日前二个交易日	40%

6. 风险控制

在正常情况下,上海期货交易所规定燃料油期货每日的最大涨跌幅为 5%,当某一燃料油期货合约达到涨跌停板时,当日结算时合约保证金也要相应提高。具体规定如下:收盘时处于涨跌停板单边无连续报价的第二交易日结算时,交易保证金提高到合约价值的 10%,高于 10% 的按原比例收取,同时第二交易日涨跌停板变为 7%;当第二交易日出现与第一交易日同方向涨跌停板单边无连续报价的情况,则第二交易日结算时交易保证金提高到合约价值的 15%,高于 15% 的按原比例收取,同时第三交易日涨跌停板变为 10%;当第三交易日出现与第二交易日同方向涨跌停板单边无连续报价的情况,则第三交易日结算时交易保证金提高到合约价值的 20%,高于 20% 的按原比例收取,同时第四交易日该燃料油期货合约暂停交易一天。

此外,当某燃料油期货合约连续三个交易日的累计涨跌幅达到 12%;或连续四个交易日的累计涨跌幅达到 14%;或连续五个交易日的累计涨跌幅达到 16% 时,交易所可以根据市场情况,采取单边或双边、同比例或不同比例、部分会员或全部会员提高交易保证金,限制部分会员或全部会员出金,暂停部分会员或全部会员开新仓,调整涨跌停板幅度,限期平仓,强制平仓等措施中的一种或多种,但调整后的涨跌停板幅度不超过 20%。

7. 纽约商业交易所原油期货合约

1983 年,纽约商业交易所又开始交易低硫轻质原油(WTI,西德克萨斯中质原油)期货合约,该合约的交割地为俄克拉荷马州的库欣。该期货合约被认为是最成功的石油期货合约。目前该合约是世界上最好的石油套期保值工具。该期货合约如表3-25所示。

表3-25 纽约商业交易所原油期货合约

交易品种	轻质低硫原油
交易单位	100美式桶(42 000加仑)
报价方式	美元/桶或美分/桶
最小报价单位	1美分/桶(10美元/交易单位)
每日价格涨跌幅限制	所有月份合约最初限幅为10.00美元/桶,但如果有任何一个合约在涨跌停板上的交易或出价达5分钟,则停盘5分钟;之后,涨跌停板扩大10.00美元/桶;如果再次出现同样情况,停盘5分钟之后,涨跌停板再扩大10.00美元/桶
合约月份	30个连续月份,加上最初挂牌的、还未到期的36、48、60、72及84月份合约
最后交易日	如果交割月份前一个月的25日是工作日,则该日之前倒数第三个交易日是最后交易日;如果交割月份前一个月的25日不是工作日,那么25日前倒数第四个交易日为最后交易日
交割期限	所有交割应当在整个交割月即当月的第一天至最后一天,均匀安排
交割方式	实物交割
交易时间	人工喊价交易时间:10:00-14:30;ACCESS系统电子交易时间:15:15-9:30(周一到周四),19:00-9:30(周日)

注:表中所指交易时间均为纽约时间。

8. 新加坡燃料油市场

新加坡是世界石油交易中心之一,新加坡燃料油市场在国际上占有重要的地位,对我国燃料油市场的价格有很大的影响作用。其主要由三个部分组成:一是传统的现货市场,二是普氏(PLATTS)公开市场,三是纸货市场。

传统的现货市场是指一般意义上的进行燃料油现货买卖的市场,市场规模大约在每年3 000~4 000万吨左右。

普氏(PLATTS)公开市场是指每天下午5:00-5:30在普氏公开报价系统(PAGE 190)上进行公开现货交易的市场,该市场的主要目的不是为了进行燃料油实物的交割,而主要是为了形成当天的市场价格,起到发现价格的作用。目前普氏(PLATTS)公开市场每年的交易量大约在600~1 000万吨左右。值得注意的是,普氏每天公布的价格并不是当天装船的燃料油的现货价格,而是15天后交货的价格。因为根据亚洲地区的贸易习惯,大多数公司都倾向于提前买货,而卖方也倾向于提前卖货,结果大多数的实货交割都集中在15-30天这个时间段上。

9. 新加坡纸货市场

新加坡纸货市场大致形成于1995年前后,从属性上讲属于衍生品市场,但它是场外交易(OTC)市场;而不是交易所场内市场。纸货市场的交易品种主要有汽油、柴油、航煤和燃料油等。目前,新加坡燃料油纸货市场的市场规模大约是现货市场的3倍以上,也就是每天成交1亿吨左右,其中,80%左右是投机交易,20%左右是保值交易。

纸货市场的参与者主要有以下几类：投资银行和商业银行、大型跨国石油公司、石油贸易商、终端用户。

纸货市场的主要作用是提供一个避险的场所，它的交易对象是标准合约，合约的期限最长可达3年，每手合约的数量为5 000吨，合约到期后不进行实物交割，而是进行现金结算，结算价采用普氏公开市场最近一个月的加权平均价，经纪商每吨收取7美分的佣金，即每手收取350美元的佣金。由于是一个OTC市场，纸货市场的交易通常是一种信用交易，履约担保完全依赖于成交双方的信誉，这要求参与纸货市场交易的公司都是国际知名、信誉良好的大公司。我国国内企业只有中化、中联油、中联化、中航油等少数几家大公司能够在新加坡纸货市场上进行交易，绝大多数经营燃料油的中小企业只能通过种种渠道，经过二级代理或三级代理在纸货市场上进行避险操作。

有关统计表明，我国国内企业的交易量占新加坡纸货市场1/3以上的市场份额。

10. 影响燃料油期货价格的主要因素

影响燃料油期货价格的主要因素有以下14个。

(1) 燃料油价格与石油价格具有很高的相关性。

燃料油是原油的下游产品，因而，从长期趋势而言，其价格走势与原油价格走势具有相同性是正常的。当国际市场上原油价格上升时，燃料油价格也上升；原油价格下降，燃料油价格随之下降。许多定量分析也显示，两者之间的相关性达90%以上。

高相关性表明，影响预测燃料油价格的因素基本上与影响石油价格的因素是等同的。当然，等同性分析是对较长时间而言的。在短期内，燃料油价格的走势仍会表现出一定的个性。尽管趋势是相同的，但在短期内，在上涨和下跌的幅度上会有一些差异。

(2) 影响油价的因素非常复杂。

石油也是一种商品，因此与一般商品一样，影响其价格的关键是供求关系。但由于石油的特殊性，在构成供应或需求的影响因素中，其复杂度远非其他一般商品可比。

首先，石油是现代社会中最为重要的基础性资源。由于整个现代社会的经济和生活几乎是建立在石油基础上，对石油的依赖性越来越大，导致石油成为全球性的战略性资源。

其次，由于石油是一种地下不可再生资源，但它的分布又很不均匀，资源的相对集中性与需求的普遍性奠定了必须通过大规模的国际贸易来解决的基础。事实上，几十年来，石油贸易一直是国际贸易中规模最大的商品。

最后，正因为石油如此重要，对任何一个国家而言都是关系到本国经济命运的战略性物资，因此，在影响石油供需的诸多影响因素中，不仅有正常的经济因素，更有大量的非经济因素。20世纪70年代的两次石油危机是典型的例子，而在最近十多年中，在中东海湾地区已经多次发生的战争中，也能看到石油在其中的影响。而战争无一例外地也影响着石油的供应，造成油价的剧烈波动。

(3) 影响石油供给的长期因素。

石油储量及储量结构是长期影响因素。石油储量是石油供给的基础，石油是不可再生资源，开采一点就少一点。尽管最近几十年来，探明储量在持续增加，但世界石油资源总有消耗殆尽的时刻，这是毫无疑问的。从已探明储量及目前的开采量来看，目前对全球石油储采比的估计基本上为 40 多年,但分布很不平衡。主要 OPEC 国家都在 80 年以上,而主要非 OPEC 国家储采比仅 10 多年,因此,长远来看,非 OPEC 国家不可能长期占据世界石油市场的主导地位,其已有的市场份额,将会逐渐向 OPEC 国家尤其是海湾产油国转移。

石油的生产成本也是长期影响因素。石油生产成本并不直接对国际石油市场价格的决定产生影响,而是通过影响生产者的产量决策,进而影响市场供应数量,间接地引起价格波动。因此,可以说,石油生产成本是影响石油价格的一个长期因素,一个国家或一个地区的石油生产成本的上升,并不会立即引起石油价格的波动,而只有石油生产成本的变动足以引起供应数量的变化时,才有可能引起价格的波动。

就供应数量而言,首先是生产水平受到石油总储量的约束,总储量又受到新增储量的影响,而新增储量主要靠勘探开发投资的增加而增加。只有当价格的上涨水平足以刺激边际油田的开发时,资金才会因为有利可图而流向勘探开发领域,使新增储量增加,大量的新的区块投入生产,从而增加石油供应总量;相反,如果价格水平不足以刺激投资的流动而引起生产的下降,则会导致供应紧张,造成新的价格上涨。显然,刺激投资增加或引起投资减少的临界点在于边际油田的生产成本,只要价格足以刺激边际油田的开发,整个总供给水平就不会发生较大变动,一旦价格水平跌到边际油田开发成本以下,供给水平下降,自然会制止价格的下跌,这就是价格和成本之间相互调节的市场机制。

(4)经济发展水平及经济结构变化。

经济发展水平及经济结构变化是一个影响石油需求的长期因素。

石油消费变化同全球经济发展之间存在一定的比例关系。经济学上一般用石油消费对国民生产总值的弹性系数来表示,并常以这一系数来计算和预测全球经济发展将引起的世界石油消费量的变化。石油消费弹性系数,是一定时期内石油消费的增长率与国内生产总值的增长率的比值。需要指出的是,由于各个国家和地区经济结构、能源结构的差异,其弹性系数值是不一样的;而且随着节能技术、替代能源的发展,石油消费弹性系数也在不断发生变化。一般而言,发展中国家由于制造业和运输业在整个国民经济中占有很大的比重,因而,其经济增长需要较高的石油需求增长;而发达国家由于已经从机器大工业时代发展到后工业化时代,低能耗的服务业和信息业占据了主导地位,因而,其经济增长对石油的依赖程度逐渐变小。

(5)替代能源的发展。

替代能源的发展是第二个影响石油需求的长期因素。

由于人们都意识到石油终有用完的一天,因而,发展石油替代能源已成为各个国家的共识,但其发展速度将取决于石油及其替代能源的相对价格。

一般而言,所有的能源资源都是石油的替代能源,其中,不可再生的能源有煤、天然气、铀、油页岩、油砂等,可再生的能源资源有水力、太阳能、风力、地热能、潮汐能、生物能、热核聚变能等。石油被替代的方式有两种:一种是其他能源直接替代了石油在能源消费中的部分份额,如原来使用石油的部门改用煤炭作为其燃料;另一种是其他能源转化为类似石油的燃料,如天然气合成油作为汽车燃料。

20 世纪 70 年代石油危机以后,工业发达国家都在积极研究发展核能工业。1973 年,核能在全球的初级能源供应中只占 0.9%，在全部发电量中，核能占比为 3.4%；但到了 2002 年，这两个比例已分别上升为 6.8% 和 16.6%，其中，经合组织利用核能占全球利用核能的比例为 85.5%。美国的核发电量最高，占到全球核发电量的 30.3%；其次是法国和日本，分别占到 16.4% 和 11.1%。法国和瑞典是世界上利用核电比例最高的国家，其比例分别达到 78% 和 46%。

可持续发展观念的深入使得研究发展新能源和可再生能源已经成为各个国家的自觉行动。尽管在这方面目前还有难题要解决，但可再生能源最终取代矿物能源的趋势是不可扭转的。

（6）节能技术的发展和应用。

节能技术的发展和应用是第三个影响石油需求的长期因素。

节能的直接作用就是减少能源消费量。节能是"石油危机"的产物。1973 年和 1979 年两次石油危机，结束了长期以来西方国家使用廉价石油的时代，他们开始采取多种措施节约能源。一是调整产业结构，限制高能耗产业的发展，如减少重化工业在整个工业部门中的比重，积极发展电子电器、生物工程等节能型高附加值的新兴产业；二是在钢铁、化学、建筑、造纸和冶金等能源和石油消费相对集中的部门大力推广技术型节能；三是大力降低交通运输业的石油消费，如对汽车产品进行更新换代，使其向轻型化和节能型的方向发展，通过征收高油耗税来减少石油消费；四是通过加强建筑物的绝热和保温性能、维护采暖系统等直接手段，对民用和商业用能采取切实可行的节能措施。油价与节能是相互影响的，高油价的持续必然加快节能的进展，使石油消费量下降；低油价则会使节能活动减弱，使石油消费量上升。节能运动随着国际油价的涨落而时紧时松。

（7）影响石油价格的短期因素。

理论上来讲，油价走势取决于基本供求关系的变化，而世界石油市场的基本供求因素是相对稳定的，国际油价理应稳定在一定的范围之内。但是由于受到许多短期因素的影响，石油价格频繁波动并且经常出现暴涨暴跌的现象。短期因素之所以能通过影响人们的心理预期影响石油价格，国际对冲基金之所以选择石油作为炒作的对象，主要是因为石油生产和消费的短期价格弹性都很小。就供给方面而言，受资源禀赋和产能建设条件的制约，一般的生产者很难在油价上涨时快速增加产量，而沉没成本①的发生使得生产者也不愿意在油价下跌的时候快速削减产量；更何况石油生产不是一个充分竞争的生产领域，寡头垄断的生产格局容易形成价格联盟和投机合约。就消费方面而言，石油的难以替代性使得消费者即使在石油价格剧烈波动时也不可能在短时间内找到替代能源或者有效的节能措施，只能被动接受价格波动带来的损失，而一个国家经济结构的调整也是一个循序渐进的过程，不可能一蹴而就。在极端的情况下，消费者由于心理预期的作用，甚至会在油价居高不下时抢购囤积，而在油价下跌时反而持币观望，加剧了市场的波动。

（8）突发的政治经济事件。

---

① 沉没成本（Sunk Cost），指由于过去的决策已经发生了的，而不能由现在或将来的任何决策改变的成本。比如时间、精力等这些已经发生不可收回的支出。

20世纪的战争多数是因为争夺能源尤其是石油而引发的,而在20世纪70年代以后,几乎任何一次突发政治经济事件都会不同程度地影响到世界石油价格。

1973年阿以战争爆发后,油价水平从每桶2～3美元戏剧性地提高到1974年初的13美元。1979年受伊朗革命的影响,油价提高到每桶35～40美元,几乎是1970年初时的20倍。两次石油危机,彻底瓦解了西方跨国石油公司垄断石油价格的格局,对世界石油市场结构和石油价格体系的演进产生了深远的影响。

1990年8月,伊拉克入侵科威特,国际油价陡涨至30多美元,随后美国出兵将伊拉克赶出科威特,油价又回落至15美元左右。

2002年12月,世界第五大产油国委内瑞拉发生工人大罢工,委内瑞拉的石油产量因此从原来的每天300万桶下降到不足30万桶。受委内瑞拉罢工危机和美英威胁对伊拉克发动军事行动的影响,23日世界石油价格大幅上升,突破每桶31美元,创两年来的油价最高纪录。2003年2月,世界第六大石油输出国尼日利亚又发生了石油工人大罢工,推动油价进一步上涨。2月14日,纽约的原油价格上升到每桶36.8美元,是两年半来的最高点。

2003年12月13日,美军抓获萨达姆,由于担心伊拉克石油冲击国际石油市场,最先开盘的亚洲电子盘交易,开盘后即急剧下跌,最低时达每桶31.74美元,较周五纽约收市价33.04美元大跌1.3美元,瞬时跌幅近4%;纽约商业交易所1月原油收市时每桶下跌67美分收于32.37美元,而1月家用燃油和1月汽油期货每加仑也分别下跌了1.91美分和1.74美分,收于90.65美分和88.30美分。

(9) OPEC及IEA对市场的干预。

作为国际上颇具影响力的两大能源组织OPEC及IEA,对石油市场和石油价格的作用是不可低估的。由于OPEC控制着全球剩余石油产能的绝大部分,而IEA则拥有大量的石油储备,它们能在短时期内改变市场供求格局,从而改变人们对石油价格走势的预期。

国际能源署(IEA)是在1974年石油危机发生后,由西方能源消费大国建立的。它的成员国共同控制着大量石油库存以应付紧急情况,这些石油存储在美国、欧洲、日本和韩国。最近几年IEA的26个成员政府所控制原油战略储备已达13亿桶,而该机构成员国还拥有25亿桶商业原油储备,这些储备油可以满足成员国114天的石油进口需求。2003年初,美国威胁攻打伊拉克,加之委内瑞拉罢工危机,市场普遍担心石油供应中断。为维持石油市场稳定,IEA宣布,一旦伊拉克战争爆发,如有必要,它随时准备迅速、大量地释放储备石油。而经合组织的石油储备在战争期间使用时,将以每桶3～5美元的补偿价格出售给用油单位,这使得战争给经济带来的损失减少到最低程度。由于IEA每天可以释放1 200万桶原油,相当于当时伊拉克石油出口量的7倍以上,因此IEA的表态对稳定石油市场,缓解油价上涨起到了积极的作用。

(10) 石油库存的变化。

石油库存主要集中在经合组织国家,其中美国占有40%左右的份额。由于美国经济发展状况对西方乃至世界经济起着举足轻重的作用,而且美国既是石油生产大国,又是石油消费大国,因此,美国公布的一些有关本国的经济状况指标对欧洲、亚洲国家也有较强的影响力。在国际石油市场上,美国石油协会(API)、美国能源部的能源情报署(EIA)每周二公布的石油库存和需求数据已成为许多石油商判断短期国际石油市场供需状况和进行实际操作的依据,该数据可以从路透、道琼斯及其他众多媒体上及时获得。

石油库存一般是低油价时买进,高油价时抛出,以降低储备成本或获取交易收益。库存对油价的影响是复杂的,从长远看,库存是供给和需求之间的一个缓冲引子,对稳定油价有积极作用,起到一个稳定器的作用:低油价时增加石油库存,会推动油价上涨;高油价时抛出库存石油,会引起油价下跌。但从短期看,石油库存又会对市场油价波动起到推波助澜的作用:因为库存石油往往是在油价看涨时购进,短期内将推动油价加剧上升;在油价看跌时抛出,短期内又会推动油价加剧下跌。特别是当几个国家同时购进或抛出库存石油时,将会使石油市场产生剧烈波动。现在,库存对油价的影响越来越明显,甚至在一定程度上成为油价变动的信号。

石油库存包括常规库存和非常规库存。常规库存是保持世界石油生产、加工、供应系统正常运转的库存,主要是最低操作库存、海上库存、政府战略储备库存和安全义务库存。非常规库存也被称为商业库存,是高于安全义务库存量的部分。非常规库存通常掌握在石油公司手中,而石油公司会根据市场情况和预期变化灵活调整自己的库存水平。在石油价格预期看涨的情况下,一些石油公司会有意增加库存,带动石油价格上升;但当全球非常规库存上升到较高水平时,受库存压力影响,石油价格又会开始下降。

研究表明,非常规库存对石油价格影响要明显强于常规库存。尽管常规库存量十分巨大,几乎占全球原油总库存量的80%以上,但它们对油价的影响却很小。因为在没有政府干涉的情况下,常规库存一般比较稳定,处于市场预期范围之内,不参与商业贸易,因而对油价无直接影响。但有时会有间接关系,如果石油主要消费国政府突然宣布增加战略库存,这样,一部分非常规库存将进入常规库存。由于非常规库存直接反映贸易中石油的紧缺程度,非常规库存的降低将刺激油价上涨。石油公司一般根据期货价格来调整非常规库存水平。当期货价格远高于现货价格时,就会有一些公司增加非常规库存,持货待涨,从而刺激现货价格上涨,期、现价格差减小;当期货价格低于现货价格时,石油公司就会尽量减少非常规库存,持币观望,从而使现货价格下降,与期货价格形成合理价差。

(11) 国际资本市场资金的短期流向。

20世纪90年代以来,国际石油市场的特征是期货市场的影响显著增强,这是国际石油垄断资本与国际金融资本相互作用的结果。作为一种重要的金融衍生工具,石油期货交易的迅猛发展使得石油价格短期走势可以在一定程度上摆脱石油商品供求关系的束缚,而呈现出其独有的价格运动规律。以世界上最大的石油期货市场——纽约商品交易所为例,该交易所2000年市场参与者构成当中,石油交易商占39.9%,机构投资者、对冲基金占31.2%,石油生产、加工、消费及运输企业只占28.9%。也就是说,机构投资者、对冲基金等投机性力量更多地参与了期货市场,巨额的对冲基金流入原油期货市场,原油价格极易大幅波动。

美国商品期货交易委员会(CFTC)的期货交易商持仓报告(COT报告)表明,在2003年的大部分时间里,非商业性交易商在NYMEX石油期货交易中多头持仓均大于空头持仓,但变换极快。比如,年初净多仓1万多手,但到5月份净空仓量已达到6万手;8月份再次转为净多仓量6万手,10月份又净空仓5万手,11月份以后净多仓量的局面再次出现。期货市场上的投机活动非常踊跃,大投机商预期油价看涨看跌,大量买进或卖出期货合约,必然会对石油价格的上升或下降起到推波助澜的作用。

(12)汇率变动。

美元一向是世界原油市场的权威标价和结算货币,这也是美元主导世界货币体系的最主要表现之一,这一机制使得美国在国际金融体系中处于极其有利的地位。对于这个世界上最大的石油进口国来说,一则它只要用本国货币就能买到别国必须付外汇才能购得的原油,大大减少了其在国际贸易中出现的巨额赤字;二则它可以免受汇率变动对于其实际支付数额的影响,而其他国家在石油贸易中不但要承受油价的波动,而且在实际支付时还要考虑汇率变动的风险。

在美元贬值的情况下,如果石油价格不变,则意味着石油输出国组织的石油美元收益在国际上的实际购买力减少。为了应对美元贬值、石油收益下降的局面,石油输出国组织自然会采取高油价政策。而对其他货币国家而言,如果美元相对本国货币贬值一定的幅度,但石油价格上涨只要不超过同样的幅度,意味着实际支付并不会增加。显然,美元贬值更容易导致油价上涨。

(13)异常气候引起的短期需求变化。

欧美许多国家用石油作为取暖的燃料,因此,当气候变化异常时,会引起燃料油需求的短期增加,从而带动原油和其他油品的价格走高。比如,2003年12月2日,冬季的第一波寒流冲击了美国东北地区,纽约商品期货交易所石油期货市场随即出现强劲升势。首当其冲的品种是燃料油,最高涨幅超过7%,收市时仍保留4%。受其带动,2004年1月原油期货合约上涨了83美分,收于每桶30.78美元。英国伦敦国际石油交易所布伦特2004年1月原油期货合约收市时上涨69美分,收于每桶28.94美元。12月4日,OPEC石油部长会议作出维持目前产量配额不变的决定,天气继续成为影响油价的主要因素,而此时美国天气预报周末将有暴风雪袭击美国东海岸,使得取暖油期货价格继续走高。纽约商品期货交易所2004年1月原油期货合约上涨16美分,收于每桶31.26美元。英国伦敦国际石油交易所2004年1月原油期货合约上涨9美分,收于每桶29.23美元。随后几天,天气预报美国气候依然寒冷,增强了市场对于石油需求增长的预期,取暖油价格继续走强。

(14)进口燃料油的成本计算。

在亚洲市场,贸易商都以新加坡普氏现货价作为燃料油的基准价。在燃料油进口中,计价方式有固定价和浮动价两种。固定价为买卖双方以固定价格确定合同价格;浮动价为买卖双方确定离岸或到岸贴水,以商定的时间区间内普氏现货价(MOPS)中间价的加权平均作为基准价,商定的时间通常是5天,也有15天和全月平均等。国内贸易商与国外供应商所签订合同中大多采用到岸价方式。到岸贴水等于离岸贴水加运费,而运费的高低则受船型结构、大小、船龄、运程远近以及航运市场供需情况等因素影响。

总成本 = 到岸价(MOPS 价格 + 贴水)× 汇率 + 关税 + 其他各项费用

其中,其他费用有:进口代理费、港口费/码头费、仓储费、商检费、计驳费、卫生检查费、保险费、利息、城市建设费和教育附加费、防洪费等。通常在80元/吨左右。

假定某日新加坡高硫 180CST 报价 253 美元;贴水为 -5 美元;汇率为 1 美元兑换 8.11 元;关税税率是 6%;增值税率是 17%。则:

总成本 = (253 - 5) × 8.11 × 1.06 × 1.17 + 80 = 2 574.39 元/吨

3.3.5 大豆期货品种的交易

1. 大连商品交易所大豆期货合约

大连商品交易所(大商所,DCE)进行交易的大豆有两个期货合约:黄大豆 1 号合约和黄大豆 2 号合约。其中,黄大豆 1 号合约是 2002 年 3 月从原来的大豆期货合约中转换过来的,以非转基因大豆为标的物的合约;黄大豆 2 号合约是 2004 年 12 月 22 日上市,采用以含油率为交割质量标准的大豆合约,国产大豆和进口大豆均可参与交割,没有转基因和非转基因之分。2005 年 10 月,大商所又对黄大豆 2 号的交割标准进行了修改。两个合约的内容见表3-26。

表3-26　大连商品交易所黄大豆 1 号和 2 号期货合约

交易品种	黄大豆 1 号	黄大豆 2 号
交易单位	10 吨/手	同左
报价单位	人民币	同左
最小变动价位	1 元/吨	同左
涨跌停板幅度	上一交易日结算价的3%	上一交易日结算价的4%
合约交割月份	1、3、5、7、9、11 月	同左
交易时间	每周一至周五上午 9:00-11:30　下午 13:30-15:00	同左
最后交易日	合约月份第 10 个交易日	同左
最后交割日	最后交易日后 7 日(遇法定节假日顺延)	最后交易日后第 3 个交易日
交割等级	标准品:三等黄大豆 替代品:一等黄大豆升水 30 元/吨 　　　　二等黄大豆升水 10 元/吨 　　　　四等黄大豆贴水 100 元/吨	标准品:见表 3-28 替代品:见表 3-29
交割地点	大连商品交易所指定交割仓库	同左
交易保证金	合约价值的5%	同左
交易手续费	4 元/手	同左
交割方式	集中交割	同左
交易代码	A	B

2. 交易标的物及质量升贴水

黄大豆 1 号交割质量差以及升扣价见表 3-27。

黄大豆 2 号交割标准品质技术要求见表 3-28。

黄大豆 2 号交割质量差异升扣价见表 3-29。

表 3-27 黄大豆 1 号交割质量差以及升扣水

合约定位	食用品质
可交割商品	非转基因大豆
参考标准	现行大豆国家标准
核心定等指标	纯粮率
水分要求	≤13.0%（允许范围：11、1、3月合约＜15.05%；7、9月合约＜13.5%；有升扣价：水分含量低于标准1%，升价20元/吨；高1%，扣价55元/吨）
杂质要求	≤1.0%（＜2.0%允许交割，有升扣价：杂质低于标准0.5%，升价10元/吨；高0.5%，扣价30元/吨）

表 3-28 黄大豆 2 号交割标准品品质技术要求

粗脂肪（湿基）(%)	粗蛋白（湿基）(%)	水分及挥发物(%)	杂质(%)	破碎粒(%)	损伤粒(%)		色泽气味
					总量	其中：热损粒(%)	
≥18.5	≥34.5	≤13.5	≤2.0	≤20.0	≤3.0	≤0.5	正常

表 3-29 黄大豆 2 号交割质量差异升扣价

项目		质量标准(%)	允许范围(%)	升扣价
粗脂肪（湿基）		≥18.5	≥16.5 且＜18.5	-120
粗蛋白（湿基）		≥34.5	≥33.5 且＜34.5	-50
水分及挥发物		≤13.5	11、1、3月合约交割的国产包粮大豆≤14.5	-50
损伤粒	总量	≤3.0	≤8.0	-30
	其中：热损伤	≤0.5	≤5.0	

（1）黄大豆 1、2 号合约标的物采用麻袋包装。麻袋规定为长 107±5cm、宽 74±3cm 不破、不漏的麻袋。麻袋卫生要求为无毒害物质污染，无油污，无霉变，无严重的煤灰、石灰、铁锈、泥土、水渍等污染。交易所可根据现货市场情况对包装物标准进行调整。

（2）黄大豆 1、2 号合约的包装物数量按每吨 11 条麻袋计算。麻袋重量按每条 0.9 千克计重。麻袋缝口可以是机器缝口或手工缝口。机器缝口必须达到两头锁紧双趟标准，手工缝口必须达到双线 16 针以上（含 16 针）标准。麻袋缝口质量达不到标准，可由指定交割仓库调换麻袋或对缝口加针，由此发生的费用由卖方货主承担。

（3）黄大豆 1、2 号合约升贴水的差价款由货主同指定交割仓库结算。黄大豆 1 号从 A0501① 以后的合约包装物价格包含在合约交易价格中；而黄大豆 2 号合约的交易价格为散

---

① A0501 是大豆期货合约的简称，即大连黄大豆 1 号，品种代码（A）+交割年份（2 位）+交割月份（2 位）。

粮价格,包装款由货主同指定交割仓库结算。

(4) 所有的黄大豆1、2号标准仓单在每年的4月30日之前必须进行标准仓单注销。

3. 交割仓库的收费标准

黄大豆1、2号合约交割仓库收费标准见表3-30。

黄大豆1、2号合约指定交割仓库杂项作业服务收费(最高限价)见表3-31。

表3-30　黄大豆1、2号合约交割仓库收费标准

合约名称	黄大豆1号合约	黄大豆2号合约
交割手续费	4元/吨	同左
存储费	11月1日-4月30日:0.4元/吨·天 5月1日-10月31日:0.5元/吨·天	同左
检验费	2元/吨	3元/吨
入、出库费用	铁路运输:20元/吨(包括铁路代垫费用,库内搬倒费,入、出库力资费,过磅费) 汽车运输:3元/吨(包括入、出库力资费,过磅费等)	铁路运输:20元/吨(包括铁路代垫费用,库内搬倒费、入、出库力资费、过磅费) 汽车运输:3元/吨(包括入、出库力资费5000、过磅费等) 船舶运输:13元/吨(包括库内搬倒费、力资费、过磅费等)

表3-31　黄大豆1、2号合约指定交割仓库杂项作业服务收费(最高限价)

序号	项目	计量	费用	主要内容
1	倒垛	元/吨	6.00	正常倒垛
			9.00	改码通风垛
2	缝口补眼	元/吨	0.40	缝口、加针、补眼
3	整包挑选	元/吨	1.20	拆垛、挑选污染件或霉变件、装包、缝口、码封垛
4	更换包装	元/吨	1.60	倒包、更换包装、加针、缝口、倒垛、封垛
5	筛选挑选	元/吨	3.20	拆垛、倒运、倒包筛选、缝口、码封垛
6	散粮筛选	元/吨	30.00	筛选、装包、缝口、码封垛
7	倒包晾晒	元/吨	2.80	拆垛、搬倒、倒包、晾晒、翻晒、装包、缝口、码封垛
8	整包晾晒	元/吨	1.00	拆垛、搬倒、摆放晾晒、翻晒、码封垛

4. 限仓制度

限仓是指交易所规定会员或客户可以持有的按单边计算的某一合约投机持仓的最大数额。黄大豆1、2号合约的具体规定见表3-32。

表 3-32 黄大豆 1、2 号合约一般月份合约限仓制度

合约名称	一般月份合约							
	某一期合约单边持仓量(万手)	限仓比例(%)			某一期合约单边持仓量(万手)	限仓额(手)		
		经纪会员	非经纪会员	客户		经纪会员	非经纪会员	客户
黄大豆 1、2 号合约	≥10	20	10	5	≤10	20 000	10 000	5 000

对于进入交割月份前一个月和进入交割月期间的合约,其限仓数额以绝对量方式确定,具体内容如表 3-33 所示。

表 3-33 黄大豆 1、2 号合约临近交割期时持仓限额表　　　　　单位:手

交易时间段	经纪会员		非经纪会员		客户	
	1 号	2 号	1 号	2 号	1 号	2 号
交割月前 1 个月第 1 个交易日起	5 000	8 000	3 000	4 000	1 500	2 000
交割月前 1 个月第 10 个交易日起	2 000	4 000	1 500	2 000	800	1 000
交割月份	1 000	2 000	800	1 000	400	500

5. 保证金的变动

黄大豆 1、2 号合约的保证金比例为合约价值的 5%,但这是在正常情况下的收取比例。当期货合约临近交割时,交易所将逐步提高交易保证金。另外,当持仓量增加超过一定幅度时,交易所也将按规定提高保证金比例。

临近交割时保证金调整的规定如表 3-34 所示。

表 3-34 黄大豆 1、2 号合约临近交割期时交易保证金收取标准

交易时间段	交易保证金(元/手)
交割月份前 1 个月第 1 个交易日	合约价值的 10%
交割月份前 1 个月第 6 个交易日	合约价值的 15%
交割月份前 1 个月第 11 个交易日	合约价值的 20%
交割月份前 1 个月第 16 个交易日	合约价值的 25%
交割月份第 1 个交易日	合约价值的 30%

持仓量变化时交易保证金收取标准如表 3-35 所示。

表 3-35 黄大豆 1、2 号合约持仓量变化时交易保证金收取标准

合约月份双边持仓总量 N(手)	交易保证金(元/手)
N≤40 万	合约价值的 5%
40 万 < N≤50 万	合约价值的 8%
50 万 < N≤60 万	合约价值的 9%
60 万 < N	合约价值的 10%

在进入交割月份后,卖方可用标准仓单作为与其所示数量相同的交割月份期货合约持仓的履约保证,其持仓对应的交易保证金不再收取。

6. 风险控制

在正常情况下,黄大豆1号合约每日最大涨跌幅为上一个交易日结算价的3%,黄大豆2号合约为4%。但当大豆期货合约达到涨跌停板时,下一个交易日的停板幅度将有所变动,同时,当日结算时合约保证金也要相应提高。具体规定如下:收盘时处于涨跌停板单边无连续报价的第一个交易日结算时,交易保证金提高到合约价值的6%,高于6%的按原比例收取,同时第二个交易日涨跌停板变为4%;当第二个交易日出现与第一个交易日同方向涨跌停板单边无连续报价的情况,则第二个交易日结算时交易保证金提高为合约价值的7%,高于7%的按原比例收取,第三个交易日涨跌停板幅度不变;若第三个交易日仍出现与第二个交易日同方向涨跌停板单边无连续报价的情况,则在第三个交易日收市后,交易所将根据市场情况采取风险控制措施。

黄大豆2号合约交割月份的涨跌停板幅度为上一个交易日结算价的6%。

7. CBOT大豆期货合约

美国芝加哥期货交易所(CBOT)的大豆价格在国际上具有很大的影响力,目前国际大豆市场价格均以CBOT的期货价格为基准,表3-36是CBOT大豆期货合约。

表3-36 美国芝加哥商品交易所(CBOT)大豆期货合约

交易单位	5 000蒲式耳
交割等级	标准品为美国2号黄大豆,替代品1号黄大豆(升水6美分/蒲式耳)或者3等黄大豆(贴水6美分/蒲式耳)
报价方式	美分/蒲式耳
最小价格变动单位	0.25美分/蒲式耳(12.50美分/每张合约)
合约月份	9、11、1、3、5、7、8月
最后交易日	交割月份最后一个营业日前7个营业日
最后交割日	交割月份最后一个交易日
交易时间	场内:周一至周五芝加哥时间上午9:30-下午1:15 远东电子盘:周日至周五芝加哥时间下午8:30-上午6:00 到期合约的交易在交割月最后1个交易日的正午结束
交易代码	场内:S 远东电子盘:ZS
每日涨跌限制	上一交易日结算价上下50美分/蒲式耳(2 500美分/每张合约),交割月品种无涨跌限制(在进入交割月后涨跌限制为正常的2倍)

CBOT的大豆报价经常能见到小数点后有尾数,如510.6、476.2,但这个尾数不能按十进位制去理解,510.6并非510.6美分。报价中出现的尾数是指1/8(即0.125)美分的倍数,故510.6表示的是510+1/8×6=510.75美分,476.2表示的是476.25美分,尾数2、4、6

分别对应的是 0.25、0.5、0.75 美分。

换算成美元/吨的方法,将 CBOT 大豆报价乘以 0.367 44 即可(1 吨 = 36.744 蒲式耳;1 美元 = 100 美分)。如 5 月大豆合约收盘价为 481.2,即 481.25 美分/蒲式耳,其价格相等于 481.25×0.367 44 = 176.83 美元/吨。

8. 影响大豆价格的主要因素

(1) 影响大豆价格的主要因素结构图(如图 3-3 所示。)

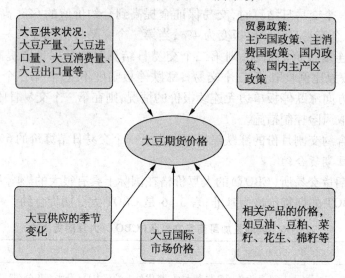

图 3-3 影响大豆价格的主要因素

(2) 大豆的供应情况。

全球大豆按南北半球分为两个收获期,南美(巴西、阿根廷)大豆的收获期是每年的 3—5 月,而地处北半球的中国和美国的大豆收获期则是 9—10 月份。因此,每隔 6 个月,大豆都有集中供应。

由于大豆主产国和出口国均集中在美国、巴西、阿根廷和中国,四国生产量的变化对世界大豆市场会产生较大的影响。具体来说,有以下四个方面的因素。

① 大豆种植面积。大豆种植面积是影响大豆供给的重要因素,尽管种植之后实际的产量大小还会受到气候影响,但一般说来,种植面积的变化至少会直接影响人们对当年大豆价格的预期,进而影响大豆价格的走势。

② 天气因素。种植面积确定之后,天气因素就成为影响供给的主要因素了。大豆的生长需要水分、光照时间和温度。任何一项变化都会影响到大豆的生长过程,从而影响产量。另外,各种自然灾害的发生也将影响大豆的产量,这些自然灾害主要包括:干旱、水涝、低温、虫害等。在最后收割时,单产水平的高低一定程度上反映了天气因素的作用。

③ 季节性影响。全球大豆一年两次的集中性供给会造成一定程度的季节性影响。从国内而言,北方春大豆 10 月份收获,但由于刚收割的大豆含水分较高,运往南方销区易变质,不易储存,需要晒晾后才可外运,故大宗外运要比农民上市迟一个月左右。同时,粮食部门或其他粮食经营单位根据当年产量丰歉及价格变动趋势会有囤积或急售现象,给贸易市

场价格带来难以预测的变化。但基本规律是,供应充足或产量较多的年份,11—1月市场大豆较多,以后月份相对较少;供应短缺或生产量相对减少时,11—1月份市场大豆相对较少,以后月份供应相对均匀,这是囤积的作用引起的。相应的大豆价格也呈现季节性变化:11月由于新豆开始上市,价格不断下降,到1月份由于新豆继续上市,价格下降到最低,此后价格开始逐渐回升,正常年份每月以3%左右的速度上升;若遇减产年份,9—11月份大豆价格上升较多。所以大豆贸易最关键的月份是当年9月至次年1月份,此间交易量大,价格变化也大,若不了解大豆的产需情况,风险也最大;同时,这几个月份对全年大豆价格起着主导作用,标志着价格变动趋势。

④ 期末库存。期末库存是反映大豆可供给度大小的重要指标。种植年度的期末库存正好等于下一种植年度的期初库存。期末库存高于往年,至少说明有一部分期末库存可以转化为下一种植年度的供给,使下一种植年度的供给增加;反之,则结论相反。从历史统计来看,大豆的库存消费比(期末库存/总消费)与大豆价格具有明显的负相关关系。所以,分析库存消费比对预测价格是非常有意义的。

(3) 大豆的需求情况。

① 国际市场总体需求的变化。大豆主要进口国家和地区是欧盟、中国、日本和东南亚。欧盟、日本的大豆进口量相对稳定,中国、东南亚国家的大豆进口量则相对变化较大。比如,1997年亚洲发生金融危机后,东南亚国家的大豆进口量锐减,导致国际市场大豆价格下跌。

② 大豆下游产品的需求。大豆最为重要的用途是用于压榨,压榨得到的主要产品是豆粕和豆油。豆粕和豆油的需求减少,大豆的需求自然也将减少。因此,大豆的价格受豆油和豆粕的需求影响很大。从生产角度看,豆粕和豆油是伴生产品;然而从消费角度看,豆粕和豆油之间又不具备替代关系。由于面临不同的需求,它们的价格变化可能不同。近年来豆粕的需求量增长速度快于豆油,并且在加工过程中豆粕价值高于豆油,以致大豆的加工更多是由豆粕的需求决定,而不是由豆油需求决定。正是由于这样的原因,豆油经常被看作大豆压榨生产豆粕的副产品。显然,从这个角度看,影响豆粕和豆油的需求因素同时也可被看作影响大豆的因素。

(4) 相关产品的价格。

作为食品,大豆的替代品有豌豆、绿豆、芸豆等;作为油籽,大豆的替代品有油菜籽、棉籽、葵花籽、花生等;作为饲料蛋白又有鱼粉等。这些替代品的产量、价格及消费的变化都会影响大豆的需求量。

(5) 相关的农业、贸易、食品政策。

① 农业政策的影响。在国际上,大豆主产国的农业政策对大豆期货价格影响很大。例如,1996年美国国会批准新的《1996年联邦农业完善与改革法》,使1997年美国农场主播种大豆的面积猛增10%,成为推动大豆价格大幅走低的因素之一。

国内农业政策的变化也会对大豆价格产生影响。例如,2000年我国鼓励农民多种大豆,东北地区的大豆种植面积增加。后来,我国又启动大豆振兴计划,以高油高产大豆为发展目标。尽管这些政策并没有直接干预大豆市场的价格,但由于这些政策会影响农民种植大豆的积极性,自然起到了间接影响大豆价格的作用。因此,上述因素经常被用于期货市场的炒作。

② 贸易政策的影响。贸易政策会直接影响商品的可供应量,对商品的未来价格产生重大影响。比如,对出口国而言,出口补贴或优惠政策的调整都会对出口量产生一定的影响。而对进口国而言,是否采用进口限制政策及关税的高低也会对进口数量和价格产生一定的影响。比如,2000年10月下旬,由于欧洲爆发大规模的"疯牛病",不少国家都实行了全面禁用肉骨粉制作饲料的政策,同时鼓励使用豆粕代替,导致大豆需求猛增。又如,我国在2002年颁布《农业转基因生物安全管理办法》时,由于配套措施尚未出台,采用临时性的过渡政策,一时间,转基因大豆的进口受到了限制,国内企业把需求转向国产大豆,致使2002年国内大豆价格较大幅度上涨。

(6) 大豆国际市场价格。

我国每年进口大豆数量要占大豆消费总量的50%左右。在世界大豆贸易量中,我国的进口量也是高级别的,可以说已到了举足轻重的地步。在这种情况下,国内市场上的大豆价格自然不可能与国际市场上的价格有很大的背离。国际市场价格上涨,必将引发国内大豆价格的上涨;反之,国际市场价格下跌,也必将引发国内大豆价格的下跌。从另一方面看,由于中国是消费及进口大国,国内需求量的变化也会对国际上的供求关系产生很大的影响。从这几年的实际效果看,国际市场大豆价格与国内大豆价格之间的相互影响的程度越来越高了。

3.3.6 豆粕期货品种的交易

1. 大连商品交易所豆粕期货合约

大连商品交易所豆粕合约在2000年7月17日正式挂牌交易。2003年1月2日,大连商品交易所对合约进行了较大幅度的修改,新合约规定见表3-37。

表3-37 大连商品交易所豆粕期货合约

交易品种	豆粕
交易单位	手(10吨/手)
报价单位	人民币(元/吨)
最小变动价位	1元/吨(10元/手)
涨跌停板幅度	上一个交易日结算价的3%
合约交割月份	1、3、5、8、9、11月
交易时间	每周一至周五上午9:00-11:30,下午13:30-15:00
最后交易日	合约月份第10个交易日
最后交割日	最后交易日后第4个交易日(遇法定节假日顺延)
交割等级	标准品符合《大连商品交易所豆粕交割质量标准(F/DCE D001-2002)》中规定的标准品
交割地点	大连商品交易所指定的交割仓库
交易保证金	合约价值的5%

续表

交易手续费	3元/手
交割方式	实物交割
交易代码	M

2. 交易标的物方面的规定

(1) 交易标的物的质量指标见表3-38。

表3-38　标准品质量指标表

品质质量指标	标准品
粗蛋白≥	43.0%
粗纤维<	6.0%
粗灰分<	7.0%
水分≤	12.5%
脲酶活性	0.02%~0.35%

(2) 交割的豆粕入库日期须在生产日期90（含90）个自然日以内。

(3) 用于交割的豆粕在入库时，货主须向交割仓库提交以下材料：豆粕的生产厂家、豆粕生产日期、产品检验员、是否转基因的证明和标识、厂家质量检验报告复印件等。

(4) 豆粕包装为新的编织袋，每一袋包装上必须有印刷的生产厂家和出厂日期的标识或印有上述内容的标签。

(5) 豆粕包装物不计算件数，编织袋包装价格包含在合约交易价格中。

(6) 豆粕交割的基准地为江苏、浙江和上海地区。

3. 交割仓库的收费标准

(1) 进行实物交割的双方应分别向交易所缴纳交割手续费：1元/吨。

(2) 仓储及损耗费（包括储存费、保管损耗、熏蒸费）：

11月1日—4月30日期间，0.50元/吨·天；5月1日—10月31日期间，0.60元/吨·天（加收0.1元高温季节储存费）。

(3) 豆粕检验费：3元/吨。

(4) 豆粕入库、出库费用实行最高限价。

铁路运输：20元/吨（包括铁路代垫费用、库内搬倒费、力资费、过磅费等）。

汽车运输：3元/吨（包括力资费、过磅费等，库内搬倒费另计）。

船舶运输：13元/吨（包括库内搬倒费、力资费、过磅费等）。

(5) 指定交割仓库杂项作业服务收费实行最高限价，具体内容见表3-39。

表 3-39 豆粕交割仓库杂项作业服务收费标准

序号	项目	计量	费用	主要内容
1	倒垛	元/吨	6.00	正常倒垛
			9.00	改码通风垛
2	缝口补眼	元/吨	0.40	缝口、加针、补眼
3	整包挑选	元/吨	1.20	拆垛、挑选污染件或霉变件、装包、缝口、码封垛
4	更换包装	元/吨	1.60	倒包、更换包装、加针、缝口、倒垛、封垛
5	筛选挑选	元/吨	3.20	拆垛、倒运、倒包筛选、缝口、码封垛
6	散粮筛选	元/吨	30.00	筛选、装包、缝口、码封垛
7	倒包晾晒	元/吨	2.80	拆垛、搬倒、倒包、晾晒、翻晒、装包、缝口、码封垛
8	整包晾晒	元/吨	1.00	拆垛、搬倒、摆放晾晒、翻晒、码封垛

4. 限仓制度

限仓是指交易所规定会员或客户可以持有的,按单边计算的某一合约投机头寸的最大数额。大连豆粕合约的具体规定见表 3-40、表 3-41。

表 3-40 豆粕合约一般月份限仓制度

合约名称	一般月份合约							
	某一期合约单边持仓量(万手)	限仓比例(%)			某一期合约单边持仓量(万手)	限仓额(手)		
		经纪会员	非经纪会员	客户		经纪会员	非经纪会员	客户
黄大豆1、2号合约	≥10	20	10	5	≤10	20 000	10 000	5 000

表 3-41 豆粕合约进入交割月份前一个月和进入交割月期间的持仓额 单位(手)

交易时间段	经纪会员	非经纪会员	客户
交割月前1个月第1个交易日起	5 000	3 000	1 500
交割月前1个月第10个交易日起	2 000	1 500	800
交割月份	1 000	800	400

5. 保证金变动

豆粕期货合约的最低交易保证金为合约价值的5%。交易保证金实行分级管理,随着期货合约交割期的临近和持仓量的增加,交易所将逐步提高交易保证金比例,具体内容见表 3-42、表 3-43。

表 3-42　豆粕合约临近交割期时交易保证金收取标准

交易时间段	交易保证金(元/手)
交割月份前 1 个月第 1 个交易日	合约价值的 10%
交割月份前 1 个月第 6 个交易日	合约价值的 15%
交割月份前 1 个月第 11 个交易日	合约价值的 20%
交割月份前 1 个月第 16 个交易日	合约价值的 25%

进入交割月份后,卖方可用标准仓单作为其所示数量相同的交割月份期货合约持仓的履约保证,其持仓对应的交易保证金不再收取。

表 3-43　豆粕合约持仓量变化时交易保证金收取标准

合约月份双边持仓总量(N)	交易保证金(元/手)
N≤30 万手	合约价值的 5%
30 万手 < N≤35 万手	合约价值的 8%
35 万手 < N≤40 万手	合约价值的 9%
40 万手 < N	合约价值的 10%

在交易过程中,当某一合约持仓量达到某一级持仓总量时,新开仓合约按该级交易保证金标准收取。交易结束后,交易所对全部持仓收取与持仓总量相对应的交易保证金。

6. 风险控制

涨跌停板是指期货合约允许的每日交易价格最大波动幅度,超过该涨跌幅度的报价将视为无效,不能成交。

豆粕合约一般月份(交割月份前 1 个月以前的月份)涨跌停板幅度为上一交易日结算价的 3%,进入交割月份的涨跌停板幅度为上一交易日结算价的 6%。

当豆粕合约在某一交易日(该交易日记为第 N 个交易日)出现涨跌停板单边无连续报价的情况,则当日结算时,该合约的交易保证金按合约价值的 6% 收取(原交易保证金比例高于 6% 的,按原比例收取),第 N+1 个交易日该合约的涨跌停板幅度由 3% 增加到 4%(原涨跌停板比例高于 4% 的,按原比例执行)。若第 N+1 个交易日出现与第 N 个交易日同方向涨跌停板单边无连续报价的情况,则第 N+1 个交易日结算时起,该合约交易保证金按合约价值的 7% 收取(原交易保证金比例高于 7% 的,按原比例收取)。第 N+2 个交易日该合约涨跌停板幅度不变。若第 N+2 个交易日出现与第 N+1 个交易日同方向涨跌停板单边无连续报价的情况,则在第 N+2 个交易日收市后,交易所将根据市场情况采取风险控制措施。

新上市合约的涨跌停板幅度为正常涨跌停板幅度的 2 倍,进入交割月份合约的涨跌停板为正常涨跌停板的 2 倍。

7. 芝加哥期货交易所豆粕期货合约

芝加哥期货交易所(CBOT)是全球最具影响力的农产品交易所。其大豆、豆粕等期货商品价格是国际市场价格的风向标。CBOT 的豆粕期货合约见表 3-44。

表 3-44　CBOT 豆粕期货合约

合约规格	100 短吨①
交割等级	蛋白质含量 48% 的一等豆粕
报价单位	美元和美分/短吨
最小变动价位	10 美分/短吨（10 美元/手）
价格波幅	前日结算价上下 10 美元/短吨，特殊情况扩大到 15 美元/短吨，进入现货月前两日，现货月合约没有价格波幅限制
合约月份	10、12、1、3、5、7、8、9 月
最后交易日	交割月最后工作日前第 7 个工作日
最后交割日	最后交易日后第 2 个工作日
交易时间	星期一至星期五　芝加哥时间上午 9:30-下午 1:15
Project A	星期日至星期四　芝加哥时间上午 9:00-下午 4:00

8. 影响豆粕价格的主要因素

影响豆粕价格的主要因素有以下 8 个。

(1) 豆粕的供应状况。

一般来讲，豆粕供给量与豆粕价格之间存在明显的反向关系。豆粕供给量越大，价格相对较低；相反，豆粕供给量减少，豆粕价格则上涨。豆粕供给方面主要由以下三部分组成：

① 前期库存量。它是构成总产量的重要部分，前期库存量的多少体现着供应量的紧张程度，供应短缺价格上涨，供应充裕价格下降。由于豆粕具有不易保存的特点（在南方豆粕的储存时间一般为 3—4 个月，而北方为 8 个月左右），一旦豆粕库存增加，豆粕的价格往往会调低。

② 当期生产量。豆粕当期产量是一个变量，它受制于大豆供应量、大豆压榨收益、生产成本等因素。这将在下面一一介绍。

③ 豆粕的进口量。我国加入 WTO 后，豆粕市场的国际化程度越来越高，近几年我国已经成为豆粕进口国，国际市场对国内豆粕市场的影响也越来越大。另外，豆粕不易储存这一特点也决定了一旦出现集中供货的情况，豆粕的区域性价格就会立即下跌。例如，进口豆粕集中到货，会影响进口口岸周边地区的供求关系，导致豆粕价格下跌。豆粕储存时间短，一方面，促进了豆粕的市场流动；另一方面，也造成豆粕价格波动频繁。

(2) 大豆对豆粕价格的影响。

豆粕是大豆加工的产物，大豆的供应量和大豆的价格将直接影响豆粕的价格。

① 大豆供应量。在正常情况下，大豆供应量的增加会导致豆粕供应量的增加。大豆的来源主要有两大部分：一部分是国产大豆，另一部分是进口大豆。

---

① 1 短吨 =907.184 74 千克。

国内大豆供应情况:我国的东北及黄淮地区是大豆的主产区,收获期一般在9—10月份,每年收获之后集中供应。近几年,我国大豆的总产量在1 600万吨左右徘徊。

国际市场供应情况:我国是国际大豆市场最大的进口国之一,近几年,我国每年从美国、巴西和阿根廷进口的大豆都超过1 000万吨。

② 大豆价格。大豆价格的高低直接影响豆粕生产的成本。近几年,我国许多大型压榨企业选择进口大豆作为加工原料,华东地区日趋成为我国豆粕主产区和主要报价地点,进口大豆价格对我国豆粕价格的影响更加明显。

(3) 榨油利润对豆粕价格的影响。

油脂压榨厂商主要利用大豆来榨油,豆粕是大豆压榨主要的副产品。油脂压榨厂对生产经营的安排主要以大豆压榨利润为参考依据。在压榨利润较高的情况下,压榨厂会满负荷运行,以增加豆粕和豆油产量获取较高利润值;在压榨利润较低的时候,压榨厂一般会采取限产甚至停产的措施以减少大豆压榨的亏损。因此,压榨利润的高低将会直接影响油脂压榨厂豆粕和豆油的产量,进而对豆油、豆粕市场价格产生较大的影响。理论上讲,豆粕和豆油价格与大豆压榨利润之间存在着较高的正相关关系。厂商的压榨利润与豆油的价格以及厂商的生产成本有关,所以豆粕与豆油的价格也存在一定关系:豆油价好,豆粕就会价跌;豆油滞销,豆粕产量就将减少,豆粕价格将上涨。

(4) 豆粕价格变化的季节性因素。

通常,从11月份大豆收获后的几个月份是豆粕的生产旺季。因为11月份是大豆收获季节,这段时间大豆市场价格较低,国内压榨企业在这段时间内大量采购大豆用于压榨,造成国内豆粕供应量也相对集中,因而豆粕价格较低。一般持续到第二年的3月份前后豆粕消费转旺,国内养殖业开始大量采购饲料,在夏季到来之前饲料的需求达到全年的高点,此时豆粕价格也会上行至全年高位。之后,随着养殖业对饲料消费需求的减少,豆粕价格开始出现回落,但由于国内大豆供给出现断档,国内大豆价格上涨,于是豆粕价格也由于加工原材料价格的上涨而同步呈现快速上扬势头,这种情况将一直延续到10月中旬新豆开始大量上市的时候。

但是,近几年随着国内大豆进口总量的增加,豆粕市场价格的变动以不再局限于上述的生产模式之中了。因为,南美大豆与我国的大豆生产季节刚好相反,在每年2、3月份开始大量上市,在国内3月份以后国内大豆供给依然较为充足,因此,近几年来国内豆粕价格波动相对平缓了许多,价格走势的季节性差异越来越不明显,只是由于受下游饲料加工企业采购原料的影响,价格走势在全年不同时段会表现出一定的强弱之分。从现货采购角度来看,每年4—5月份是饲料企业豆粕采购旺季,豆粕价格往往较高;每年7—8月份为采购淡季,豆粕价格为全年低点,一般情况下半年平均价格比上半年低;其他时段豆粕价格走势主要跟随大豆原料的价格高低运行。

(5) 养殖业对豆粕价格的影响。

50%以上的豆粕用作家禽的饲料,豆粕作为一种高蛋白质的饲料主要原材料,成为家禽必不可少的营养元素。因此,家禽饲养的规模对豆粕的价格影响非常大。2002年,由于我国养殖业的蓬勃发展,对饲料的需求增大,从而引发了当年豆粕价格的上涨。一般而言,禽肉价格上涨,家禽的饲养增多,对豆粕的需求也随之增加,豆粕的价格必然上涨;反之,在禽肉价格下跌的情况下,豆粕价格必将下跌。

(6) 动禽类传染病对豆粕价格的影响。

禽流感、口蹄疫爆发后,各国政府的通常反应就是大量宰杀受感染的禽、畜,其他国家也会作出禁止这些产品进口的规定。由于对饲料需求的突然减少,会直接导致饲料价格的下跌。类似的例子已经发生过多起。比如,1999年12月全球禽流感大流行,意大利爆发高致病性禽流感,法国、卢森堡也相继发生。各国随即作出反应,严禁从意、法、卢等国家输入禽鸟及产品,从而引发了CBOT豆粕价格的一轮下跌。又如,2001年初,英国发现第一例"口蹄疫"感染的家畜后,感染病毒的国家数量就超过了20个。联合国粮农组织官员于2001年3月14日发出警告,强调口蹄疫已成为全球性威胁,并敦促世界各国采取更严格的预防措施。凡感染上口蹄疫的国家都在大量销毁感染区域的家畜,仅此项损失,全球就已经超过了15亿美元。正是在这些利空消息影响下,CBOT的豆粕价格跌入了历史性底部。

但是,2000年初爆发的疯牛病风波却导致了豆粕价格上涨。原因是欧盟为控制疯牛病蔓延,实行了禁止以肉骨粉作牲畜饲料的政策,直接导致了肉骨粉价格暴跌,由于豆粕是取代肉骨粉的最好饲料,需求前景一下看好,从而促使国际市场大豆、豆粕和玉米价格大幅走高。

(7) 进出口政策的影响。

1995年,国家下调了豆粕的进口关税,关税率为5%,增值税为13%。国家为了支持豆粕的进出口贸易,对其进出口权及进出口量实行完全放开。由于1996—1997年间国内市场价格明显高于国际市场价格,所以许多有进出口权的企业都从事豆粕进口买卖,促成了豆粕国内外市场快速接轨,国内豆粕价格也迅速与国际市场价格接轨。有一个时期,国家对于饲料生产发展一直实行扶持政策,进口饲料免征增值税,进口豆粕也享受此优惠政策,仅征收5%的关税,免征增值税。这一政策导致1997—1998年我国的豆粕进口量猛增,豆粕价格快速下跌。

1999年7月,国家恢复对进口豆粕征收增值税,豆粕进口量大幅减少,国内豆粕现货价格在低位企稳后,大幅反弹。

(8) 国际豆粕市场价格的影响。

近几年,豆粕进出口贸易非常活跃,进口豆粕占国内消费量越来越大,国际市场豆粕价格(特别是CBOT豆粕期货合约交易价格)已直接影响到国内市场,两者在大趋势上基本相似。

3.3.7 玉米期货品种的交易

1. 大连商品交易所玉米期货合约

我国早在期货市场设立之初就有多家交易所上市玉米品种,其中大连商品交易所的玉米合约曾经运作得较为成功,一度成为期货市场的明星品种。1998年,国家对期货交易所及品种进行调整时,取消了玉米品种。2004年9月22日,大连商品交易所在获准之后重新推出玉米期货交易。表3-45是大连商品交易所玉米期货合约。

表 3-45 大连玉米期货合约

交易品种	黄玉米
交易单位	10 吨/手
报价单位	元(人民币)/吨
最小变动价位	1 元/吨
涨跌停板幅度	上一交易日结算价的 4%
合约月份	1、3、5、7、9、11 月
交易时间	每周一至周五上午 9:00—11:30,下午 13:30—15:00
最后交易日	合约月份第 10 个交易日
最后交割日	最后交易日后第 2 个交易日
交割等级	标准品:一等/二等黄玉米;替代品:三等黄玉米。
交割地点	大连商品交易所玉米指定交割仓库
最低交易保证金	合约价值的 5%
交易手续费	不超过 3 元/手
交割方式	实物交割
交易代码	C

2. 交易标的物方面的规定

(1) 标的物质量规定。玉米期货合约交割标准品及替代品品质技术要求见表 3-46。

表 3-46 玉米期货合约交割标准品及替代品品质技术要求

交割等级		容重(克/升)	杂质(%)	水分(%)	不完善粒(%)		气味正常
					总量	其中:生霉粒	
标准品	一等 二等	≥685	≤1.0	≤14.0	≤8.0	≤2.0	正常
替代品	三等	≥660				允许范围>2.0 且≤4.0	

(2) 玉米合约的交易价格为散粮价格。可以采用散粮或包粮进行交割。玉米散粮入库或出库时,原则上应以整仓为单位确定入库或出库数量。散粮交割玉米出库不完善粒总量允许范围为≤11%。包粮的包装物为麻袋。包装物价格由交易所确定并在玉米合约上市时提前公布。交易所可根据现货市场情况对包装物标准进行调整。包装款由货主同指定交割仓库结算。

(3) 采用麻袋包装时,麻袋规定为长 107±5cm、宽 74±3cm、不破、不漏的麻袋。麻袋卫生要求为无毒害物质污染,无油污,无霉变,无严重的煤灰、石灰、铁锈、泥土、水渍等污染。包装物数量按每吨 12 条麻袋计算。麻袋重量按每条 0.9 千克计重。麻袋缝口可以是机器缝口或手工缝口。机器缝口必须达到两头锁紧双趟标准;手工缝口必须达到双线 16 针以上(含 16 针)标准。麻袋缝口质量达不到标准,可由指定交割仓库调换麻袋或对缝口加针,由此发生的费用由卖方货主承担。

3. 交割仓库的收费标准

（1）交割手续费为1元/吨。

（2）入、出库费用实行最高限价。

铁路运输：20元/吨（包括铁路代垫费用、库内搬倒费、力资费、过磅费等）。

汽车运输：3元/吨（包括力资费、过磅费等，库内搬倒费另计）。

船舶运输：13元/吨（包括库内搬倒费、力资费、过磅费等）。

（3）仓储及损耗费（包括储存费、保管损耗、熏蒸费）收取标准为：

11月1日—4月31日，0.50元/吨·天。

5月1日—10月31日，0.60元/吨·天。

（4）玉米的检验费为1元/吨。

（5）交割仓库杂项作业服务收费实行最高限价（见表3-47）。

表3-47 交割仓库杂项作业服务收费

序号	项目	计量	费用	主要内容
1	倒垛	元/吨	6.00	正常倒垛
			9.00	改码通风垛
2	缝口补眼	元/吨	0.40	缝口、加针、补眼
3	整包挑选	元/吨	1.20	拆垛、挑选污染件或霉变件、装包、缝口、码封垛
4	更换包装	元/吨	1.60	倒包、更换包装、加针、缝口、倒垛、封垛
5	筛选挑选	元/吨	3.20	拆垛、倒运、倒包筛选、缝口、码封垛
6	散粮筛选	元/吨	30.00	筛选、装包、缝口、码封垛
7	倒包晾晒	元/吨	2.80	拆垛、搬倒、倒包、晾晒、翻晒、装包、缝口、码封垛
8	整包晾晒	元/吨	1.00	拆垛、搬倒、摆放晾晒、翻晒、码封垛

4. 限仓制度

限仓是指会员或客户可以持有的，按单边计算的某一合约投机头寸不能超过交易所规定的最大数额。玉米期货合约的具体限仓规定见表3-48。

表3-48 玉米合约一般月份限仓规定

合约名称	一般月份合约							
	某一期合约单边持仓量（万手）	限仓比例（%）			某一期合约单边持仓量（万手）	限仓额（手）		
		经纪会员	非经纪会员	客户		经纪会员	非经纪会员	客户
玉米合约	≥15	20	10	5	≤15	30 000	15 000	7 500

对于进入交割月份前一个月和进入交割月期间的合约，其限仓数额以绝对量方式确定，具体规定见表3-49。

表 3-49　玉米合约临近交割期时持仓限额表　　　　　　　　　　　　单位：手

交易时间段	经纪会员	非经纪会员	客户
交割月前 1 个月第 1 个交易日起	12 000	6 000	3 000
交割月前 1 个月第 10 个交易日起	6 000	3 000	1 500
交割月份	3 000	1 500	800

5. 保证金的变动

玉米期货合约的最低交易保证金为合约价值的 5%。交易保证金实行分级管理，随着期货合约交割期的临近和持仓量的增加，交易所将逐步提高交易保证金（见表 3-50、表 3-51）。

表 3-50　玉米合约临近交割期时交易保证金收取标准

交易时间段	交易保证金（元/手）
交割月份前 1 个月第 1 个交易日	合约价值的 10%
交割月份前 1 个月第 6 个交易日	合约价值的 15%
交割月份前 1 个月第 11 个交易日	合约价值的 20%
交割月份第 1 个交易日	合约价值的 30%

表 3-51　玉米合约持仓量变化时交易保证金收取标准

合约月份双边持仓总量 N（手）	交易保证金（元/手）
N≤60 万	合约价值的 5%
60 万 < N≤70 万	合约价值的 8%
70 万 < N≤80 万	合约价值的 9%
80 万 < N	合约价值的 10%

6. 风险控制

交易所实行价格涨跌停板制度。在一般情况下，玉米合约的涨跌停板幅度为上一交易日结算价的 4%，进入交割月份的涨跌停板幅度为上一交易日结算价的 6%。

当玉米合约在某一交易日（该交易日记为第 N 个交易日）出现涨跌停板单边无连续报价的情况，则在当日结算时，该期货合约的交易保证金按合约价值的 6% 收取（原交易保证金比例高于 6% 的，按原比例收取），第 N+1 个交易日玉米合约的涨跌停板幅度为 4%（原涨跌停板比例高于 4% 的，按原比例执行）。

若第 N+1 个交易日出现与第 N 个交易日同方向涨跌停板单边无连续报价的情况，则第 N+1 个交易日结算时起，该玉米合约交易保证金按合约价值的 7% 收取（原交易保证金比例高于 7% 的，按原比例收取）。第 N+2 个交易日该玉米合约涨跌停板幅度不变。

若第 N+2 个交易日出现与第 N+1 个交易日同方向涨跌停板单边无连续报价的情况，则在第 N+2 个交易日收市后，交易所将根据市场情况采取以下风险控制措施中的一种或多种：暂停交易，调整涨跌停板幅度，单边或双边、同比例或不同比例、部分会员或全部会员提高交易保证金,暂停部分会员或全部会员开新仓,限制出金,限期平仓,强行平仓,强制减仓或其他风险控制措施。

7. 国外主要玉米期货合约

全球现有10多家交易所在交易玉米期货,包括日本、巴西、阿根廷、法国、南非等国家,但市场规模参差不齐。美国CBOT的交易规模最大,年交易量全球第一,表3-52即为CBOT的玉米期货合约。

表3-52 CBOT的玉米期货合约

交易单位	5 000蒲式耳
交割等级	2号黄玉米,1号和3号升贴水为1-1/2美分/蒲式耳
最小价格变动单位	1/4美分/蒲式耳(12.5美元/张合约)
报价单位	(A+B/4)美分/蒲式耳(B=1,2,3,A为大于零的整数)
合约月份	3、5、7、9、12月
最后交易日	交割月15日的前1交易日
最后交割日	最后交易日后第2日
交易时间	公开喊价:周一至周五上午9:30-下午1:15; 电子交易:周日至周五下午8:30-早6:00(以上时间均是芝加哥当地时间)现货月合约在最后交易日交易到中午12:00
交易代码	公开喊价:C;电子交易 ZC
涨跌限制	前一交易日结算价±20美分/蒲式耳(1 000美元/张合约)

CBOT的玉米合约报价单位是美分/蒲式耳,1蒲式耳=35.24升,1蒲式耳玉米的标准重量为31.774千克。当我们想换算出以我们熟悉的美元/吨的单位计算出的玉米价格时,只要将CBOT玉米报价乘以0.314 7即可(1吨=31.47蒲式耳;1美元=100美分)。

8. 影响玉米价格的主要因素

影响玉米价格的主要因素有以下8个。

(1) 天气因素。

玉米作为农产品,无论现货价格还是期货价格都会受到天气因素的影响。播种和生长期间,天气情况的变化直接影响农作物的产量。理想的天气会使玉米丰产,导致供给增加,价格下跌;而不理想的天气会造成玉米减产,从而使供给减少,价格上涨。

从历年来的生产情况看,在国际玉米市场中,美国、中国、南美的产量占比重高达70%以上,出口量占90%以上。显然,这些国家的天气情况应该予以特别关注。其中,美国的天气变化情况更为重要,因为美国是全球最大的玉米生产国和出口国,其天气变化情况经常会成为玉米期货的炒作因素。另外,南美天气的变化也需要重点关注,因为南美国家和中美不处于同一纬度,两个地区玉米的种植与生长期不同,每年10月至次年3月是南美玉米的生产期。

(2) 玉米生产的季节性因素。

玉米生产的周期性使玉米生产具有很强的季节性特征。在我国,每年的10月正值玉米的收获季节,由于大量玉米集中上市,造成短期内玉米供给十分充裕;随着时间的推移和持续不断的消费,玉米库存量也将越来越少,而价格也往往随之变化,出现季节性特征。

(3) 其他农产品的价格对玉米价格的影响。

其他农产品的价格,如大豆、小麦等,对玉米的价格会产生重要的影响。在东北地区,玉米和大豆是典型的竞争作物,通常农户会比较玉米与大豆的种植效益,来权衡玉米和大豆的种植面积。一般地,种植玉米单产高但种植成本高,种植大豆单产低但成本低。我国玉米平均单产约365千克/亩,亩物资成本为150元;大豆平均单产约120千克/亩,亩物资成本为90元。简单估算,在正常情况下,大豆与玉米比价关系应约为3:1。因此,若大豆与玉米实际价格之比大于3:1,这说明种植大豆的收益高于玉米,农民则会减少玉米的种植而提高大豆的种植面积。

小麦和玉米都可以用作饲料的原料,在价格合适的时候小麦可以替代玉米,因而小麦的价格也将对玉米的价格产生影响。一般玉米和小麦两者之间的正常比价为1:1.1,当实际价格之比大于这个比例时,说明同样作为饲料的原料时,玉米的价格比小麦价格高。那么,饲料加工商将更多地选择小麦作为加工原料,玉米的需求减少,导致玉米的价格下跌。在华北黄淮地区普遍实行小麦与玉米轮作,因此,该地区小麦和玉米的比价关系对玉米的需求影响更为明显。

(4) 饲养业对玉米价格的影响。

玉米是"饲料之王",在玉米的用途中,饲料用就占了74%的比例。世界上所产玉米的65%~70%都用来做饲料,玉米籽粒,特别是黄粒玉米,是良好的饲料,可直接作为猪、牛、马、鸡、鹅等畜禽饲料,特别适用于肥猪、肉牛、奶牛、肉鸡。因此,玉米是畜牧业赖以发展的重要基础,畜牧业的发展对玉米的价格有重大影响。例如,1996年3月英国出现疯牛病,使得用肉骨粉做的饲料减少,而玉米作为植物饲料中的主打产品,其用量的增加也顺理成章,价格也自然水涨船高。又如,2001年3月,欧洲爆发口蹄疫,畜牧业遭受重创,作为饲料龙头产品玉米也受到了严重影响,价格大跌。

(5) 国家农业政策的影响。

世界各国为维持农业生产的稳定,防止农产品价格大幅波动,一般对农业都实行特殊的补给和扶持政策,而国家的农业政策往往会影响到农业结构调整、农民收入增加等,这些对农产品市场的影响一般说比较持久和深远。如2004年国家大力鼓励农民种粮,从而增加了国内玉米种植面积。另外,出于玉米深加工增值和环保等方面考虑,国家提出将大力发展玉米酒精(燃料乙醇),直接扩大了对玉米的需求。2005年,国家又实行积极的"三农"政策,逐步取消农业税,采取良种补贴等措施,对玉米市场也产生了很大的影响。

(6) 进出口政策的影响。

玉米进出口政策是调节国内玉米供求平衡的重要手段,也是影响国内玉米价格的因素之一。进口增多使国内总供给增加,扩大出口则会增加国内总需求。近年来的出口退税政策,在一定程度上鼓励和支持了玉米出口;玉米进口关税配额管理以及农产品转基因政策的全面实施,在一定程度上使玉米的进口数量趋于合理,保护了国内玉米种植者利益,影响了国内玉米供求平衡关系,进而影响了玉米价格走势。

(7) 食品政策的影响。

近年来,禽流感、疯牛病和口蹄疫的相继暴发以及出于对转基因食品是否安全的考虑,中国实施了一系列新的食品政策,如对市场上的转基因食品全面实行标签公示制度,让广大消费者有知情权和选择权;对来自疫区国家或地区的食品实行严禁进入制度等。这些新政策的相继出台,也对国内玉米消费市场产生直接的影响。

(8) 国际玉米期货市场价格的影响。

随着国际市场一体化进程的发展,世界上主要玉米期货市场价格的相互影响也在日益增强。我国是国际上主要的玉米生产和进出口国之一,每年玉米进出口数量在全球玉米贸易中所占比重不断增加。我国玉米市场对外对内开放后,其价格与国际市场价格的联系也越来越紧密,尽管因为关税、运输成本等原因的存在使得国内外价格仍旧存在一定差异,但其价格变化在大的趋势上具有一定的趋同性。国际市场玉米价格的大起大落也会引起国内市场价格的波动。

3.3.8 豆油期货品种的交易

1. 大连商品交易所豆油期货合约

豆油分为原油和成品油,大连商品交易所豆油期货合约标的物是大豆原油(见表3-53)。最早挂牌交易日为2006年1月9日。

表3-53 大连商品交易所豆油期货合约

交易品种	大豆原油
交易单位	10 吨/手
报价单位	元(人民币)/吨
最小变动价位	2 元/吨
涨跌停板幅度	上一交易日结算价的4%
合约月份	1、3、5、7、8、9、11、12月
交易时间	每周一至周五上午9:00-11:30 下午13:30-15:00
最后交易日	合约月份第10个交易日
最后交割日	最后交易日后第3个交易日
交割等级	大连商品交易所豆油交割质量标准
交割地点	大连商品交易所指定交割仓库
最低交易保证金	合约价值的5%
交易手续费	不超过6元/手
交割方式	实物交割
交易代码	Y
上市交易所	大连商品交易所

2. 交易标的物及质量

大连商品交易所豆油期货合约中所规定的大豆原油是指以大豆为原料加工的不能供人类直接食用的大豆油,产地不限。其具体要求见表3-54。

表3-54　大连商品交易所大豆原油质量等级指标

项目	质量指标
气味、滋味	具有大豆原油固有的气味、滋味,无异味
水分及挥发物(%)	≤0.20
不溶性杂质(%)	≤0.20
酸值(mgKOH/g)	≤3.0
过氧化值(mmol/kg)	≤7.5
溶剂残留量(mg/kg)	≤100
含磷量(mg/kg)	≤200

3. 豆油期货交割费用

(1) 豆油交割手续费为1元/吨。
(2) 豆油仓储及损耗费(包括储存费、保管损耗)收取标准为0.9元/吨·天。
(3) 豆油的检验费用为3元/吨。
(4) 豆油的入出库费用:为了适应现货市场发展的需要,适应交割仓库多样性的特点,大连商品交易所对入出库和杂项作业收费实行市场化管理。在规则中只写明各项费用的制定原则、公布时间和执行方法,具体费用标准则由交易所核定后另行公布。

4. 限仓制度

交易所实行限仓制度。限仓是指交易所规定会员或客户可以持有的,按单边计算的某一合约投机头寸的最大数额。

当豆油一般月份合约单边持仓大于10万手时,经纪会员该合约持仓限额不得大于单边持仓的20%,非经纪会员该合约持仓限额不得大于单边持仓的10%,客户该合约持仓限额不得大于单边持仓的5%。

当豆油一般月份合约单边持仓小于等于10万手时,经纪会员该合约持仓限额为20 000手,非经纪会员该合约持仓限额为10 000手,客户该合约持仓限额为5 000手。豆油合约进入交割月份前1个月和进入交割月期间,其持仓限额见表3-55。要注意的是,套期保值头寸实行审批制,其持仓不受限制。

表3-55　豆油合约持仓限额

交易时间段	经纪会员	非经纪会员	客户
交割月前1个月第1个交易日起	8 000	4 000	2 000
交割月前1个月第10个交易日起	4 000	2 000	1 000
交割月份	2 000	1 000	500

5. 保证金制度

豆油期货合约的最低交易保证金为合约价值的5%。交易所保证金实行分级管理,随着期货合约交割期的临近和持仓量的增加,交易所将逐步提高交易保证金。当豆油合约出现连续涨(跌)停板时,交易所将适当提高交易保证金。

(1)豆油合约临近交割期时交易保证金收取标准见表3-56。

表3-56　豆油合约临近交割期时交易保证金收取标准

交易时间段	交易保证金(元/手)
交割月份前1个月第1个交易日	合约价值的10%
交割月份前1个月第6个交易日	合约价值的15%
交割月份前1个月第11个交易日	合约价值的20%
交割月份前1个月第16个交易日	合约价值的25%
交割月份第1个交易日	合约价值的30%

(2)豆油合约持仓量变化时交易保证金收取标准见表3-57。

表3-57　豆油合约持仓量变化时交易保证金收取标准

合约月份双边持仓总量N(手)	交易保证金(元/手)
N≤40万	合约价值的5%
40万<N≤50万	合约价值的8%
50万<N≤60万	合约价值的9%
60万<N	合约价值的10%

(3)当豆油合约在某一交易日(该交易日记为第N个交易日)出现涨跌停板单边无连续报价的情况,那么,在当日结算时,该期货合约的交易保证金按合约价值的6%收取(原交易保证金比例高于6%的,按原比例收取)。若第N+1个交易日出现与第N个交易日同方向涨跌停板单边无连续报价的情况,则第N+1个交易日结算时起,该豆油合约交易保证金按合约价值的7%收取(原交易保证金比例高于7%的,按原比例收取)。若某期货合约在某交易日未出现与上一交易日同方向涨跌停板单边无连续报价的情况,则该交易日结算时交易保证金恢复到正常水平。

6. 涨跌停板制度

交易所实行价格涨跌停板制度,由交易所制定各期货合约的每日最大价格波动幅度。交易所可以根据市场情况调整各合约涨跌停板幅度。

豆油合约交割月份以前的月份涨跌停板幅度为上一交易日结算价的4%,交割月份的涨跌停板幅度为上一交易日结算价的6%。

新上市合约的涨跌停板幅度为一般月份涨跌停板幅度的2倍,如合约有成交,则于下一交易日恢复到一般月份的涨跌停板幅度;如合约无成交,则下一交易日继续执行前一交易日涨跌停板幅度。

当某合约第 N+2 个交易日出现与第 N+1 个交易日同方向涨跌停板单边无连续报价的情况,则在第 N+2 个交易日收市后,交易所将根据市场情况采取以下风险控制措施中的一种或多种:暂停交易,调整涨跌停板幅度,单边或双边、同比例或不同比例、部分会员或全部会员提高交易保证金,暂停部分会员或全部会员开新仓,限制出金,限期平仓,强行平仓,强制减仓或其他风险控制措施。

7. CBOT 豆油期货合约

在美国,豆油的运输和储存都是用油罐进行装运的,一个油罐的容积是 60 000 磅。为了体现这一流通特点,方便交割,CBOT 把每张豆油合约设计为 60 000 磅,其他具体内容见表 3-58。

表 3-58　CBOT 豆油期货合约

交易品种	豆油
交易规格	60 000 磅
交割等级	符合交易所规定的等级和标准
最小变动单位	1/100 美分/磅(6 美元/张合约)
报价单位	美分/磅
合约交割月份	10、12、1、3、5、7、8、9 月
最后交易日	交割月份第 15 个自然日前 1 个交易日
最后交割日	交割月份的最后交易日
交易时间	公开喊价:星期一至星期五　芝加哥时间上午 9:30-下午 1:15 电子交易:星期日至星期五　芝加哥时间下午 8:30-上午 6:00 到期合约交易到最后交易日中午
交易代码	公开喊价:BO;电子交易:ZL
涨跌停板幅度	2 美分/磅(1 200 美元/张合约)(交割月之前 2 个交易日起无限制)

8. 影响豆油价格的主要因素

影响豆油价格的主要因素有以下 4 个。

(1) 豆油的供应。

① 大豆供应量。豆油作为大豆加工的下游产品,大豆供应量的多少直接决定着豆油的供应量。在正常的情况下,大豆供应量的增加必然导致豆油供应量的增加。大豆的来源主要有两大部分,一部分是国产大豆,另一部分是进口大豆。

我国的东北及黄淮地区是大豆的主产区,收获季节一般在每年 9—10 月份,收获后的几个月是大豆供应的集中期。近年来我国大豆产量维持在 1 600 万吨左右,其中有接近半数的大豆用于压榨。

我国是目前世界上最大的大豆进口国,近年来我国每年从美国、巴西和阿根廷进口的大豆都超过 2 000 万吨。

② 豆油产量。豆油当期产量是一个变量,它受制于大豆供应量、大豆压榨收益、生产成

本等因素。一般来讲,在其他因素不变的情况下,豆油的产量与价格之间存在明显的反向关系,豆油产量增加,价格相对较低;豆油产量减少,价格相对较高。

③ 豆油进出口量。随着中国经济的快速发展,人们生活水平的不断提高,豆油的消费量逐年增加,其进口数量也逐年抬高,豆油进口量的变化对国内豆油价格的影响力在不断增强。2006年以后,随着进口豆油配额的取消,国内外豆油市场将融为一体。这样,豆油进口数量的多少对国内豆油价格的影响将进一步增强。

④ 豆油库存。豆油库存是构成供给量的重要部分,库存量的多少体现着供应量的紧张程度。在多数情况下,库存短缺则价格上涨,库存充裕则价格下降。由于豆油具有不易长期保存的特点,一旦豆油库存增加,豆油价格往往会走低。

(2) 豆油的消费。

① 国内需求状况。我国是一个豆油消费大国。近年来,国内豆油消费高速增长,保持了12%以上的年增长速度。

② 餐饮行业景气状况。目前,我国植物油生产和消费位居全球前列。近年来,随着城镇居民生活水平的提高,在外就餐的人数不断增加,餐饮行业的景气状况对豆油需求的影响非常明显。

(3) 相关商品、替代商品的价格。

① 大豆价格。大豆价格的高低直接影响豆油的生产成本。近年来,我国许多大型压榨企业选择进口大豆作为加工原料,使得进口大豆的压榨数量远远超过国产大豆的压榨数量。因此,豆油价格越来越多地受到进口大豆价格的影响。

大豆压榨效益是决定豆油供应量的重要因素之一。如果大豆加工厂的压榨效益一直低迷,那么,一些厂家将会停产,从而减少豆油的市场供应量。

② 豆油与豆粕的比价关系。豆油是大豆的下游产品,每吨大豆可以压榨出大约0.18吨的豆油和0.8吨的豆粕。豆油与豆粕的价格存在着密切的联系。根据多年的经验,多数情况下豆粕价格高涨的时候,豆油价格会出现下跌;豆粕出现滞销的时候,大豆加工厂会降低开工率,豆油产量就会减少。

③ 豆油替代品的价格。豆油价格除了与大豆和豆粕价格具有高度相关性之外,菜籽油、棕榈油、花生油、棉籽油等豆油替代品对豆油价格也有一定的影响,如果豆油价格过高,精炼油厂或者用油企业往往会使用其他植物油替代,从而导致豆油需求量降低,促使豆油价格回落。

(4) 农业、贸易和食品政策。

① 农业政策。国家的农业政策往往会影响到农民对种植品种的选择。如近年来国家通过调整相关产业政策引导农民增加大豆播种面积,从而直接增加了国产大豆产量。2004年5月1日以后,我国实行了新的植物油标准,提高了对植物油的产品质量和卫生安全要求,新增了过氧化值和溶剂残留指标检验。这些政策对豆油价格都构成了一定的影响。

② 进出口贸易政策。从历年的情况看,国家进出口贸易政策的改变对于我国豆油进出口总量有着较大的影响。例如,1994年国家税务总局对进口豆油关税税率进行调整,关税税率从20%调减至13%,同时花生油、棕榈油等其他植物油的关税税率也出现不同程度下

调,导致了豆油等植物油进口量大增,豆油的供应量快速增加。

③ 食品政策。近几年,随着禽流感、疯牛病及口蹄疫的相继发生以及考虑到转基因食品对人体健康的影响,越来越多的国家实施了新的食品政策。这些新的食品政策通过对食品、餐饮行业的影响进而影响了豆油的消费需求。

3.3.9 小麦期货品种的交易

1. 郑州商品交易所小麦期货合约

郑州商品交易所推出普通小麦期货交易以来,小麦期货价格与现货价格走势具有高度相关性,交易比较活跃。2003年3月28日,郑州商品交易所又推出优质强筋小麦(简称强麦)期货交易。因此,目前我国小麦期货合约包括硬冬白小麦期货合约和优质强筋小麦期货合约(见表3-59)。

表3-59 郑州商品交易所小麦期货合约

交易品种	小麦	优质强筋小麦
交易最小变动价位代码	WT	WS
交易单位	10吨/手	同左
报价单位	元/吨	同左
交割月份	1、3、5、7、9、11月	同左
最小变动价位	1元/吨	同左
每日价格最大波动限制	不超过上一交易日结算价±3%	同左
最后交易日	合约交割月份的倒数第7个交易日	同左
交易时间	每周一至周五上午9:00-11:30 下午1:30-3:00	同左
交易手续费	2元/手(含风险准备金)	同左
交易保证金	合约价值的5%	同左
交割日期	合约交割月份的第1交易日至最后交易日	同左
交割品级	质量符合:GB1351-1999 标准品:二等硬冬白小麦 替代品:一等硬冬白小麦,升水30/吨; 三等硬冬白小麦,贴水50元/吨	标准交割品:符合郑州商品交易所优质强筋小麦标准(Q/ZSJ001-2003)二等优质强筋小麦。替代品:一等优质强筋小麦,升水60元/吨
交割地点	交易所指定交割仓库	同左
交割方式	实物交割	同左

2. 交易标的物方面的规定

对于普通小麦期货交割商品,有以下规定:第一,标准品是符合GB 1351-1999的二等硬冬白小麦。若交割品是符合GB 1351-1999的一等硬冬白小麦升水30元/吨;符合GB

1351-1999 的三等硬冬白小麦贴水 50 元/吨。第二,同等级硬冬白小麦的不完善粒大于 6.0% 小于 10.0%(其中,生芽粒小于等于 2.0%)贴水 30 元/吨。

对于优质强筋小麦期货交割商品,有以下规定:第一,标准品为符合郑州商品交易所优质强筋小麦期货交易标准(Q/ZSJ001-2003)的二等优质强筋小麦。若交割品为符合郑州商品交易所优质强筋小麦期货交易标准的一等优质强筋小麦升水 60 元/吨。第二,同等级优质强筋小麦的不完善粒大于 6.0% 小于 10.0%(其中,霉变粒小于等于 2.0%)贴水 10 元/吨。当每年(N 年)7 月合约结束后,上上年(N－2 年)生产的普通小麦、优质强筋小麦仓单将全部注销,不能参与交割。

另外,商品包装方面的规定如下:普通小麦、优质强筋小麦包装应采用长 107±2(cm)、宽 74±2(cm)、不破、不漏、不污染、无缝补、重量不超过 1.0 千克的 1 号、2 号麻袋。包装物随标准仓单一并结算。麻袋的卫生要求为无毒害物质污染,无油污,无霉变,无严重的煤炭、石灰、铁锈、泥土、水渍等污染。包装采用机器缝口或手工缝口均可。普通小麦、优质强筋小麦手工缝口为 24 针死扣缝包,机器缝口必须达到两头锁紧双趟标准。普通小麦、优质强筋小麦每包应净重 90 千克,麻袋以 1.0 千克/条计。

不同的交割仓库因为离产区的距离远近不同,将在交割时实行不同的升贴水,而优质小麦各交割仓库的升贴水均为零。投资者可以查看郑州商品交易所公布的交割仓库表获知详细升贴水额。

3. 交割仓库的收费标准

进行实物交割的小麦要先进入交割仓库,换取标准仓单,用仓单进行流转。而交易所的交割仓库对于入库的小麦要收取一定的费用,具体规定如表 3-60 所示。

表 3-60 小麦交割费用收取办法

	入库费用(元/吨)	出库费用(元/吨)	交割手续费(元/吨)	仓租费(元/吨·天)	检验费(元/吨)		包装物
					硬白	强筋	
汽车运输	6	5	1	0.3	1	正常:600 元/垛(每垛≤300 吨);加急:每垛加收 300 元	14
火车运输	19	18					
罩棚站台	8	8					

4. 限仓制度

限仓是指交易所规定会员或投资者可以持有的、按单边计算的小麦合约投机持仓的最大数量。郑州商品交易所对上述两个合约持仓限额的规定见表 3-61、表 3-62。

表 3-61 硬冬白小麦期货合约持仓限额 单位:手

项目	一般月份		交割月前一个月			交割月
	单边持仓 15 万手以上	单边持仓 15 万手以下	上旬	中旬	下旬	
经纪会员	≤15%	24 000	16 000	8 000	4 000	3 000
非经纪会员	≤10%	16 000	6 000	3 000	1 500	1 000
投资者	≤5%	8 000	3 000	1 500	900	500

表 3-62 优质强筋小麦期货合约持仓限额 单位:手

项目	一般月份		交割月前一个月			交割月
	单边持仓 15 万手以上	单边持仓 15 万手以下	上旬	中旬	下旬	
经纪会员	≤15%	24 000	16 000	8 000	4 000	3 000
非经纪会员	≤10%	16 000	4 000	2 000	1 000	1 000
投资者	≤5%	8 000	2 000	1 000	600	300

5. 保证金的变动

小麦期货合约的保证金比例为合约价值的 5%。交易保证金实行分级管理,随着期货合约交割期的临近和持仓量的增加,交易所将逐步提高交易保证金。硬质小麦合约和优质强筋小麦合约保证金收取的具体规定见表 3-63。

表 3-63 小麦期货合约保证金收取办法

一般月份硬质小麦合约交易保证金比例				
双边持仓量 N(万手)	N≤40	40<N≤50	50<N≤60	N>60
硬质小麦交易保证金比例	5%	7%	10%	15%
一般月份优质强筋小麦合约交易保证金比例				
双边持仓量 N(万手)	N≤30	30<N≤40	40<N≤50	N>50
优质强筋小麦交易保证金比例	5%	7%	10%	15%
品种	交割前一个月交易保证金比例			交割月交易保证金比例(%)
	上旬	中旬	下旬	
硬质小麦	10%	20%	25%	5%
优质强筋小麦	10%	20%	25%	5%

6. 风险控制

在正常情况下,小麦期货的每日最大涨跌幅为 3%。但当某一小麦期货合约达到涨跌停板时,下一交易日的停板幅度将有所变动,同时,当日结算时合约保证金也要相应提高。具体规定如下:小麦期货出现单边市时,当日结算时该期货合约交易保证金比例提高 50%。第二个交易日的价幅在原价幅基础上自动扩大 50%(只向停板方向扩大)。若第二个交易日出现同方向单边市,则当日结算时和下一交易日维持提高后保证金不变,下一交易日价幅维持提高后的价幅。若第三个交易日未出现同方向单边市,则第四个交易日执行合约规定价幅和保证金比例。

若连续三个交易日出现同方向单边市,交易所可以对部分或全部会员暂停出金,可以休市一天,并且根据市场情况选择实施强制减仓、提高交易保证金、暂停部分会员或全部会员开新仓等措施。

7. 国际小麦期货市场概况

小麦期货属农产品期货,是国际期货市场上最早开发出来的期货品种。目前国际上小麦期货交易分布在北美、欧洲、澳洲及亚洲,其中影响较大的是美国的芝加哥期货交易所(CBOT)、明尼阿波利斯谷物交易所(MGE)和堪萨斯期货交易所(KCBT)。

芝加哥期货交易所合约标的物交割等级:2号软红冬麦、2号硬红冬麦、2号褐色北部春麦以及等值的2号北部春麦。替代品的差价由交易所制定。CBOT软红冬麦和硬红冬麦交割品湿面筋绝大部分达不到郑州商品交易所强筋小麦标准,替代品可以达到。明尼阿波利斯谷物交易所(MGE)合约标的物交割等级:2号或以上北部春麦,蛋白质含量为13.5%或以上。13%蛋白质含量可以按贴水进行交割。MGE交割品可以达到郑州商品交易所强筋小麦标准。堪萨斯期货交易所(KCBT)合约标的物交割等级:2号硬红冬麦。如交割等级为2号,按合约价执行;如为1号,则升水1.5美分/蒲式耳;如为3号,则贴水3美分/蒲式耳。KCBT硬红冬麦湿面筋绝大部分达不到30%,不符合郑州商品交易所强筋小麦标准。美国三家交易所的期货价格走势比较一致,投资者可以参考MGE期货价格,也可以参考CBOT期货价格。

8. CBOT小麦期货合约

现行的CBOT小麦期货合约是1877年1月2日推出的,已经交易了120多年。具体内容见表3-64。

表3-64 CBOT小麦期货合约

交易单位	5 000蒲式耳(136.077 7吨)
最小变动价位	每蒲式耳1/4美分,每张合约12.50美元
每日价格最大波动限制	每蒲式耳不高于或低于上一交易日结算价各20美分,现货月无限制
合约月份	7、9、12、3、5月
交易时间	上午9:30-下午1:15
最后交易日	交割月倒数第7个交易日
最后交割日	交割月最后一个交易日

9. 影响小麦价格的主要因素

影响小麦价格的主要因素有以下8个。

(1)全球供应状况。

对单个国家而言,小麦的供给主要由三部分组成:前期库存量、当期生产量和进口量。前期库存量的多少体现着供应量的紧张程度,库存低于正常水平意味着供应比较紧张;反之,则供应比较宽松。当期生产量是一个变量,它受播种面积、气候和作物生产条件、生产成本以及政府的农业政策等因素影响。而影响进口量的因素则有:国内外政治经济形势、国家宏观政策、进口政策、价格水平等。

然而对全球而言,起决定因素的是前期库存量和当期生产量。各国的产量有大有小,产量不足的国家可以通过进口来调整,产量过剩的国家可以通过出口来调整。但如果全球供应量普遍减少,造成供不应求的局面,必将造成全球小麦价格上涨;反之,则很可能造成价格下跌局面。正因为如此,交易者才会非常关注全球小麦期初库存量大小及当期生产量的情况。有关的数据在美国农业部的网站上可以随时查阅。

(2) 气候与灾害的影响。

天气对农产品价格的影响非常大,投资者除了关注有关的供需报告外,最热衷的莫过于天气因素了。小麦播种面积和播种生长期的天气直接决定小麦的产量,常常成为期货价格炒作的重要题材。小麦自出苗至成熟,需100-250天,会遭受多种自然灾害的侵害。如苗期的盐碱害、冻害和渍害,起身拔节期的晚霜危害,抽穗及籽粒灌浆期倒伏及干热风的危害,以及病虫害等。这些灾害影响了小麦正常的生长发育,导致小麦减产,甚至颗粒无收。

(3) 生产成本与比价效应。

小麦种植成本的高低及与其他农作物的效益比将影响种植者的积极性。如果成本高涨,或与其他经济作物相比效益太低,种植者就会减少小麦的种植面积,造成供应量减少的局面。

比如,农业部在1999年所做过的一个抽样调查表明,1998年全国每公顷小麦平均产值为5 240.85元,比1990年增长了1.2倍,净产值由1 207.8元上升到2 340元,仅增长了93.7%。小麦每百元产值实现的净产值由51元下降到43元,下降了15.7%,减去税收后每公顷纯收入由"八五"时期的979.05元下降为123.75元,成本纯收益率由"八五"时期的41.2%下降为-2.41%,每个劳动日获得的税后纯收入由1990年的2.51元下降为-0.64元。我国小麦产量之所以自1997年之后大滑坡,其根本原因就是因为农民种植小麦不挣钱。

由于小麦是人类食物的主粮,为了防止种植者减少种植面积,各国政府都会采取一定的扶助政策。有的直接采取补助方式,也有的采用间接的优惠政策。这些政策的力度及变化会起到很大的调节作用。我国从2004年起,国家大规模减免农业税,并实施良种补贴、农机补贴、抑制农资价格过快上涨等政策,其目的就是促进农民增收,促进粮食增产。也正是在这一年,我国首次扭转了小麦产量继续下滑的势头。

(4) 小麦的需求情况。

对单个国家而言,小麦的需求主要由三部分组成:国内消费量、出口量及期末结存量。国内消费量并不是一个固定不变的常数,它受多种因素的影响。主要有:消费者购买力的变化、人口增长及结构的变化、政府收入与就业政策等。出口量方面,在产量一定的情况下,出口量的增加会减少国内市场的供应;反之,出口减少会增加国内供应量。期末结存量是反映价格变化趋势的最重要数据,如果期末存货增加,则表示当期供应量大于需求量,价格可能会下跌;反之,则上升。当然,从全球看,更为重要的是全球当期消费量与期末结存量。

影响需求的另一个重要因素是小麦替代品的数量及价格。小麦的主要用途为食用和饲料。其他粮食品种如稻米、玉米、大豆等与小麦在一定程度上具有替代关系。这些替代品的价格如果有较大的变化,也会影响小麦的供求数量,从而影响小麦的价格。比如,小麦价格远高于玉米,会导致饲料用小麦数量减少。

(5) 季节性因素。

作为集中上市供应的粮食品种,小麦价格也具有季节性波动的特点。一般来讲,小麦价格的季节性低点出现在7月,而每年的2、3、11、12月份价格较高。

(6) 国家小麦储备量的影响。

储备粮是构成总供应量的重要部分,储备粮的吸收和抛售对我国小麦现货价格影响非常大,大量抛售时一般会引起价格下跌,购进时一般会引起价格上涨。我国小麦库存比较庞大,最高时达到1亿多吨。近几年由于小麦连续减产,生产与消费出现缺口,库存量消耗比较大,有较大幅度的下降。

(7) 政府的政策。

政府政策的影响是全方位的。第一,对农民的保护政策力度直接影响农民的小麦种植愿望;第二,在收购时,政府的收购政策也会产生影响;第三,国家通过储备量的调节也会影响市场的供求关系;第四,在进出口政策方面,对于平衡国内市场也会发挥一定的影响力;第五,国家的运输政策、能源政策等也会对市场价格有所影响。

(8) 国际市场行情。

各国小麦价格都会受世界小麦总体供求和库存的影响,我国也不例外。1997年以前,我国作为国际市场上有影响力的小麦进口国,大部分进口来自美国。受我国小麦进口量的影响,中美小麦价格联动性较强。近几年,由于我国小麦进出口量较少,国内小麦市场价格与国际市场价格的关联性有所降低。但是,作为世界最大的小麦生产、库存和消费大国,中国小麦价格对世界小麦价格还是存在着间接的影响。从历史上看,中国小麦产需缺口最大、价格最高的时候,也是世界小麦价格最高的时候;中国小麦供大于求的时候,也是世界小麦价格最低的时候。

3.3.10 棉花期货品种的交易

1. 郑州商品交易所的棉花期货合约

2004年6月1日,郑州商品交易所开始交易1号棉花期货合约(见表3-65)。

表3-65 1号棉花期货合约

交易单位	5吨/手(公定重量)
报价单位	元(人民币)/吨
最小变动价格	5元/吨
每日价格最大波动限制	不超过上一交易日结算价±4%
合约交割月份	1、3、4、5、6、7、8、9、10、11、12月
交易时间	星期一至星期五 上午:9:00-11:30 下午:1:30-3:00(法定节假日除外)
最后交易日	合约交割月份的第10个交易日

续表

交割日	合约交割月份的第 12 个交易日
交割品级	基准交割品:328B 级国产锯齿细绒白棉(符合 GB1103-1999)替代品及其升贴水,详见交易所交割细则
交割地点	交易所指定的棉花交割仓库
最低交易保证金	合约价值的 7%
交易手续费	8 元/手(含风险准备金)
交割方式	实物交割
交易代码	CF

2. 交易标的物方面的规定

对于交割商品的升贴水有以下规定(见表 3-66):符合 GB1103-1999 规定的国产锯齿细绒白棉 1 级升水 450 元/吨,2 级升水 300 元/吨,4 级贴水 600 元/吨,5 级及以下国产锯齿细绒白棉不允许交割。长度 28 毫米以上(含 28 毫米)的国产锯齿细绒白棉可以替代交割,同品级 30 毫米及以上长度升水 100 元/吨, 28 毫米以下国产锯齿细绒白棉不允许交割。同等级棉花的马克隆值为 A 级和 B 级的国产锯齿细绒白棉替代交割时不升贴水,马克隆值为 C 级的国产锯齿细绒白棉不允许交割。

对交割商品有效期的规定如下:N 年产锯齿细绒白棉从 N+1 年 8 月合约起每月增加贴水 100 元/吨,交割时随货款一并结算。另外,不同的交割仓库因为离产区的距离远近不同,将在交割时实行不同的升贴水,而棉花各交割仓库的升贴水均为零。

表 3-66 棉花交割升贴水规定

项目		升贴水(元/吨)
		1 号棉
等级	1	450
	2	300
	3	0
	4	-600
长度(毫米)	28-29	0
	30 及以上	100
马克隆值	A/B	0
年度贴水		N 年产的锯齿细绒白棉从 N+1 年 8 月合约起每月增加贴水 100 元/吨
仓单升水		1 号棉花合约的标准仓单用于 2 号棉花合约代替交割时,同等级升水 600 元/吨

3. 交割仓库的收费标准

进行实物交割的棉花要先进入交割仓库,换取标准仓单,用仓单进行流转。而交易所的交割仓库对于入库的棉花要收取一定的费用,具体规定如表3-67所示。

表3-67 交割仓库收费标准

项目			费用
交割手续费			4元/吨
出入库费用	入库	火车运输	小包28元/吨;大包38元/吨
		汽车运输	15元/吨
	出库	火车运输	小包30元/吨;大包40元/吨
		汽车运输	15元/吨
配合公检费			25元/吨
仓储费(含保险费)		内地仓库	0.60元/吨·天
		新疆仓库	0.50元/吨·天

4. 限仓制度

一般月份,棉花期货合约分别按经纪会员、非经纪会员和投资者实行限仓,其限仓比例为:当单边持仓在8万手以上时,分别为占市场单边持仓不超过15%、10%及5%;当单边持仓在8万手以下时,分别为不超过12 000手、8 000手及4 000手。进入交割月前一个月份,限仓数量见图3-4。

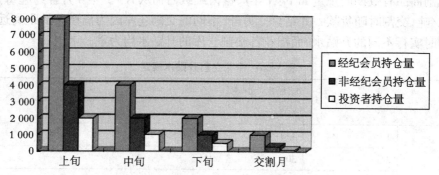

图3-4 棉花期货合约持仓限制具体规定

5. 保证金的变动

一般月份棉花期货合约按持仓量的不同采取不同的交易保证金比例。与持仓总量有关的规定见表3-68。

表3-68 与持仓总量有关交易保证金比例

双边持仓量N(万手)	N≤16	16<N≤20	20<N≤30	N>30
交易保证金比例	7%	9%	12%	18%

交割月前一个月份,经纪会员、非经纪会员、投资者的持仓(包括套期保值和套利持仓)分别达到最近交割月市场单边持仓15%、10%、5%的,则在正常保证金比例上提高5个百

分点。

凡未能按时缴纳交易保证金者,交易所有权对其持有的该交割月份合约强行平仓,直至保证金可以维持现有持仓水平。

6. 风险控制

当市场风险较大时,郑州商品交易所按规定提高棉花期货合约交易保证金。第一,当某合约某一交易日出现涨跌停板(单边市)时,则当日结算时该期货合约交易保证金比例提高50%。第二个交易日的价幅在原价幅基础上自动扩大50%(只向停板方向扩大)。若第二个交易日再出现同方向单边市,则当日结算时和下一交易日维持提高后的保证金比例不变,下一交易日价幅维持提高后的价幅。第二,当某月份合约按结算价计算的价格变化,连续四个交易日累计达到合约规定涨(跌)幅的3倍、连续5个交易日累计达到合约规定涨(跌)幅的3.5倍,交易所有权根据市场情况对部分或全部会员的单边或双边、同比例或不同比例提高交易保证金。提高交易保证金的幅度不高于合约规定交易保证金的3倍。第三,当某品种某月份合约市场风险明显增大时,交易所可以根据市场情况对部分或全部会员、投资者的单边或双边、同比例或不同比例提高交易保证金。

7. 国际棉花期货市场概况

1870年,纽约棉花交易所诞生,并于当年推出棉花期货交易。在此后的130多年中,全球有15个商品交易所开展过棉花期货交易,比较著名的有:埃及亚历山大棉花交易所、美国新奥尔良交易所、英国利物浦棉花交易所、德国不莱梅交易所等。日本、印度、巴基斯坦、法国、巴西、中国香港地区等地的交易所也曾先后开展过棉花期货交易。除纽约棉花交易所(现已更名为纽约期货交易所,NYBOT)至今仍在进行棉花期货交易外,其他14个交易所的棉花期货交易均已停止。

随着棉花期货市场的不断发展,尤其是20世纪六七十年代以后,纽约棉花交易所的期货价格越来越受到重视,其规避风险、发现价格的功能已充分发挥出来,纽约棉花交易所的棉花期货价格在贸易界和管理界越来越具有影响力。1998年,纽约棉花交易所和咖啡、糖、可可交易所合并成立纽约期货交易所(NYBOT)。近几年来,纽约期货交易所的棉花期货价格与现货价格呈现很高的正相关性,它已成为棉花行业参与市场交易、各产棉国政府政策制定时不可缺少的参考依据。美国政府依据纽约期货交易所的棉花期货价格对农民进行补贴;墨西哥政府为保护棉农利益,由农业部出面在纽约期货交易所对全国棉花进行套期保值操作;英国的棉花企业、澳大利亚的植棉农场主也都在纽约期货交易所从事棉花的套期保值交易。

8. 纽约期货交易所棉花期货合约

纽约期货交易所棉花期货合约的具体内容见表3-69。

表3-69 NYBOT棉花期货合约

交易单位	净重50 000磅,约合100包(约合22吨)
交易时间	上午10:30-下午2:40
报价单位	美分/磅

续表

合约月份	当前月份及接下来的 23 个月份,交易活跃月份:3、5、7、10 和 12 月
交易代码	CT
最小变动价位	价格 <95 美分/磅时:(1/100) 美分/磅(1 个点) 价格≥95 美分/磅时:(5/100) 美分/磅(5 个点) 每点折合 5 美元/手
最后交易日	交割月最后交易日倒数第 17 个交易日
第一通知日	交割月前一月的倒数第 5 个交易日
每日价格波动限制	不高于或低于上一交易日结算价 3 美分/磅; 如果有合约结算价格等于或高于 110 美分/磅,所有合约的价幅限制改为 4 美分/磅; 如果价格低于 110 美分/磅,仍执行 3 美分/磅的价格限制; 第一通知日后及交割月没有价幅限制
持仓限制	交割月份:300 张合约 其他月份:2 500 张合约 所有月份持仓总和:3 500 张合约
交割等级	质量:次中级(白色皮棉中有 7 个等级,次中级代码为 41,符号为 SLM) 长度:1-2/32 英寸(代码为 34)
交割地点	得克萨斯州(TX):加尔威斯顿、休斯敦 路易斯安那州(LA):新奥尔良港 田纳西州(TN):孟菲斯 南卡罗莱纳州(SC):格林威尔

9. 影响棉花价格的主要因素

影响棉花价格的主要因素有以下 13 个。

(1) 全球供应情况。

对国内而言,棉花的供给由三部分组成:前期库存量、当期生产量和进口量。前期库存量的多少体现着供应量的紧张程度,库存低于正常水平意味着供应比较紧张;反之,则供应比较宽松。当期生产量是一个变量,它受播种面积、气候和作物生产条件、生产成本以及政府的农业政策等因素影响。而影响进口量的因素则有:国内外政治经济形势、国家宏观政策、进口政策、价格水平等。

然而,对全球而言,起决定因素的是前期库存量和当期生产量。各国的产量有大有小,产量不足的国家可以通过进口来调整,产量过剩的国家可以通过出口来调整。但如果全球供应量普遍减少,造成供不应求的局面,必将造成棉花价格全球性上涨;反之,则很可能造成价格下跌局面。正因为如此,交易者才会非常关注全球棉花期初库存量大小及当期生产量的情况。有关的数据在美国农业部的网站上可以随时查阅。

(2) 气候与灾害。

棉花从播种到收获约半年左右时间,一般需经过播种期、苗期、蕾期、花铃期和吐絮期。吐絮期是指开始吐絮到收花结束的一段较长的时间。一般在 8 月下旬、9 月初开始吐絮。在开始吐絮时,伏桃正在逐渐成熟,秋桃正在形成、长大,棉株的营养生长已衰退,生殖生长逐渐缓慢,根系吸收能力日渐下降,这时需要有充足的日照、较高的温度和较低的湿度,以加速碳水化合物的转化,促进脂肪和纤维素的形成,并加速铃壳干燥,有利于棉铃开裂、吐絮。10月中下旬的初霜对棉花产量也有影响,按照历史记录,大概霜期每提前和退后一天会影响产量一个百分点。显然,8、9、10三个月份的天气情况,对棉花而言是至关重要的,因为它决定了棉花产量和质量。

除了生长期的气象条件外,还有许多因素如大风、沙尘和冻害、病虫害等也会影响棉花的产量和质量。

(3) 生产成本与比价效应。

种植成本的高低及与其他农作物的效益比将影响种植者的积极性。如果成本高涨,或与其他经济作物相比效益太低,种植者就会减少种植面积,造成供应量减少的局面;反之,如果比价效益明显,种植者就会扩大种植面积。

比如,2003年9月棉花价格上市后一路上涨,种植棉花的比较收益大幅提高,大大高于小麦和玉米,导致2004年新疆、山东、河北、河南等棉花主产省农民大幅增加种植棉花面积。结果,2004—2005年度产量达到631.4万吨,比上一年度增加了145.9万吨。

美国之所以一直保持着最大棉花出口国地位,与美国政府历来对植棉农民实施的高额补贴政策有很大的关系。1999年8月至2003年7月,美国向种植棉花者支付了124.7亿美元的补贴,棉花价格比种植成本低77%,使美国一直保持第二大产棉国的地位。世界银行专家预测,美国取消棉花补贴后,国际棉花价格有可能上涨12%,由此可见,美国棉花补贴把国际棉花价格打压到了何种程度。2003—2004年度,在发展中国家的共同努力下,发达国家最终同意逐步取消棉花补贴。棉花补贴是棉花贸易壁垒的典型。发达国家的棉花补贴严重削弱了发展中国家的棉花出口竞争力。

(4) 科技水平。

一般而言,在播种面积一定时,决定产量的关键就看单产了。当然,气候与灾害情况是影响单产的重要因素。除此以外,从稍长的时间周期来看,科技水平的提高程度也是决定单产数量的重要因素。从美国农业部的统计来看,全球棉花种植平均每公顷产量在1961—1962年度只有299千克;1972—1973年度,开始突破400千克;1984—1985年度突破500千克;进入21世纪,又提高至600千克以上,比40年前翻了一番。这些突破主要来自科技水平的提高。比如,20世纪90年代,美国利用生物技术合成Bt杀虫基因,获得抗虫转基因棉花,成为世界上第一个拥有转基因抗虫棉的国家。而后,各种转基因抗病、抗虫棉被研制出来,对稳定和提升棉花单产作出了重要贡献。

(5) 国内消费量。

国内消费量受多种因素的影响。主要有:棉花下游产业的发展程度、消费者购买力的变化、消费者的消费偏好、人口增长及结构的变化、政府收入与就业政策等。

棉花下游产业如纺织业、服装业、炼油业是棉花的直接需求方,其发展程度对棉花需求有着决定性的影响。我国有95%的皮棉用于纺纱,江苏、山东、河南、湖北为棉花的主要消费省。改革开放以来,纺织业和服装业成为我国在国际贸易中最具比较优势的产业之一,这些行业产品的国内消费量和出口量都不断增长,导致我国的纺纱能力和棉花需求量不断增长。1990年,中国的棉纱产量已占世界总产量的28%;而到2003年,又上升到34%,产量达到984万吨;2004年,我国纺纱产量又增加至1 095万吨,棉花需求接近800万吨。

(6) 出口量和期末结存量。

在产量一定的情况下,出口量的增加会减少国内市场的供应;反之,出口减少会增加国内供应量。同样,期末结存量是反映价格变化趋势的最重要数据,如果期末存货增加,则表示当期供应量大于需求量,价格可能会下跌;反之,则上升。比如,20世纪90年代初,我国棉纺工业发展较快,国内棉花供不应求,只能依赖大量进口来解决,由此导致美国的出口量大增。1993—1994年度,美国的期初库存为466万包,当期出口量为686万包;而1994—1995年度,当期出口量增加至940万包,期末库存降至265万包。当时,我国采购棉花的消息几度导致纽约棉花交易所棉花期货价格涨停板。

(7) 消费水平与消费习惯。

服装是人们的最终需求,人们的收入水平与消费水平在很大程度上决定了棉花的需求量。发达国家是棉纺织品的主要需求国,从历史数据看,发达国家的宏观经济形势好转,人们的收入水平提高,棉纺织品的需求就增加,全球GDP增长率与棉花价格走势呈现高度的正相关关系。

人们的消费习惯也是影响棉花需求的重要因素。比如,近几年来,由于崇尚自然和健康的消费观念逐渐增强,在化纤产品和棉织品之间,人们越来越喜欢棉织品,这就导致世界范围内对棉纱的需求进一步增加。

(8) 棉花替代品价格。

化纤是棉纱主要替代品。化纤(涤短)价格的变化,会影响棉纱的需求,进而影响棉花需求量和棉花价格。例如,石油价格持续走高会大幅拉升化纤的价格,这会引发纺纱的配棉比增加,从而加大了棉花的消费量。按照当前国内棉纱产量来估计,该比例每提升1个百分点,全国用棉量就会增加10万吨。反之,棉花价格上涨,导致棉纱价格上扬后,厂商很可能以化纤替代棉花,以至于化纤需求量增加。

(9) 季节性因素。

每年的8-10月,是北半球新棉集中上市的时间,通常,季节性低价就出现在这一时段。而3-7月,这段时间为北半球棉花的播种与生长期,通常,季节性高价出现在这一时段。由于棉花的主要生产国均位于北半球,因此,上述的季节性特点通常是全球共同具有的现象。

棉花行业是一个资金高度集中的行业,在棉花集中上市的时候,收购资金的充裕程度对棉价有很大影响。由于国内棉商的资金实力不大,企业经营活动更多地依赖银行贷款,农业发展银行的贷款政策就会对棉花收购期间的价格走势产生重要的影响。同时,由于国家收储数量占很大比例,实际收储数量和收储价格也会对棉花价格起着重要影响。比如,2004年下半年国内棉价大跌,国家分别在2004年8月和11月公布了两次收储计划,这两次收储计划对稳定棉价、保护棉农利益起到了较大的作用,特别是2004年11月份开始实施的新棉收储计划有效地阻止了棉价的持续跌势,收储限价在一定程度上成为政府的"指导价格",使国内标准级棉价稳定在11 500元/吨以上。

(10) 流通体制变化对价格的影响。

1999年以前,我国棉花市场没有放开,生产和价格都由国家控制,其流通体制的基本特征为:收购环节实行合同定购,由供销社统一收购;销售环节由国家计划分配,供销社统一经营。所以,在那时候,我国棉花价格不是由市场竞争决定,而是由政府根据国内棉花的供需状况来确定的。

1999年,中美签署关于中国加入世界贸易组织的双边协议,中国的承诺为:2004年以前,我国对棉花的进口实行比例配额制,关税内进口配额为74.3万吨,到2004年增加到89.4万吨,配额内的进口税为1%,配额中有67%给予有权进行交易的非国有贸易公司。配额以外的进口以76%的进口关税征收,到2004年减至40%。之后几年内将逐步取消配额并大幅降低关税,到2007年将允许外国企业从事全方位的流通服务,享受国民待遇。协议中还规定,中国要取消棉花出口补贴,对国内棉花生产流通中的补贴也要逐步取消。

2005年4月和7月,国家发展和改革委员会两度发放2005年关税配额外暂定优惠关税税率配额,数量共计为140万吨。关税配额外暂定优惠关税税率以滑准税方式征收,税率滑动范围为5%~40%。滑准税是一个新的征税方式,反映了政府仍想维持一定的调控能力。

(11) 国家储备。

棉花市场放开以后,我国棉花储备和进出口政策已成为国家实施宏观调控、调节棉花价格的两个主要工具。国家储备棉拍卖价格和采购量、采购价格对棉花价格的影响非常大。一般来说,国家储备库中库存棉花量越大,棉花价格越趋向于下降;库存量越小,棉花价格越趋向于上升。

(12) 纺织品出口政策及国际环境。

中国加入WTO后,由于纺织品出口配额逐步取消,为中国纺织品的跨越式发展提供了历史性机遇。2001年以来,中国纺织品服装出口以每年两位数的增幅递增。2005年开始,由于配额的取消,被配额约束住的生产能力如果得到充分释放,中国纺织品服装出口增长速度将相当可观,也必将带动棉花消费的进一步增长。但是,中国近年纺织品强大的竞争力和中国在"入世"承诺中的特殊条款,又为新的贸易摩擦和贸易壁垒埋下了伏笔。国与国之间的谈判结果将对棉价产生重大影响。汇率和利率也应该关注,因为这些因素将直接影响中国纺织品价格上的比较优势。

(13) 国际市场价格及进口成本。

进出口市场逐步放开后,国内棉价与国际棉价的联动性越来越强。由于中国是棉花进口国,每年需要进口相当数量的棉花,因而当国际棉价折算后的进口价低于国内价格时,进口商会加大进口数量,以获取差价利润;而在相反的情况下,进口商将会减少进口量。

在众多的价格中,纽约期货交易所的棉花期货价格和英国利物浦棉花价格指数(Cotlook A和Cotlook B指数)尤其应该关注。

在进口成本的计算和比较中,应该考虑汇率的变动因素。由于国际棉价大多是以美元计价的,故人民币升值会降低进口成本;反之,则加大进口成本。

3.3.11 白糖期货品种的交易

1. 郑州商品交易所白糖期货合约

郑州商品交易所的白糖期货是在 2006 年 1 月 4 日正式挂牌交易的。该期货合约的内容见表 3-70。

表 3-70　白糖期货合约

交易品种	白砂糖
交易单位	10 吨/手
报价单位	元(人民币)/吨
最小变动价位	1 元/吨
每日价格最大波动限制	不超过上一交易日结算价 ±4%
合约交割月份	1、3、5、7、9、11 月
交易时间	每周一至周五　上午 9:00-11:30　下午 1:30-3:00(法定节假日除外)
最后交易日	合约交割月份的第 10 个交易日
交割日	合约交割月份的第 12 个交易日
交割品级	标准品:一级白糖[符合《郑州商品交易所白砂糖期货交割质量标准》(Q/ZSJ002-2005)];替代品及升贴水:见《郑州商品交易所白糖交割细则》
交割地点	交易所指定仓库
最低交易保证金	合约价值的 6%
交易手续费	4 元/手(含风险准备金)
交割方式	实物交割
交易代码	SR

2. 交易标的物方面的规定

符合《郑州商品交易所白砂糖期货交割质量标准》(下称《所标》)的一级白糖为标准交割品。交易所之所以专门制定白糖的《所标》,是因为 1998 年颁布实施的白糖国家标准严重落后于国际标准,国家有关部门已经起草了白糖新国标,但尚未颁布实施。在这种情况下,交易所以白糖新国标报批稿为蓝本,对某些不适用于期货交易管理的内容进行了修订,制定了《所标》,作为白糖期货交割标准的依据。《所标》中的理化指标见表 3-71。

表 3-71　白砂糖理化指标

项目	指标	
	1 级	2 级
蔗糖分(%)≥	99.6	99.5
还原糖分(%)≤	0.10	0.15

续表

项目	指标	
	1级	2级
电导灰分(%)≤	0.10	0.13
干燥失重(%)≤	0.07	0.10
色值(IU)≤	150	240
混浊度(MAU)≤	160	220
不溶于水杂质(mg/kg)≤	40	60

色值小于等于170IU,其他指标符合《所标》的2级白糖,可以在本制糖年度(每年的10月1日至次年的9月30日)的9月和该制糖年度结束后的当年11月合约替代交割,贴水标准为50元/吨。符合《所标》的1级和2级(色值小于等于170IU)进口白糖(含进口原糖加工而成的白糖)可以交割。某一制糖年度生产的白糖,只能交割到该制糖年度结束后的当年11月份,且从当年8月份开始并逐月增加贴水,贴水标准为每月10元/吨。

3. 交割库及交割费用

交易所在广西、广东、云南、江苏、上海、河南、天津设有定点交割库。但期货交割价是以广西为基准的,在其他地方交割,要按规定的升贴水进行调整,比如,在河南交割,每张仓单升水1 400元;而在云南交割,则是每张仓单贴水1 500元。

期货交割白砂糖执行单件50kg包装,白糖包装物不另计价。

白糖运达交割仓库指定货位前的一切费用,由卖方投资者承担;从指定货位至装上火车(汽车、轮船)板的费用,由买方投资者承担。

白糖入库费用每年9月份由各交割仓库制定,经交易所备案后公告,自当年10月份执行;当年度没有公告新标准的,沿用上年度标准。

白糖出库费用不得超过如下标准:

火车运输:20元/吨(扒垛、库内运输、装车、铁路代转等);

汽车运输:6元/吨(扒垛、搬运、装车等);

船舶运输:22元/吨(扒垛、搬运、装车、短运及装船等),港建费另计。

检验费用由质检机构制定,经交易所备案后公告。入库检验费用由卖方投资者承担。

标准仓单仓储费(含保险费)收取标准为:每年5月1日至9月30日为0.4元/吨·天,其他时间收取标准为0.35元/吨·天。

买卖双方各自负担交割手续费1元/吨。

4. 限仓制度

(1) 与持仓总量相关的限仓规定见表3-72。

表 3-72 与持仓量相联系的限仓数量

白糖	一般月份最大单边持仓占市场单边持仓比例或绝对限仓量		
	经纪会员	非经纪会员	投资者
单边持仓10万手以上	≤15%	≤10%	≤5%
单边持仓10万手及以下	15 000 手	10 000 手	5 000 手

(2) 交割月前一个月份的限仓规定见表 3-73。

表 3-73 交割月前一个月份的限仓数量

经纪会员			非经纪会员			投资者		
上旬	中旬	下旬	上旬	中旬	下旬	上旬	中旬	下旬
12 000	6 000	3 000	6 000	3 000	1 500	3 000	1 500	800

(3) 交割月份的限仓规定见表 3-74。

表 3-74 交割月份的限仓数量

经纪会员	非经纪会员	投资者
2 000	1 000	500

(4) 交易所可以根据期货经纪公司的申请,按照其注册资本和经营情况调整其限仓数额。

(5) 对套期保值交易头寸实行审批制,其持仓不受限制。

5. 保证金的变动

(1) 白糖期货合约最低交易保证金为合约价值的6%。

(2) 一般月份白糖期货合约按持仓量的不同采取不同的交易保证金比例,具体内容见表 3-75。

表 3-75 一般月份交易保证金比例

双边持仓量 N(万手)	N≤40	40<N≤50	50<N≤60	N>60
交易保证金比例	6%	9%	12%	15%

(3) 交割月前一个月份白糖期货合约按上旬、中旬和下旬分别采取不同的交易保证金比例(见表 3-76)。

表 3-76 交割月前一个月份交易保证金比例

上旬	中旬	下旬
8%	15%	20%

(4) 如果交割月前一个月经纪会员、非经纪会员、投资者的持仓(包括套期保值持仓和套利持仓)分别达到最近交割月市场单边持仓的15%、10%、5%,则在正常保证金比例基础上提高5个百分点。

(5) 自交割月前一个交易日结算时起,凡持有交割月份合约的会员,应当按合约价值的 30% 缴纳交易保证金。

6. 风险控制

当白糖某月份合约按结算价计算的价格变化,连续 4 个交易日累计达到合约规定涨(跌)幅的 3 倍、连续 5 个交易日累计达到合约规定涨(跌)幅的 3.5 倍,交易所有权根据市场情况对部分或全部会员的单边或双边、同比例或不同比例提高交易保证金。提高交易保证金的幅度不高于合约规定交易保证金的 3 倍。

若某一交易日出现单边市,则当日结算时该期货合约交易保证金比例提高 50%。第二个交易日的价幅在原价幅基础上自动扩大 50%(只向停板方向扩大)。

若第二个交易日未出现同方向单边市,则第三个交易日自动恢复到合约规定价幅和保证金标准。若第二个交易日出现同方向单边市,则当日结算时和下一交易日未出现同方向单边市,则第四个交易日执行合约规定价幅和保证金比例。

7. 国际白糖期货市场概况

在国际期货市场上,食糖是成熟的也是较活跃的交易品种,至今已经有 90 多年历史。世界上很多国家开展食糖期货、期权交易,最主要的食糖期货市场是纽约期货交易所(NYBOT)的 11 号糖(国际糖)和 14 号糖期货(国内糖)、伦敦国际金融期货期权交易所(LIFFE)的 5 号白糖期货,其形成的期货价格已被世界糖业界称作"国际糖价",成为国际贸易定价和结算的依据。此外,巴西期货交易所(BM&F)、东京谷物交易所(TGE)、关西商品交易所(KCE)、法国期货交易所(MATIF)、莫斯科银行业外汇交易所(MICEX)、印度国家商品及衍生品交易所(NCDEX)都正在交易糖期货(期权)合约。

8. NYBOT 的 11 号原糖期货合约

纽约期货交易所(NYBOT)的 11 号糖(国际糖)是国际上最活跃的糖期货交易合约。其合约见表 3-77。

表 3-77 NYBOT11 糖期货合约

交易时间	9:00-12:00(纽约时间)
合约单位	112 000 磅(50 英吨)约(50.8 吨)
报价单位	美分/磅
交易代码	SB
交割月份	3、5、7、10 月(8 个合约可供同时交易)
最小变动价位	0.01 美分/磅
交割品级	平均旋光度为 96 的原蔗糖
交割地点	阿根廷、澳大利亚、巴巴多斯、伯利兹、巴西、哥伦比亚、马斯达黎加、多米尼加、萨尔兰多、厄瓜多尔、斐济岛、法国的安的列斯群岛、危地马拉、洪都拉斯、印度、牙买加、马拉维、毛里求斯、墨西哥、尼加拉瓜、秘鲁、菲律宾、南非、斯威士兰、中国台湾、泰国、特力尼达岛、美国和津巴布韦的所有甘蔗产区的港口或海关港口
最后交易日	交割月前 1 个月的最后交易日
通知日	最后交易日后的第 1 个交易日

9. 影响白糖价格的主要因素

影响白糖价格的主要因素有以下 11 个。

(1) 世界食糖现货市场的特点。

世界食糖现货市场主要特点有：一是生产相对集中，且多数是第三世界国家，如巴西、印度、泰国、古巴。这些主要产糖国大量出口，而大的消费国生产不能自给，需要进口，如俄罗斯、美国。二是食糖在全球范围内的消费量将继续增加，食糖消费介于刚性消费与弹性消费之间。消费量与人均 GDP 没有明显关系，与各个国家（地区）的饮食习惯却密切相关。区域之间、国家之间在消费上会存在一定的差异。三是市场供求变化较大，价格波动剧烈。世界食糖平均生产成本超过 390 美元/吨，平均价格却经常只有其一半，远低于所有生产国的生产成本。四是各国糖业政策复杂多变，均为政府主导型管理模式，表现为"三高"，即高额国内支持、高进口壁垒和高出口补贴。

(2) 食糖价格波动情况。

食糖一直是各国政府特别关注的农产品。有关统计表明，在世界市场 15 种农副产品中，食糖是价格波动最大的商品。

世界食糖市场价格波动较大，这是由世界食糖市场供求关系决定的。在食糖国际贸易中，普遍采取双边协议的形式稳定贸易关系，形成了食糖商品率高但自由贸易量小的局面，因此，当需求量增减时，糖价在短期内会暴涨暴跌。

为了避免世界市场糖价剧烈波动对国内消费和生产的影响，保持国内市场糖价相对稳定，各国都制定相应的政策，避开世界市场风险和转移国内市场的风险，同时把世界市场作为调节本国市场的蓄水池，糖多时鼓励出口，糖少时增加进口，世界食糖市场实际上成为各国国内市场风险的集散地，因而糖价变幻莫测。

(3) 自然灾害对食糖生产的影响。

作为一种农产品，各国的食糖生产不可避免地将受到洪涝和干旱天气等自然灾害的影响。近年来，自然灾害对食糖生产的冲击尤为明显，比如，北美地区出现的"卡特里娜"飓风、"利塔"飓风，导致美国及中美洲等国的产量下降。当然，古巴食糖产量不断下滑，除受天气条件的制约外，也受到政府忽视食糖产业的健康发展的影响。

(4) 糖料生产的波动。

制糖业是典型的农产品加工业，制糖原料是决定食糖供给的基础因素。糖料供应的多寡及其波动显然会引发食糖市场的波动。一般而言，在正常情况下，糖料播种面积增加会导致糖业原料增加，从而导致糖产量增加，而产量增加对糖价又有压制作用；反之，播种面积降低则容易导致糖价上扬。从价格对糖料播种面积的反作用来看，糖价越高，种植者的积极性也越高；反之，则播种面积会减少。

当然，必须注意到，由于糖料生产周期和产业链较长，对市场变化的反应相对滞后，加上蔗农市场意识不强，容易造成信息的不对称，致使糖料种植、食糖生产和市场的脱节，特别是市场信息的不准确甚至失真，更容易对糖料种植形成误导，加大了糖料种植面积的不稳定性。

(5) 国家白糖储备量的影响。

作为国家重要商品储备之一，国家储备糖是为保证食糖市场的稳定，进而保证食糖产业的健康发展和国家经济安全而存在的,在产品性质上应属公共物品。食糖储备除主要具有保障食糖供给的重要作用外,还具有调控市场价格、保护产业发展和调节各方利益的作用。国家食糖储备制度建立以来,我国国储糖多数年份维持在100万吨以上。国家储备糖库存主要来源于上年结转成品糖和进口原糖。为了稳定供给,我国和古巴签订了长期进口协议,每年进口40万吨原糖,直接进入国储库存。

国家食糖储备对市场进行调控时会对市场价格产生一定的影响作用。

(6) 主要食糖进出口国的糖业政策。

一般而言,净进口国政府关心的是稳定国内市场糖价,既要让消费者享受尽可能便宜的食糖,又要使国内制糖业得以生存和发展;既要建立长期有保障的食糖供给,又不要(至少不要太多)给财政造成负担。除加拿大对国内制糖业实行补贴政策外,其他净进口国都是将国内市场糖价维持在合适的水平上,由消费者来支付国内生产者的成本和合理利润。

主要食糖进口国政策变化对食糖市场的影响很大。近几年,俄罗斯和欧盟是全球最主要的两大食糖进口地区,这两大经济体的糖业政策变化对国际食糖市场的影响力比较大。印度尼西亚、巴基斯坦等国的进口政策也会在一定程度上影响国际市场糖价。

食糖出口国的价格体制主要有两种形式,即价格双轨制和价格单一制。价格双轨制,即食糖销售到不同市场,食糖加工者和糖料种植者会得到不同的价格。销售到国内市场和优惠的出口市场可以获得某种形式的资助和优惠。而自由出口到世界市场,则享受不到任何形式的资助或优惠。实行价格双轨制,国内市场糖价相对稳定,一般不受世界市场糖价的影响。采取价格双轨制的国家和地区有欧盟、澳大利亚、泰国、波兰和南非等。价格单一制,即食糖价格不论销售到何种市场,食糖加工者和糖料种植者都获得同一价格。实行价格单一制的国家,国内市场糖价受世界市场糖价影响较大,缺乏稳定性。采取价格单一制的国家有古巴、中国等。

(7) 汇率变化及其影响。

作为用美元计价的商品,食糖价格的走势除受自然灾害的影响外,无疑还受美元币值的升降和全球经济增长快慢的影响。通常情况下,美元币值下跌意味着非美元区购买食糖的成本下降,购买力增强,对国际食糖市场的支撑力增强;反之,将抑制非美元区的消费需求。

人民币汇率体制改革,将不可避免地影响国内外食糖市场。人民币升值将有助于降低进口成本,增加进口数量。据有关测算,人民币升值2%对进口糖完税成本价的影响是60元/吨。

(8) 国际市场行情。

我国加入WTO后,逐步放开了食糖进口限制,2004年关税由20%降至15%,相当于每吨原糖生产的成品糖含税成本降低约60~70元,进口配额194.5万吨。与其他国家相比,我国食糖对外开放的程度不仅高于一般的发展中国家,也高于几乎所有的发达国家。在世界主要产糖国中,我国和澳大利亚是唯一没有对国内糖业实行高关税保护,而实行食糖贸易自由化的国家。

由于我国已经逐步由一个食糖自给自足、进出口平衡的国家过渡为一个食糖进口国,随着我国经济的高速增长,我国食糖的消费量按照5%以上的速度增长,而产量增长受种植面积的制约不能跟上消费增长,近年的需求缺口超过100万吨,需要通过进口进行平衡。这就意味着,一方面,我国食糖进口已经成为影响国际食糖市场的重要因素;另一方面,来自世界市场的价格波动也反过来影响了我国国内的食糖市场。

(9)国际原糖价与进口成本的计算。

原糖到岸价(税前) = 离岸价 + 保险费 + 海运费 + 外贸代理费
　　　　　　　　　 + 银行手续费 + 利息 + 劳务

原糖到岸价(税后) = 税前到岸价 + 关税 + 增值税

白糖成本价 = 税后原糖到岸价 + 加工费 + 损耗

与世界食糖价格所对应的国内糖价(15%关税)见表3-78。

表3-78　与世界食糖价格所对应的国内糖价(15%关税)

国际糖价(美分/磅)	国内对应的含税原糖价(元/吨)	国内对应的白砂糖价(元/吨)
5	1 728.86	2 228.86
6	1 999.95	2 499.95
7	2 270.73	2 770.73
8	2 541.60	3 041.60
9	2 812.48	3 312.48
10	3 083.35	3 583.30
11	3 249.13	3 649.13

(10)国际石油价格对食糖市场的影响。

由于甘蔗能直接转化成生物替代能源——酒精,在国际石油价格不断上涨的背景下,一些国家为减少对石油的依赖性而加快了蔗制酒精等生物替代能源的生产,因此减少了食糖产量。

由此,市场方面已把食糖价格的走势与石油价格的走势紧密地联系在一起,石油价格的涨跌不仅影响全球经济状况,影响国际运费,还会影响酒精产量,进而影响全球食糖产量。因此,石油价格的涨跌不可避免地将影响食糖价格的走势。

(11)投资基金大量涌入使国际糖市充满变数。

作为期糖市场上左右糖市走向的最强大的力量,投资基金的取舍很大程度决定着糖价的涨跌,分析糖价走势是绝对不可以无视投资基金的动向。历史上,投资基金进驻商品市场的规模基本上与全球经济增长快慢成正比,即全球经济高速增长,投资基金在商品市场上做多的规模也扩大,反之亦然。

3.4　期货投资模拟实验

要求学生在教师的指导下,通过世华财讯期货模拟交易软件进行期货投资的模拟交易。全面了解期货模拟交易系统;掌握各期货交易品种的合约特点与交易方法以及保证金变动要求;学习如何进行期货模拟交易账户的开户、销户、挂失、解挂等;了解期货模拟交易账户资金的分配、资金存取、资金的冻结、解冻及资金冲账等;了解期货资金流水账、汇总账的查询;以新开设的交易账户进入自助委托系统,查询模拟交易资金是否到账等操作;进行期货投资分析等。

3.4.1 登录系统

1. 登录步骤

用户在 Windows 系统中,依次点击"开始→程序→模拟期货客户端",或直接双击桌面快捷图标 ,系统弹出"世华财讯期货模拟交易系统(客户端)"窗口,如图 3-5 所示。

图 3-5　外汇模拟交易系统登录窗口

请输入登录名称及密码,单击"确定"。

注:一个用户名在同一时刻只允许一个登录。同一个用户名的第二个登录将被提示用户已在线。

2. 主界面

登录成功后,系统进入"世华财讯期货模拟交易系统(客户端)"主界面,如图 3-6 所示,界面上方为功能模块区,系统设有交易、排行榜、首页、在线咨询共四个模块;界面下方为每个功能模块操作区,显示每个功能模块对应的详细内容。

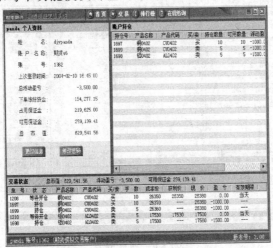

图 3-6　期货模拟交易系统主界面

3. 系统退出

单击图 3-6 主界面右上角系统关闭的快捷按钮,系统退出。

3.4.2 行情显示

进入交易界面,左侧部分即是行情信息部分,显示期货产品的最新动态行情,如图 3-7 所示。用户可以根据自己需要选择要查看的产品。

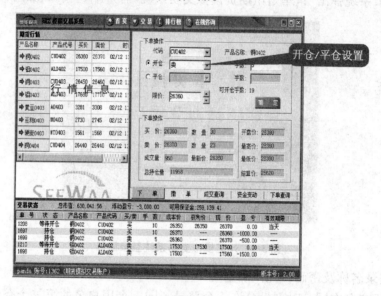

图 3-7 行情显示

在行情页面,点击鼠标右键,在弹出菜单里面选择自选产品,即可进入自选产品界面,如图 3-8 所示。

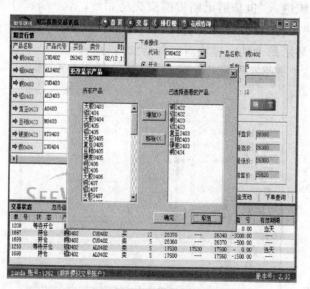

图 3-8 自选产品

选择左侧的产品列表中的产品(可以复选),然后点击增加,右边即显示自选产品列表,最多自选产品为 20 个,且自选产品列表产品不能重复。

点击确定保存自选产品列表。

3.4.3 委托

1. 开仓

进入交易界面,点击"买卖委托",进入买卖委托操作区,如图 3-9 所示。

在"下单操作"栏选择"开仓"单选按钮,同时选择开仓产品,该操作也可以通过双击行情信息窗口的产品实现快速开仓操作,如图 3-9 所示。

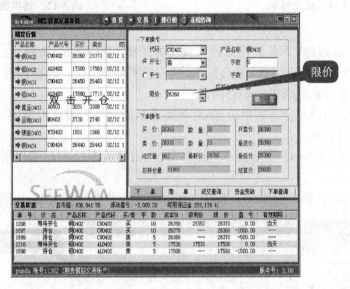

图 3-9 开仓

在限价输入框内输入合适的限价,然后填入适当的交易手数点击确定,弹出 3-10 所示的确认对话框。

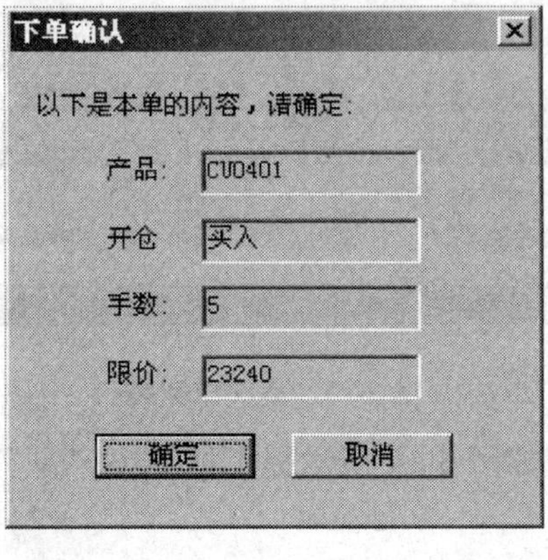

图 3-10 确认对话框

点击"确定"确认下单,点击"取消"重新下单。

下单成功则显示图 3-11 所示提示成功界面,否则显示 3-12 所示的出错提示。

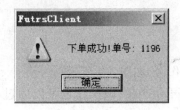

图 3-11　成功提示

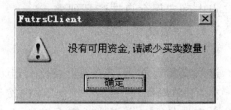

图 3-12　错误提示

2．平仓

进入交易界面,点击"买卖委托",进入买卖委托操作区,如图 3-9 所示。

在"下单操作"栏选择"平仓"单选按钮,同时选择平仓产品,该操作也可以通过双击委托状态栏里的持仓列表实现快速平仓操作。

在限价输入框内输入合适的限价,然后填入适当的交易手数点击确定,再点击确认对话框的确定按钮进行下单。

下单成功则显示图 3-11 所示提示成功界面,否则显示 3-12 所示的出错提示。

3．撤单

点击"撤单",进入撤单操作区。系统显示等待成交的委托单明细,如图 3-13 所示。

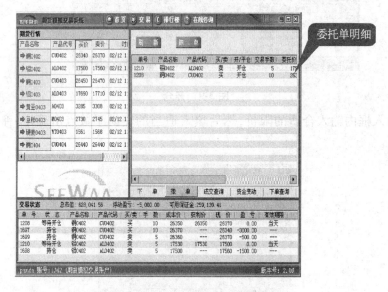

图 3-13　委托单列表

双击"委托单明细",出现如图 3-14 所示提示框,点击"是"按钮完成撤单。

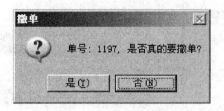

图 3-14 撤单对话框

3.4.4 查询

1. 查下单委托记录

点击"下单查询",进入下单查询操作区,系统自动显示当天委托记录,如图 3-15 所示。

通过"开始日期"及"结束日期"选择查询委托的起始时间,单击"查询"键即可查看该起始范围内的所有委托记录。

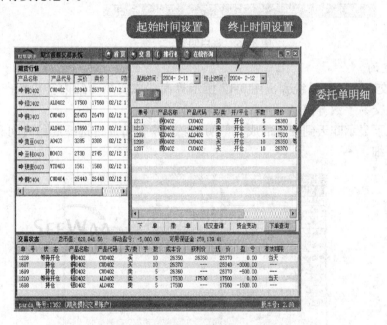

图 3-15 委托查询

2. 查资金变动

单击"资金变动",进入资金变动模块,系统自动出现如图 3-16 所示的账户明细。账户明细显示内容包括变动金额、资金余额、变动原因、时间等信息。

可根据起始时间、终止时间、分类来选择账户明细的内容。

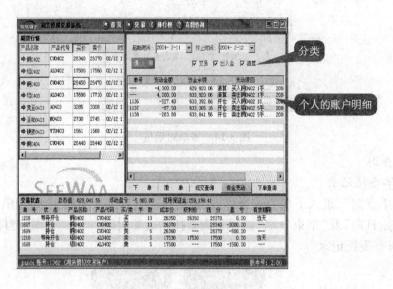

图 3-16 账户明细

3. 成交查询

点击"成交查询"键,系统弹出图 3-17 所示界面。成交单明细内容包括产品名称、产品代码、开平仓、交易手数等信息。

默认情况下显示昨天到今天的成交单明细。用户也可通过选择起始时间和终止时间查看成交单的明细。

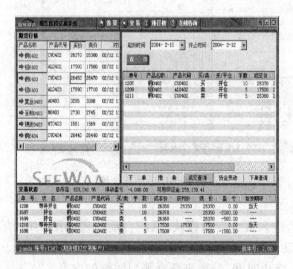

图 3-17 成交单明细

4. 查看持有持仓及委托状态

委托状态实时显示在操作界面上,以利于用户随时查看自己的持仓及委托情况(如图 3-18 所示)。

委托状态显示市值、浮动盈亏、美元余额等重要信息。

实验 3 期货投资实务   183

委托状态明细内显示各种货币持仓的信息明细,内容包括:状态、产品名称、产品代码、买卖、手数、成本价、获利价、盈亏等信息。

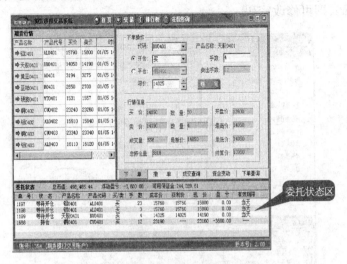

图 3-18　交易状态查询

双击委托状态栏的"持仓"子项可以进行快速平仓操作,双击"等待开仓"或者"等待平仓"的子项可以进行快速撤单,其功能与撤单页面相同。

3.4.5　排行榜

点击"排行榜",进入排行榜模块操作区,如图 3-19 所示。排行榜将显示全校或班级范围内的交易成绩前 10 名及本人的名次。

点击排序方式对应的下拉框选择排序的标准,即可按所需进行排序显示。本系统可按市值、成交量、最大周(月)盈利、最大周(月)交易量进行排名。

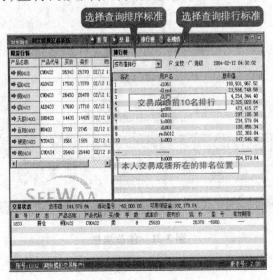

图 3-19　排行榜

3.4.6 修改登录密码和个人信息

进入首页,点击"密码修改",进入密码修改模块操作区,如图 3-20 所示。输入旧密码,并两次输入新密码,即可修改密码。

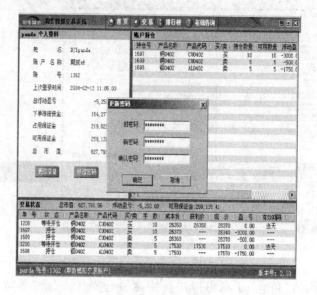

图 3-20 更新密码

点击"更改信息",进入更改信息模块操作区,如图 3-21 所示。输入昵称、姓、名即可修改个人信息,并在首页显示如图 3-22 所示的个人信息。

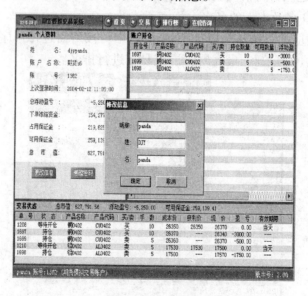

图 3-21 修改信息

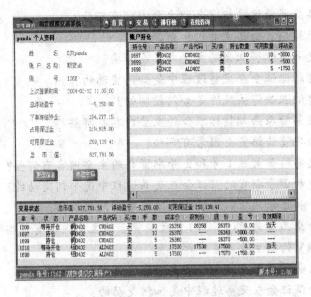

图 3-22　显示个人信息

 复习思考题

1. 如何寻找合适的期货经纪公司？
2. 期货的开户流程有哪些？
3. 期货经纪合同书的主要内容有哪些？
4. 如何进行期货交易中的基本面分析？
5. 为什么期货价格比现货价格更敏感？
6. 应用基本面分析应注意哪些事项？
7. 上海期货交易所的铜期货合约主要内容有哪些？
8. 铜期货的保证金在交易过程中是如何变动的？
9. 铜期货的涨跌停板风险是如何控制的？
10. 伦敦金属交易所铜期货合约主要内容有哪些？
11. 影响铜期货价格主要因素有哪些？
12. 上海期货交易所的铝期货合约主要内容有哪些？
13. 铝期货的保证金在交易过程中是如何变动的？
14. 铝期货的涨跌停板风险是如何控制的？
15. 伦敦金属交易所铝期货合约主要内容有哪些？
16. 影响铝期货价格主要因素有哪些？
17. 上海期货交易所天然橡胶合约主要内容有哪些？
18. 天然橡胶期货的保证金在交易过程中是如何变动的？
19. 天然橡胶期货的涨跌停板风险是如何控制的？

20. 东京工业品交易所橡胶标准合约主要内容有哪些？
21. 影响天然橡胶期货价格主要因素有哪些？
22. 上海期货交易所燃料油合约主要内容有哪些？
23. 燃料油期货的保证金在交易过程中是如何变动的？
24. 燃料油期货的涨跌停板风险是如何控制的？
25. 纽约商业交易所原油期货标准合约主要内容有哪些？
26. 影响燃料油期货价格主要因素有哪些？
27. 大连商品交易所黄大豆1号和2号期货合约主要内容有哪些？
28. 黄大豆1号和2号期货的保证金在交易过程中是如何变动的？
29. 黄大豆1号和2号期货的涨跌停板风险是如何控制的？
30. 美国芝加哥商品交易所(CBOT)大豆期货合约主要内容有哪些？
31. 影响大豆期货价格主要因素有哪些？
32. 大连商品交易所豆粕期货合约主要内容有哪些？
33. 豆粕期货的保证金在交易过程中是如何变动的？
34. 豆粕期货的涨跌停板风险是如何控制的？
35. 芝加哥期货交易所豆粕期货合约主要内容有哪些？
36. 影响豆粕期货价格主要因素有哪些？
37. 大连商品交易所玉米期货合约主要内容有哪些？
38. 玉米期货的保证金在交易过程中是如何变动的？
39. 玉米期货的涨跌停板风险是如何控制的？
40. 美国芝加哥商品交易所(CBOT)玉米期货合约主要内容有哪些？
41. 影响玉米期货价格主要因素有哪些？
42. 大连商品交易所豆油期货合约主要内容有哪些？
43. 豆油期货的保证金在交易过程中是如何变动的？
44. 豆油期货的涨跌停板风险是如何控制的？
45. 美国芝加哥商品交易所(CBOT)豆油期货合约主要内容有哪些？
46. 影响豆油期货价格主要因素有哪些？
47. 郑州商品交易所硬冬白小麦期货合约和优质强筋小麦期货合约期货合约主要内容有哪些？
48. 小麦期货的保证金在交易过程中是如何变动的？
49. 小麦期货的涨跌停板风险是如何控制的？
50. 美国芝加哥商品交易所(CBOT)小麦期货合约主要内容有哪些？
51. 影响小麦期货价格主要因素有哪些？
52. 郑州商品交易所的1号棉花期货合约主要内容有哪些？
53. 棉花期货的保证金在交易过程中是如何变动的？
54. 棉花期货的涨跌停板风险是如何控制的？
55. 纽约期货交易所棉花期货合约主要内容有哪些？

实验3 期货投资实务 *187*

56. 影响棉花期货价格主要因素有哪些?
57. 郑州商品交易所白糖期货合约主要内容有哪些?
58. 白糖期货的保证金在交易过程中是如何变动的?
59. 白糖期货的涨跌停板风险是如何控制的?
60. 纽约期货交易所11号原糖期货合约主要内容有哪些?
61. 影响白糖期货价格主要因素有哪些?

实验 4 债券投资实务

> **实验目的：** 运用债券投资的相关知识，掌握国债、公司债和可转换债券等的发行条件、发行程序、申购、回购等债券投资的基本技能，使用相关金融投资交易软件进行模拟债券交易，以帮助我们进行债券投资。
>
> **实验内容与要求：** 在初步认识交易所债券市场基础上，通过相关证券行情交易软件，进一步认识在两市挂牌交易的各种债券的行情信息，并在开市期间，通过新华08 信息系统与世华财讯软件或其他网站进行债券的模拟交易及投资分析。
>
> **实验工具：** 新华 08 信息系统与世华财讯软件。

4.1 国债投资

国债即国家债券，它是国家为筹措资金而向投资者出具的书面借款凭证，并承诺在一定的时期内按约定的条件，按期支付利息和到期归还本金。

我国的国债专指财政部代表中央政府发行的国家公债，由国家财政信誉作担保，信誉度非常高，历来有"金边债券"之称。

4.1.1 国债的种类

国债的种类繁多，按国债的券面形式可分为三大品种：无记名式（实物）国债、凭证式国债和记账式国债。其中无记名式国债已不多见，而后两者则为目前的主要形式。

1. 无记名式（实物）国债

无记名式国债是一种票面上不记载债权人姓名或单位名称的债券，通常以实物券形式出现，又称实物券或国库券。

无记名式国债是我国发行历史最长的一种国债。新中国成立以来，20 世纪 50 年代发行的国债和从 1981 年起发行的国债主要是无记名式国债。

无记名式国债发行时通过各银行储蓄网点、财政部门国债服务部以及国债经营机构的营业网点面向社会公开销售，投资者也可以利用证券账户委托证券经营机构在证券交易所场内购买。

无记名式国债的现券兑付，由银行、邮政系统储蓄网点和财政国债中介机构办理；或实行证券交易场所场内兑付。

无记名式国债的一般特点是：不记名、不挂失，可以上市流通。由于不记名、不挂失，其持有的安全性不如凭证式和记账式国债，但购买手续简便。由于可上市转让，流通性较强。

上市转让价格随二级市场的供求状况而定,当市场因素发生变动时,其价格会产生较大波动,因此具有获取较大利润的机会,同时也伴随着一定的风险。一般来说,无记名式国债更适合金融机构和投资意识较强的购买者。

2. 凭证式国债

凭证式国债是指国家采取不印刷实物券,而用填制"国库券收款凭证"的方式发行的国债。我国从1994年开始发行凭证式国债。凭证式国债其票面形式类似于银行定期存单,利率通常比同期银行存款利率高,具有类似储蓄又优于储蓄的特点,通常被称为"储蓄式国债",是以储蓄为目的的个人投资者理想的投资方式。

凭证式国债通过各银行储蓄网点和财政部门国债服务部面向社会发行,从投资者购买之日起开始计息,可以记名、可以挂失,但不能上市流通。

投资者购买凭证式国债后如需变现,可以到原购买网点提前兑取。提前兑取时,除偿还本金外,利息按实际持有天数及相应的利率档次计付,经办机构按兑取本金的2‰收取手续费。对于提前兑取的凭证式国债,经办网点还可以二次卖出。

与储蓄相比,凭证式国债的主要特点是安全、方便、收益适中。其一般特点是:

(1) 凭证式国债发售网点多,购买和兑取方便、手续简便。

(2) 可以记名挂失,持有的安全性较好。

(3) 利率比银行同期存款利率高1～2个百分点(但低于无记名式和记账式国债),提前兑取时按持有时间采取累进利率计息。

(4) 凭证式国债虽不能上市交易,但可提前兑取,变现灵活,地点就近,投资者如遇特殊需要,可以随时到原购买点兑取现金。

(5) 利息风险小,提前兑取按持有期限长短取相应档次利率计息,各档次利率均高于或等于银行同期存款利率,没有定期储蓄存款提前支取只能按活期计息的风险。

(6) 没有市场风险,凭证式国债不能上市,提前兑取时的价格(本金和利息)不随市场利率的变动而变动,可以避免市场价格风险。

3. 记账式国债

记账式国债又称无纸化国债,它是指将投资者持有的国债登记于证券账户中,投资者仅取得收据或对账单以证实其所有权的一种国债。

我国从1994年推出记账式国债这一品种。记账式国债的券面特点是国债无纸化、投资者购买时并没有得到纸券或凭证,而是在其债券账户上记上一笔。记账式国债具有成本低、收益好、安全性好、流通性强的特点。其一般特点是:

(1) 记账式国债可以记名、挂失,以无券形式发行可以防止证券的遗失、被窃与伪造,安全性好。

(2) 可上市转让,流通性好。

(3) 期限有长有短,但更适合短期国债的发行。

(4) 记账式国债通过交易所电脑网络发行,从而可降低证券的发行成本。

(5) 上市后价格随行就市,有获取较大收益的可能,但同时也伴有一定的风险。

由于记账式国债的发行、交易特点,它主要是针对金融意识较强的个人投资者以及有现金管理需求的机构投资者进行资产保值、增值的要求而设计的国债品种,投资者将其托管在指定券商的席位上,便于流通交易,变现能力强,不易丢失,还可以通过低买高卖获得利润。

无记名式、凭证式和记账式三种国债相比,各有其特点。在收益性上,无记名式和记账式国债要略好于凭证式国债,通常无记名式和记账式国债的票面利率要略高于相同期限的凭证式国债。在安全性上,凭证式国债略好于无记名式国债和记账式国债,后两者中记账式又略好些。在流动性上,记账式国债略好于无记名式国债,无记名式国债又略好于凭证式国债。

4.1.2 国债发行方式

我国对国债的发行规模实行年度额度管理制度,即下一年度国债发行计划,通常是在上一年第四季度编制的。对国家财政预算收支情况的测算,是编制国债发行计划的主要依据。这个计划将作为国家预算的一部分上报国务院,由国务院在下一年3月的全国人民代表大会上提请审议。一旦通过,国债发行计划就如同法律文本一样具有法律效力。倘若在年度内,国际国内经济形势发生变化,需要追加或削减国债,政府无权随意为之,必须像修改法律法规一样,上报全国人民代表大会常务委员会,经其审议批准后才能执行。

在我国,国债的发行方式几经变迁,时至今日,已演变为四种发行方式并存,它们分别是:直接发行、代销发行、承购包销发行、招标拍卖发行。

1. 直接发行方式

直接发行是指财政部面向全国直接销售国债。这种发行方式共分三种情况:一是各级财政部门或代理机构销售国债,单位和个人自行认购;二是20世纪80年代的摊派方式,采用行政分配的方式,摊派发行国债,属于强制性的认购;第三种是所谓的"私募定向方式",财政部直接对特定投资者发行国债,例如,对银行、保险公司、养老保险基金等机构定向发行特种国债、专项国债等。

国债每次发行的额度相当大,如美国每周仅中长期国债就发行100亿美元,我国每次发行的国债至少也达上百亿元人民币,如果仅靠发行主体直接发行巨额国债有一定难度,因此这种发行方式很少使用。

2. 代销发行方式

代销发行是发行人委托代销者负责国债的销售。代销者按预定的发行条件,在约定日期内代为推销。代销期终止,未销出的余额全部退给发行者,代销者不承担任何风险与责任。我国曾经在20世纪80年代后期和90年代初期运用过这种方式发行国债。

代销发行方式的优势是可以充分利用代销者的网点,扩大面向众多机构和社会公众的发行覆盖面。缺点是代销者只是按预定的发行条件,在约定日期内代为推销,代销期结束以后,未销出的余额,全部退给发行者,发行风险完全由发行人承担。

代销发行方式存在诸多弊端:一是不能按市场的供求情况而形成合理的发行条件;二是推销效率难尽如人意;三是发行期较长,因此代销发行方式只适用于证券市场不发达、金融市场秩序不良、机构投资者缺乏承销条件和积极性的时期。

3. 承购包销发行方式

承购包销发行是指由机构投资者组成承购包销团,按一定条件向财政部承购包销国债,

并由其负责在市场上转售,任何未售出的余额均由承销者包购。承购包销发行方式的特征是:

(1) 承购包销的初衷是要求承销者向社会再出售,其发行条件的确定,由作为发行主体的财政部与承销团达成协议,一切承购手续完成后,国债方能与最终投资者见面,因而承销团只是作为发债主体与投资者间的媒介。

(2) 承购包销是用经济手段发行国债的标志,并可用招标方式决定发行条件,是国债发行转向市场化的一种形式。自20世纪90年代中后期开始,承购包销成为我国国债发行的主要发行方式。事实上,不仅我国,世界上很多国家都采用这种方式。

我国的国债承购包销团,其成员机构一般由银行、证券公司、社保基金等组成,其承购包销资格,每年由财政部、中央银行、银监会等主管部门审查公布。

4. 招标拍卖发行方式

在招标拍卖方式之下,国债的认购价格、利率及收益率等要由投标竞价来确定。

(1) 招标发行方式。

招标有两种具体方式,竞争性招标和非竞争性招标。

① 在竞争性招标条件下,投标者把认购价格和数量提交招标人,招标人据此开标以决定发行利率的高低。投标者认购价格高,招标者受益就大,所以出价高者胜出。实行竞争性投标,只有出价最高的投标者获得国债发行权,而出价最高的利率水平就确定为本次国债发行的利率。

② 通过非竞争性的招标方式发行国债,在中标价格确定上,有两种有代表性的招标规则:"荷兰式"招标和"美国式"招标两种。所谓"荷兰式"招标,指的是中标价格为单一价格,这个单一价格通常是投标人报出的最低价,每个投标者按照这个价格,分得各自的国债发行份额。而"美国式"招标,中标价格为投标方各自报出的价格。举个例子,在一场招标中,有3个投标人A、B、C,他们投标价格分别是85元、80元、75元,那么按照"荷兰式"招标,中标价格为75元;倘若按照"美国式"招标,则A、B、C三者的中标价分别是85元、80元和75元。

投资者中标认购后,没有再向社会销售的义务,因而中标者即为国债认购者,当然中标者也可以按一定价格向社会再行出售。相对承购包销发行方式,招标发行不仅实现了发行者与投资者的直接见面,减少了中间环节,而且使竞争机制及其他市场机制通过投资者对发行条件的自主选择投标而得以充分体现,有利于形成公平合理的发行条件,也有利于缩短发行期限,提高市场效率,降低发行体的发行成本,是国债发行方式市场化的进一步加深。

我国从1996年开始,将竞争机制引入国债发行,从2003年起,财政部对国债发行招标规则又进行了重大调整,即在原来单一"荷兰式"招标基础上,增加"美国式"招标方式,招标标的确定为三种,依次是利率、利差和价格。

(2) 拍卖发行方式。

拍卖发行方式是指在拍卖市场上,按照例行的经常性的拍卖方式和程序,由发行主体主持,公开向投资者拍卖国债,完全由市场决定国债发行价格与利率。国债的拍卖发行实际是在公开招标发行基础上更加市场化的做法,是国债发行市场高度发展的标志。由于该种发行方式更加科学合理、高效,所以目前西方发达国家的国债发行多采用这种形式。

4.1.3 国债的申购

1. 凭证式国债的购买方法

(1) 凭证式国债主要面向个人投资者发行。其发售和兑付是通过各大银行的储蓄网点、邮政储蓄部门的网点以及财政部门的国债服务部办理,投资者购买凭证式国债可在发行期间内到各网点填单购买,其购买手续和银行定期存款办理手续类似。在发售网点填制凭证式国债收款凭单,其内容包括购买日期、购买人姓名、购买券种、购买金额、身份证件号码等,填完后交购买者收妥。从购买之日开始计息,到期一次还本付息,不计复利,逾期兑付不加计利息。

(2) 提前支取的利息计算从购买之日起3年期和5年期凭证式国债持有时间不满半年不计付利息,满半年不满1年按0.81%计息,满1年不满2年的按2.61%计息,满2年不满3年按3.78%计息;5年期凭证式国债持有时间满3年不满4年按5.22%计息,满4年不满5年按5.49%计息。提前兑取时,按兑取本金的1‰收取手续费,并按实际持有时间及相应的分档利率计付利息(以2007年凭证式四期国债为例,其中3年期160亿元,票面利率5.20%;5年期40亿元,票面利率5.74%)。

(3) 提前支取后再销售及购买发行期过后,对于客户提前兑取的凭证式国债,可由指定的经办机构在控制指标内继续向社会发售。投资者在发行期过后购买以前提前支取的国债,银行将重新填制凭证式国债收款凭单,投资者购买时仍按面值购买。起息日按第一次买的时间为准,客户须按原日(第一次购买日)到现购买日的期间天数,按国债原规定利率支付一定的利率差额,其计算方法为:

$$利率差额 = 天数 \times 国债年利率 \div 360$$

2. 无记名式国债及记账式国债的申购

根据国债发行公告,无记名式国债及记账式国债均可通过交易所交易系统进行公开发行。国债发行期间,投资者可到其指定的证券商处办理委托手续,通过交易所交易系统直接认购;投资者也可向认定的国债承销商直接认购。其申购规则如表4-1所示。

表4-1 国债申购规则

项目	要求
分销认购方式	国债采用挂牌分销和合同分销两种方式: ① 挂牌分销为承销商在交易所市场挂牌卖出,各会员单位自营或代理投资者通过交易席位申报认购; ② 合同分销为承销商同其他机构或个人投资者签订分销合同进行分销认购
申购账户	沪深证券账户或基金账户
申购代码	深市:1066×× 或 1077×× 沪市:751××
申购价格	挂牌申购价格为100元
申购单位	以"手"为单位(1手为1 000元面值),为1手或其整数倍
申购费用	无需缴纳任何费用

无记名式国债及记账式国债申购的操作要点如下:

（1）投资者认购沪深证券交易所上市发行的国债需经过证券商委托。

（2）投资者认购沪深证券交易所上市发行的国债需通过沪深证券账户或基金账户进行。

（3）沪深证券市场挂牌国债的申购代码为分销证券商的代码，并不是证券的上市代码。例如，2001年记账式（15期）国债上网发行申购代码101620，是指"长城证券"挂牌分销的国债，即投资者作为买方认购的是"长城证券"作为国债卖方的当期国债。每次上网发行公布的申购代码有许多个，投资者可以任选一个。认购成功后，在上市前此代码自动转换成正式的国债上市代码，如101620转为100115。

（4）上网申购发行的国债申报数量以手为单位，1手为1 000元面值。

（5）采用挂牌分销方式认购国债的委托、成交、清算等手续均按交易所业务规则办理。

（6）投资者办理交易所上网发行国债的认购手续时不需缴纳手续费用。

（7）投资者通过场内认购的国债，其债权由交易所所属的证券登记结算公司直接记录在其证券账户或基金账户内，待该国债发行期结束后即可上市流通交易。投资者通过场外认购的国债，必须指定一个证券商办理国债的托管手续，并待该国债发行期结束上市后，方可委托该证券商在交易所交易市场上进行国债现货交易。

4.1.4 国债的交易

在交易所债券市场，国债与公司债券一样，其交易包括现券交易和回购交易两种交易方式。

1. 债券的现券交易

证券交易所的债券现券交易，与股票、基金等品种的交易大同小异，这里不再赘述。

2. 债券的回购交易

（1）债券回购交易包括债券买断式回购交易和债券质押式回购交易等。债券买断式回购交易是指债券持有人将债券卖给购买方的同时，交易双方约定在未来某一日期，卖方再以约定价格从买方购回相等数量同种债券的交易。债券质押式回购交易是指债券持有人在将债券质押的同时，将相应债券以标准券折算比率计算出的标准券数量为融资额度而进行质押融资，交易双方约定在回购期满后返还资金和解除质押的交易。

（2）债券回购交易的期限按日历时间计算。如到期日为非交易日，顺延至下一个交易日结算。

（3）债券买断式和质押式回购交易以人民币1 000元面值债券为1手。在债券的竞价交易中，债券质押式回购交易的申报数量应当为100手或其整数倍，单笔申报最大数量应当不超过1万手；债券买断式回购交易的申报数量应当为1 000手或其整数倍，单笔申报最大数量应当不超过5万手。

（4）债券买断式回购交易的申报价格最小变动单位为0.01元；债券质押式回购交易申报价格最小变动单位为0.005元。

4.1.5 国债的还本付息

1. 凭证式国债

凭证式国债从购买之日起计息。在持有期内，持券人如遇特殊情况需要提取现金，可以到购买网点提前兑取。提前兑取时，除偿还本金外，利息按实际持有天数及相应的利率档次计算，经办机构按兑付本金的1‰收取手续费。

2. 贴现国债

贴现国债指国债券面上不附有息票，发行时按规定的折扣率，以低于债券面值的价格发行，到期按面值支付本息的国债。贴现国债的发行价格与其面值的差额即为债券的利息。如投资者以70元的发行价格认购了面值为100元的5年期国债，那么，在5年到期后，投资者可兑付到100元的现金，其中30元的差价即为国债的利息，年息平均为8.57%。我国1996年开始发行贴现国债，期限分别为3个月、6个月和1年。

3. 附息国债

附息国债是指债券券面上附有息票的国债，是按照债券票面载明的利率及支付方式支付利息的债券。息票上标有利息额、支付利息的期限和债券号码等内容。持有人可从债券上剪下息票，并据此领取利息。附息国债的利息支付方式一般是在偿还期内按期付息，如每半年或1年付息一次。

我国发行的国债多数是到期一次还本付息的债券，1993年的第三期国债则实行按年付息，成为我国发行的第一期附息国债，1996年发行的10年期国债也实行按年付息。自此，附息国债开始成为我国国债的一个重要品种。

4.2 公司债券投资

公司债券是指公司依照法定程序发行、约定在1年以上期限内还本付息的有价证券。

2007年8月，中国证监会颁布实施了《公司债券发行试点办法》，对公司债券的发行方式、发行条件、发行程序、债券持有人权益保护等方面作出了详尽的规定。今后，我国将放松行政管制，建立以发债主体的信用责任机制为核心的公司债券市场体系以及信用评级、信息披露、债券受托管理人等市场化的配套制度，充分发挥中介机构和投资机构识别风险、分散风险、化解风险的功能，更好地发挥市场机制在公司债券市场发展中的基础作用。

4.2.1 公司债券的发行

1. 主管部门对发行公司债券的要求

公司在发行债券时，须满足以下8个要求：

（1）公司的生产经营符合法律、行政法规和公司章程的规定，符合国家产业政策。

（2）公司内部控制制度健全，内部控制制度的完整性、合理性、有效性不存在重大缺陷。

（3）经资信评级机构评级，债券信用级别良好。

（4）公司最近一期末经审计的净资产额应符合法律、行政法规和中国证监会的有关规定。

（5）最近3个会计年度实现的年均可分配利润不少于公司债券1年的利息。

可分配利润是指公司依法缴纳各种税金，依法弥补亏损并提取公积金、法定公益金后所剩余的利润。如果将发行公司债券之前的3年中公司所有的可分配利润平均之后，1年的可分配利润足以支付公司债券的1年的利息，那么公司就可以按照约定的期限向债券持有人支付约定的利息，而不会发生迟延支付利息的情况，从而保障投资者的利益。

(6) 本次发行后累计公司债券余额不超过最近一期末净资产额的40%；金融类公司的累计公司债券余额按金融企业的有关规定计算。

(7) 筹集的资金投向符合国家产业政策。

发行公司债券募集的资金，必须符合股东会或股东大会核准的用途，且符合国家产业政策。

(8) 债券利率不得超过国务院限定的利率水平。

公司在发行债券时，债券的利率越高，它所要偿还的债务就越多，就会因负债过多而可能无法清偿其债务，损害债权人利益。所以公司发行债券的利率不得超过国务院限定的利率水平。根据《公司债券管理条例》的规定，公司债券的利率不得高于银行同期限居民储蓄存款利率的40%。

若公司存在下列情形之一的，不得发行公司债券：

(1) 最近36个月内公司财务会计文件存在虚假记载，或公司存在其他重大违法行为。

(2) 发行申请文件存在虚假记载、误导性陈述或者重大遗漏。

(3) 对已发行的公司债券或者其他债务有违约或者迟延支付本息的事实，仍处于继续状态。

(4) 严重损害投资者合法权益和社会公共利益的其他情形。

2. 公司债券的发行条件

债券发行的条件指债券发行者发行债券筹集资金时所必须考虑的有关因素，具体包括发行额、面值、期限、偿还方式、票面利率、付息方式、发行价格、发行费用、有无担保等。公司决定发行公司债券后，接着就要考虑发行何种类型的债券以及发行债券的条件。

由于公司债券通常是以发行条件进行分类的，所以，确定发行条件的同时也就确定了所发行债券的种类。适宜的发行条件可使筹资者顺利地筹集资金，使承销机构顺利地销售出债券，也使投资者易于作出投资决策。在选择债券发行条件时，公司应根据债券发行条件的具体内容综合考虑下列12个因素。

(1) 债券发行额。它是指债券发行人一次发行债券时预计筹集的资金总量。公司应根据自身的资信状况、资金需求程度、市场资金供给情况、债券自身的吸引力等因素进行综合判断后再确定一个合适的发行额。发行额定得过高，会造成发售困难；发行额太小，又不易满足筹资的需求。

(2) 债券面值。它是指债券票面上标出的金额。公司可根据不同认购者的需要，使债券面值多样化，既有大额面值，也有小额面值。

(3) 债券的期限。它是指从债券发行日起到偿还本息日止的这段时间称为债券的期限。公司通常根据资金需求的期限、未来市场利率走势、流通市场的发达程度、债券市场上其他债券的期限情况、投资者的偏好等来确定发行债券的期限结构。一般而言，当资金需求量较大，债券流通市场较发达，利率有上升趋势时，可发行中、长期债券；否则，应发行短期债券。

(4) 债券的偿还方式。按照债券的偿还日期的不同，债券的偿还方式可分为期满偿还、期中偿还和延期偿还三种或可提前赎回和不可提前赎回两种；按照债券的偿还形式的不同，可分为以货币偿还、以债券偿还和以股票偿还三种。公司可根据自身实际情况和投资者的需求灵活作出决定。

(5) 票面利率。它可分为固定利率和浮动利率两种。在一般情况下,公司应根据自身资信情况、公司承受能力、利率变化趋势、债券期限的长短等决定选择何种利率形式与利率的高低。

(6) 付息方式。它一般可分为一次性付息和分期付息两种。公司可根据债券期限情况、筹资成本要求、对投资者的吸引力等确定不同的付息方式。如对中长期债券可采取分期付息方式,按年、半年或按季度付息等;对短期债券可以采取一次性付息方式等。

(7) 债券的发行价格。它是指债券投资者认购新发行的债券时实际支付的价格。债券的发行价格可分为平价发行(按票面值发行)、折价发行(以低于票面值的价格发行)和溢价发行(以高于票面值的价格发行)三种。选择不同发行价格的主要考虑因素是使投资者得到的实际收益与市场收益率相近。因此,公司可根据市场收益率和市场供求情况相机抉择。

(8) 发行方式。公司可根据市场情况、自身信誉和销售能力等因素,选择采取向特定投资者发行的私募方式,还是向社会公众发行的公募方式;是自己直接向投资者发行的直接发行方式,还是让证券中介机构参与的间接发行方式;是公开招标发行方式,还是与中介机构协商议价的非招标发行方式等。

(9) 是否记名。记名公司债券转让时必须在债券上背书,同时还必须到发行公司登记,而不记名公司债券则无需如此。因此,不记名公司债券的流动性要优于记名公司债券。公司可根据市场需求等情况决定是否发行记名债券。

(10) 有无担保情况。发行的债券有无担保,是债券发行的重要条件之一。一般而言,由信誉卓著的第三者担保或以公司自己的财产作抵押担保,可以增加债券投资的安全性,减少投资风险,提高债券的吸引力。公司可以根据自身的资信状况决定是否以担保形式发行债券。通常,大金融机构、大公司发行的债券多为无担保债券,而信誉等级较低的中小公司大多发行有担保债券。

(11) 债券选择权情况。附有选择权的公司债券指在债券发行中,发行者给予持有者一定的选择权,如可转换公司债券、有认股权证的公司债券、可退还的公司债券等。一般说来,有选择权的债券利率较低,也易于销售。但可转换公司债券在一定条件下可转换成公司发行的股票,有认股权证的债券持有人可凭认股权证购买所约定的公司的股票等,因而会影响到公司的所有权。可退还的公司债券在规定的期限内可以退还给发行人,因而增加了公司的负债和流动性风险。公司可根据自身资金需求情况、资信状况、市场对债券的需求情况以及现有股东对公司所有权的要求等选择是否发行有选择权的债券。

(12) 债券发行费用。它是指发行者支付给有关债券发行中介机构和服务机构的费用。债券发行者应尽量减少发行费用,在保证发行成功和有关服务质量的前提下,选择发行费用较低的中介机构和服务机构。

3. 公司债券的发行程序

公司债券的发行程序主要有以下 9 个步骤。

(1) 申请发行公司债券,应当由公司董事会制定方案,由股东会或股东大会对下列事项作出决议：

① 发行债券的数量；
② 向公司股东配售的安排；
③ 债券期限；
④ 募集资金的用途；
⑤ 决议的有效期；
⑥ 对董事会的授权事项。

（2）发行公司债券，必须由保荐人保荐。保荐人应当按照中国证监会的有关规定编制和报送募集说明书和发行申请文件。保荐人应当对债券募集说明书的内容进行尽职调查，并由相关责任人签字，确认不存在虚假记载、误导性陈述或者重大遗漏，并声明承担相应的法律责任。

为债券发行出具专项文件的注册会计师、资产评估人员、资信评级人员、律师及其所在机构，应当按照依法制定的业务规则、行业公认的业务标准和道德规范出具文件，并声明对所出具文件的真实性、准确性和完整性承担责任。

（3）公司在作出发行公司债券的决议或者决定后，必须依照我国《公司法》的规定，向中国证监会提交规定的申请文件，报请批准，所提交的申请文件必须真实、准确、完整。向国务院授权部门提交的申请文件包括：公司登记证明、公司章程、公司债券募集办法、资产评估报告和验资报告等。

（4）中国证监会依照法定条件负责批准公司债券的发行，该部门应当自受理公司债券发行申请文件之日起3个月内作出决定，不予审批的，应当作出说明。

（5）发行公司债券，可以申请一次核准，分期发行。自中国证监会核准发行之日起，公司应在6个月内首期发行，剩余数量应当在24个月内发行完毕。超过核准文件限定的时效未发行的，须重新经中国证监会核准后方可发行。

首期发行数量应当不少于总发行数量的50%，剩余各期发行的数量由公司自行确定每期发行完毕后5个工作日内报中国证监会备案。

（6）公司应当在发行公司债券前的2～5个工作日内，将经中国证监会核准的债券募集说明书摘要刊登在至少一种中国证监会指定的报刊，同时将其全文刊登在中国证监会指定的互联网网站。公司全体董事、监事、高级管理人员应当在债券募集说明书上签字，保证不存在虚假记载、误导性陈述或者重大遗漏，并声明承担个别和连带的法律责任。

募集说明书中应当载明下列事项：

① 公司名称；
② 债券总额和债券的票面金额；
③ 债券的利率；
④ 还本付息的期限和方式；
⑤ 债券发行的起止日期；
⑥ 公司净资产额；
⑦ 已发行的尚未到期的公司债券总额；

⑧ 公司债券的承销机构。

债券募集说明书所引用的审计报告、资产评估报告、资信评级报告，应当由有资格的证券服务机构出具，并由至少两名有从业资格的人员签署。债券募集说明书所引用的法律意见书，应当由律师事务所出具，并由至少2名经办律师签署。债券募集说明书不得使用超过有效期的资产评估报告或者资信评级报告。债券募集说明书自最后签署之日起6个月内有效。

（7）公司发行公司债券应当置备公司债券存根簿。发行记名公司债券的，应当在公司债券存根簿上载明下列事项：
① 债券持有人的姓名或者名称及住所；
② 债券持有人取得债券的日期及债券的编号；
③ 债券总额、债券的票面金额、债券的利率、债券还本付息的期限和方式；
④ 债券的发行日期。

（8）中国证监会对已经批准发行的公司债券，如果发现不符合法律、行政法规规定的，应当予以撤销；尚未发行的，应停止发行；已经发行公司债券的，发行公司应当向认购人退还所缴款项并加算银行同期存款利息。

（9）发行公司应当为债券持有人聘请债券受托管理人，并订立债券受托管理协议；在债券存续期限内，由债券受托管理人依照协议的约定维护债券持有人的利益。

债券受托管理人由本次发行的保荐人或者其他经中国证监会认可的机构担任。为本次发行提供担保的机构不得担任本次债券发行的受托管理人。

债券受托管理人应当为债券持有人的最大利益行事，不得与债券持有人存在利益冲突。债券受托管理人应当履行下列职责：
① 持续关注发行公司和保证人的资信状况，在出现可能影响债券持有人重大权益的事项时，召集债券持有人会议；
② 公司为债券设定担保的，债券受托管理协议应当约定担保财产为信托财产，债券受托管理人应在债券发行前取得担保的权利证明或其他有关文件，并在担保期间妥善保管；
③ 在债券持续期内勤勉处理债券持有人与公司之间的谈判或者诉讼事务；
④ 预计公司不能偿还债务时，要求公司追加担保，或者依法申请法定机关采取财产保全措施；
⑤ 公司不能偿还债务时，受托参与整顿、和解、重组或者破产的法律程序；
⑥ 债券受托管理协议约定的其他重要义务。

4. 公司债券的发行方式
（1）按照发行对象可分为私募发行和公募发行两种方式。
① 私募发行是指面向少数特定的投资者发行债券，一般以少数关系密切的单位和个人为发行对象，不对所有的投资者公开出售。具体发行对象有两类：一类是机构投资者，如大金融机构或与发行者有密切业务往来的企业等；另一类是个人投资者，如发行单位自己的员工，或是发行者的上下游客户等。私募发行一般多采取直接销售的方式，不经过证券发行中介机构，不必向证券管理机关办理发行注册手续，可以节省承销费用和注册费用，手续比较

简便。但是私募债券不能公开上市,流动性差,利率比公募债券高,发行数额一般不大。

② 公募发行是指公开向广泛不特定的投资者发行债券。公募债券发行者必须向证券管理机关办理发行注册手续。由于发行数额一般较大,通常要委托证券公司等中介机构承销。公募债券信用度高,可以上市转让,因而发行利率一般比私募债券低。

(2) 按照债券的实际发行价格和票面价格的异同,债券的发行可分平价发行、溢价发行和折价发行。

① 平价发行是指债券的发行价格和票面额相等,因而发行收入的数额和将来还本数额也相等,前提是债券发行利率和市场利率相同。这在西方国家比较少见。

② 溢价发行是指债券的发行价格高于票面额,以后偿还本金时仍按票面额偿还。只有在债券票面利率高于市场利率的条件下才能采用这种方式发行。

③ 折价发行是指债券发行价格低于债券票面额,而偿还时却要按票面额偿还本金。折价发行是因为规定的票面利率低于市场利率。

4.2.2　公司债券的申购配售

下面以某公司为例说明公司债券的申购配售流程。

投资者申购公司债券之前,应详细阅读公司债券募集说明书和公司债券申购和配售办法说明。

1. 申购配售的时间安排

T-2 日:发行人在国家有关主管部门指定媒体刊登募集说明书、募集说明书摘要和申购配售说明,簿记管理人开始接收订金。

T-1 日:簿记管理人接收订单和投资者资料进行簿记;发行人与主承销商讨论决定本期债券的最终基本利差("发行利差")及最终票面利率("发行利率")和是否行使债券回拨选择权;当日北京时间 24:00 之前,发行人将最终发行规模及发行利率报国家有关主管部门备案。

T 日(即发行首日):簿记管理人向本期债券的获配投资者发出"配售缴款通知书"。债券将被托管至牵头主承销商在中央国债登记公司的账户;获得配售的投资者开始缴款。发行人不迟于发行首日于有关主管部门指定媒体刊登簿记建档结果公告。

T+1 日:获得配售的投资者应按配售缴款通知书的要求将各自的获配款项划至募集款项账户。

T+2 日:牵头主承销商完成将债券过户给获得配售且按时缴款的投资者的登记与托管手续。

2. 基本申购程序

公司债券的基本申购程序有以下 7 个步骤。

(1) 拟申购本期债券的投资者应按申购配售说明的具体要求,正确填写订单,并准备相关资料。投资者应不迟于订单截止时间,将订单及投资者资料,传真至簿记管理人指定的传真号码。投资者在填写订单时,可参考《某某公司债券订单填报说明》。

(2) 簿记管理人根据所收到的订单、投资者资料及订金,进行簿记建档,统计有效订单的数量。

（3）簿记建档结束后,根据簿记结果,发行人与主承销商将按照募集说明书规定的债券回拨机制协商一致,将最终发行规模和发行利率报国家有关主管部门备案,然后对所有有效订单进行配售。

（4）簿记管理人将向获配债券的投资者发出配售缴款通知书,列明其获配的债券数量、其应补缴的认购款金额/应退还的未获配售订金、缴/退款时间、认购款的收款银行账户信息等。

（5）投资者应按簿记管理人发出的配售缴款通知书按时、足额缴款。

（6）主承销商按中央国债登记公司的相关规程,不迟于 T+2 日为投资者办理债券过户手续。

（7）发行人聘请相关公证机构,对簿记过程进行公证。

3. 投资者应提交的资料

投资者应于规定的期限内准确填写投资者基本信息表,并将投资者基本信息表加盖单位公章后与其他投资者资料传真至簿记管理人指定的传真号码。投资者须在每一页注明发送的总页数及投资者的联系人和联系电话。

（1）境内法人投资者申购时须向簿记管理人提交下列资料：

① 有效的法人营业执照（副本）复印件（加盖单位公章）,或其他有效的法人资格证明文件复印件（加盖单位公章）；

② 经办人身份证复印件；

③ 投资者基本信息表。

（2）境内非法人机构投资者申购时须向簿记管理人提交下列资料：

① 有效的非法人机构相关证明复印件（加盖单位公章）；

② 经办人身份证复印件；

③ 投资者基本信息表。

4. 缴款办法

公司债券的获配投资者应按照配售缴款通知书的要求,按时足额将认购款项划至配售缴款通知书指定账户。

4.2.3 公司债券的上市交易

公司债券获批在交易所上市后,按如下规则进行交易。

1. 公司债券的现货交易

（1）公司债券现货交易可在交易所竞价交易系统和固定收益证券综合电子平台同时进行,并使用相同的证券代码和证券简称。

（2）投资者按证券账户进行申报,并实行净价交易、全价结算。公司债券现货净价交易比照国债相关规定执行。

（3）在电子平台采取报价交易的,每笔买卖报价数量为 1 000 手或其整数倍,报价按每 1 000 手逐笔进行成交。

（4）当日通过竞价系统（电子平台）买入的公司债券,可于当日通过该系统（平台）卖出,也可于次一交易日通过电子平台（竞价系统）卖出。

(5) 电子平台的一级交易商可向交易所申请,对在电子平台挂牌的公司债券进行做市及办理与其客户的协议交易。

2. 公司债券的回购交易

(1) 经发行人申请,并由交易所和中国证券登记结算有限责任公司认定,符合条件的公司债券可作为质押券用于新质押式回购,由交易所在上市通知中予以公布。交易所可根据市场情况,终止特定的公司债券用于新质押式回购。

(2) 公司债券进行新质押式回购通过交易所竞价系统进行;公司债券申报和转回作为质押券业务通过电子平台进行,电子平台的交易商可代理客户进行质押券的申报和转回。

当日买入的公司债券可当日进行质押类申报,当日申报质押券入库的,下一交易日可在竞价系统进行相应的债券回购业务。当日申报转回的质押券,下一交易日可在竞价系统和电子平台卖出。

(3) 符合以下条件之一的公司债券,可作为新质押式回购的质押券:

① 公司债券发行人是中央直属的国有独资企业;

② 公司债券由中国工商银行股份有限公司、中国银行股份有限公司、中国建设银行股份有限公司、中国农业银行股份有限公司、中国交通银行股份有限公司、国家开发银行之一提供全额无条件不可撤销连带责任担保或者提供足额资产抵押担保;

③ 主体评级和债券评级为 AAA 级;

④ 经中国证监会认可的其他公司债券。

(4) 公司债券发行人应按照《上海证券交易所公司债券上市规则》相关规定,履行持续信息披露义务。

(5) 公司债券发行人出现影响或可能影响公司债券还本付息的重大事件,交易所可以视情况暂停公司债券现货及回购交易,暂停及恢复交易的时间和方式由交易所决定。

(6) 交易所对公司债券交易实行实时监控,对交易出现异常波动或涉嫌违法违规交易的公司债券可实施特别停牌并予以公告,停牌及复牌的时间和方式由交易所决定。对异常交易及其他违法违规行为,按照交易所相关规定处理。

(7) 公司债券发行人为交易所上市公司的,其股票停牌,交易所可以视情况决定暂停公司债券的现货交易及回购交易,直至相关当事人作出公告的下一交易日予以复牌。

(8) 公司债券的登记、托管和结算及标准券折算比率等事宜按照中国证券登记结算有限责任公司的相关规定办理。

4.2.4 公司债券的还本付息

1. 公司债券的还本

发行人在债券到期后,应按照发行时的约定偿还债券持有者本金。在债券的整个存续期内,溢价和折价都已摊销完毕,因此,债券最后到期兑付时,可以不考虑债券的溢价和折价,全部按债券的票面价值进行兑付。

2. 公司债券的付息

(1) 债权登记日发行人在付息公告中公告债权登记日,截止到该日下午收市后,该期债券投资者对托管账户所记载的债券余额享有本年度利息。

(2) 除息交易日债权登记日的下一个交易日为除息交易日。

(3) 付息时间。付息时间有集中付息时间和常年付息时间两种。

① 集中付息时间：自除息交易日之后的第3个工作日起20个工作日。

② 常年付息时间：集中付息期间未领取利息的投资者，可到原认购网点领取利息。

(4) 付息办法。对于付息方法，有以下一些具体规定。

① 公司债券未上市部分，即托管在中央国债登记结算有限责任公司由一级托管客户持有的公司债券利息款，由中央国债登记结算有限责任公司按期划付至一级托管客户指定的银行账户。

② 从二级市场购买公司债券并持有到债权登记日的投资者，利息款通过中国证券登记结算有限责任公司清算系统进入该投资者开户的证券公司营业部的资金账户中，再由该营业部向该投资者付息。

③ 从一级发行市场购买公司债券并持有到债权登记日的投资者，在原认购债券的营业网点办理付息手续。具体手续如下：

- 公司债券个人投资者办理利息领取手续时，应出示本人身份证和原托管凭证，如由他人代办，应出示投资者身份证、代理人身份证和原托管凭证；
- 公司债券机构投资者办理利息领取手续时，应出示原托管凭证和经办人身份证，并提交单位授权委托书（加盖认购时预留的印鉴）正本、法人营业执照复印件（加盖该机构投资者的公章）和税务登记证（地税）复印件（加盖该机构投资者的公章）以及经办人身份证复印件；
- 投资者的托管凭证遗失或损毁，须按照原认购网点的具体规定办理挂失手续，并于集中付息结束后由本人持有效身份证明办理，不得由他人代办；
- 在集中付息期间未领取利息的投资者，仍到原认购网点领取利息；
- 如投资者原认购网点已迁址、更名或合并，则根据托管凭证上注明的二级托管人名称或加盖的公章，咨询该二级托管人。

④ 根据有关规定，公司债券个人投资者的公司债券利息收入，应按利息额的20%缴纳个人所得税，统一由各付息网点在向持有债券的个人支付利息时负责代扣代缴，就地入库。

4.3 可转换公司债券投资

可转换公司债券（简称"转债"），又称可换股债券，是债券的一种。它可以转换为债券发行公司的股票，其转换比率一般在发行时确定。可转换债券通常具有较低的票面利率，因为其可以转换成股票的权利是对债券持有人的一种补偿。另外，将可转换债券转换为普通股时，所换得的股票价值一般远大于原债券价值。从本质上讲，可转换债券是在发行公司债券的基础上，附加了一份期权，并允许购买人在规定的时间内将其购买的债券转换成指定发行公司的股票。

4.3.1 可转换公司债券的优势

可转换公司债券具有股票和债券的双重属性，对投资者来说是"能够保证本金的股票"。可转换公司债券对投资者具有强大的市场吸引力，其优势在于：

(1) 可转换公司债券使投资者获得最低收益权,它与股票的不同在于它具有债券的特性,即便当它失去转换意义后,作为一种低息债券,它仍然会有固定的利息收入,这时投资者可以获得固定的本金与利息收益。如果实现转换,则会获得出售普通股的收入或获得股息收入。当股价上涨时,投资者可将债券转为股票,享受股价上涨带来的盈利;当股价下跌时,则可不实施转换而享受每年的固定利息收入,待期满时兑现本金。

(2) 可转换公司债券当期收益较普通股的红利高,投资者在持有可转换公司债券期间,可以取得定期的利息收入;如果可转换公司债券当期收益较普通股红利低,则可转换公司债券将很快被转换成股票。

(3) 可转换公司债券比股票有优先偿还的要求权。可转换公司债券属于次等信用债券。在清偿顺序上,同普通公司债券、长期负债(银行贷款)等具有同等追索权利,但排在一般公司债券之后,同可转换优先股、优先股和普通股相比,可得到优先清偿。

4.3.2 可转换公司债券的发行条件与发行程序

1. 发行条件

可转换公司债券的发行条件有以下8个:

(1) 最近3年连续盈利,且最近3年净资产利润率平均在10%以上;属于能源、原材料、基础设施类的公司可以略低,但是不得低于7%。

(2) 可转换公司债券发行后,资产负债率不高于70%。

(3) 累计债券余额不超过公司净资产额的40%。

(4) 募集资金的投向符合国家产业政策。

(5) 可转换公司债券的利率不超过银行同期存款的利率水平。

(6) 可转换公司债券的发行额不少于人民币1亿元。

(7) 有可靠的偿债能力。

(8) 有具有代为清偿债务能力的保证人的担保。

发行人有下列情形之一的,主管部门不予核准其发行申请:

(1) 最近3年内存在重大违法违规行为的。

(2) 最近一次募集资金被擅自改变用途而未按规定加以纠正的。

(3) 信息披露存在虚假记载、误导性陈述或重大遗漏的。

(4) 公司运作不规范并产生严重后果的。

(5) 成长性差,存在重大风险隐患的。

(6) 中国证监会认定的其他严重损害投资者利益的情形。

2. 发行程序和发行条款

(1) 发行人申请发行可转换公司债券,应由股东大会作出决议。股东大会作出的决议至少应包括发行规模、转股价格的确定及调整原则、债券利率、转股期、还本付息的期限和方式、赎回条款及回售条款、向原股东配售的安排、募集资金用途等事项。

(2) 为发行人发行可转换公司债券提供服务的中介机构应认真履行义务,并承担相应的法律责任。主承销商还应对可转换公司债券发行申请文件进行核查。有关核查的程序和原则应参照股票发行内核工作的有关规定执行。主承销商应向中国证监会申报核查中的主要问题及其结论。

（3）可转换公司债券按面值发行，每张面值100元，最小交易单位为面值1 000元。

（4）可转换公司债券的期限最短为3年，最长为5年，由发行人和主承销商根据发行人具体情况商定。

（5）可转换公司债券的转股价格应在募集说明书中约定。价格的确定应以公布募集说明书前30个交易日公司股票的平均收盘价格为基础，并上浮一定幅度（具体上浮幅度由发行人与主承销商商定）。

（6）可转换公司债券自发行之日起6个月后方可转换为公司股票。可转换公司债券的具体转股期限应由发行人根据可转换公司债券的存续期及公司财务情况确定。

（7）发行人应明确约定可转换公司债券转股的具体方式及程序。

（8）可转换公司债券计息起始日为可转换公司债券发行首日。

（9）可转换公司债券应每半年或一年付息一次；到期后5个工作日内应偿还未转股债券的本金及最后一期的利息。具体付息时间、计息规则等应由发行人约定。

4.3.3 可转换公司债券的申购

投资者应当详细阅读可转换公司债券募集说明书和发行公告书，按照发行公告的提示进行申购，基本申购程序如下：

（1）申购当日（T日），投资者凭证券账户卡申请认购可转换公司债券，每个账户的申购不少于1 000元面值，超过1 000元面值必须是1 000元的整数倍，每个账户的认购上限为公开发行总额的1%，并由交易所反馈认购情况。

（2）T+1日，由交易所结算公司将申购资金冻结在申购专户中。

（3）T+2日，由主承销商和有从事证券业务资格的会计师事务所对申购资金进行验资，并由会计师事务所出具验资报告。

（4）T+3日，由主承销商负责组织摇号抽签，并于当日公布中签结果。

（5）T+4日，对未中签的申购款予以解冻。

4.3.4 可转换公司债券的转股

可转债转股是指可转债持有人可以依据转债募集说明书的条件，按照当时生效的转股价格在转股期内的"转股申请时间"，随时申请转换为发行转债上市公司的流通股股票。转债持有人申请转股将通过交易所的交易系统按报盘方式进行，其具体步骤为：

（1）在转股期内交易所将专门设置一交易代码供可转债持有人申请转股，持有人可以将自己账户内的可转债全部或部分申请转为本公司股票。

在上证所上市流通的可转债，上证所将专门提供一个与转债对应的转股代码，投资者输入该转股代码，以转债的面值为交易价格，键入所需要转股的转债数量就可以了。

而对于在深交所上市的转债，需要投资者到所开户的营业部提出申请，营业部将利用专门的设备将该申请转交给交易所。在该过程中，深交所提供的交易代码往往为该转债本身的代码。在输入该代码后投资者需要通过一定的选项进入转股程序，然后营业部将客户需要转换的债券数量按照当期的转股价格计算出所转换股票数量，并申报到交易所。

（2）与转股申请相应的可转债总面值必须是1 000元的整数倍。申请转股的股份须是整数股,当尾数不足 1 股时,公司将在转股日后的 5 个交易日内以现金兑付该部分可转债的票面金额以及利息。

(3) 转股申请一经确认不能撤单。

(4) 若转债持有人申请转股的数量大于该持有人实际持有可转债能转换的股份数,深交所将确认其最大的可转换股票部分进行转股,申请超过部分予以取消。

(5) 转债持有人一经转股,该部分可转债便不能享受当期利息。转股所增加的股票将自动登记入投资者的股票账户,与本公司已发行在外的普通股享有同等权益,可参与当年股利分配。

(6) 当交易所对转股申请确认有效后,将记减(冻结并注销)持有人的可转债数额,同时记加持有人相应的股份数额。登记机构将根据托管券商的有效申报,对持有人账户的股票与可转债的持有数量做相应的变更登记。提出转股申请的持有人在转股申请的第二个交易日办理交割确认后,其持有的因转股而配发的股票便可上市流通。

(7) 转股过程中有关税费由持有人自行负担,除非本公司应该缴纳该类税费或者法律明确规定本公司对该类税费负有代扣代缴义务。

(8) 可转换公司债券在自愿申请转股期内,债券交易不停市。可转换公司债券上市交易期间,未转换的可转换公司债券数量少于 30 000 万元时,交易所将立即予以公告,并于 3 个交易日后停止其交易。可转换公司债券在停止交易后、转换期结束前,持有人仍然可以依据约定的条件申请转股。

(9) 转债发行人因增发新股、配股、分红派息而调整转股价格时,交易所将停止该可转换公司债券转股。停止转股的时间由发行人与交易所商定,最长不超过 15 个交易日,同时交易所还依据公告信息对其转股价格进行调整,并于股权登记日的下一个交易日恢复转股。恢复转股后采用调整后的转股价格。

4.3.5 可转换公司债券的赎回

在某些债券的发行合同中规定,债券发行人有权于一定期间、按一定价格提前购回发行在外的债券,这就是债券的赎回,赎回的债券应予注销。

发行人行使债券的赎回权,可以减轻利息负担。为了补偿提前赎回对债券持有人的损害,赎回价格通常高于债券面值或账面价值,从而形成赎回损失;如果赎回价格低于债券的账面价值,则产生赎回利益。赎回利益或赎回损失在公司账面上列为营业外收入或支出。为了正确计算债券赎回损益,必须计算并调整自上个付息日至赎回日的应计利息及溢价、折价摊销额,赎回的债券以及相关的溢价、折价账面余额。

关于可转换公司债券的赎回操作,目前我国有如下相关规定:

(1) 转债发行人每年可按约定条件行使一次赎回权。每年首次满足赎回条件时,发行人可赎回部分或全部未转股的可转换公司债券。但若首次不实施赎回的,当年不应再行使赎回权。

(2) 转债发行人行使赎回权时,应在赎回条件满足后的 5 个工作日内在中国证监会指定报刊和互联网网站连续发布赎回公告至少 3 次,赎回公告应载明赎回的程序、价格、付款方法、时间等内容。赎回公告发布后,不得撤销赎回决定。赎回期结束,应公告赎回结果及对发行人的影响。

4.3.6 可转换公司债券的回售

回售条款是为可转换公司债券持有人提供的一项安全性保障。当可转换公司债券的转换价值远低于债券面值时,投资人依据一定的条件可以要求发行人以面值加计利息补偿金的价格收回可转换公司债券。

回售条款赋予了可转换公司债券持有人一种权利,可以根据市场的变化而选择是否行使这种权利。这一条款在一定程度上保护了投资者的利益,这相当于发行公司提前兑付本息。回售可以增加转债的期权价值。

1. 回售方式

回售条款分为无条件回售和有条件回售。

（1）无条件回售是无特别原因而进行的回售,通常是固定回售时间,一般在可转换公司债券偿还期的后1/3或一半之后进行。无条件回售条款在某种意义上可视为发行人对可转换公司债券投资者的提前兑付本息,从而增加了期权价值。

（2）有条件回售是当公司股票价格在一段时期内连续低于转股价格并达到一定幅度时,可转换公司债券持有人按事先约定的价格将所持债券卖给发行人。回售价格一般比市场利率确定的价格稍低,但比债券票面利率高,在股票价格持续低迷的情况下,回售条款尤其具有意义。

2. 相关规定

关于可转换公司债券的回售操作,目前我国有如下相关规定：

（1）可转换公司债券的持有人每年可依照约定的条件行使一次回售权。每年首次满足回售条件时,持有人可回售部分或全部未转股的可转换公司债券。首次不实施回售的,当年不应再行使回售权。

（2）发行人应当在每年首次满足回售条件后的5个工作日内在中国证监会指定报刊和互联网网站连续发布回售公告至少3次,回售公告应载明回售的程序、价格、付款方法、时间等内容。行使回售权的可转换公司债券持有人应在回售公告期满后的5个工作日内通过证券交易所交易系统进行回售申报,发行人应在回售申报期结束后5个工作日内,按事先确定的价格及支付方式支付相应的款项。回售期结束,应公告回售的结果及对发行人的影响。

4.3.7 可转换公司债券的还本付息

（1）可转换公司债券的利率及其调整,由发行人根据本次发行的市场情况以及可转换公司债券的发行条款确定。

（2）可转换公司债券计息起始日为可转换公司债券发行首日。

（3）可转换公司债券应每半年或一年付息一次;到期后5个工作日内应偿还未转股债券的本金及最后一期的利息。具体付息时间、计息规则等应由发行人约定。

（4）可转换公司债券转股当年的利息、股利以及转股不足1股金额的处理办法由发行人约定。

4.4 债券投资模拟实验

4.4.1 认识交易所债券市场

1. 登录上海交易所网站

(1) 打开上海证券交易所网站,http://www.sse.com.cn/sseportal/ps/zhs/home.html;

(2) 点击"证券品种";

(3) 点击"债券",可看到"国债"、"地方政府债"、"公司债、企业债"、"可转换债"、"债券回购"、"分离债"以及"资产支持证券"等每个债券品种的相关信息。

2. 登录深交易所网站

(1) 打开深圳证券交易所网站,http://www.szse.cn/;

(2) 点击"证券数据";

(3) 点击"交易品种";

(4) 点击"债券",详尽了解每个债券品种的相关信息。

4.4.2 模拟国债、公司债券和可转换公司债券的交易

和实验1的模拟股票投资交易一样,从世华财讯的模拟股票交易界面进入,用同样方法可买卖各个国债、公司债券和可转换公司债券等品种债券。

复习思考题

1. 国债的种类有哪些?
2. 凭证式国债如何购买?
3. 无记名式国债及记账式国债如何申购?
4. 什么是国债回购?
5. 国债如何还本付息?
6. 公司债券的发行的要求是什么?
7. 公司债券的发行程序是什么?
8. 公司债券的发行方式有哪些? 并具体说明。
9. 什么是可转换公司债券? 它有什么优势?
10. 可转换公司债券发行的条件是什么?
11. 可转换公司债券程序怎样?
12. 可转换公司债券如何转股?
13. 可转换公司债券有哪些回售方式? 并具体说明。

实验 5 证券投资基金投资实务

> **实验目的：** 运用证券投资基金的相关知识，掌握基金认购与申购、转换、分红和赎回等证券投资基金投资基本技能，学会了解基金评级，掌握基金信息，比较基金投资的收益与费用，挑选基金公司，挑选基金经理以及网上买卖基金等证券投资基金投资基本技巧，使用相关金融投资交易软件进行模拟证券投资基金交易，以帮助我们进行证券投资基金投资。
>
> **实验内容与要求：** 在初步了解各类证券投资基金各种规章制度和交易规则的基础上，通过相关证券行情交易软件，进一步认识在两市挂牌交易的各种证券投资基金的行情信息，并在开市期间，通过新华 08 信息系统与世华财讯软件或商业银行网站进行证券投资基金的模拟交易与投资分析。
>
> **实验工具：** 新华 08 信息系统与世华财讯软件，商业银行网站。

5.1 证券投资基金账户的开立

5.1.1 基金开户前需了解的知识

1. 场内买基金与场外买基金

我们通常把证券交易所（上海证券交易所和深圳证券交易所）看作场内，因此从场内买卖基金即从证券交易所买卖基金，但是可以通过证券交易所买卖的基金种类并不多，主要有封闭式基金、LOF 基金、ETF 基金和进入上证基金通平台的基金。上证基金通是上海证券交易所开发的开放式基金销售系统，可为开放式基金的认购、申购、赎回等相关业务提供高效、自动、一体化的技术支持。有了上证基金通，投资者就可以像买卖股票一样买卖所有在上海证券交易所挂牌的开放式基金，通过任何一家有资格的券商营业部认购、申购和赎回上证所挂牌的开放式基金。这就省去了多次开户、多次奔波的烦琐，可以更便捷、更充分地查询开放式基金信息，使基金投资轻松、高效，从而形成真正意义上的"基金超市"。

场外就是指证券交易所以外的买卖渠道。除 LOF 和 ETF 基金既可以在场内交易，也可以在场外交易外，绝大部分的开放式基金必须在场外交易。场外基金销售的主流渠道通常有银行、证券公司营业部、基金公司等几种。

2. 基金交易账户和基金 TA 账户

基金交易账户，简称交易账户，是基金销售机构（包括直销和代销机构）为投资人开立的用于管理和记录投资人在该销售机构交易的基金种类和数量变化情况的账户。每个投资者在一个基金销售机构只能申请开立一个基金交易账户。

基金 TA 账户是基金管理公司识别投资者的标识,是中国证券登记结算公司(以下简称中登公司)为投资者开立的、用于记载投资者的基金所有权及其变更信息的账户。一般我们所说的基金账户(基金账号)是指基金 TA 账户,不论投资人通过什么渠道办理,均记录在该账户下。对一家基金管理公司而言,每个投资者只能申请开立一个基金账户。投资者通过各种渠道购买的同一家基金管理公司的所有基金在同一个基金账户,但各家基金管理公司开立不同的基金账户,基金账户以基金管理公司进行区别。一般来说,销售机构 T 日受理投资者开立开放式基金账户的申请,中登公司 T+1 日提供投资者的基金账户号,投资者可于 T+2 日在销售机构查询基金账户开户是否成功。

有些基金公司会提供基金账户卡,比如华夏基金公司会在你成功开立基金账户后的 10 个工作日内,给你寄出基金账户卡(一张 A4 纸),告知你的基金账号。有些基金公司采用的是无纸账户,不给投资者发放基金账户卡,投资者办理业务凭身份证件或有关的资金账户卡及密码等足以确认身份,在每笔业务的确认单上也都打印有投资者的基金账号,方便投资者查询。

基金 TA 账户和基金交易账户是多对多的关系。一个投资者在一家基金管理公司只有一个 TA 账户,但是可以有多个交易账户,比如在一家银行开一个,在另一家证券公司开一个,两个交易账户都可以进行买卖交易,也可以将基金从一个交易账户转到另一个交易账户,就是所谓的转托管。一个投资者在一家销售机构只有一个基金交易账户,但是可以买多个基金公司的基金,这时是一个交易账户对多个 TA 账户。

关于不同类型基金所需账户种类可参见表 5-1。

表 5-1 不同类型基金所需账户种类

基金种类	所需账户种类
封闭式基金	沪深 A 股账号或基金账号
ETF 基金	沪深 A 股账号或基金账号、中登公司开放式基金账号
LOF 基金	沪深 A 股账号或基金账号、中登公司开放式基金账号
通过上证基金通购买的基金	沪深 A 股账号或基金账号、中登公司开放式基金账号
其他开放式基金	中登公司开放式基金账号

5.1.2 银行开户

目前国内的很多银行都有代售基金业务,比如工商银行、建设银行、农业银行、招商银行等。总的来说,到银行柜台去开通基金账户和买卖基金都是比较简单方便的,你只需要告诉银行工作人员你的意图,对方就会帮你办理。

具体说来,在银行柜台开户有以下几个步骤。

1. 携带有关资料

在银行的基金业务办理时间内(各个银行的办理时间会有所不同,比如建行的交易时间为周一至周五,9:30-15:00),带上自己在该银行开设的银行卡(或存折),以及本人有效身份证件(身份证、军人证、护照等)到柜台申请就可以了。需要注意的是,有的银行会规定只有某种卡才可以开户,如果自己拥有的银行卡(或存折)不能开户,则可以临时在银行办理可以开户的银行卡。

2. 开立基金账户

在银行柜台填写好基金开户申请表后,连同银行卡(或存折)以及本人身份证件交给银行柜员,柜员就会帮你建立基金交易账户和基金账户。

下面举例说明个人投资者怎样通过中国农业银行柜台买交银施罗德基金。

(1) 业务办理时间:

基金开放日的9:00-15:00(周六、周日不受理)。

(2) 开户及申购程序(这3项业务可同时办理):

① 开立中国农业银行基金交易账户(已在中国农业银行开立过基金交易账户的客户不必再开立该账户,直接开通交银施罗德基金管理有限公司的基金账户即可);

② 开通交银施罗德基金管理有限公司的基金账户;

③ 申购基金。

(3) 个人客户办理开立中国农业银行基金交易账户时,需本人亲自到网点并提交以下材料:

① 事先办妥的中国农业银行金穗借记卡;

② 本人法定身份证件原件;

③ 填妥的开通基金交易账户申请表。

(4) 个人客户办理开通交银施罗德基金管理有限公司的基金账户时,需本人亲自到网点并提交以下材料:

① 已开立基金交易账户的借记卡;

② 基金账户卡(如有);

③ 客户填写的开通基金账户申请表。

5.1.3 证券公司开户

基金开户还可以选择在证券公司的营业厅开户。去证券公司开户买基金的好处是,如果已经在该证券公司有一个股票账户了,就可以在这个股票账户上再开一下基金账户,这样买股票和买基金可以在同一个账户。一般证券公司代理的基金种类也不少,而且有些证券公司对于基金开户采取了一系列优惠措施,所以有很多投资者也选择去证券公司开户。

证券公司属于基金代销网点,因此,在证券公司买卖基金,必须开设基金账户,用来记录投资者进行基金交易活动的情况和所持有的基金份额。每个投资者只能在一个证券公司申请开立一个基金账户。但是在开立基金账户前,你首先必须拥有证券公司资金账户。如果你还没有资金账户,则需要先在证券公司办理一个资金账户,然后才能办理基金账户。如果你已经拥有证券公司的资金账户,就可以直接通过证券公司柜台开立基金账户买卖基金。

下面举例说明个人投资者怎样在银河证券公司开立基金账户:

不论是个人投资者还是机构投资者,在中国银河证券股份有限公司购买开放式基金均应先开立中国银河证券股份有限公司资金账户卡和基金账户,然后方可进行认购。

图 5-1 银河证券开户流程图

个人投资者开立中国银河证券股份有限公司资金账户应提交以下证件资料：
(1) 填妥的《资金账户开户申请表》；
(2) 本人有效身份证件。

个人投资者在银河开立基金账户须提供以下资料：
(1) 本人有效身份证件(以基金管理公司的要求为准)及复印件；
(2) 填写并签署一式两联《中国银河证券股份有限公司开放式基金账户申请表》；
(3) 如委托他人代办，须提供经公证的授权委托书，并留存委托人、代理人身份证件的复印件；
(4) 中国银河证券股份有限公司资金账户卡。

5.1.4 基金公司开户

目前许多基金公司都推出直销业务，基金公司直销分为柜台直销和网上直销。柜台直销是传统的销售渠道，起点金额一般要高于在银行和证券公司购买的起点金额，适合于购买量比较大的个人投资者。目前，相当多基金公司柜台直销起点金额是 10 万元。

基金公司柜台交易须按照如下流程进行。

基金管理公司直销网点办理开放式基金申购、赎回等业务，办理时间一般为每个证券交易所交易日的 9:30-11:30、13:00-15:00。投资者在基金管理公司直销点买卖基金，须先在该公司(包括直销及代销机构)开立基金账户及在直销点开立交易账户；未在该公司开立基金账户或未在直销点开立交易账户的投资者须先办理开户手续。

个人投资者应携带以下材料到直销点开立基金账户及交易账户：
(1) 本人有效身份证件；
(2) 同名的银行存折或银行卡；
(3) 填妥的《基金账户业务申请表》。

投资者如已开立基金账户，但未在直销点开立交易账户的，还须携带基金账户卡(如有)到直销点开立交易账户。在直销网点开立基金及交易账户的投资者必须指定一家商业银行开立的银行账户作为投资基金的唯一结算账户，即"指定银行账户"。投资者赎回、分红及无效认(申)购的资金退款等资金结算均只能通过此指定银行账户进行。

在基金公司柜台开户的过程非常简单，基金公司一般都有专业人员为来柜台开户的大客户服务，你只需听从服务人员的指导，按照要求填写表格、设置密码、办理一系列简单手续便可。

表 5-2 列出了三种基金销售渠道的比较。

表 5-2　基金销售渠道的比较

	优势	劣势	适合人群
基金公司	不经过代销渠道这一环节，可以享受更为优惠的交易手续费，同时赎回资金可以更快到账；大客户能享受专业、便捷、舒心的服务；网上直销不受地区和时间限制，24小时都可以下单。	客户需要购买多家基金公司产品的时候，需要在多家基金公司办理相关手续，投资管理比较复杂；柜台直销多以大客户为主，起点金额要求比较高。	有较强专业能力（能对基金产品分析、能上网办理业务）的投资者；投资金额比较大且离基金公司网点近的投资者。
银行	银行网点众多，存取款方便；可以面对面和柜台服务人员交流，得到帮助和建议；银行同时代销多家基金公司的产品，想买多家基金公司的基金进行投资组合比较便利。	每个银行网点代销的同一家基金公司的产品有限，可能给日后基金转换带来麻烦；一般以销售新基金为主；需要往返网点，且需要在规定时间办理；手续费相对比较高。	中老年基金投资者；离银行网点近的投资者。
证券公司	证券公司一般都代销大多数基金公司的产品，可选择面较广泛；证券公司客户经理具备专业投资能力，能够提供可供参考的分析和建议；通过证券公司的网上交易、电话委托可以实现基金的各种交易手续；资金存取通过银证转账进行，可以将证券、基金等多种产品结合在一个账户管理。	证券公司网点较银行网点少；手续费较高。	已经拥有股票账户的投资者；离证券公司网点近的投资者。

5.2　证券投资基金投资基础知识

5.2.1　基金认购与申购

1. 基金认购与申购

基金购买方式有认购和申购两种。基金首次发售基金份额称为基金募集，在基金募集期内购买基金份额的行为称为基金的认购。而投资者在募集期结束后，申请购买基金份额的行为通常叫作基金的申购。开放式基金过了封闭期可以随时申购（一般封闭期3个月）。

认购一般会享受一定的费率优惠。以购买100万元内的华富竞争力优选基金为例，认购费率为1.0%，而申购费率为1.5%。但认购期购买的基金一般要经过封闭期才能赎回，而申购的基金在第二个工作日就可以赎回。认购基金会产生利息，利息是指在基金募集期，因为基金还没有成立，投资者的款项到达基金公司账户后，没有进行投资和运作，要计算利息，并将利息折算为基金份额计入基金账户。基金成立后，申购的基金即成为投资，风险要由投资者自担，所以不能计算利息。

基金产品一般会设定最低认（申）购金额和最低追加认（申）购金额，不同产品有不同规定。对于大多数开放式基金来说,基金管理公司一般都规定了起始的最低投资金额,多为1 000元。

以华富竞争力优选基金的申购为例:通过代销网点首次申购的单笔最低金额为100元人民币(含申购费),追加申购最低金额为100元人民币(含申购费);通过基金管理人直销中心首次申购的单笔最低金额为100 000元人民币(含申购费),追加申购最低金额为10 000元人民币(含申购费)。

而封闭式基金则因为是在交易所挂牌交易,因此受到交易所关于买卖上市证券最低投资数量的限制:每次买卖的最低单位是1手,也就是100份基金份额。

认购费用和认购份额的计算公式是:

$$认购费 = 认购金额 \times 认购费率$$

$$认购净额 = 认购金额 - 认购费用 + 认购期利息$$

$$认购份额 = 认购净额 \div 基金份额面值$$

申购费用和申购份额的计算公式是:

$$申购费 = 申购金额 \times 申购费率$$

$$净申购金额 = 申购金额 - 申购费用$$

$$申购份额 = 净申购金额 \div 当日基金份额净值$$

例如,一位投资者投资3万元申购一只基金,申购费率为1.5%,若申购当日单位基金净值为1.50元,那么:

申购费用 = 30 000 × 1.5% = 450(元)

净申购金额 = 30 000 - 450 = 29 550(元)

申购份额 = 29 550 ÷ 1.50 = 19 700(份)

基金认购与申购柜台交易的具体步骤有以下4个。

(1) 准备必要的材料。

① 本人身份证件;

② 销售网点当地城市的本人银行卡(卡内必须有足够的认购资金)。

(2) 提出认购(申购)申请。

投资者必须根据基金销售网点规定的手续,在工作日的交易时间段内向基金销售网点提交填写好的认购(申购)申请表,然后就可以在柜台办理相关手续。

(3) 确认认购(申购)申请。

投资者可以在认购(申购)之后向各基金销售机构咨询结果,也可以到各基金销售网点打印成交确认单;此外,基金管理人通常会在几天后按预留地址将《客户信息确认书》和《交易确认书》邮寄给投资者。

基金管理人以收到认购(申购)申请的当天作为认购(申购)申请日(T日),并在T+2工作日前(包括该日),对该交易的有效性进行确认。投资者可在T+2工作日之后(包括该日)工作日向基金销售网点进行成交查询。

许多投资者对基金认购(申购)的确认不太在意,其实,如果投资者对某笔投资比较在意的话,确认还是非常重要的一个环节。

（4）款项支付。

投资者申请认购（申购）时，通过指定账号划出足额的认购（申购）款项。认购（申购）采用全额交款方式，若资金未全额到账则认购不成功，基金管理人将认购（申购）不成功或无效款项退回。

2. 认购与申购注意事项

投资者在认购（申购）基金时，须注意以下事项。

（1）多认购少申购。

认购是在基金设立募集期内，投资者申请购买基金份额的行为。申购是在基金成立后投资者申请购买基金份额的行为。

在一般情况下，认购期购买基金的费率相对来说要比申购期购买优惠。认购期购买的基金一般要经过封闭期才能赎回，申购的基金要在申购成功后的第二个工作日进行赎回。在认购期内产生的利息以注册登记中心的记录为准，在基金成立时，自动转换为投资者的基金份额，即利息收入增加了投资者的认购份额。

正是因为认购费率低，所以认购就相当于股市的原始股，如果投资者已经决定购买某只基金，那么认购相对来说是比较合算的。

表5-3　基金认购与申购的差别

	基金认购	基金申购
购买时间	基金募集期内	基金募集期结束后
购买费率	低（基金公司为了追求首发量常给予一定的优惠费率）	高
每单位基金份额净值	人民币1元	基金净值反映的是其投资组合的价值，因此每单位基金份额净值不一定为1元，可能高于也可能低于1元
赎回的时间	封闭期结束后方可赎回	在申购成功后的第二个工作日进行赎回

（2）长期投资不必过于在意选时。

大家都知道，投资股票最重要的是选股、择时，投资基金也不例外，大家都盼望自己能够在一个合适的时机买进一只好的基金。但实际上基金投资倡导的是长期投资，从长期投资的角度来看，短期市场的震荡只不过是长期趋势线的很小变动而已，只要您选择的是安全稳定、信誉优良的基金公司的基金，投资的时间较长，比如5~8年，投资者就不必过于在意选时。研究显示，每次都在市场最高点买进与每次都在最低点买进，从长期看，两者的回报率相差不到10%。因此，花精力去抓市场高低点是没有必要的，长期投资才是重点。但单笔投资如果能稍微判断一下进场的时机，至少可以少受短期套牢心理的煎熬。这可能也是大家在投资基金时为什么如此关注时机的根本原因。

（3）前端收费与后端收费。

针对基金的认购（申购）费而言，还有前端收费与后端收费的区别。如果认购（申购）费是在购买基金时收取，通常按照购买金额的大小递减，称为前端收费。后端收费指的则是在购买开放式基金时并不支付申购费，等到卖出时才支付的付费方式。后端收费的设计目的是为了鼓励你能够长期持有基金,因此,后端收费的费率一般会随着你持有基金时间的增长而递减。有些基金公司甚至规定如果投资人持有基金的时间超过一定期限,后端收费还可以免除。要提醒的是,后端收费和赎回费是不同的。后端收费与前端收费一样,都是申购费用的一种,只不过在时间上不是在买入基金时而是在卖出基金时支付。因此,如果你购买的是后端收费的基金,那么在你卖出基金的时候,除了必须支付赎回费以外,还必须支付采取后端收费形式收取的申购费。

3. 基金团购

目前,市场上各类基金产品越来越受投资者青睐,但有不少人认为基金公司收取的申购、赎回费用偏高。为此,"基金团购热"悄然兴起。

基金团购是一种金融产品服务模式。一些基金公司规定,认购额达到一定金额后,手续费可以降低,且认购金额越大手续费越低。而"基金团购"即利用网络将投资者组织起来,使一次性购买的额度大大提高,从而享受最优惠的手续费。目前国内出现的基金团购网一般要求投资者先办理该网站指定银行的银联卡,开通"银联通"业务,然后在团购网的指导下购买相关基金,进而享受团购费率优惠。而且,团购达到一定金额后,普通客户就可以享受VIP客户的待遇。

基金团购是名义上的集体购买,各个投资者仍各自独立地作出自己的投资决策并进行基金交易,其具体交易方式与一般渠道提供的方式没有区别,但会员可享受因累计交易量而带来的团购优惠补贴及服务。

有些基金团购会提供一些基金数据信息、基金投资研究报告、基金投资参考等资讯服务,为广大会员投资基金提供广泛的帮助。

目前基金团购刚刚起步,还有一些不完善的地方。例如,愿意达成团购合作的基金公司数量有限、团购渠道较窄等。这和我国现阶段基金销售火爆,很多公司并不急于促销有很大关系。此外,需要提醒投资者的是,基金团购过程中一定要小心谨慎,防止各种形式的金融诈骗。

5.2.2 基金转换

1. 基金转换的好处

当投资者对手中持有的基金不满意,而对同一基金公司旗下的另一只基金却很感兴趣的时候,投资者可能会考虑赎回手中的基金,申购另外的那一只。但是这样操作的话,投资者很可能要为此付出高达1.5%的申购费用及0.5%的赎回费用。其实,投资者可以采用基金转换的方法。

所谓的基金转换,是指基金持有人将其持有的部分或全部基金份额转换为同一基金管理人管理的另一只基金的份额。也就是说,推出基金转换业务的基金公司旗下的指定基金产品之间可以直接转换,无需先赎回再申购了。在国外,已有多家基金公司推出了基金转换业务。目前产品线较丰富的基金公司,如华安、华宝兴业、易方达、广发、华夏、中信、博时、南方、大成、招商等都推出了基金转换功能。

投资者进行基金转换,不仅达到无需赎回所持基金份额而申购到了持有目标基金的目的,而且能够大大节约进出的手续费。基金转换费用一般低于申购费,一些基金公司甚至不收转换费,有些公司还会不时推出基金转换优惠,投资者应注意利用。

不仅如此,基金转换还有其他诸多好处:当证券市场发生较大变化的时候,投资者通过不同风险水平的基金之间的转换,可规避因市场波动带来的投资风险。当投资者收入状况或风险承受能力发生改变的时候,通过转换业务,可变更投资于符合自身投资目标的基金产品。通常的做法是在高风险的股票型基金与低风险的债券型基金、货币型基金之间进行转换。当股市行情不好时,将手中持有的股票型基金转换为货币型基金等风险低的品种,避免因股市下跌造成的损失。行情好时,则将货币型基金转换为股票型基金。因此,基金转换被认为是投资者有效规避风险和实现资产保值、增值两不误的一种有效途径。此外,如果投资者能灵活运用基金转换的话,不仅能规避风险、降低交易成本,同时也能节省交易时间。从交易时间来看,按照原来的交易程序,以股票型基金为例,先赎回再申购,一般需要5个工作日,而选择基金转换,则只要2个工作日就够了。

2. 基金转换的普遍规则

投资者可在交易时间内,带上身份证、基金账户卡(如有)和银行卡到能办理基金转换业务的销售网点办理该业务。在第2个工作日可到受理业务的网点查询成交情况。另外,部分基金公司还提供网上直销渠道办理基金转换。

基金转换只能在同一基金管理公司的同一基金账户下的基金品种之间进行,转出基金和转入基金必须在"交易"状态下,即转出基金必须为允许赎回状态,转入基金必须为允许申购状态,已冻结份额不得申请基金转换。不同基金的转换需要基金公司开放转换功能,哪几个基金之间可以转换是严格限制的。基金之间的相互转换还受到基金本身的条件限制,基金公司随时可以停止转换,也随时可以恢复转换。如其中的某个基金由于规模控制而暂停申购,那么这个基金也就不能被转换了。当然这些信息基金公司会及时公告,并且在基金公司网站都可以查到相关信息。

基金转换通常只允许在同为前端收费或者同为后端收费的基金之间进行,不允许将前端收费基金转换为后端收费基金,或者将后端收费基金转换为前端收费基金。

基金管理公司大多会设置最低基金转出份额,一般为1 000份。基金转换后的份额数量计算公式如下:

$$转换后的基金份额数量 = \frac{转出基金份额数量 \times 申请日转出基金份额净值 \times (1 - 转换费率)}{申请日转入基金份额净值}$$

例如,基民小王在某只基金的开放日内将所持有的A基金转换成B基金,假定T日的两基金份额净值分别为1.40元和1.60的元,转换份额为8 000份,转换费率为0.2%,那么转换后的基金份额数量 = [8 000 × 1.40 × (1 - 0.2%)] ÷ 1.60 = 6 986(份)。

基金转换采用"未知价"原则,即以交易申请当日基金单位资产净值为基准进行计算。基金转换采用"份额转换"原则提交申请,即投资人以其持有的基金份额为单位提交转换申请。

3. 基金转换的时机

投资者在基金转换时,除了要了解转换规则外,还要准确把握和选择基金转换的时机。

(1) 根据宏观经济形式把握转换时机。

投资者要注重宏观经济以及各类金融市场的趋势分析。在股市逐渐向好时,投资者应选择股票型基金;当股市涨至高位时,投资者应逐步转换到混合型基金;当股市即将步入衰退期时,投资者可转换到债券型基金或货币型基金。

(2) 根据具体基金的盈利能力选择转换时机。

随着基金规模的不断壮大,大的基金公司一般都会有几只不同风格的混合型基金和股票型基金,表现有差异也是必然会出现的事情,当投资者看准的某只基金的投资能力突出、基金净值增长潜力大的时候就可以考虑将手中表现相对较差的基金转换成看准的基金。

(3) 分红对基金转换时机的影响。

比较在意分红的投资者可以选择在目标基金具有较好的分红条件,即将进行分红的时候转入;在目标基金分红后转入则同样的转出基金份额可以换取到更多的转入基金份额,单价较低。

(4) 配合基金公司的优惠活动选择转换时机。

有些基金公司会不定期推出各种各样的优惠活动,其中有些是针对基金转换的,投资者可以充分利用这样的时机。

4. 基金品种转换的技巧

投资者对基金转换更多的认识可能是费率上的优惠,在同一家基金公司的基金产品中转换,可以获得比正常申购赎回更便宜的手续费优惠。不过,如何把基金转换用对地方、用对时候,是投资者更为关注的问题。为此,专家建议投资者,可按照"涨时进取,跌时保守"的原则来把握,以便把握基金转换的时机,提高投资收益。

如果投资者的股票型基金获利已达到满足点,并希望通过调整投资组合进一步获利,可考虑将手上的股票型基金转换为其他股票型基金;如果投资者准备将手上的股票型基金获利了结,但目前尚无资金使用需求,与其将钱存在银行,不如将手上的股票型基金转换为固定收益工具,如债券型基金或货币型基金,不仅可以持续赚取固定收益,也可让资金的运用更为灵活;如果所持有的股票型基金跌至亏损点,与其认赔赎回,不如转换成其他具有潜力的股票型基金,或转换成表现较为稳健的平衡型基金,让投资组合布局更均衡,提高整体获利的可能;当经济景气周期处于高峰、面临下滑风险时,投资者应逢高获利了结持有的股票型基金,将其逐步转成固定收益的债券型基金或货币型基金;当股票市场将从下跌行情转为上涨行情,投资者应将停留于债券型基金或货币型基金的资金,及时转换到即将复苏的股票型基金里,抓住股市上涨机会。

5.2.3 基金转托管、非交易过户

1. 基金转托管

(1) 什么是基金转托管?

投资者在变更办理基金申购与赎回等业务的销售机构(网点)时,虽然销售机构(网点)之间不能通存通兑,但可办理已持有基金单位的转托管。投资者可以将其持有的基金份额,从某一基金销售机构(包括银行、证券公司等)的账户转移到另一家销售机构的账户。办理人在原销售机构(网点)办理转托管转出手续后,可到其新选择的销售机构(网点)办理转托管转入手续。举个例子,小张在某银行申购了10 000元华夏回报基金。半年之后,他在一家

证券公司开立了证券账户,于是他想把他以前在银行买的基金转到他的证券账户中,便于管理。这样他就可以去银行和证券公司申请办理基金转托管手续。

与基金转托管相比,基金转换只能转换为同一基金公司管理的、同一注册登记人登记存管的、同一基金账户下的基金份额,并只能在同一销售机构进行;而转托管是指同一投资人将托管在某一个销售网点的基金份额转出至(可以是不同销售机构,但须是代理销售所转托管的基金的机构)另一销售网点的业务。

(2) 怎样办理基金转托管?

申请转托管的投资者须先在拟转入销售机构开立基金账户;转出的基金份额,经注册登记中心确认后记入转入方基金账户;投资者转出的基金份额一经受理即被冻结,在转托管交易操作流程期内,投资人不得进行基金交易;权益登记日(T日)的前5天和后3天内,不接受投资人转托管的业务申请。

基金持有人在进行转托管时,可以将其在一个销售机构(地点)所购买的基金份额一次性全部转出,也可以部分转出,但在转托管完成后转出和转入销售机构的基金份额余额都不得低于基金契约规定的最低持有份额。若转托管后投资者在该销售机构(地点)托管的某一基金单位余额低于最低份额,该转托管应确认为不成功。若投资者本基金份额余额原已低于最低份额,转托管时必须一次全部申请转出,若申请数量不是全部数量,注册与登记过户部门应将该转托管确认为不成功。

办理基金转托管需携带本人身份证件,同时填写转托管申请表。

2. 基金非交易过户

基金的非交易过户是指符合法律规定和程序的,因继承、赠与、财产分割或法院判决等原因而发生的基金份额所有权转移行为,受让人须凭法院、公证处等机关出具的文书到登记结算机构或其代理机构申办非交易过户,并根据受让总数按当天收盘价,收取规定标准的印花税。它是相对于正常的交易过户而言的,是一种在没有买入或卖出的状况下进行的基金单位的转让和过户。

非交易过户常见的有三种情况:继承、捐赠和司法强制。继承是指基金持有人死亡,其持有的基金单位由其合法的继承人继承;捐赠仅指基金持有人将其合法持有的基金单位捐赠给福利性质的基金会或社会团体;司法强制执行是指司法机构依据生效司法文书将基金持有人持有的基金单位强制判决划转给其他自然人、法人、社会团体或其他组织。

可以受理的非交易过户会在基金契约、招募说明书或公开说明书中规定。办理非交易过户必须提供基金销售网点要求提供的相关资料。符合条件的非交易过户申请自申请受理日起,两个月内办理并按基金注册与过户登记人规定的标准收取过户费用。

5.2.4 基金分红

1. 基金分红

基金分红是指基金将收益的一部分派发给基金投资人的过程。由于封闭式基金一般在存续期内不再发行新的基金单位,因此,收益分配只能采用现金形式。开放式基金分红则大多可以选择领取现金或是分红再投资,如果投资者没有指定分红方式,则默认的收益分配方式为现金分红。投资者也可在权益登记日之前去所购买基金的机构处进行分红方式的修改,如果是在银行柜台或银行网银上购买的,需要到银行柜台去修改分红方式。如果是在基金公司或证券公司网站上购买的,可以在网站上自己修改分红方式。基金公司以分红权益登记日前最后一次修改的分红方式状态为准。续购的相同基金其分红方式默认与已购基金的分红方式相同,不需要每次修改。

投资者选择现金分红,红利将于分红实施日从基金托管账户向投资者的指定银行存款账户划出。而分红再投资方式是将应分得的现金收益直接用于转购基金单位。投资者如果暂时不需要现金,而且还想投资该基金,就可以选择分红再投资方式。如果您选择了分红再投资,那么,分红所得的现金红利将以分红公告所规定的红利派发日的单位基金资产净值自动转为基金份额进行再投资。一般情况下,分红再投资都免收申购费用。

现金不能增值,持有基金份额才能增值,分红应该是择机为之,不是越多越好,也不是不分红就一定好。对于十分看好的基金并且打算长期持有就应该选择分红再投资,这样可以扩大资本并节省申购费;对于想赎回的基金可以选择现金分红,碰上大比例分红可以节省一笔赎回费。

基金分红并不是衡量基金业绩的最重要标准,衡量基金业绩的最重要标准是基金净值的增长,而分红只不过是基金净值增长的兑现而已。对于开放式基金,投资者如果想实现收益,通过赎回一部分基金单位同样可以达到现金分红的效果。对于封闭式基金,由于基金单位价格与基金净值常常是不一致的,因此要想通过卖出基金单位来实现基金收益,有时候是不可行的。在这种情况下,基金分红就成为实现基金收益唯一可靠的方式。投资者在选择封闭式基金时,应更多地考虑分红的因素。

2. 基金分红注意事项

对于基金分红应注意以下事项。

(1) 牛市基金分红宜选"分红再投资"方式。

相比较而言,现金分红和分红再投资两种方式在分红时实际分得的收益是完全相等的。这部分收益原来就是基金单位净值的一部分。因此,投资者实际上拿到的是自己账面上的资产,这也就是分红当天(除权日)基金单位净值下跌的原因。但是现金分红将使基金的资产减少、净值降低,有利于新的投资者进入;选择红利再投资则可使投资者得到较低的申购成本,而在牛市行情中,选择红利再投资,就可以在分红当天实现复利投资下"利滚利"的高收益。

(2) 分红并非越多越好。

基金作为专业的投资机构,追求的是长期稳定收益,单纯的关注某时段的运作并不能真实反映基金的整体收益状况。基金在某时段的分红比例高也不代表其具有长期的持续分红能力。一般来说,评价某只基金是否优秀,应着眼于长期,为保证投资中的收益,在基金资产的配置品种方面,基金管理人都会选择部分具有周期性的投资品种,这也是保证基金取得稳定收益的重要保障。因此,对待基金的短期分红应当谨慎。

分红并不是越多越好;除了分红型基金之外,对于其他类型的基金,合理分红才是最重要的。因为基金分红要有已实现的收益,基金管理人必须抛出手中获利的股票或债券才能分红。如果频繁分红,自然会导致基金陷入波段操作的短期行为。而且基金在市场频繁进出,会相应增加印花税和佣金,这些交易成本实际上最终还是由基金持有人承担。对于具有长期投资价值的基金来讲,多分红将使投资者得到更多的现实收益,但也使投资者失去了应有的长期投资机会。从一般的分红情况来看,分红往往伴随着基金赎回潮。获得基金分红的投资者都会选择落袋为安,而使处于正在成长中的基金不得不被动进行基金资产配置品种的调整,从而抛售较好的股票品种来应对基金分红。

(3) 分红前购买还是分红后购买基金。

很多投资人会问,是分红前购买还是分红后购买基金?由于分红派发的基金收益是基金净值的一部分,分红后基金净值会比较低,购买是否比较划算?假设在权益登记日和红利再投资日之间市场没有波动,那么投资者无论是在分红前购买还是之后购买,其拥有的资产没有差别。这是因为,虽然分红前购买可获得分红并转换成基金份额,但分红后购买由于基金净值下降,同样的申购金额可购买更多的基金单位。

(4) 投资基金并非一定会有分红。

因运作业绩不理想而使净值跌破面值的基金并不在少数。基金净值尽管不是基金分红的充分必要条件,但也是一项重要的分红依据。基金净值跌破面值,将直接影响基金的正常分红。因此,投资基金也存在面临因基金运作业绩不理想而导致不能分红的风险。

5.2.5 基金赎回

1. 基金赎回的流程

基金赎回是指投资人将已经持有的基金份额出售给基金管理人,收回资金的行为。基金赎回是认购(申购)的反过程,即卖出基金份额,收回资金。与认购(申购)过程类似,投资人可以通过直销和代销机构向基金公司发出赎回指令,进行赎回。

赎回费用和赎回份额的计算公式是:

$$赎回总额 = 赎回份额 \times 当日基金份额净值$$
$$赎回费用 = 赎回总额 \times 赎回费率$$
$$赎回金额 = 赎回总额 - 赎回费用$$

假定某投资者赎回某基金1万份基金单位,其对应的赎回费率为0.5%;如果当日基金份额净值为1.019 8元则其实际可得到的赎回金额为:

赎回总额 = 1.019 8 × 10 000 = 10 198 元

赎回费用 = 10 198 × 0.5% = 50.99 元

赎回金额 = 10 198 − 50.99 = 10 147.01 元

也就是说投资者赎回某基金1万份基金单位,若该基金当日单位资产净值为1.019 8元,则其可得到的赎回金额为10 147.01元。

虽然各基金管理公司的业务细则会有所差异,但赎回大体都分为以下几个步骤:

(1) 发出赎回指令。

客户可以通过传真、电话、互联网等方式,或者亲自到基金公司直销中心或代销机构网点下达基金赎回指令。

(2) 确认赎回申请。

基金管理人应当于收到基金投资人赎回申请之日起3个工作日内,对该赎回申请的有效性进行确认。

（3）领取赎回款。

投资人赎回基金时，无法在交易当天拿到款项，该款项一般会在交易日的 3～5 天、最迟不超过 7 天后划出。投资人可以要求基金公司将赎回款项直接汇入其在银行的户头，或是以支票的形式寄给投资人。

此外，基金的赎回还有巨额赎回的限制。根据国家法规规定，开放式基金单个开放日中，基金净赎回申请超过基金总份额的 10% 时，将被视为巨额赎回。巨额赎回申请发生时，基金管理人在当日接受赎回比例不低于基金总份额的 10% 的前提下，可以对其余赎回申请延期办理。被拒绝赎回的部分可延迟至下一个开放日办理，并以下一开放日当日的基金资产净值为依据计算赎回金额。也就是说，当遇到巨额赎回时，投资者有可能当日得到全部赎回，或者当日得到部分赎回，也有可能被延期支付。延缓支付的赎回款项应在 20 个工作日内支付。发生巨额赎回并延期支付时，基金管理人应当通过邮寄、传真或者按照招募说明书规定的其他方式，在招募说明书规定的时间内通知基金投资人，说明有关处理方法，同时在指定媒体上公告；通知和公告的时间，其通知时限最长不得超过 3 个证券交易所交易日。此外，基金管理人在基金契约中载明的认为需要暂停开放式基金的赎回申请，报经中国证监会批准后也可以暂停赎回。在这期间投资者也无法进行赎回。

2．怎样减少赎回在途时间

赎回的在途时间的长短，会对投资流动性形成制约，影响投资人资金的使用。不过，掌握一些窍门，可以最大限度减少开放式基金的在途时间，从而进一步提高开放式基金的收益性和灵活性。

（1）巧用基金转换"曲线"赎回。

很多基金公司规定，其旗下的货币型基金和股票型基金的转换实行 T+0 或 T+1，灵活利用好这一规定巧打时间差，便可以缩短赎回的在途时间。比如，你需要赎回一只股票型基金，如果该基金公司的基金转换实行 T+1，则可以先将股票型基金转换为货币基金，这样，你的基金次日便可转换成了货币基金，而货币基金的赎回一般实行 T+1，这样，基金赎回的在途时间等于节省了一天。

（2）选择交易在途时间短的基金。

关于基金申购、赎回的在途时间，各家基金公司和单只基金规定不一，有的实行 T+2，有的则实行 T+3 等，如果基金运作水平相差不大，为了增强投资的灵活性，投资者应尽量选择实行 T+2 的基金。

（3）尽量避免在节假日前申购和赎回。

基金的在途时间是按工作日计算的，法定节假日则不计算在途时间。比如，黄金周前的最后一个交易日赎回货币型基金，资金只能等到 7 天假期后的第二个工作日才能到账，无形中成了 T+8；如果是黄金周前最后一个交易日申购的话，也是到节后才能成交，资金在黄金周内既没有存款利息，也不能享受货币型基金的理财收益，因此从收益的角度来说，申购和赎回基金应尽量避开节假日。

（4）利用"约定投资"可以省时省力。

金融投资实务

在基金投资过程中，有时会由于工作繁忙把基金认购、赎回等投资计划遗忘，从而耽误基金的认购和赎回，影响资金的正常使用，无形中等于增加了基金的在途时间。目前部分银行和基金公司开通了投资预约业务，也就是说，可以通过银行或基金公司的网上交易系统，自动对基金申购和赎回的时间、价格进行提前约定，这样系统就会按照你的指令自动完成交易，从而达到省时省力的目的。

3. 怎样选择赎回时机

很多基民在大盘高位振荡的格局明显的时候，就会开始考虑获利出场，赎回基金。但俗话说"会买只是徒弟，会卖才是师傅"，选择恰当的赎回时机并非易事，一旦赎在低点，就会白白丧失获得更多回报的机会。那么，在不同的情况下，有哪些不同的赎回技巧呢？我们在表5-4中列出了一些基金赎回的技巧。

表5-4　不同情况下基金赎回的技巧

不同情况	窍门	操作技巧
在市场趋势转入低迷的情况下	赎回算好两项成本	选择是否要赎回，首先要考察股市走势阶段，以及市场本身的变动状况。当市场走好、处于高峰，应开始逢高获利了结持有的基金，逐步转入固定收益工具，如定存、债券型基金或货币型基金。但应该注意，必须是在长期趋势发生改变、一个多头循环即将结束时赎回，千万不要因市场短期波动而贸然赎回，这样可能赎在低点。正确判断市场是否已处于高点，对普通基民来说几乎不可能。在实际操作中，经验人士的做法是，在市场还在上涨的过程中，就要根据自己的投资需求和股市的背景来设定止盈点，比如，这笔投资属于长期投资，市场又处于大牛行情，那么，止盈点可以较高，如30%左右；如果这笔钱不知何时就会动用，而市场涨势趋缓，止盈点就要相应调小，如5%左右。若市场已开始下调，经验人士通常是在市场发生深幅调整如5%以上的调整时赎回。原因很简单：通常基金的赎回费率是0.5%，重新买基金的手续费为1.5%，一来一去2%的盈利就没了。此外，赎回款可能要在T+7日才能划回账户，因此还要计算在此期间延误其他投资的机会成本。
在基金业绩长期落后的情况下	定时考察基金业绩	如果持有的基金长期业绩不如同类型产品，不管已然获利还是亏损，最好赶快赎回，转换成其他更有潜力的基金。每隔一段时间就考察一下基金的净值变化情况，目前在各大门户网站都可以找到详细的基金净值表和基金业绩排行榜。其中，要更多地关注6个月、1年乃至2年以上的指标，如某基金的回报率一直稳定在中上游水平，则可买下并长期持有，反之应果断赎回。
基金投资风格发生较大变化时	密切关注基金	当您持有基金的投资风格发生较大变化且与该基金招募说明书出入较大时，尤其基金管理人长时间出现这种情况的，投资者要予以关注，必要时可以赎回或转换成其他基金。
大项开支临近情况下	尽量提早准备	投资应量力而为，不影响最起码的开支是基本准则之一。急需一笔较大现金支出时，往往成为必须赎回基金的理由，但是如果投资之前对支出估计不足，又遇市场调整，赎回基金很可能损失收益。如能预计需要现金的日期，最好提前一个月就开始关注基金净值情况。一来可以从多只基金中筛选净值增长率和稳定性相对较差的基金进行赎回，保留绩优基金；二来有助于选择一个相对高的赎回时点，如果等到用钱时才开始赎回，很难遇到最佳卖点。

4. 基金赎回其他注意事项

在基金赎回时,还须注重以下几点。

(1) 长期持有收益更高。

基金投资最强调长期持有,切忌把基金当作股票来"炒",一涨就兑现,一跌就割肉。在牛市背景下,投资者很难耐得住寂寞。但事实上,长期投资恰恰是基金投资获得高收益的必要条件。据统计,尽管许多基金曾经从最初的 1 元涨到累计净值 2 元多,但真正享受到这一高收益的投资者不到 20%,因为许多投资者并未一直持有。

(2) 净值并不会因为遭遇巨额赎回而下降。

市场的巨额赎回潮,造成了一些持有人的恐慌心理:"别人的都赎回来了,我的那份是不是也应该落袋为安啊?"这种心理左右着投资者的投资行为。另外还有一些投资者担心,其他投资人的赎回,会导致基金净值的下降,从而使自己的资产遭受损失。

其实,这是对基金认识的一个误区,股票升值,许多投资人选择在高位大量卖出,会导致股票市值的下跌。基金不是股票,其净值并不会因为遭遇巨额赎回而下降,只要巨额赎回没有影响到其最核心的投资组合,因为影响基金净值的是投资组合的收益率,即使基金规模跌破 2 亿元的设立下限,但只要其投资组合是盈利的,其净值依然会在面值以上。

(3) 基金净值下跌不一定要赎回。

基金净值下跌有多种情况,可能是暂时的,也可能是长期的。原因可能是大市变坏,也有可能是基金公司管理水平下降。因此,当基金净值下跌时,投资者需要作出谨慎判断,基金净值下降是因为市场形势发生了长期变化,还是基金管理公司出现了重大异动。如果是后者,在短期内又没有改善的迹象,投资者就应该考虑赎回该基金;如果是市场形势发生了变化,投资者就不适宜贸然作出投资决定。因为市场变化是无法预期的,下降可能是长期的,也可能是短期的。假如因某只基金价格下跌,就匆匆把它卖出,而不理会该基金以后的上涨机会,这种做法就会让短暂的市场变化变成永远的亏损。

(4) 一天中下午赎回更好。

在一天中的什么时间赎回最好?经验人士通常会选择下午 2 时 30 分之后。因为基金赎回是按当天的净值交易,而当日股市的涨跌对基金净值有相当重要的影响,下午 2 时 30 分之后,特别是下午 2 时 45 分至收市前 2 时 55 分,股市的走势应该比较明朗了,这时投资者可以作出判断,选择一个涨势良好的交易日高位赎回。

5.3 证券投资基金投资分析

5.3.1 了解基金评级

1. 买基金,数星星

基金评级是投资者选择基金的重要参考之一,所以不少基民有这样一个口头禅:"买基金,数星星。"有的投资者也许不懂基金是什么,也不知道基金由谁管理,但只要看到被评为 4 星或 5 星,便欣然购买。他们以为就像是"5 星级"的饭店必定提供优雅的环境和一流的服务,购买 5 星基金必定获得丰厚的回报。于是,基金公司在销售手册上或是广告宣传语中便投其所好,各大门户网站上闪烁的基金广告纷纷镶嵌着"5 星"或"4 星",很具吸引力。然而，对于投资人而言需要弄清楚的是，基金评级只是挑选基金的参考，是我们筛选基金的辅助工具。值得注意的是，基金评级是动态调整的，某只基金获得5星可能只是暂时的。

目前国内的基金评级业主要有三种类型：第一类主要是晨星基金评级、理柏基金评级等外资评级机构，这些机构评级方法相对比较成熟，雇员相对也比较多；第二类是以银河证券和中信证券为代表的券商，他们有专职人员负责开展基金评级业务；第三类就是分布在券商研究所的研究员，他们只为大客户服务。

2. 四大基金评级机构

（1）晨星基金评级。

晨星公司是世界上最大的中立研究机构之一，它以其公正的基金评级系统而闻名于世。虽然我们不能完全按照晨星公司基金排行榜来选择基金，但它对于新基民来说确实具有借鉴和参考价值。晨星公司定期对基金管理公司进行评级，从1星至5星，星级越高，表明其对基金的评价就越高，而且晨星公司认为衡量某只基金运作的好坏很难从短期业绩中来判断，因为短期业绩有很大的不确定性，只有3年、5年或更长的时间才能确定这只基金的真实水平。由于中国的开放式基金的历史没有国外的长，只有短短几年时间，因此针对中国的市场晨星公司提供了1年期的晨星评级供投资者参考。晨星基金评级信息可以到www.cn.morningstar.com查询。

晨星基金评级是以基金过往业绩为基础的定量评价。新基金成立时没有评级，当其运作1年以上，有完整的12个月业绩时，晨星开始给予1年评级。同时，随着运作时间的增长，晨星会逐步提供2年、3年甚至更长期限的评级。晨星评级每月更新，1年星级是对本月末之前12个月的业绩进行综合评价，2年星级和3年星级则分别是对应之前24个月和36个月的评价。因此，晨星评级是定期调整的，有的基金或许短期取得业绩辉煌，长期却难以为继。有的基金广告报喜不报忧的态度容易让投资者走进误区。因此，无论面对销售人员的推荐，还是基金的营销广告，投资者都要仔细分辨评级的期限和评级的日期。此外，即使基金具有较高的星级，也不等于其就适合每个投资人的基金组合，因为每个投资人的投资目标、投资周期和风险承受能力有所不同。

晨星的基金评价体系的评级流程如图5-2所示。

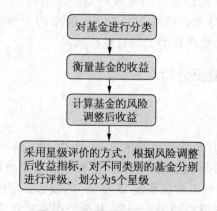

图5-2 晨星基金评级流程图

投资者在使用晨星评级时,应注意以下事项:

① 如果基金经理有变动,晨星星级评价不会随之改变。因此,评级结果可能只反映了前任基金经理管理该基金的业绩。

② 晨星基金评级是把同类基金进行比较。每类基金中,有10%具有1年及1年以上业绩表现的基金会获得5星级。但投资人需要注意的是,如果某类基金在计算期内的风险调整后收益均为负数,则该类基金中的5星级基金风险调整后收益也可能是负数。

③ 晨星基金评级结果每月定期更新。投资人不应以星级下降作为赎回基金的指引。晨星星级评价结果的变化,并不一定表示基金业绩表现的回落,也可能只是其他同类基金表现转好所致。

(2) 理柏基金评级。

与晨星相比,晨星基金评级考察的是基金,而理柏基金评级考察的是基金公司。评估标准有:总回报、稳定回报、保本能力和费用。收益评价指标主要看总回报和稳定回报;风险评价指标主要考察保本能力和稳定回报;风险调整后收益指标考察该基金在过去的一个时期里各个时间段的风险调整收益,而不像一般的风险指标考虑的是单一期间。

(3) 银河基金评级。

评级原理:银河证券和以上两家机构大致相同。主要还是采用收益评价指标、风险评价指标和风险调整后收益指标这三大项来衡量。

在收益评价指标上,综合考虑基金在评价期内的净值增长率、平均季度净值增长率以及平均月度净值增长率,并将基金在每个阶段的净值增长率转换为标准分。合计标准分越高,基金的收益越好。

在风险评价指标上,将月度净值增长率的标准差转化为标准分的形式进行评价;对风险调整后收益指标,银河证券则综合考虑基金的收益评价和风险评价,从收益评价的得分减去风险评价的得分,即为风险调整收益标准分。风险调整收益标准分越高,基金整体表现越好。

(4) 中信基金评级。

中信基金评级首先将基金分成不同的类,然后以类为单位在各类基金内部进行星级评比。中信基金评级采用5级评估标准,即将同类基金按照风险调整收益由高到低排序,根据相对排名将基金划分为5星、4星、3星、2星、1星5个级别,描述其业绩的优劣。每个级别的比例划分按照"少数基金是优秀的,大多数基金表现一般,也只有少数基金表现很差"的原则确定。

3. 怎样正确使用基金评级

(1) 星级下降了,该怎么办。

以晨星评级为例,晨星对基金的星级评价每月会更新一次,如果你的基金出现星级下降,该怎么办?例如,投资者今年选购的基金都是去年获得5星的基金,经过几个月的市场波动,发现自己的基金由原先的5星变成了3星甚至2星,这时候该如何处理?卖掉这只基金永远都不再回首吗?

放弃自己曾经喜欢的事物,对谁来说都不是令人高兴的事,基金投资也是如此。在作出选择之前,你应该明确为什么要卖出,或者为什么不卖。某只基金星级下降反映其业绩的下滑,但并不意味着你就要卖掉它。你首先需要了解的是:该基金为什么会出现星级下降?

(2) 星级仅仅是起点。

星级评价的每次更新,意味着衡量某基金风险调整后收益与同类基金的相对水平。星级评价是对基金以往业绩的定量评价,目的在于在为投资人提供一个简化筛选基金过程的工具,是对基金进一步研究的起点,而不是终点。

有时候基金尽管星级下降了,但仍然是值得投资的。某基金仅仅是失去了1颗星或是2颗星,并不意味着你一定要把它卖掉。星级随着时间的发展会发生变化,投资人不能把星级作为买卖基金的唯一根据。

(3) 警惕星级大幅下降。

星级大幅下降,比如短时间内从5星掉到1星,这说明这只基金遇到了不小的麻烦。基金业绩的大幅下滑应该引发投资人以下的思考:该基金业绩大幅滑坡是因为其投资风格已经过时了吗?或者是该基金发生了一些基本变化从而影响其前景?以基本变化为例,该基金是否更换了基金经理?营运费用是否明显上升?是否改变了投资策略?如果关于上述问题的回答是肯定的,这时候你可能要考虑将其卖掉。

因为基金星级大幅下降而决定卖掉之前,投资者还是应该冷静地问自己以下几个问题。这些问题有助于投资者避免将来的投资再犯同样的错误。

① 该基金一开始就适合你的投资吗?有时候投资者会过高地估计自己的风险承受能力,尤其在买入当时业绩优秀的热门基金时。如果你发现自己卖出某只基金是因为你无法忍受损失,那么请吸取教训避免以后再犯同样的错误。

② 该基金是否适合你的投资组合和理财目标?无论该基金是5星还是1星,投资者都应该考虑其是否适合于你的基金组合。例如,如果在你的组合中,有一只表现平庸的专注于投资科技股的基金,还有一只表现不错、投资于多种成长型股票且持有较多科技股的基金,显然你应该卖掉前者。

③ 卖出基金的成本费用如何?在国内,目前投资者主要考虑的是需要支付的交易费用。在国外,税收则是关注的重点。当然,如果你迫不及待地要摆脱某只问题基金,那么你就没有必要考虑费用高低了。

5.3.2 掌握基金信息

1. 基金信息披露的内容和时间

一般而言,基金必须披露的信息内容包括以下4项。

(1) 招募说明书(初次发行后也称为公开说明书)。

该报告旨在充分披露可能对投资者作出投资判断产生重大影响的一切信息。包括管理人情况、托管人情况、基金销售渠道、申购和赎回的方式及价格、费用种类及比率、基金的投资目标、基金的会计核算原则、收益分配方式等。

基金招募说明书是投资者了解基金的最基本也是最重要的文件之一,是投资前的必读文件。由于开放式基金的申购是一个持续的过程,其间有关基金的诸多因素均有可能发生变化,为此,招募说明书(公开说明书)每半年必须更新一次。

(2) 申购赎回公告书。

由基金管理人按照《证券投资基金管理暂行办法》的有关规定编制,在申购赎回开始日前若干工作日内(一般为2日),在指定报刊上公告,同时报中国证监会备案。

(3) 定期报告。

由基金管理人按照《证券投资基金管理暂行办法》的有关规定编制,并在指定报刊上公告,同时报中国证监会备案。定期报告包括:

① 每日基金单位净值公告。该报告为日报,揭示每日证券交易市场收市后按最新市价计算的每份基金单位所拥有的基金资产净值,该数据每天计算,次日公告。

② 季度投资组合公告。该报告揭示基金投资股票、债券的比例,投资股票的行业分类及前10名股票明细等。

③ 中期报告。该报告总体反映基金上半年的运作及业绩情况。主要内容包括:管理人报告、财务报告重要事项揭示等。其中,财务报告包括资产负债表、收益及分配表、净资产变动表等会计报表及其附注,以及关联事项的说明等。

④ 年度报告。该报告总体反映基金全年的运作及业绩情况。除中期报告应披露的内容外,年度报告还必须披露托管人报告、审计报告等内容。

(4) 基金的临时报告与公告。

基金在运作过程中发生可能对基金持有人权益及基金单位的交易价格产生重大影响的事项时,将按照法律、法规及中国证监会的有关规定及时报告并公告。这些事项主要有:基金持有人大会决议,基金管理人或基金托管人变更(包括基金管理人的董事长、总经理、基金托管部的总经理变动、基金管理人的董事一年内变更达50%以上、基金管理人或基金托管部主要业务人员一年内变更超过50%),重大关联交易,基金管理人或基金托管人受到重大处罚、重大诉讼、仲裁事项,基金提前终止,基金开放部分发生巨额赎回,其他重大事项。

此外,开放式基金由于自身的特点还应披露许多有关投资者的服务信息,这些信息主要有:基金基本信息和交易信息的查询,包括交易的确认通知、定期对账单、基金价格、基金资产状况等基本信息;基金投资者账户报告;其他资料,如基金管理人简介、管理人的年报、宣传资料、基金经理对市场展望等。有的基金管理公司还为投资者提供一定的基金知识咨询服务,如资产管理建议、基金推介会、基金经理通报会等。

法定披露信息由基金管理人编制、基金托管人复核,于规定时限内在中国证监会指定的信息披露报刊(中国证券报、上海证券报、证券时报)和网站(上海证券交易所 www.sse.com.cn、深圳证券交易所 www.szse.cn)上发布。

另外,基金信息披露的时间一般如下:

① 招募说明书:发行前。

② 年度报告:基金会计年度结束后的90日公告。

③ 中期报告:在基金会计年度前6个月结束后的60日内公告。

④ 每基金单位净值公告。

封闭式基金:周报,该数据每天计算,周六公布前一日净值。

开放式基金:日报,该数据每天计算,次日公告。

⑤ 基金投资组合公告:每 3 个月公告一次,也叫季度投资组合公告,在每季度结束后的 15 个工作日内公告。

⑥ 临时报告:事件发生后,当事人应立即公告。

2. 怎样阅读基金招募说明书

买东西应当买得明明白白,买基金也是如此。在购买基金之前,一项非常必要的功课就是阅读基金招募说明书。理由很简单,基金招募说明书是基金最重要、最基本的信息披露文件,有助于投资者充分了解将要买入的基金。

不过,基金招募说明书一般都洋洋万言,究竟该怎样阅读才好呢?下面就介绍几招看基金招募说明书的方法,以便大家在阅读时可以删繁就简。

(1) 看基金管理人。

要细看说明书中对基金管理公司和公司高管的情况介绍,以及基金经理的专业背景和从业经验的介绍。优质专业的基金管理公司和投资研究团队是基金投资得以良好运作的保障。

(2) 看过往业绩。

以往业绩可以在一定程度上反映出基金业绩的持续性和稳定性。开放式基金每 6 个月会更新招募说明书,其中投资业绩部分值得投资者好好分析比较一下。

(3) 看风险。

这其实是对投资者来说最为关键的部分之一。招募说明书中会详细说明基金投资的潜在风险,一般会从市场风险、信用风险、流动性风险、管理风险等方面来作说明。只有明了风险,投资才能更加理性。

(4) 看投资策略。

投资策略是基金实现投资目标的具体计划,描述基金将如何选择以及在股票、债券和其他金融工具与产品之间进行配置。目前大多数基金均对投资组合中各类资产的配置比例作出明确限定,这和基金投资风险是直接相关的。

(5) 看费用。

基金涉及的费用主要有认购(申购)费、赎回费、管理费和托管费等。这些在招募说明书中都会详细列明,投资者可据此比较各只基金的费率水平。

3. 怎样看基金业绩排行榜

基金业绩排行榜是对基金过往业绩的定量、客观和公正的描述,是投资者选择基金的重要依据。但是,有一句古话说得很对:尽信书,不如无书。对于选择基金来说,也是如此。因此,在我们利用基金业绩排行榜来筛选基金时,必须遵循一定的原则。

(1) 看权威排行榜。

要看比较知名的评级机构或媒体上的基金业绩信息,一方面是信息准确度高,另一方面也比较客观。当然,一定要看最新的业绩排名,过时的信息就没意义了。

(2) 同类型比较。

比基金业绩,一定是同类型基金之间比较才有意义。如果把股票型基金和平衡型基金进行比较,就如同拿苹果比鸭梨,当然是不可比的。现在一般的基金业绩排名都会有很明确的基金分类,但大家在头脑中还是要有分类比较的概念。

(3) 看长期,不要看短期。

虽然高考录取只看一次成绩,我们却不能用一时的表现来"录取"基金。一般而言,基金在过去6个月以内的回报率属于短期业绩,很难据此推断基金经理团队的能力,但可以用它来观察基金最近的变化。因此,考察基金要看过去较长一段时间的业绩表现,同时也关注近期表现。过去1年以上的回报率是非常重要的指标,因为它已经可以看出很多东西,又不至于多到包含很多过时的信息。

(4) 要关注不同时间段基金业绩是否平稳。

一般投资人都希望所投资的基金业绩长期平稳增长,而不是"云霄飞车",一会儿上去,一会儿下来。有些信息比较全面的基金业绩排名表,纵向看是不同的基金,横向看是过去1周、过去1个月、过去3个月、过去6个月、过去1年等不同阶段的基金排名情况。因此,应该"横着"看基金的排行榜。如果一只基金无论在1个月、3个月、6个月、1年等不同阶段业绩表现都名列同类型基金前茅,基本可以判断这只基金长期业绩平稳而且优异,当然就是好的基金品种。

(5) 关注★的多少。

一些基金评级机构形象地用"★"来综合评价基金,有点像星级酒店。一般来说,星星多的基金,综合情况较好。只有成立1年以上的基金才可以参加评星,1年以下的基金都没有星。从这一点也可以看出长期业绩是评价基金的重要因素。

(6) 关注风险。

任何投资都有风险,基金也不例外。投资者选择基金时,不能忽视对自身风险承受能力的判断和对所选基金的风险考量。标准差较高说明1年内基金的净值波动幅度较大,下行风险较高,说明与同类基金相比,1年内的亏损程度较大。以晨星公司为例,晨星将每一类基金的风险评价分为四档——高、中、偏低和低。所以,风险承受能力不高的投资者,特别是无法承受较高下跌风险的投资者,要尽量避免和风险高的基金"亲密接触"。

基金业绩排行榜主要目的是为投资者提供基金业绩和风险方面的信息。通过以上几个原则,投资者能够大致选择出符合自身要求的基金池。除了业绩和星级,投资者还需要结合基金的投资目标、公司品牌、基金经理的管理经验、基金的投资风格等定性的内容锁定合适的基金。

4. 怎样分析基金的业绩

证券投资基金的发展历史不长,因此评定基金业绩往往缺少历史的考量,但基金业绩对投资者选择基金是非常重要的一个参考数据。这里用举例的方式,就如何通过各种基金公告、招募说明书以及评级信息、科学分析基金业绩作一些介绍,供投资者参考。

(1) 基金的回报是单式回报还是复式回报。

基金回报分为单式和复式。基金的回报如果是单式回报,分析起来就比较直观,直接把总回报除投资年数就是年平均回报;如果是复式回报,则投资者在分析时,就必须考虑复利的因素。

例如,A基金5年来的回报是61.05%,B基金8年来的回报是99.26%,如果这组回报数据是单式回报,则表明 A 基金的年平均回报是 12.21%, B 基金的年平均回报是 12.41%, B 基金的业绩显然要优于 A 基金的业绩。如果这组回报数据是复式回报,则通过换算可以得出 A 基金的年平均回报是 10%, B 基金的年平均回报只有 9%,因此 A 基金的业绩要优于 B 基金的业绩。

(2) 基金的回报数据是否已经将所有的费用计算在内。

基金管理费用的收取主要有两种方式:一种是按照所管理的资金数量按一定百分比收取;一种是按照一定比例从基金的投资盈利部分收取。目前证券投资基金管理费用一般是结合以上两种方式来收取。对投资者而言,真正有意义的应该是已经将所有的费用剔除后的回报。

例如,A 基金全年的回报是 16%, B 基金全年的回报是 18%,如果这组回报已经将所有的费用扣除了,则 B 基金的业绩显然要优于 A 基金的业绩。如果这组回报还没有将基金管理费用扣除,则需要重新进行分析。现在假设 A 基金的管理费用是日常管理费用收取 1%,再加上投资盈利部分的 20%; B 基金的管理费用是日常管理费用收取 0.8%,再加上投资盈利部分的 30%。通过计算,A 基金的回报是 11.8%, B 基金的回报也是 11.8%,两者的回报是相等的。

(3) 基金业绩的期间变动情况。

投资者一般看到的往往是过去一段时间基金的平均业绩表现,至于期间基金业绩的变动情况如何却不清楚。因此,投资者有必要了解基金每一时段(每月及每年)的回报情况,正回报月份和负回报月份的比例,基金过去的最大跌幅和复原的时间,以及最大升幅和完成时间,这些都有助于投资者更好地了解基金过往的表现。

例如,A 基金和 B 基金在过去 3 年的平均回报是相同的,而在这 36 个月中,A 基金有 24 个月是负回报,只有 12 个月是正回报; B 基金有 24 个月是正回报,只有 12 个月是负回报。单从这个角度看,B 基金就要比 A 基金好一些。

(4) 基金的风险因素。

在对基金的业绩进行分析时,必须将风险因素引入进来。最常用来代表基金风险的是波幅,如果两只基金的波幅相近,回报率高的基金显然就更具吸引力;如果两只基金的回报率相近,则波幅小的基金就更易为投资者所认可。若以同一时段内基金的回报除以其波幅,便可比较基金的回报与风险比率,这一比率是测量经风险调整后的回报指标,也是测量增加价值的风险指标。回报与风险比率越高,基金便越具吸引力。

(5) 基金的分红类型。

投资者在对基金业绩进行分析时,还需要对不同分红类型的基金有所区分。

例如,A 基金和 B 基金的回报情况相似,区别在于 A 基金的分配方式是每年分红一次, B 基金则是每 5 年才分配一次,这两个基金的不同分配方式显然是有相当差异的。

(6) 根据 1 年以上的业绩表现。

某评级机构曾经做过这样的统计,根据基金过往业绩来选择基金成功的概率到底有多高,结果是根据 1 年的业绩来投资基金的成功率可以在 60% 以上,而根据 6 个月、3 个月、1 个月等业绩的成功率均在 50% 左右。50% 的概念就是像抛硬币一样完全是靠运气,所以选择基金至少要根据1年的业绩表现。

5.3.3 比较基金投资的收益与费用

1. 基金收益的构成

基金收益是基金资产在运作过程中所产生的超过自身价值的部分。具体地说,基金收益包括基金投资所得红利、股息、债券利息、存款利息、资本利得和其他收入。

(1) 红利。

红利是基金因购买公司股票而享有对该公司净利润分配的所得。一般而言,公司对股东的红利分配有现金红利和股票红利两种形式。基金作为长线投资者,其主要目标在于为基金投资者获取长期、稳定的回报,红利是构成基金收益的一个重要部分。所投资股票的红利的多少,是基金管理人选择投资组合的一个重要标准。

(2) 股息。

股息是指基金因购买公司的优先股权而享有对该公司净利润分配的所得。股息通常是按一定的比例事先规定的,这是股息与红利的主要区别。与红利相同,股息也构成基金投资者回报的一个重要部分,股息高低也是基金管理人选择投资组合的重要标准。

(3) 债券利息。

债券利息是指基金资产因投资于不同种类的债券(国债、地方政府债券、企业债、金融债等)而定期取得的利息。我国《证券投资基金管理暂行办法》规定,一个基金投资于国债的比例不得低于该基金资产净值的20%,由此可见,债券利息也是构成投资回报的不可或缺的组成部分。

(4) 存款利息。

存款利息指基金资产的银行存款利息收入。这部分收益仅占基金收益很小的一个组成部分。开放式基金由于必须随时准备支付基金持有人的赎回申请,必须保留一部分现金存在银行。

(5) 资本利得。

资本利得是指基金资产投资于证券而形成的价差收益,通常也称买卖证券差价。这是构成基金投资回报最重要的组成部分。

(6) 其他收入。

其他收入是指运用基金资产而带来的成本或费用的节约额,如基金因大额交易而从证券商处得到的交易佣金优惠等杂项收入。这部分收入通常数额很小。

普通投资者评价一只基金好坏的最直接的标准是基金净值的高低,虽然基金净值的计算很复杂,但是影响基金净值高低的最主要的因素毫无疑问是基金净收益。基金净收益是指基金收益扣除按照国家有关规定可以在基金收益中扣除的费用后的余额。所以下面还要来看一看基金投资有哪些费用。

2. 基金投资费用有哪些

金融业,包括基金业,都是服务行业。就像所有服务行业一样,投资人享有金融服务是需要付费的。那么,买卖基金需要哪些手续费呢? 投资基金要承担的费用大致可以分为两类:一类是由投资者直接负担的费用,即认(申)购费、赎回费和转换费;另一类是基金运作的费用,即为维持基金的运作而产生的费用,包括基金管理费、基金托管费、投资交易费、基金信息披露费、市场营销费等,这部分费用从基金资产中扣除,不由投资者直接承担。

(1) 认(申)购费。

认购费是买入基金时支付的手续费,它一般附加在基金认购价上,这种费用主要用于基金的宣传、中间人的佣金及发行时的其他费用支出。其费率的高低取决于基金的类别,不同的基金费用种类和标准有所不同,具体可查阅基金的契约或招募说明书。在基金发行期的销售手续费叫认购费用,发行期结束后的日常销售费用叫申购费用。一般来讲,基金公司为了吸引投资人在基金发行时买基金,认购费率比申购费率要低一些。

(2) 赎回费。

赎回费指投资者赎回基金份额时按赎回金额的一定比率向投资者收取的费用。它仅对开放型基金而言,而且没有特定的标准,越复杂的投资工具,收取的费率会越高,但也有某些基金产品没有赎回费,如货币型基金。目前国内基金一般的赎回费率为赎回金额的0.5%左右。同样是鼓励投资人长期持有基金,一些基金公司推出了赎回费随持有时间增加而递减的收费方式,即持有基金的时间越长,赎回时付的赎回费越少,持有时间长到一定程度,赎回时就可不收赎回费。

(3) 基金管理费。

基金管理费是支付给基金管理公司的报酬,其数额一般按照基金资产净值的一定比例从基金资产中提取。有时基金管理费还采取业绩报酬的形式。管理费费率的高低因基金类别的不同而有所差别;同时不同地区或基金业发展程度不同也导致其高低不一。一般而言,收益和风险较高的品种,管理难度也较大,如股票型基金,管理费较高;而收益和风险较低的品种,如货币型基金,管理费较低。目前国内的年管理费率一般在0.3%~1.5%之间。

管理费的支付方式和销售费、赎回费不同。后两种费用是在买卖基金的时候支付或从赎回款中扣除;而管理费则是从基金资产中扣除,在实践中,一般是每天计算,从当日的净值中扣除,投资人不需要额外拿钱出来。

(4) 托管费。

基金托管费,即基金托管人因为保管、处分基金资产而收取的费用。它是按基金资产净值的一定比例每月月末提取。一般在国内,年托管费在基金资产净值的0.25%左右。

(5) 交易费。

交易费是指基金经理人为基金买卖证券时支付的各种费用。交易越频繁,费用就越高。

(6) 其他费用。

其他费用包括税费、上市公告披露信息费用、法律顾问费、验资服务费等。所有这些都是基金投资者所必须承担的费用,它们就相当于投资成本,成本越低,相应的投资者的收益就会越高;成本越高相应的投资者的收入就会越少,因为羊毛毕竟出在羊身上。

表5-5比较了嘉实基金公司旗下5只基金的费率情况。

表 5-5　嘉实基金公司旗下 5 只基金费率比较表

基金名称		嘉实成长收益	嘉实理财通			嘉实服务增值行业
			嘉实增长	嘉实稳健	嘉实债券	
认购费率	100 万以下	1%	1%		0.60%	1%
	100(含)~500 万		0.80%		0.50%	0.80%
	500 万(含)以上		不高于 0.60%		不高于 0.40%	不高于 0.60%
申购费率	100 万以下		1.50%		0.80%	1.50%
	100(含)~500 万		1.20%		0.60%	1.30%
	500 万(含)以上		每笔 1 000 元			
赎回费率	1 年之内		0.50%		0.30%	0.50%
	1(含)~2 年		0.25%		0.15%	0.25%
	2 年(含)以上		无			
转换费率	3 个月之内		0.50%			
	3 个月(含)以上		无			
管理费			1.50%		0.60%	1.50%
托管费			0.25%		0.20%	0.25%

5.3.4 挑选基金公司

目前国内的基金都是由基金管理公司设计和管理的,基金管理公司本身的基础是否牢固,内部的管理制度是否完善,特别是基金管理人的投资经验、业务素质和管理方法,都足以影响到基金的业绩表现。因此,投资者应对基金管理公司的整体实力、基金业绩、市场形象和信誉、存续时间、投资风格等有所了解。

1. 整体实力

基金公司的整体实力情况是挑选基金的重要因素之一,我们看到易方达、华夏、博时等基金公司旗下的基金往往不是一枝独秀而是百花齐放,这就说明这些基金公司整体实力较强,这种整体实力绝不是泛泛而言,其背后是需要多种要素支持的,例如公司的管理结构、公司的研究力量、公司的投资决策程序、公司的控制风险能力等。我们再看一些较为优秀的基金管理公司,例如海富通基金管理公司,其突出优势在于外资背景给公司带来的规范和专业特性;再如易方达基金管理公司,其突出优势则在于能较为深刻地把握市场投资理念,为其选股带来了先人一步的优势。所以基金公司整体实力是我们选择基金应该重点考虑的因素之一。

看一个基金公司的整体实力,首先要看该基金公司的行业地位。先了解基金公司在行业内是否具有相对优势,这有助于了解基金公司的整体能力。若能首先确认值得托付的基金公司之后,再从中筛选个别基金产品,才能更安心保护自身财产。

其次要看该基金公司所管理的资产总规模。基金是集合众人资金进行投资,一家基金公司的资产规模越大,客户数越多,即显示其在投资人心目中的可信赖度越高,这些也都是值得参考的数据。

最后要看该基金公司的管理能力。投资者可以从基金管理公司旗下基金的整体表现,来评估基金公司的管理能力。评估时综合考虑其旗下基金业绩与其他同类基金和预设的业绩参照指标(比如大盘指数)的比较,如果该基金公司旗下的基金排名都比较靠前,并且绝大部分时间都达到或超过其预设指标,那么该基金公司的管理水平基本上是可以信赖的。

2. 基金业绩

在各种投资理论盛行的今天,单纯依靠媒体宣传是苍白的。只有取得实实在在的突出业绩,才是一只基金证明自己能力的最好办法。一家运作规范、管理良好的基金公司,往往具有很强的研发实力,拥有一支优秀基金经理队伍,旗下各只基金的业绩较为均衡,排名也在基金业中位居前列。

因此,旗下基金整体业绩出色的基金公司是值得信赖的。如今,各大研究机构针对基金的业绩排名已经越来越专业,越来越细化,投资者要比较媒体上刊登的这些数据,尤其要关注一段较长时间内的总体收益(比如1年以上的收益),毕竟购买基金是相对长期的投资,我们需要的是长跑健将。

评估基金公司的研究能力与整体表现最主要的指标之一就是旗下所有基金的长期绩效。此外,参考该公司的获奖纪录,也能使评估更为客观。

3. 市场形象和信誉

投资者将钱交给基金公司经营,管理者信誉从某种程度上来说比业绩更加重要,它直接关系到资产的安全。通常来说,信誉卓著的基金公司往往内部管理严格、操作规范、内控制度完善,投资者可以比较放心地选择其管理的基金。因此,基民在考察基金公司的市场形象和信誉时,应该尽量挑选市场信誉良好的基金公司。

基金公司建立良好信誉最关键的是要讲究诚信,按照规则办事,不损害任何投资者的利益。这些就要求公司管理结构良好,内部运作规范。由于开放式基金身处各种舆论的监督之下,投资者可以借助媒体报道甄别基金公司。同时,由于社保基金在选择基金管理公司时对公司的各方面都有通盘的考查,所以,普通投资者跟随社保基金的脚步投资,理论上就可以规避多重风险。

4. 存续时间

基金发行成功,并通过一段时间的封闭期后,称作基金的存续期。只要基金不被清盘,本基金可以一直存续。由于基金投资具有长期性,因此基金公司必须能够存在5—10年时间。而一家已存在多年的基金公司是否能够再存在10年呢?投资者必须根据公司过去的记录、成长速度、股票成分、财务状况以及成员的背景来得出结论。此外,从公司存续时间的长短,也可以看出公司内部控制风险的能力,存续时间越长,该基金公司就越值得信赖。

5. 投资风格

看业绩做决定,对于众多基金投资者而言,这是挑选基金公司简单、易行的标准。对这一点投资者并没有太多异议。但事实上,在选择基金公司的时候,该公司的投资风格也非常值得基民关注。

每一家基金公司旗下都有各种类型的基金品种,即便是股票型基金可能也有好几只,但基金公司之间,投资风格并不一致。有的基金公司属于"抱团"系,旗下品种净值走势都非常正相关,涨幅多少只取决于持股比例。有的基金公司风格迥异,有长期投资派也有趋势投资派,在不同的市场行情中,表现有时是背道而驰。

没有哪一种投资风格是被截然地划为好与不好。像海富通、景顺长城、广发、汇添富等基金公司是属于步调比较划一类型,而华夏、银华等基金公司则属于稳健与激进共存类型。不同的风格一样可以成为孕育牛基的温床。不过,在50多家基金公司中,风格游移的比较多。

对于基金投资者而言,了解基金公司的风格,更为现实的考虑是在于寻找适合自己类型的基金公司。尤其是在做基金组合计划的时候,这点知识就很有用了。把钱投到一个"抱团"系的基金公司旗下多个品种,未必能达到你想要的分散风险的效果,但基金业绩主要建立在基金的投研平台之上,长期来看可能整体稳健;"百花齐放"的公司中固然能让你找到不同口味的品种,但基金表现更大程度要取决于基金经理的能力。

为了了解基金管理公司的投资风格,我们还必须关注该公司的管理和投资哲学。有些基金的投资组合是由一组投资经理及分析人员负责的,有的则由一两个经理人主管。后者的个人主观因素较重,前者则较注重团队精神和集体智慧,其决策往往比较连贯、稳定。同样,基金经理人的投资哲学也不可忽视,基金是中长线投资品种,所以优秀的基金管理公司不仅能抓住短线机会,更注重把握中长线的投资方向,给投资者提供稳定、持续的投资回报,而业绩表现大起大落的基金管理公司须谨慎对待。

当然,基金公司是否能保持一贯的风格,要看其中关键人物的动向,比如投资总监和基金经理。除了投资风格,基金公司的风险控制能力和服务也很重要,不能忽视的还有基金公司能否言行一致。比如,不分红的时候就大谈对市场看好,基金是在坚持长期投资的理念云云;要做持续营销的时候,分起红来又一点不含糊,丝毫不管当时在什么样的市道。不少基金公司都有这些问题,因此即便其旗下基金业绩尚可,投资者选择前多做一点考察也不为过。

5.3.5 挑选基金经理

基金经理人的决策关系着基金绩效的优劣、投资者的盈亏,而规模较大的基金,甚至可能影响到整个市场。

基金经理在基金公司起到的是决策者的作用,他的决策将和基金的业绩表现密切相关,而基金的业绩表现又与基金投资者的利益是息息相关的,所以无论对于基民还是对于基金公司而言,基金经理都是极为重要的一个角色。

正是由于基金经理人对基金操作的成败有着密不可分的关系,所以基金公司及证监会对基金经理人的筛选都相当严格。单从工作资历来看,基金经理人必须具备证券投资分析经验,或者是在专业的投资机构负责证券投资决策或买卖执行达3年以上,才可以担任。除此之外,经理人必须对国内外经济状况及各行业、公司的营运和潜力都有深入的了解,因为光有资历并不能保证经理人投资功力的深厚。

比如,在美国83%的股票型基金都实行"基金经理制"。基金经理就是一个明星,就是基金的招牌,很多基民就是因为基金经理而选择某一个基金的,因为他们相信这位经理能给他们带来丰厚的收益。而目前在我国,基金管理公司大多实行的是"委员会制",除了基金经理还有副总经理、相关部门的部门经理等中高级管理人员组成的投资决策委员会,基金投资管理中的重要投资决策都要通过委员会的讨论,所以基金经理的个人作用有所减弱,但是仍然十分关键。

从一定程度上讲,基民购买一只基金产品,首先要看运作这只基金的基金经理是不是一位优秀的基金经理。一位好的基金经理,将给基金带来良好的经营业绩,为基民带来更多的分红回报。但是从现实来看,仅看其履历表是不够的,仅凭短期的基金运作状况也是难以发现基金经理的潜在优势的。那么如何来选择基金经理呢?在挑选基金经理时,必须注意以下几点。

1. 专业背景

投资与理财需要具备过硬的专业知识,当然不具备专业知识的人也能成功,但那只是特例,成功的概率应该说小之又小,而只有深入、全面、广泛地掌握和应用专业知识才能取得成功。退一步说,这些知识即使不能帮助投资者成功,但也能使之认识风险、及时作出应对危机的措施,从而使损失降到最低程度。

而对于一个基金经理来说,他的专业水准应该体现在以下几个方面。

(1) 你的基金经理是什么出身?

大多数基金经理是两种出身:操盘手和研究员。操盘手型的基金经理能很好地把握时机,前提是,你要受得了他的波动;研究员型的基金经理更为稳定,但你要容忍他极少的换手率。

(2) 是否具有扎实的基本面研究功夫?

基金公司应该以基本面为最主要的投资操作依据,所以经理人的基本面研究功夫是否扎实是非常重要的!通常基金经理人都必须至少担任过3年的研究员,期间若能负责过1~3种主要的产业就更好了,这样视野会比较宽广,选股上才不太会有大的偏颇。另外,勤于拜访上市公司也是很重要的,基金经理人若是只靠研究员的书面报告买股票,毕竟是隔了一层,对被投资者有些直观的感觉还是很重要的,著名的基金经理人彼得·林奇就是勤于拜访上市公司的最佳范例。

(3) 不要被光芒四射的头衔蒙住。

目前有很多基金经理对于自己的专业背景都非常自豪,看某某名牌大学财经管理学硕士或者博士。事实上,"学历并不代表能力"这句话在任何时候任何场合都是有一定道理的。国外有一位著名的基金管理公司负责人就说:"我从不买 MBA 学位的账,与此同时,我同样也不追捧名校的学位。我们要找的是有原创性思维的人。"他说:"有些哈佛的毕业生在面试时表现得确实非常棒,不过,更多的表现一般。毕竟,很多从哈佛毕业的家伙已经知道自己的一辈子都可以过得舒舒服服,因此,不一定都是能够承担风险的人。"

2. 投资经验

很多专家在基民挑选基金经理的时候都会建议:你的基金经理最好经历过熊市。从这句话中,我们就能知道,投资经验对于基金经理来说是非常重要的。一个基金运作状况的优劣很大程度上取决于基金经理的素质,因此基金经理的从业经历对投资者选择基金有很大的影响。

从业经历包括:历经市场空头及多头之经验、以往就职的公司及职位、个人声誉和业绩等。

一位只经历过多头时期的经理人,可能会对市场过于乐观,而采取过度积极的投资策略;相反的,一位只经历过空头时期的经理人,却可能会因为对市场悲观,而采取过度保守的策略。因此,唯有亲身经历过由盛而衰,再由衰而盛的过程,才能算是一个具有充分经验的基金经理人。

虽然我们常说,经验并不代表能力。但在很多时候,我们不得不承认,历史总是惊人地相似,因此对于理财投资来说,经验是有着非常大的导向作用的。所以,我们在选择基金经理的时候,必须将其投资经验列入考核范围之内。

对于这一点,成功的基金公司挑选基金经理的方式也大多都是如此。有些基金公司喜欢雇有经验的老手。有人问美国著名的纽伯格·巴曼公司创始人罗伊·纽伯格为什么不从沃顿商学院这样地方雇用年轻人来管理资金,纽伯格回答说:"我不希望别人通过打我耳光来学习。"这句话背后的含义是:让他们用别人的钱犯错误吧。不过,纽伯格·巴曼公司偶尔也会雇用精明的年轻 MBA,从分析师做起,慢慢做到基金经理助理、联合基金经理并最后成为一名合格的基金经理。多年来这种"偶尔"仅发生过一次,而其他任何曾被雇来担任该公司基金经理的人都至少在别处有过 10 年以上的经验。

3. 职业操守

基金经理人所掌管的资金,动辄数十亿元,其道德操守自然是相当重要的,大部分的基金公司在年度考核时会对这项条件作出评判,但是普通投资者较不容易观察到此项标准。投资人在考虑道德操守这项标准时,不妨从评估基金公司的信誉这方面着手。一个建立起商誉、颇有名气的基金公司,为了守住好不容易才得来的金字招牌,其行事必定更为谨慎、公开,且必会较严格要求旗下经理人的人格品行。

之所以建立"道德准入门槛"制度是因为基金行业是以诚信为生命的,基金从业人员不仅要具备优秀的专业素质,还要具备良好的职业道德。

4. 战略眼光

基金经理还必须眼光长远且行事果断。

一般来说,基金投资组合收益的来源有三种:其一为长期资产配置的收益,长期资产配置指的是根据各类资产的报酬率、风险特性以及资产间的相互关系所制定的长期的、各类资产比重的投资策略;另两种是择时策略、选股策略带来的收益,择时策略、选股策略都是投机策略,基金经理人根据短期的市场预测寻找黑马股,运用短线交易获取超额报酬。在此三种来源之中,投资专家和学者普遍认为,资产配置才是影响基金报酬率及风险最主要的因素。

基金经理人在每一个决策关头要有主见,如果迟疑不前,极可能平白丧失了大好良机。此外,基金经理人对其本身情绪管理、压力舒解方法的培养也是同样必要的。一个无法承受市场动荡压力的经理人,不但会影响其投资决策的正确性,更可能伤及自己的健康。

5. 投资回报

基民借基金经理的专业知识来进行投资,最主要的目的就是要获得投资回报。从这个主要目的出发,投资者在挑选基金经理的时候,还必须注意的关键问题就是:该基金经理的投资回报率,即考察该基金经理的以往业绩。

业绩是最有说服力的,在以往能够有好业绩的经理可能会为投资者带来更好的收益。优秀的业绩说明他具备这样的一个能力:能够使基金净值持续增长,保持基金份额的稳定,能够带来良好的收益,所以基金经理的业绩是一项很重要的参考标准。晨星公司每年度都有明星基金经理的评选。

5.4 网上买卖基金实验

5.4.1 网上买卖基金的优缺点

基于基金产品无形性的特点和电子化的趋势,网上基金交易已逐渐成为基金行业一个非常重要的销售渠道和交易方式。网上买卖基金给投资者带来了许多方便,省去了排队等候的麻烦,而且费用也较低,但这并不是说它就可以完全取代传统的网点销售,它就是最好的交易方式了。网上交易同时也存在着一些缺点,优点和缺点总是如影随形的。

表 5-6　网上买卖基金的优点

省钱	网上买卖基金最大的好处是费用便宜,其费率要比柜台上要低得多,所以选择网络直销可以减少成本,从而增加收益。
省时	网上基金交易因其快速和方便可以为投资者节省不少时间,没有了在代销点的麻烦手续。另外,就是网上认购、申购,不受时间限制,基金公司网上 24 小时接受委托,交易随时随地,不似传统的交易方式必须在销售网点的营业时间内才可以办理交易业务。
省力	网上开户成功后,投资者会收到基金公司的通知。然后就可以随时随地通过网上进行相关基金的申购、赎回了。并且,投资时在网站上选基金业很方便,在直销网站上有要买基金的详细信息,投资者可以了解你想知道的所有信息,足不出户就可以完成投资决策及交易。
功能齐全	网上基金交易不只是提供简单的申购、赎回业务,投资者还可使用基金转换等增值功能,只要是在柜台可以办理的业务在网上基本上都可办理,它的这种齐全的功能也使得它代替银行、券商等代销机构成为可能。

虽然网上基金交易具有费率较低、操作方便、无须排队等较多的优点(见表5-6),因此受到广大投资者的欢迎。但是网上基金直销也有不少弱点,这也需要投资者引起足够的重视,尽量避免因此而受到损失(见表5-7)。

表 5-7　网上买卖基金的缺点

基金公司不同结算不同	不同的基金公司会选择不同的银行来托管,所以结算用卡也不相同。如果购买多支基金,往往需要为该基金组合办理不同的银行卡,那样就比较麻烦了。
基金公司或银行网上交易系统只能交易其所发行或代理的基金	在一家基金公司的网上交易系统中只能进行其所发行的基金的交易,银行的网上交易系统也是这样,所以当购买的基金较少,只涉及一家银行或基金公司时就很方便,而一旦购买的是基金组合,涉及不同基金公司和银行系统,投资者就要频繁地登录、使用多个账号,其过程也并不简单。

续表

存在安全隐患	安全是最为重要的因素。虽然目前的网上交易系统已经采取了一定的防范措施,但还是不能完全消除安全隐患。如对银行卡等非常关键的信息,没有采用隐蔽措施,对登录密码的输错次数没有限制,因此投资者在进行网上基金交易一定要注意安全,最好不要在公共场所上网交易。
没有交易凭证	网上交易在程序简化的同时也造成了手续、资料的不全,交易过程缺乏记录,没有凭证。所以投资者在进行网上交易时能打印的一定要打印,如对账单、确认书等,以作凭证,万一将来出现差错,也可以清楚你买了什么基金,基金的份额是多少。

5.4.2 基金网上交易的三种途径

在网上进行基金交易主要有三种途径:基金公司网上交易系统、银行网上交易系统、证券公司网上交易系统,投资者可以根据自己的需要自由地进行选择。

1. 基金公司网上交易系统

通过基金公司的网上交易系统进行基金交易属于基金公司的"直销",就像直接到基金公司进行交易一样,所以在申购费率上通常有优惠,甚至申购费率为零,而且交易时间没有限制,可以24小时下单,但投资者只能购买该基金公司旗下的基金产品。

基金公司网上交易主要步骤分为:

(1) 办理相应银行卡:投资者可先选好一个基金公司,比如上投摩根基金公司,先进入它的网站,查询购买基金可使用的银行卡,然后去该银行办理相应的银行卡。

(2) 进行网上开户或账户登记:投资者可直接到基金公司网站,选择开通网上交易,它会提示你选用哪家银行的卡来开通(以后你从该公司买基金时就会从这张卡里划款,每家基金公司都会指定若干张银行卡进行支付,比如上投摩根基金公司就只支持建行卡、农行卡、兴业银行卡和浦发银行卡),按其提示一步步进行,完成开通,这样你就有了该公司的一个账号。为了确保交易的安全性,通常投资者还要设立自己的交易密码。在确定账户交易模式、转账账户号、账户密码等信息后就可以登录进行基金买卖了。

(3) 进行网上交易:开户成功后,再购买这个基金公司的基金时就可以登录该账号,进行买卖操作。投资者可随时在基金公司网站上办理各种业务,包括认购、申购、赎回、基金转换、修改分红方式以及定制各种服务等。

这里以华夏基金为例说明一下在基金公司网上交易系统买卖基金的操作流程:

(1) 基金开户(如图5-3所示);

(2) 基金认购或申购(如图5-4所示);

(3) 基金赎回(如图5-5所示);

(4) 基金转托管入(如图5-6所示);

(5) 分红方式变更(如图5-7所示);

(6) 交易撤销(如图5-8所示);

(7) 修改个人信息(如图5-9所示);

(8) 修改交易密码(如图5-10所示)。

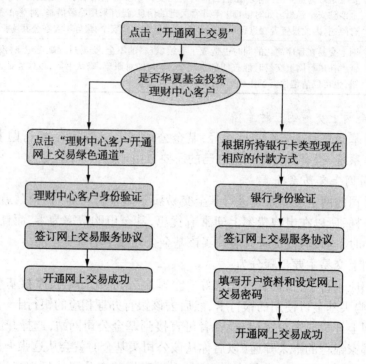

图 5-3　华夏基金网上开户流程

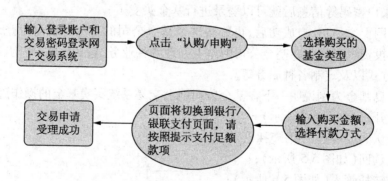

图 5-4　华夏基金网上认购、申购流程图

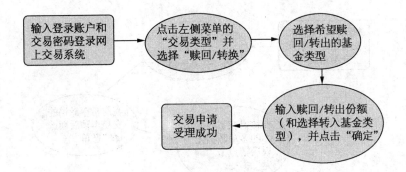

图 5-5　华夏基金网上赎回流程图

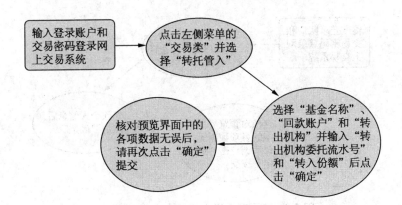

图 5-6　华夏基金网上转托管入流程图

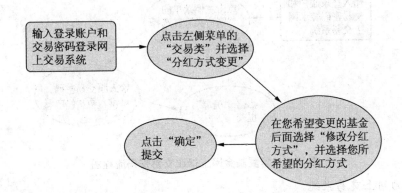

图 5-7　华夏基金网上分红方式变更流程图

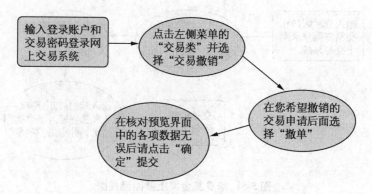

图 5-8　华夏基金网上交易撤销流程图

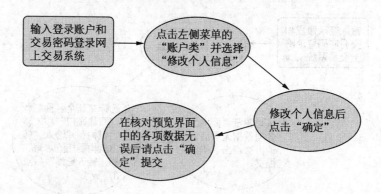

图 5-9　华夏基金网上修改个人信息流程图

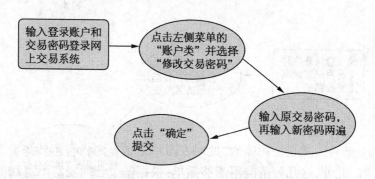

图 5-10　华夏基金网上修改交易密码流程图

2. 银行的网上交易系统

网上银行本质上与基金公司的网上交易平台类似,它对基金买卖的处理也要转送到基金公司的交易平台进行处理,不同的是网上银行一般会有基金超市,种类比较多,可以供投资者方便地进行比较挑选。另外,网上银行进行基金交易可能不享受基金公司直销的优惠费率,投资者在选择之前应当先咨询是否有各种优惠政策,以免错过电子交易给您带来的利益。

通过银行的网上基金交易系统购买基金,投资者同样需要备有银行卡账户和基金账户,并且该银行卡已经开通了网上银行服务。如果投资者尚未在银行开户,则需要携带身份证件到代销基金的银行,办理一张该行的普通储蓄卡并开通网上银行,也有的银行会要求办理另外的专门进行证券交易的关联卡,如建设银行就要求办理证券卡和您的储蓄卡进行关联,才可以买卖基金。然后投资者可以登录银行网站,点击个人网上银行,并找到网上基金栏目,就可以进行基金买卖。一般来说,银行可以代理开立基金账户,但通过某家银行的网上交易系统只能买到该银行代销的基金。

3. 证券公司网络交易系统

投资者首先要通过证券公司柜台办理基金账户开户手续,然后登录证券公司网站下载交易软件,用资金账户和密码登录后即可进行操作。在证券公司开设的账户不仅可以购买开放式基金,也可以购买在证券交易所挂牌的封闭式基金。不过,要注意的是,这种方式只能购买该证券公司代销的基金,而且投资者只能在交易所的交易时间进行操作。

5.4.3 网上交易基金的技巧

基金网上交易业务对于投资者、银行与基金公司都是一种共赢的选择,所以近年来得到了很大的发展。那么,如何操作才能充分发挥基金网上交易的优势呢?下面给大家分享以下四种既省钱又省时的操作技巧。

1. 合理选择交易时间

网上交易并不是即时完成的,也需要一定的时间过程。多数基金网上交易若在T日工作时间内(9时至15时)提交交易单,则基金公司在此交易日的工作时间后确认交易,而投资者可以在T+2日查询到交易信息,如资金购买的基金份数、当日基金的盈亏等。若是在工作时间后(15时至第二日9时)提交交易单,基金公司会在T+1日工作时间后处理交易单,投资者可以在T+3日查询到交易信息。另外需要注意的是,每周五15时之后至第二周周一15时之前的交易单要在第二周周一的15时后处理,所以投资者一般不要选择周五或周末买基金。基金公司网上交易赎回基金后资金到账一般需要几天时间,所以投资者最好选择周一或周二赎回,能保证资金本周内可使用。

2. 撤销交易有技巧

基金网上交易不像传统代销需要填写大量单据,既可以很方便地发出申请,也可以在申请未确认前撤销申请。需要注意的是撤销时间的选择,如果投资者是在15时之前选择撤单,但下单时资金已转入基金公司账户,此时在撤单之前已经支付了转账费,并且撤单后资金到账需要2天。此外,这几种情况不能够撤单:根据基金合同规定不能撤单的交易(如在认购期的认购交易)不能撤单;已经确认成交的交易不能撤单;网上交易(认购交易除外)当日申请在当日15时以后不能撤单。

3. 巧用转换更省钱

基金网上交易对于买基金享有手续费优惠,而赎回一般不能优惠,但是投资者可以通过基金转换,变相实现赎回费率优惠。因为基金公司规定旗下基金间转换费率一般低于持有不满一年的赎回费率,所以可以先将要赎回的基金转换为赎回费率较低的基金种类,再进行赎回。如投资者购买了股票型基金,可以先转换为货币型基金,再赎回货币型基金,这样资金变现的总费用比直接赎回的要少得多。

4. 货币型基金为桥梁

基金网上交易因为非常便捷，可以随心所欲地交易。投资者可以通过自己的判断，不断动态调整家庭资产在股票型基金与货币型基金之间的配置比例，既可以及时规避风险，又可以稳健获得收益。如在股市上涨时将货币型基金转换为股票型基金以取得更好的收益，而在股票下跌时将股票基金转换为货币型基金以保持资产的稳定。

5.4.4 网上买卖基金的风险防范

由于网络营销仍然处于发展阶段，相对于代销机构的柜面营销，仍存在一定的购买风险，对于投资者来讲，认识网络的局限性，更有利于明辨是非，回避电子化带来的风险，作出理性的投资决定。

1. 警惕网络非法营销

网络信息量大，购买的渠道多，这就从一定程度上助长了非法营销基金的风潮，从而使不明真相的投资者上当受骗。因此，对于投资者来讲，不明真相或不是熟知的网站，尽量不要去盲目地登录并操作，特别是以高诱饵为目的的基金营销、国外非法基金的营销，更应当谨慎涉足。投资者要学会知足常乐，要能控制自己的欲望，很多非法营销都是利用了投资者的贪欲布置陷阱的，等着愿者上钩。

2. 小心提防病毒与黑客

在网上进行基金业务的办理，需要投资者养成良好的投资习惯，特别要具有一定的应对黑客侵袭的具体措施。

首先，上网场所最好在家或安全场所，同时要打开防火墙，最好不要在网吧和其他电脑不安全的公共场所上网买卖基金。

其次，要为你的电脑配备杀毒软件和防木马软件。杀毒软件中卡巴斯基和瑞星都不错，投资者应该及时升级自己电脑的杀毒软件。木马，严格意义上来说，不算病毒，它是一种远程操作行为，所以有些杀毒软件防木马功能比较弱。防木马软件中 360 卫士能及时诊断修补系统漏洞，Antispy 等也不错。

最后，要保管好自己的密码。设置密码尽可能地复杂，数字、字母和特殊符号三者一起组合，尽量少给黑客暴力破解的机会；登录密码和交易密码不要相同；账号和密码要分开来记录，不要放在一起，这就跟你的银行卡和身份证不要放在一起是一个道理；输密码的时候，网页上的软键盘与系统自带的"屏幕键盘"可以结合使用，尽量少用电脑键盘，防止键盘记录木马，同时结合复制操作、粘贴操作、BACKSPACE 键和 DEL 键，虚虚实实，骗过木马。

3. 其他技术问题

电子交易目前在我国还是比较新的事物，相关的法律并不是特别完善，基金网上交易并不提供单据凭证，投资者如果需要保全证据，可以自己打印交易页面信息，如果嫌打印麻烦，可以建立一个保存交易信息专用的 Word 文档，交易完后，选好交易确认的页面，按 Ctrl + Print Screen 键，也就是复制屏幕，粘贴到你的专用 Word 文档上。

另外，由于整个交易网络运行的障碍，基金网上业务有时可能遭遇瓶颈，这种情况值得投资者关注，尤其是在遭遇巨额赎回时，会有因网络问题而无法及时赎回的情况发生。

附录 5-1　中国工商银行基金交易操作流程

在中国工商银行买卖基金,你首先需要开立基金交易账户和基金 TA 账户。基金交易账户的开户需使用牡丹灵通卡、E 时代卡或理财金账户卡;基金交易账户开立后,才可以开立基金 TA 账户;购买不同基金公司发行的基金,需要分别开立基金 TA 账户。基金交易日为每周一至周五,法定节假日除外,交易时间一般为每天 9:00—15:00。中国工商银行个人网银注册客户,可直接在工行网站进行基金交易账户、基金 TA 账户开销户管理,信息登记维护、基金认购、申购、赎回的交易。中国工商银行电话银行注册客户在网点柜台办理基金业务开户手续之后可拨打 95588 进行开放式基金交易。

1. 基金开户

在同一个地区,只能开立一个基金交易账户,开户不受基金交易时间限制。在一个基金公司只能开立一个 TA 账户,基金 TA 账户的开户时间与基金公司的交易时间相同。

(1) 网上开户流程(如图 5-11 所示)。

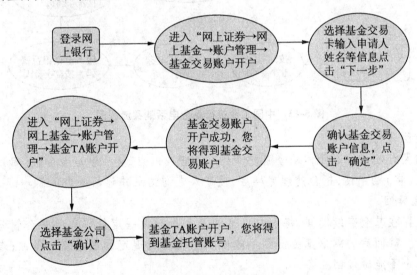

图 5-11　中国工商银行基金网上开户流程图

(2) 柜面开户。

携带本人有效身份证件和牡丹卡到工行营业网点办理基金开户。

2. 基金认购或申购

(1) 网上认购或申购(如图 5-12 所示)。

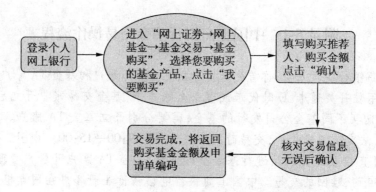

图 5-12　中国工商银行基金网上购买流程图

（2）电话认购或申购（如图 5-13 所示）。

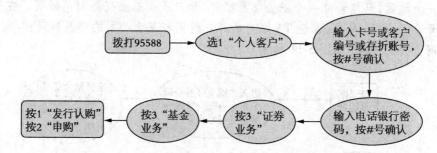

图 5-13　中国工商银行基金电话购买流程图

（3）柜面认购或申购。

携带本人有效身份证件和基金账户卡到工行营业网点，然后填写基金认（申）购申请表，柜台受理认（申）购申请，柜台处理完毕后，投资人查询结果并确认基金份额。

3. 基金赎回

赎回是指在基金存续期间，将手中持有的基金份额按一定价格卖给基金管理人并收回现金的行为。赎回后的剩余基金份额不能低于基金公司规定的最小剩余份额；未被基金公司确认的基金不能做赎回业务。

（1）网上赎回（如图 5-14 所示）。

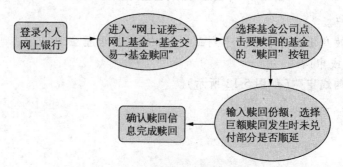

图 5-14　中国工商银行基金网上赎回流程图

(2) 电话赎回(如图 5-15 所示)。
(3) 柜面赎回。
携带本人有效身份证件和基金账户卡到工行营业网点办理。

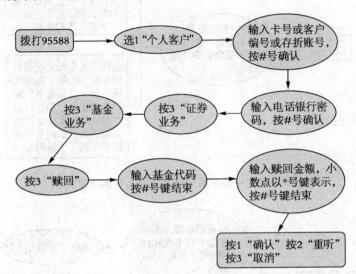

图 5-15 中国工商银行基金电话赎回流程图

4. 基金转换

您可以通过此功能将已购买的存续期内的基金份额转换为同基金公司的其他基金品种(如图 5-16 所示)。

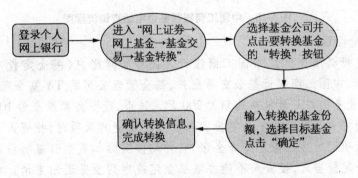

图 5-16 中国工商银行网上基金转换流程图

5. 基金交易明细查询

由于基金公司的交易数据不能实时传送,基金申购、赎回等交易明细,需要在 T+2 日以后方可查询(T 为交易当天)。对于认购交易的基金,需要待该基金发行期满以后,才能查询。

(1) 网上查询(如图 5-17 所示)。
(2) 电话查询(如图 5-18 所示)。
(3) 柜面查询。携带本人有效身份证件和基金账户卡到工行营业网点办理。

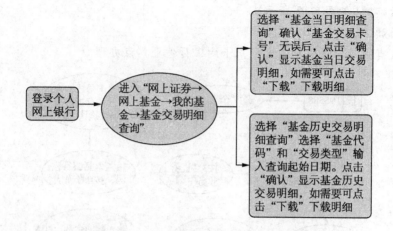

图 5-17　中国工商银行基金网上查询流程图

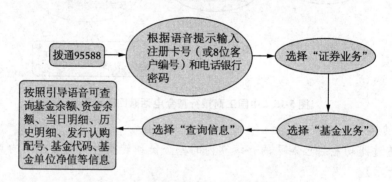

图 5-18　中国工商银行基金电话查询流程图

6. 基金定投设置

申请基金定投必须先开立中国工商银行人民币结算账户(基金定投申购业务扣款账户)、基金交易卡、中国工商银行基金交易账户、基金管理公司的 TA 基金账户(账户状态正常)。基金定投业务的每月最低申购额为 200 元人民币,投资金额级差为 100 元人民币。若投资人在计划期内未及时缴纳基金定投业务计划所规定的款项时,投资人可将上期未缴款项与本期应扣款项同时存入指定的资金账户,并均按实际扣款当日基金份额净值计算确认份额。申请基金定投当天,投资人不能办理基金定投申购业务退出申请。对通过基金定投申购并确认成功的基金份额,投资人可以在业务受理时间内随时持本人有效身份证件和基金交易卡到当地工行代理基金业务网点办理基金赎回业务(如图 5-19 所示)。

7. 基金账户挂失

网上银行和电话银行可办理临时挂失。挂失有效期一般为 5 天,请您在 5 日内到工行营业网点办理书面挂失手续,过期挂失即失效。

(1) 网上挂失(如图 5-20 所示)。

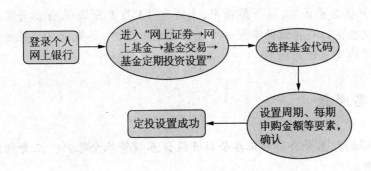

图 5-19　中国工商银行基金网上定投流程图

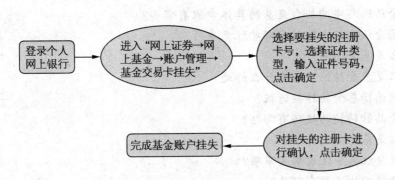

图 5-20　中国工商银行基金网上挂失流程图

(2) 电话挂失。

如果您遗忘了丢失卡(存折)的卡号(账号),也可通过拨打 95588 完成挂失(如图 5-21 所示)。

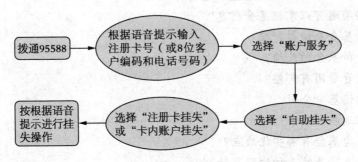

图 5-21　中国工商银行基金电话挂失流程图

(3) 柜面挂失。

持本人有效身份证件到柜面办理。

8. 基金销户

基金交易账户销户前,应确保该基金交易账户内没有下挂的 TA 基金账户。您可通过网银进行"基金交易账户脱 TA 账户"或"基金 TA 账户销户",或在柜面解除基金交易账户和基金 TA 账户对应关系。基金交易账户的销户不受基金交易时间控制。如果 TA 账户余额不为 0，或 TA 账户状态不正常，则不能销户；未得到 TA 账户所属基金公司确认为正常的 TA 账户，不能销户；在他行或异地开有同一个基金公司的账户，不能销户。基金 TA 账户的销户时间与基金公司的交易时间相同。

复习思考题

1. 如何在银行、基金公司和证券公司开设证券投资基金账户？三者相比有什么优势、劣势和适合人群？
2. 什么是基金的认购与申购？
3. 基金认购与申购柜台交易的具体步骤有哪些？
4. 在基金认购与申购时有哪些注意事项？
5. 什么是基金团购？
6. 什么是基金转换？它有什么好处？
7. 如何选择基金的转换时机？
8. 基金品种转换的技巧有哪些？
9. 什么是基金非交易过户？
10. 基金分红是应注意哪些事项？
11. 基金赎回的流程有哪些？
12. 怎样减少赎回在途时间？
13. 怎样选择赎回时机？
14. 如何选择证券投资基金？
15. 四大基金评级机构如何对基金进行评级？
16. 从哪些渠道可以掌握基金信息？
17. 怎样看基金业绩排行榜？
18. 如何分析基金的业绩？
19. 基金投资费用有哪些？
20. 如何挑选基金公司？
21. 如何挑选基金经理？
22. 网上买卖基金有哪些优缺点？
23. 基金网上交易的三种途径是什么？
24. 网上交易基金的技巧有哪些？

实验6 权证交易实务

实验目的： 运用权证的相关知识，使用相关金融投资交易软件进行模拟权证交易，掌握权证的发行与上市、权证的交易以及权证的行权等权证投资基本技能，学会计算权证内在价值和时间价值的方法，以帮助我们进行权证投资。

实验内容与要求： 在初步了解权证各种规章制度和交易规则的基础上，通过相关证券行情交易软件，进一步认识在两市挂牌交易的各种权证的行情信息，并在开市期间，通过新华08信息系统与世华财讯软件或其他网站进行权证投资的模拟交易及投资分析。

实验工具： 新华08信息系统与世华财讯软件。

6.1 权证投资的基础知识

6.1.1 权证相关概念

权证是一种有价证券，权证买方付出权利金购买后，有权利（而非义务）在某一特定期间（或特定时点）按约定价格向发行人（卖方）购买或者出售标的证券。

权证实质是一种期权，持有人拥有换股权利，而不是一种责任，权证到期时持有人可以选择是否行权或履约。与权证相关的概念主要有以下16个。

1. 发行人

发行人是指上市公司或证券公司等机构。

2. 权利金

权利金是指购买权证时支付的价款。

3. 标的证券

权证交易的对象可以是个股、基金、债券、一揽子股票或其他证券，是发行人承诺按约定条件向权证持有人购买或出售的证券。

4. 认购权证

认购权证是权证的一种，是指发行人发行的、约定持有人在规定期间内或特定到期日，有权按约定价格向发行人购买标的证券的有价证券。

5. 认沽权证

认沽权证是权证的一种，是指发行人发行的、约定持有人在规定期间内或特定到期日，有权按约定价格向发行人出售标的证券的有价证券。

6. 行权

行权是指权证持有人要求发行人按照约定时间、价格和方式履行权证约定的义务。

7. 行权价格

行权价格是指发行人发行权证时所约定的，权证持有人向发行人购买或出售标的证券的价格。

8. 行权比例

行权比例是指一份权证可以购买或出售的标的证券的数量。

9. 证券给付结算方式

证券给付结算方式是指权证持有人行权时，发行人有义务按照行权价格向权证持有人出售或购买标的证券。

10. 现金结算方式

现金结算方式是指权证持有人行权时，发行人按照约定向权证持有人支付行权价格与标的证券结算价格之间的差额。

11. 价内权证

价内权证是指权证持有人行权时，权证行权价格与行权费用之和低于标的证券结算价格的认购权证；或者行权费用与标的证券结算价格之和低于权证行权价格的认沽权证。

12. 存续期间

存续期间即权证从发行到终止上市的期限。上海证券交易所和深圳证券交易所都规定权证自上市之日起存续期间为 6 个月以上 24 个月以下。

13. 行权日期

行权日期是指权证的持有人可行使认购（或出售）权利的日期。该期限过后，权证持有人便不能行使相关权利，权证的价值也变为零。

14. 权证的内含价值

$$认购权证的内含价值 = 标的证券的市价 - 履约价格$$

例如：宝钢股份（600019）2005 年 7 月 22 日的价格是 5.20 元，宝钢认股权证的履约价格是 4.50 元，则其内含价值就是 0.70 元。

$$认沽权证的内在价值 = 履约价格 - 标的证券的市价$$

例如：宝钢股份（600019）2005 年 7 月 22 日的价格是 5.20 元，宝钢认沽权证的履约价格是 5.12 元，则其内含价值就是 -0.08 元。

15. 权证的时间价值

$$时间价值 = 权证的价格 - 内在价值$$

假设宝钢认股权证的履约价格是 4.50 元，某交易日宝钢股份的价格是 5.20 元，则其认购权证的内在价值就是 0.70 元，如宝钢权证当日的价格为 0.82 元，则其时间价值就是 0.12（0.82 - 0.70）元。

16. 行权方式

权证行权时按权利行使的时间划分为欧式权证、美式权证及百慕大式权证等不同方式。

6.1.2 权证的种类

权证根据不同的划分标准有不同的分类。

1. 按买卖方向不同分为认购权证和认沽权证

认购权证持有人有权按约定价格在特定期限内或到期日向发行人买入标的证券;认沽权证持有人则有权向发行人卖出标的证券。

2. 按权利行使期限不同分为欧式权证、美式权证及百慕大式权证

欧式权证的持有人只能在到期日当天行权;美式权证的持有人可以在到期日之前任何时间行权;百慕大式权证的行权方式为以上两种的混合,即持有人有权在到期日之前的一个或多个日期行权,权证的行权日期一般都在发行时予以约定。

3. 按发行人不同可分为股本权证和备兑权证

股本权证由上市公司发行,主要是用来融资,或者以派送形式送给公司高管人员和现有股东。备兑权证一般由第三方(如证券公司)发行,其标的资产可以是股票,也可以是股价指数、一揽子股票等,行权时,可以以实物或现金的方式进行结算。发行备兑权证并非为了集资,而是为投资者提供一种有效的风险管理工具。股本权证和备兑权证的区别如表6-1所示。

表6-1 股本权证和备兑权证的区别

比较项目	股本权证	备兑权证(衍生权证)
发行人	标的证券的发行人(或上市公司)	标的证券发行人以外的第三方
标的权证	需要发行新股	已在交易所挂牌交易的证券
发行目的	为筹资或高管人员激励用	为投资者提供避险、套利的工具
行权结果	公司股份增加、每股净值稀释	不造成股本增加或权益稀释

需要注意的是,我国股权分制改革时发行的权证,既不属于股本权证也不属于备兑权证,而是介于这两者之间。它不属于股本权证,因为发行该权证的不是上市公司而是上市公司的股东,且到期行权时,由上市公司股东拿出股票进行给付,其总股本并没有增加;它也不应该属于备兑权证,因为发行商不是投资银行与证券公司,期间上市交易并没有发行商提供流通量,且上市后的流通份额是不变的。

4. 按权证行权价格是否高于标的证券价格,分为价内权证、价平权证和价外权证

三种权证的行权价格与标的证券收盘价格的关系如表6-2所示。

表6-2 权证行权价格与标的证券收盘价格的关系

价格关系	认购权证	认沽权证
行权价格 > 标的证券收盘价格	价外权证	价内权证
行权价格 = 标的证券收盘价格	价平权证	价平权证
行权价格 < 标的证券收盘价格	价内权证	价外权证

5. 按结算方式可分为证券给付结算型权证和现金结算型权证

权证如果采用证券给付方式进行结算,其标的证券的所有权发生转移;如采用现金结算方式,则仅按照结算差价进行现金兑付,标的证券所有权不发生转移。

6.1.3 影响权证价格的因素

认购或认沽权证的价格走势主要受表6-3所示几个因素的影响。

表6-3 诸因素对权证价格的影响

影响权证价格的因素	认购权证价格	认沽权证价格
标的证券价格越高	越高	越低
行权价格越高	越低	越高
标的证券价格波动性越高	越高	越高
距离到期日时间越长	越高	越高
利率水平越高	越高	越低
现金红利派发越多	越低	越高

6.1.4 影响权证投资的风险因素

投资者投资权证时，需要注意控制以下几个主要的风险因素。

1. 价格剧烈波动风险

权证是一种高杠杆投资工具，标的证券市价的微小变化可能引起权证价格的剧烈波动。

2. 价格误判风险

权证价格受到标的证券的价格走势、行权价格、到期时间、利率、权益分派和权证市场供求等诸多因素的影响，权证持有人对这些风险因素的判断失误也可能导致投资损失。

3. 时效性风险

权证与股票不同，有一定的存续期间，且其时间价值会随着到期日的临近而迅速递减。

6.2 权证的发行和上市

6.2.1 权证的发行

1. 发行申请

根据《上海证券交易所权证管理暂行办法》和《深圳证券交易所权证管理暂行办法》（以下简称"目前法律法规"）规定，发行人发行权证，须在发行前向上海证券交易所或深圳证券交易所报送申请材料。由交易所自受理之日起20个工作日内出具审核意见，并报中国证监会备案。

目前法律法规还规定，股票和其他证券品种可以作为标的证券。鉴于我国权证市场发展时间不长，目前法律法规只针对选择单只股票作为标的证券的条件作出了明确规定，对于以基金、一揽子股票等为标的证券的具体条件，交易所将根据市场发展的需要及时予以明确和完善。

权证产品高收益、高风险的特点决定了标的股票如果不具备相当的流通规模，标的股票与权证价格联动所带来的价格波动和操纵风险将十分巨大。选择规模大、流动性强的股票作为标的股票是权证交易活跃而又稳定的重要基础。鉴于此，目前法律法规对标的股票的资格提出了严格要求，标的股票在权证申请上市之日应符合以下条件：

（1）最近20个交易日流通股份市值不低于30亿元；

(2) 最近 60 个交易日股票交易累计换手率在 25% 以上；
(3) 流通股股本不低于 3 亿股；
(4) 交易所规定的其他条件。

需要明确的是：第一，流通股指流通 A 股；第二，换手率的计算是以市价总值为计算依据的，公式为：

单日换手率 =（当日标的股票的二级市场成交金额 ÷ 市价总值）× 100%

2. 权证发行上市前的相关准备工作

权证发行人应在权证发行前向交易所申请权证代码与权证简称，经交易所确认后方可使用。交易所权证代码与简称编制规则如下：

(1) 深圳证券交易所认购权证代码区间为【030001～032999】，认沽权证代码区间为【038001～039999】，权证业务预留的代码区间为【033000～038000】。深圳证券交易所权证产品的发行、交易、行权等业务使用同一个证券代码。认购权证和认沽权证分别按发行先后顺序编码。例如：攀枝花钢铁有限责任公司对攀钢钢钒发行的认沽权证的代码为 038001，简称为"钢钒 PGP1"。

目前上海证券交易所权证代码区间未见明确规定，一般来说，认购权证代码区间为【580001～580099】，认沽权证代码区间为【580901～580999】。上海证券交易所权证产品的发行和交易业务使用同一个证券代码；而行权则使用另一个证券代码，行权权证代码区间为【582001～582999】，即将第三位数字由"0"改为"2"。如茅台权证 JCP1，权证交易代码为 580990，权证行权代码为 582990。

(2) 在一般情况下，权证简称应为"XYBbKs"，其中，XY 为标的证券的两个汉字简称；Bb 为两个拼音字母的发行人编码；K 为权证类别，其中 C 为深圳交易所认购权证，B 为上海交易所认购权证，P 为认沽权证；s 为同一发行人对同一标的证券发行权证的发行批次，取值为[0,9]、[A,Z]和[a,z]。

例如：深圳发展银行股份有限公司发行的"深发 SFC1"权证和"深发 SFC2"权证中，"深发"表示该权证的标的证券为"深发展 A"股票，"SF"表示该权证的发行人是深圳发展银行股份有限公司，"C"表示该权证是认购权证，"1"表示该权证是以"深发展 A"股票为标的证券的第一只权证（代码，031003，存续期为 6 个月）；"2"表示该权证是以"深发展 A"股票为标的证券的第二只权证（代码，031004，存续期为 12 个月），这两只权证于 2007 年 6 月 25 日同时发行。

深圳证券交易所权证产品的发行、交易、行权等业务使用同一个证券简称，而上海证券交易所权证产品的行权则使用另一个证券简称，认购权证为"ES"+6 位数字表示的行权日期；认沽权证为"EC"+6 位数字表示的行权日期。例如：马鞍山钢铁股份有限公司 2006 年 11 月 27 日发行的权证，行权日为 2008 年 11 月 28 日，其权证代码及简称如表 6-4 所示。

表 6-4 权证代码和简称

代 码	简 称
权证交易代码：580010	权证交易简称：马钢 CWB1
权证行权代码：582010	权证行权简称：ES081128

6.2.2 权证的上市申请

权证的上市审核完全由证券交易所负责。权证发行人应在权证上市之前与交易所签订《权证上市协议书》，并严格执行权证上市协议的规定。

发行人应在权证发行结束后 2 个工作日内，将权证发行结果报送交易所，并提交权证上市申请材料。权证上市申请经交易所核准后，发行人应在其权证上市 2 个工作日之前，在至少一种指定报纸和指定网站上披露上市公告书。

目前法律法规第 10 条对权证的上市条件作出了明确规定，主要包括：

（1）权证的必备条款有权证类别（"认购"或"认沽"）、行权价格、行权方式（"欧式"或"美式"）、存续期间、行权日期、结算方式（证券给付还是现金结算）、行权比例等。

（2）权证存续时间的计算起点是上市日，具体计算可以日、月、年为单位。

（3）权证发行人必须提供符合规定的履约担保，担保方式有两种，发行人可自行选择。

6.2.3 权证的信息披露

权证是高杠杆性和高风险性产品，为了帮助投资者正确认识并防范权证市场风险，会员单位应当认真履行职责，采取各种形式开展权证业务的投资者教育工作，使投资者知悉权证交易、行权的基本知识和主要风险，以有效防范和控制风险。在投资者首次参与权证交易前，交易所会员单位必须要求投资者签署《权证风险揭示书》，并向其解释《权证风险揭示书》的内容，使投资者在充分理解后签署。

权证发行的信息披露内容主要包括权证发行说明书、上市公告书、终止上市提示性公告和终止上市公告。此外，交易所还将以信息披露内容与格式指引等形式根据市场需要，结合股权分置改革的要求，督促发行人及时发布诸如行权价格调整、对市场传闻澄清等信息，以提高市场透明度，充分维护投资者利益。

权证上市交易的信息披露内容主要包括：

（1）在每日开盘前公布每只权证可流通数量、持有权证数量达到或超过可流通数量 5% 的持有人名单。

（2）每日分别公布权证的买入、卖出金额最大 5 家会员营业部或席位的名称及各自的买入、卖出金额。

（3）在证券行情系统中实时公布权证溢价率，揭示权证交易价格与标的证券交易价格偏离的幅度。权证溢价率指标随同行情发布，发布频率为每 30 秒一次，具体计算公式为：

认购权证溢价率 =（行权价格 + 认购权证市价 ÷ 行权比例 − 标的证券市价）
$\div$ 标的证券市价 × 100%

认沽权证溢价率 =（标的证券市价 − 行权价格 + 认沽权证市价 ÷ 行权比例）
$\div$ 标的证券市价 × 100%

（4）当权证交易严重异常或发生涉嫌违规交易行为时，交易所可视情况公布相关权证托管数据、相关证券账户代码（隐去部分字段）、买入数量、卖出数量、持有份额等信息。

6.2.4 权证的创设

由于权证价格主要取决于标的股票价格及其波动性，其价格并不完全受供求关系的影响。在市场需求上升时，应该存在某种机制，允许权证供应量适时得以增加，以平抑价格暴涨。境外成熟的权证市场无一例外地使用了这种"持续发售"机制。为此，目前法律法规第29条规定：已上市交易的权证，合格机构可创设同种权证。合格机构可以创设权证的目的是增加二级市场权证供给量，防止权证价格暴涨以致脱离合理价格区域。

6.3 权证的交易

6.3.1 交易规则

投资者参与权证交易，首先应该向具备代理权证交易资格的证券公司了解有关权证交易的必备常识及该产品的风险，然后与证券公司签订《权证风险揭示书》后方可参与权证交易。

权证交易在交易时间、交易机制（竞价方式）等方面都与股票相同，不同之处在于以下几点：

（1）权证实行 T+0 交易，即当日买入的权证，当日可以卖出。另外，当日买进的权证，还可以当日行权。但当日行权取得的标的证券，当日不得卖出。

（2）权证最小价格变动单位是 0.001 元人民币，而股票是 0.01 元人民币。其原因是权证的价格可能很低，比如价外权证的价格可能只有几分钱。如果其最小价格变动单位确定为 0.01 元就显得过大，因为即使以最小的价格单位变动，从变动幅度上看，都可能形成价格的大幅波动。

（3）目前股票涨跌幅采取 10% 的比例限制，而权证涨跌幅是以涨跌的价格而不是百分比来限制的。

权证的价格主要是由其标的股票的价格决定的，其价格往往只占标的股票价格的一个较小的比例，标的股票价格的变化可能会造成权证价格的大比例变化，从而使事先规定的任何涨跌幅的比例限制都不太适合。目前沪深两交易所实行权证涨跌幅比例限制与标的股票的涨跌幅挂钩的办法，现举例说明其计算方法：

假如 T 日标的股票的收盘价是 10 元，其权证的收盘价是 1 元。T+1 日，标的股票涨停至 11 元。按目前法律法规中的公式计算，权证的涨停价格为 1+(11−10)×125% = 2.25 元。

由于权证每日的波动幅度较大，再加之实行 T+0 交易的交易规则，权证交易给投资者提供了短线获利的机会，但其交易风险也成倍加大。

6.3.2 交易费用

权证目前在国内证券市场还属于新生事物，为鼓励权证的发展，沪深交易所在费用方面给予一定的优惠措施，其交易、行权费用的制定基本参考了在交易所上市交易基金的标准，例如，权证交易佣金不超过交易金额的 0.3‰。权证行权费用按表 6-5 所示规定执行。

表 6-5 权证的交易费用

收费方	收费对象	收费项目	收费标准	备注
结算公司	投资者	行权标的证券过户费	面值的0.5‰	权证行权引起的投资者与发行人之间的股票过户,仅向投资者单向收取过户费

6.4 权证的行权

6.4.1 权证行权的主要规则

目前法律法规对权证的行权规则有如下主要规定：

(1) 权证持有人行权的,应委托交易所会员通过交易所交易系统申报。

(2) 权证行权以份为单位进行申报。

(3) 当日行权申报指令,当日有效,当日可以撤销。

(4) 当日买进的权证,当日可以行权。当日行权取得的标的证券,当日不得卖出。这样规定的目的是维持权证价格和标的股票之间的互动关系,使得权证价格主要由标的股票决定的特点得到更有效体现。当然,更理想的情况是允许当日行权取得的标的证券,当日可以卖出。但在综合考虑了风险控制等因素后,交易所作出了现在的规定。

(5) 标的证券除权、除息的,权证的发行人或保荐人应对权证的行权价格、行权比例作相应调整并及时提交交易所。

6.4.2 权证行权的结算

在行权结算方式方面,目前法律法规对现金结算方式和证券给付方式都作出了规定。在现金结算方式中,标的证券结算价格对于权证发行人和持有人都非常重要,为此目前法律法规规定"标的证券结算价格为行权日前10个交易日标的证券每日收盘价的平均数"。这样较大程度地避免了结算价格被操纵的可能性。此外,从保护投资者利益出发,目前法律法规允许现金结算的自动支付方式和证券给付的代理行权方式,并作出了相应规定。

6.4.3 权证行权的业务流程

权证行权的业务流程如下所示：

(1) 权证行权起始日之前3个交易日,权证发行人应当向中国证券登记结算有限责任公司上海分公司或者深圳分公司(以下简称"结算公司")申领"权证行权资金划款通知"或"权证行权所需标的证券划拨通知"。

(2) 权证行权起始日之前2个交易日,权证发行人应当将行权所需资金或标的证券划拨至其在结算公司开立的行权专用资金账户或行权专用证券账户。在行权资金或标的证券到账后,结算公司向发行人出具有关权证行权资金余额或权证行权标的证券数量的证明文件。

(3) 权证行权起始日之前1个交易日,权证发行人应当向交易所提交结算公司出具的有关权证行权资金余额或权证行权标的证券数量的证明文件,并向交易所提交"关于某某权证行权的申请"。

(4) 在行权期的任一交易日(T日)清算、交收后,结算公司向权证发行人发送权证行权清算、交收数据。如果权证发行人发现权证行权所需资金或标的证券不足,应当在交收日16:00前将所需权证行权资金或标的证券补足。

(5) T+1日交收后,如权证发行人由于行权资金或标的证券不足导致交收失败,结算公司及时通知权证发行人和交易所,交易所将督促权证发行人就行权失败事项在T+2日予以披露,权证发行人将承担由此引起的一切法律责任。

(6) 采用现金结算方式行权且权证在行权期满时为价内权证的,发行人在权证期满后的3个工作日内向未行权的权证持有人自动支付现金差价。

(7) 权证发行人应在权证存续期满、完成行权结算后向结算公司申请注销到期未行权的放弃权证,办理权证的退出登记手续,并申请返还权证行权剩余资金或标的证券。

6.4.4 权证行权的操作要点

(1) 证券给付型认购权证行权的操作要点有以下6个:

① 申报指令 投资者依据券商技术系统的提示,发出认购权证行权的指令,主要包括以下内容(以"鞍钢JTC1"为例):

证券代码:030001(证券简称:鞍钢JTCI)
业务类别:行权
委托数量:申报的权证行权数量
委托价格:3.386元(行权价格)

投资者当日买进的权证,当日可以行权;行权指令以份为单位进行申报;行权指令当日有效,当日可以撤销。

② 在发出行权指令前,认购权证投资者应当确认其申报行权的认购权证份数不大于其证券账户中可动用的认购权证份数;否则,该行权指令作废,投资者须另行申报行权。

③ 在满足上一条件的情况下,若投资者账户中可动用的资金不足以支付认购权证行权所需的资金时,则该行权指令作废。

④ 接到投资者发出的认购权证的行权指令之后,券商扣减投资者证券账户中的权证可用数量,扣减权证数量等于有效行权委托数量;此外,券商还须扣减投资者资金账户中的资金可用余额。在实际操作中,投资者还须考虑行权费用与税率的影响。

⑤ 行权成功后,投资者将于T+1日交收后收到行权所得的标的证券。

⑥ 行权期结束后,未申报行权的证券给付型认购权证将予以注销。

举例:某投资者持有鞍钢JTC1(证券代码:030001)100份,该权证结算方式为证券给付,行权比例为1:1,调整后的行权价格为3.386元。该投资人在行权日作出了对100份权证的行权指令,则其过程如表6-6所示。

表6-6 证券给付型认购权证行权的处理

委托指令类别	权证产品	权证类别	投资者证券账户鞍钢JTC1数量	投资者证券账户鞍钢新轧股份数量	投资者资金可用额
行权	鞍钢JTC1	认购权证	扣减100份	增加100×1股	扣减100×1×3.386元(人民币)

(2) 证券给付型认沽权证行权的操作要点有以下5个:

① 投资者申报指令的操作同于上述证券给付型认购权证第①条和第②条。

② 若投资者行权申报的认沽权证份数不超过证券账户中可动用的认沽权证份数,但认沽权证行权所需的标的证券大于投资者证券账户中可动用的标的证券,则只有与该投资者证券账户中可动用的标的证券对应的认沽权证可以行权。

③ 接到投资者发出的认沽权证的行权指令之后,券商扣减投资者证券账户中的权证可用数量,扣减量等于有效行权委托数量;此外,券商还须扣减投资者证券账户中的标的证券可用数量,扣减数量等于认沽权证有效行权委托数量乘以行权比例。

④ 投资者所持有的标的证券,当日申报行权,且委托卖出并成交,结算系统处理的顺序为:交易→行权,即先按卖出进行结算,剩余股份作行权处理。

⑤ 行权成功,T+1日行权资金自动记入结算参与人的结算备付金账户,同时计减投资者证券账户中相应数量的权证和对应的标的证券;T+2日相应行权资金将自动记入投资者的资金账户。

投资者资金账户的资金增加数量 = 认沽权证有效行权委托数量×行权价格×行权比例

举例:某投资者持有万科HRP1(证券代码:038002)100份,该权证结算方式为证券给付,行权比例为1:1,调整后的行权价格为3.638元。该投资者在行权日作出了对100份权证的行权指令,其处理过程如表6-7所示。

表6-7 证券给付型认沽权证的处理

委托指令类别	权证产品	权证类别	投资者证券账户的权证可用数量	投资者证券账户的标的证券可用数量	投资者的资金可用额
行权	万科HRP1	认沽权证	扣减100份	扣减100×1股	增加100×1×3.638元(人民币)

(3) 现金结算型权证行权的操作要点有以下5个:

① 投资者申报指令的操作同于上述证券给付型认购权证第①条和第②条。

② 现金结算型权证的发行人,在结算时支付的是行权价与证券结算价格之间的差价,故此,采用现金结算方式的权证在行权时为价外权证的,投资者不能行权。

③ 现金结算权证在行权时为价内权证的,权证持有人可以自行主动行权,获得行权价与标的证券结算价格之间的差价。其中,标的证券结算价格等于行权日前10个交易日标的证券每日收盘价的平均值。

④ 行权期结束后,权证持有人如未对持有的权证行权,发行人将在权证期结束后的3个工作日内向未行权的权证持有人自动支付现金差价。

⑤ 对于现金结算的权证,投资者账户在行权后的变化如表6-8所示。

表 6-8 现金结算型权证行权的处理

委托指令类别	结算方式	权证类别	投资者证券账户的权证可用数量	投资者证券账户的标的证券可用数量	投资者的资金增加额
行权	现金结算	认购权证	扣减委托数量	不因权证行权发生变化	委托数量×行权比例×（证券结算价－行权价）
行权	现金结算	认沽权证	扣减委托数量	不因权证行权发生变化	委托数量×行权比例×（行权价－证券结算价）

（4）权证行权申报指令的撤销。

权证行权指令在当日可以撤销。券商接到投资者行权撤销委托指令时，要依据权证类别、权证的结算方式，对投资者账户下权证相应数量、相应标的证券或相应资金作相应操作（如表 6-9 所示）。

表 6-9 权证行权申报指令撤销的处理

委托指令类别	结算方式	权证类别	投资者证券账户的权证可用数量	投资者证券账户的标的证券可用数量	投资者的资金增加额
行权撤销	认购权证	证券给付结算	记加原行权委托的委托数量	记加原行权委托的委托数量×行权比例	记加原行权委托的委托数量×行权比例
		现金结算			
	认沽权证	证券给付结算			
		现金结算			

另外，对于不在行权期的行权申报，交易所交易主机将这类行权申报作自动撤单处理，自动撤单成交回报中的撤单原因说明为"禁止行权"。

6.4.5 权证行权的信息披露

权证行权需要披露以下信息：

（1）股权分置改革中发行的权证（以下简称"股改权证"）自权证行权起始日之前 60 日至前 30 日，权证发行人应当每两周刊登一次《权证到期风险提示性公告》（见例 6-1）。自权证行权起始日之前 30 日内，权证发行人应当每周刊登一次《权证到期风险提示性公告》。

（2）权证发行人应当自权证存续期满前 7 个工作日、前 3 个工作日各刊登一次《权证行权及终止上市提示性公告》（见例 6-2）。

（3）权证发行人应当自行权起始日刊登《权证开始行权公告》，其中，股改权证的权证发行人应当自行权起始日次一交易日至行权终止日，每日刊登《权证行权公告》。

（4）权证发行人应当自权证存续期满前 5 个交易日，刊登《权证终止交易公告》。

（5）权证发行人应当自权证终止上市后 2 个工作日内刊登《权证终止上市公告》（见例 6-3），自权证终止上市后 5 个工作日内刊登《权证行权结果及股份变动公告》（见例 6-4）。

（6）交易所各会员单位在权证行权前，通过在营业场所张贴宣传资料、电话委托交易提示、网上交易提示或其他有效的方式，向投资者介绍权证行权业务流程，并提醒投资者注意风险，按期办理行权事务。

【例6-1】

权证到期风险提示性公告（试行）

证券代码：　　　　　　证券简称：　　　　　　公告编号：

一、基本风险提示

 1. 提示权证存续期间、剩余存续期、最后交易日；

 2. 提示权证的内在价值、理论价值、溢价率等风险指标；

 3. 提请投资者注意投资风险。

二、特别风险提示

 证券给付方式结算的权证，还须特别强调未行权的权证将予以注销。

×××××权证发行人

××××年××月××日

【例6-2】

×××××权证行权及终止上市提示性公告（试行）

证券代码：　　　　　　证券简称：　　　　　　公告编号：

一、基本提示内容

 1. 提示权证行权起始及结束日、最后交易日、终止上市日；

 2. 提示投资者如何进行权证行权操作；

 3. 公告权证信息披露联络人及联系方式，提供行权期间的咨询服务。

二、特殊提示内容

 证券给付方式结算的权证，还须特别强调未行权的权证将予以注销。

×××××权证发行人

××××年××月××日

【例6-3】

×××××权证行权结果及×××××股份有限公司股份变动公告（试行）

证券代码：　　　　　　证券简称：　　　　　　公告编号：

一、权证的行权结果

 1. 介绍权证行权的期限、投资者累计行权等行权结果；

 2. 现金结算的权证，应说明未行权的权证将被自动行权（或已被自动行权）；

 3. 证券给付方式结算的权证，应明确未行权的权证已被注销。

二、上市公司股份变动情况

 1. 证券给付方式结算的权证，应对比披露行权前后公司股本、公司前10大流通股股东变化情况；

 2. 现金结算的权证不涉及股份变动，无须披露上市公司股份变动情况。

×××××权证发行人
××××××股份有限公司(如涉及)
××××年××月××日

【例6-4】

××××××权证终止上市公告(试行)

证券代码:　　　　　证券简称:　　　　　公告编号:

一、权证终止上市的相关说明
　1. 简要介绍权证行权期限及行权结果;
　2. 根据相关规定,公告该权证终止上市。
二、权证终止上市后的咨询服务
　公告权证信息披露联络人及咨询电话,提供终止上市后的咨询服务。

×××××权证发行人
××××年××月××日

6.5　权证投资模拟实验

6.5.1　认识标的证券

登录沪深证券交易系统,在指导教师的指导下查阅标的证券资料。

分析标的证券的基本情况和行情走势,使学生对该证券的未来交易价格趋势有一个初步判断。如四川长虹(证券代码:600839)的行情走势如图6-1所示。

图6-1　四川长虹行情走势图

6.5.2 认识权证

在指导老师的指导下查阅权证资料。如长虹 CWB1（证券代码：580027），其走势如图 6-2 所示。

图 6-2　长虹 CWB1 走势

表 6-10　长虹 CWB1 基本信息

权证交易代码：	580027	权证交易简称：	长虹 CWB1
权证行权代码：	582027	权证行权简称：	ES110818
标的证券代码：	600839	标的证券简称：	四川长虹
权证类别：	认购	行权方式：	欧式
行权价格：	5.23	最新行权比例（股/份）：	1
最新行权价格：	5.23	行权比例（股/份）：	1
行权价格更新日期：	2009-09-18	自动行权机制：	-
行权起始日：	-	行权截止日：	-
结算方式：	证券	权证到期日：	2011-08-18
公告日期：	2009-08-17	保荐机构：	招商证券股份有限公司
上市日：	2009-08-19	上市权证总数（份）：	573000000
上市方式：	直接上市	派送比例（份/股）：	-
派送总数（份）：	-	派送对象：	-
股权登记日：	-	除权交易日：	-
发行价：	-	发行人：	四川长虹
权证摘牌日：	-	权证最后交易日：	-
权证停止行权起始日：	-	权证最后行权日：	-
自动行权日：	-		

（1）帮助学生理解权证代码、权证简称、权证类别、行权价格、权证交易价格、行权方式

和结算方式等有关的概念(见表6-10)。

(2) 掌握计算权证内在价值和时间价值的方法。

6.5.3 权证应用

1. 模拟权证创设

标的证券"伊利股份"(证券代码:600887)2006年11月03日开盘价23.24元,最高价23.24元,最低价21.86元,收盘价22.83元。假设海天证券有限公司对"伊利股份"创设两个备兑权证如表6-11和表6-12所示。

表6-11 认购权证

项目	具体内容	项目	具体内容
权证简称	伊利HTB2	权证代码	580009
标的证券简称	伊利股份	标的证券代码	600887
权证类型	认购权证	行权方式	欧式
上市地点	上海证券交易所	上市日期	2006-11-15
发行公告日期	2006-11-03	上市公告日	2006-11-10
发行总数量	15 000 万份	发现价格	2.00
存续起始日	2006-11-15	存续终止日	2006-11-14
存续期间(日)	365 天	结算方式	证券给付
行权起始日	2006-11-08	行权终止日	2006-11-14
行权代码	582009	行权简称	ES071114
行权价	20.00	行权比例	1:1
发行人	海天证券有限公司		

表6-12 认沽权证

项目	具体内容	项目	具体内容
权证简称	伊利HTP3	权证代码	5800010
标的证券简称	伊利股份	标的证券代码	600887
权证类型	认沽权证	行权方式	欧式
上市地点	上海证券交易所	上市日期	2006-11-15
发行公告日期	2006-11-03	上市公告日	2006-11-10
发行总数量	15 000 万份	发现价格	2.00
存续起始日	2006-11-15	存续终止日	2006-11-14
存续期间(日)	365 天	结算方式	证券给付
行权起始日	2006-11-08	行权终止日	2006-11-14
行权代码	582010	行权简称	ES071114
行权价	24.00	行权比例	1:1
发行人	海天证券有限公司		

2. 模拟持币投资者的操作

(1) 模拟操作假设学生拥有初始资金 50 000 元,让学生基于 2006 年 11 月 03 日对后市的判断分别采取如下操作:

① 判断股票要上涨,以 22 元价格购买伊利股份股票 2 200 股,剩余 1 600 元(不考虑交易费用和税金)。

② 判断股票要上涨,以 22 元价格购买伊利股份股票 2 000 股,同时为了规避风险,相应购买 2 000 份认沽权证(不考虑交易费用和税金)。

③ 判断股票要上涨,购买 25 000 份认购权证(不考虑交易费用和税金)。

④ 判断股票要下跌,购买 25 000 份认沽权证(不考虑交易费用和税金)。

(2) 计算收益。

① 2006 年 11 月 14 日伊利股份收盘价 18 元时,请分别计算以上操作的收益率。

② 2007 年 1 月 19 日伊利股份收盘价 31 元时,请分别计算以上操作的收益率。

3. 模拟持股投资者的操作

(1) 模拟操作假设学生拥有"伊利股份"2 300 股,让学生基于 2006 年 11 月 03 日对后市的判断分别采取如下操作:

① 判断股票要下跌,以 22 元价格卖出所有 2 300 股股票。

② 判断股票要下跌,以 22 元价格卖出所有 2 300 股股票,然后购买 25 000 份认购权证(不考虑交易费用和税金)。

③ 判断股票要下跌,以 22 元价格卖出所有 2 300 股股票,然后购买 25 000 份认沽权证(不考虑交易费用和税金)。

④ 判断股票要上涨,持股待涨。

(2) 计算收益。

① 2006 年 11 月 14 日伊利股份收盘价 18 元时,请分别计算以上操作的收益率。

② 2007 年 1 月 19 日伊利股份收盘价 31 元时,请分别计算以上操作的收益率。请结合以上各种操作收益情况,总结权证投资在实践中锁定风险的作用和高杠杆性的意义。

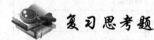

复习思考题

1. 什么是权证?
2. 权证有哪些分类?
3. 股本权证和备兑权证有什么区别?
4. 权证行权价格与标的证券收盘价格的关系如何?
5. 影响权证价格的因素有哪些?
6. 影响权证投资的风险因素主要有哪些?
7. 简要说明权证简称。说明"深发 SFC1"权证的含义。
8. 权证上市交易的信息披露内容主要包括哪些?
9. 什么是权证的创设?

10. 行权的主要规则有哪些?
11. 证券给付型认购权证行权操作要点是什么?
12. 证券给付型认沽权证行权操作要点是什么?
13. 现金结算型权证行权操作要点是什么?

实验 7 股指期货投资实务

> **实验目的**：运用股指期货投资的相关知识，掌握股指期货投资的特点、合约、账户的设立以及交易流程等基本技能，学会股指期货投资分析，使用相关金融投资交易软件进行模拟股指期货投资交易，以帮助我们进行股指期货投资。
>
> **实验内容与要求**：在初步了解股指期货投资特点和交易规则的基础上，通过相关证券行情交易软件，进一步认识在两市挂牌交易的沪深 300 股指期货投资的行情信息，并在开市期间，通过新华 08 信息系统与世华财讯软件或其他网站进行股指期货投资的模拟交易与投资分析。
>
> **实验工具**：新华 08 信息系统与世华财讯软件。

7.1 股指期货投资基础知识

股指期货是期货的一个重要品种。在实验 3 中，我们已经了解了期货投资的一些基本特点，比如：交易对象是标准化期货合约；保证金交易和杠杆效应；双向交易提供"卖空"机制；不必担心交易对手的信用；当日无负债结算制度；交易集中化等。我们这里就直接介绍股指期货的一些基础知识。

7.1.1 股指期货的含义

根据合约标的物的不同，期货合约分为商品期货合约和金融期货合约。商品期货合约的标的物包括农产品、工业品、能源和其他商品及其相关指数产品，如大豆、白糖、铜、铝、燃料油、天然橡胶等期货品种；金融期货合约的标的物包括有价证券、利率、汇率等金融产品及其相关指数产品，如外汇期货、利率期货和股指期货等品种。因此，股指期货属于金融期货的一种类型。

股指期货是以股票价格指数为标的物的金融期货合约。在交易时，买卖双方根据自己对未来市场走势的判断，选择不同交割月份的股指期货合约，以指数点报价，在计算机系统内撮合成交。因此，股指期货买卖的是一定时期后的股票指数价格水平，是投资者对股票价格指数走势的一种预期和判断。股指期货自 1982 年诞生，现已发展成为国际市场上主要的交易品种之一。

中国金融期货交易所推出的第一个股指期货品种是沪深 300 股指期货，其标的指数为沪深 300 指数。沪深 300 指数由中证指数公司发布，是反映沪深两市 A 股综合表现的跨市场成分指数，其成分由 300 只规模大、流动性好的股票组成，覆盖了 A 股市场六成左右的市值,能够较好地反映A股市场的整体走势。

7.1.2 股指期货的特点

股指期货属于期货范畴,具有期货交易的一般属性。除此之外,与商品期货相比,股指期货还有以下一些特点。

1. 股指期货的合约标的物是股票价格指数

商品期货以实物商品为标的物,比如铜期货、豆油期货和白糖期货,商品期货的标的物是看得见摸得着的实物。

与之不同,股指期货以股票价格指数为合约标的,股票价格指数不是一种有形的具体商品,它代表的是一篮子股票的价格。股指期货的投资者根据自己对股市走势的预期,报出不同的价格指数作为股指期货的价格来进行交易。

2. 合约价值由合约乘数和股指期货指数点水平共同决定

股指期货合约的价值不仅和当日时股指期货指数点的大小有关,还与合约乘数的大小有关。合约乘数是交易所制定的把指数点换算成金额的指标,即

$$股指期货的合约价值 = 指数点 \times 合约乘数$$

其中,合约乘数为每点人民币300元。如果沪深300股指期货合约当前的价位是3 000点,那么1手合约的价值就是3 000点乘以300等于900 000元。假如保证金比率为15%,交易一手合约需要的保证金就是900 000×15% = 135 000元。

可见,乘数越大,股指期货的合约价值也越大,开仓时买卖1手股指期货合约所需的保证金也越多。

3. 股指期货采取现金交割

由于合约标的不同,股指期货和国内商品期货采取不同的交割方式。股指期货不能和铜期货、大豆期货等商品期货一样,采用实物交割,而是采取现金交割方式。因为到期交割时,用完全按照指数比例配比的一篮子股票进行交割的操作非常困难,且交易成本也很高,所以到期时进行的是现金的划转。现金交割是指当期货合约到期时,根据交易所的规则和程序,交易双方按照规定结算价格进行现金差价结算,以了结到期未平仓合约的过程。

7.1.3 股指期货合约

股指期货是以股票价格指数作为标的物的金融期货合约。股指期货合约主要条款包括合约标的、合约乘数、报价单位、最小变动价位、合约月份、交易时间、每日价格最大波动限制、最低交易保证金、最后交易日、交割日期、交割方式、交易代码、上市交易所等。

中国金融期货交易所推出的第一个股指期货品种是沪深300股指期货合约。该合约以沪深300指数为标的物,因此,看懂股指期货合约须以了解其标的物——沪深300指数为前提。

1. 沪深300标的指数

沪深300股指期货以沪深300指数为标的物。沪深300指数是沪深证券交易所于2005年4月8日联合发布的反映A股市场整体走势的指数,由中证指数有限公司编制与维护。

(1)为什么选择沪深300指数作为标的指数?

一般而言,股指期货的标的指数应符合三个标准:一是股票指数应有一定的主导地位,

可充当旗舰指数;二是指数成分股行业涵盖面广泛,其波动能够反映整体经济的变化;三是指数成分股的市场覆盖率应尽量高,防止市场操纵。和国内其他指数相比,沪深300指数综合考虑了上述标准,具有广泛的代表性。因此,我国首个股指期货产品最终确定以沪深300指数作为合约标的。具体来说,沪深300指数具有以下三个优势:

① 涵盖沪深证券市场大多数行业的股票,具有广泛代表性。

沪深300指数的成份股涵盖了沪深证券市场大多数行业的股票,指数的代表性较高,同时有利于投资者的风险对冲。我国股市由沪深两个市场组成,编制覆盖两个市场的统一指数,使指数设计更具科学性和代表性,也方便拥有沪深两个市场股票的投资者进行交易。用成分股而不是所有的股票来编制股价指数,可以在一定时期内维持样本股固定不变,保证指数的稳定性及前后的可比性,有利于投资者追踪和复制样本,更好地进行套期保值和构造投资组合。

② 市场覆盖率高,抗操纵性强。

沪深300指数的市场覆盖率高,样本股市值占沪深总市值比重在75%左右,流通市值占60%以上,达到国际主要股指期货标的指数的市值覆盖率水平,抗操纵性较强。单纯从抗操纵的角度来说,包含的股票越多,覆盖的市值越大,被操纵的可能性越小。据统计,截至2009年6月30日,沪深300指数的总市值覆盖率约为78.59%,流通市值覆盖率约为68.83%;前10大成分股累计权重约为26.29%,前20大成分股累计权重约为39.8%。高市场覆盖率与成分股权重分散的特点决定了该指数有比较好的抗操纵性。同时,股指期货交割时采用现货指数的价格来确定股指期货的交割结算价,这种现金交割机制使得指数期货和现货指数到期强制趋同,因此,指数期货和现货指数的联动和套利交易使得该指数不易被操纵。

③ 套期保值效果好。

套期保值是股指期货的重要功能之一。沪深300指数成分股涵盖能源、原材料、工业、金融等多个行业。行业分布相对均衡,抗行业周期性波动较强,这种特点使该指数能够抵抗行业的周期性波动。以此为标的的指数期货有较好的套期保值效果,可以满足投资者的风险管理需求。统计表明,沪深300股指期货合约套保效果和套保成本的综合评价明显优于其他指数,能够满足机构投资者的保值需求。

(2) 沪深300指数的编制方法。

沪深300指数简称"沪深300",上海行情使用代码为000300,深圳行情使用代码为399300。指数基准日为2004年12月31日,基准点位为1 000点。

沪深300指数根据规模、流动性等指标,从沪深两市选取300只A股股票作为成分股,中证指数有限公司在2006年12月8日更新的沪深300指数编制方案中,对指数的编制方法作了详细说明。具体包括几个方面:第一是样本股的选取;第二是指数的计算;第三是指数的修正;第四是成分股调整;第五是指数计算说明。

① 样本股的选取。

a. 确定样本空间。

沪深300指数样本空间需要同时满足以下条件:

• 上市时间超过一个季度,除非该股票自上市以来的日均A股总市值在全部沪深A股

中排在前 30 位;
- 非 ST、*ST 股票,非暂停上市的股票;
- 公司经营状况良好,最近 1 年无重大违法违规事件,财务报告无重大问题;
- 股票价格无明显的异常波动或市场操纵;
- 剔除其他经专家委员会认定的不能进入指数的股票。

b. 选样标准。

选取规模大、流动性好的股票作为样本股。

c. 选样方法。

对进入样本空间的股票在最近 1 年(新股为上市以来)的日均成交金额由高到低排名,剔除排名靠后 50% 的股票,然后对剩余股票按照日均总市值由高到低进行排名,选取排名在前 300 名的股票作为样本股。

② 指数的计算方法。

a. 计算方法。

沪深 300 指数以调整股本为权数,采用派许加权综合价格指数公式进行计算。其中,调整股本根据分级靠档方法获得。分级靠档方法如表 7-1 所示。

表 7-1 分级靠档方法

自由流通比例(%)	≤10	(10,20)	(20,30)	(30,40)	(40,50)	(50,60)	(60,70)	(70,80)	>80
加权比例(%)	自由流通股本比例	20	30	40	50	60	70	80	100

举例:若某股票自由流通比例为 7%,低于 10%,则采用自由流通股本为权数;某股票自由流通比例为 35%,落在区间(30,40)内,对应的加权比例为 40%,则将总股本的 40% 作为权数。

其中,自由流通比例是指公司总股本中剔除以下基本不流通的股份后的股本比例:一是公司创建者、家族以及高级管理者长期持有的股份;二是国有股;三是战略投资者持股;四是冻结股份;五是受限的员工持股;六是交叉持股等。

b. 计算公式:

报告期指数 = 报告期成分股的调整市值/基数 × 1 000

总调整市值 = $\sum$(市价 × 样本股调整股本数)

③ 指数的修正。

沪深 300 指数采用"除数修正法"修正。即当沪深 300 指数的样本股名单发生变化、成分股的股本结构出现调整或成分股的调整市值出现非交易因素变动时,采用"除数修正法"修正原固定除数(修正后的新除数又称为新基期),以保证指数的连续性。修正公式为:

修正前的调整市值/原除数 = 修正后的调整市值/新除数

其中,修正后的调整市值 = 修正前的调整市值 + 新增(减)调整市值。由此公式得出新除数(即修正后新除数),并据此计算指数。需要修正的情况包括以下 7 项:

- 除息:凡有样本股除息(分红派息),指数不予修正,任其自然回落。

- 除权:凡有样本股送股或配股,在样本股的除权基准日前修正指数。修正后调整市值 = 除权报价 × 除权后的股本数 + 修正前调整市值(不含除权股票)。
- 停牌:当某一样本股停牌,取其最后成交价计算指数,直至复牌。
- 摘牌:凡有样本股摘牌(终止交易),在其摘牌日前进行指数修正。
- 股本变动:凡有样本股发生股本变动(如增发新股、配股上市、内部职工股上市引起的股本变化等),在样本股的股本变动日前修正指数。
- 成分股名单发生变动时,在变动日前修正指数。
- 停市:部分样本股停市时,指数照常计算;全部样本股停市时,指数停止计算。

④ 成分股调整。

沪深300成分股在确定之后不是一成不变的,一般有定期调整和临时调整两种情况。

a. 定期调整。

- 在保证成分股稳定性和动态跟踪的原则下,沪深300指数成分股原则上每半年调整一次,一般为1月初和7月初实施调整,调整方案提前两周公布。
- 每次调整的比例不超过10%,样本调整设置缓冲区,排名在240名内的新样本优先进入,排名在360名之前的老样本优先保留。
- 最近一次财务报告亏损的股票原则上不进入新选样本,除非该股票影响指数的代表性。
- 定期调整时设置备选股票,以用于样本股的临时调整。当指数因为样本退市、合并等原因出现样本空缺或需要临时更换样本时,依次选择备选名单中排名最靠前的股票作为样本股。备选名单中股票数量一般为指数样本数量的5%,当备选名单中股票数量使用过半时,将补充新的名单。沪深300指数设置含15只股票的备选名单。

b. 临时调整。

除了定期调整外,一定情况下也会对沪深300指数进行临时调整。

- 对符合样本空间条件且总市值(不含境外上市股份)排名在沪深市场前10位的新发行股票,启用快速进入指数的规则,即在其上市第10个交易日结束后进入指数,同时剔除原指数样本中最近1年日均总市值排名最末的股票。这种临时调整有助于保证新上市的大公司股票尽快成为指数成分股,使指数能具有更好的市场代表性。
- 当新发行股票符合快速进入指数的条件,但上市时间距下一次样本股定期调整生效日不足20个交易日时,不启用快速进入指数的规则,与定期调整一并实施。
- 对于增发、重组和合并等行为导致股票总市值增加,符合上述快速进入条件的,处理方式和新发行股票一致。
- 两家或多家成分股合并,合并后的新公司股票保留成分股资格,产生的样本股空缺由备选名单中排名较高的股票填补。原成分股保留在指数中至合并后的新公司股票进入指数止。
- 一家成分股公司合并另一家非成分股公司,合并后的新公司股票保留成分股资格。原成分股保留在指数中至合并后的新公司股票进入指数止。
- 一家非成分股公司收购或接管另一家成分股公司,如果合并后的新公司股票排名高于备选名单上排名最高的公司股票,则新公司股票成为指数样本,原成分股保留在指数中至新公司股票进入指数止;否则,自该成分股退市日起,由备选名单上排名最高的公司股票作为指数样本。

- 一家成分股公司分拆为两家或多家公司,分拆后形成的公司能否作为指数样本视这些公司的排名而定。
- 如果成分股公司申请破产,尽快将其从指数中删除,产生的样本股空缺由备选名单中排名最高的股票填补。
- 当样本股公司退市或暂停上市时,自退市或暂停上市之日起,将其从指数样本中剔除,由备选样本中排名最高的股票替代。

⑤ 指数计算说明。

指数计算说明因内容繁杂,本书删略,详情可查阅中证指数公司/沪深300基本信息/沪深300编制方案。

(3) 沪深300指数的成分股构成。

以2010年1月数据为例,沪深300指数成分股的构成是按照一定的原则:从上海和深圳证券市场中选取300只A股股票,其中沪市208只,深市92只。样本选择标准为规模大、流动性好的股票。它覆盖了银行、钢铁、石油、电力、煤炭、水泥、家电、机械、纺织、食品、酿酒、化纤、有色金属、交通运输、电子器件、商业百货、生物制药、酒店旅游、房地产等数十个主要行业的龙头企业。

沪深300指数的成分股可以在中证指数有限公司网站(http://www.csindex.com.cn)查询。由于每年1月、7月公布最新的成分股,因此投资者应了解如何查询。表7-2列举了2010年1月公布的沪深300指数最新样本股前20样本股。

表7-2 沪深300指数前20样本股

排名	股票代码	公司名称	权重%
1	600036	招商银行	3.54
2	601328	交通银行	3.04
3	601318	中国平安	2.83
4	600016	民生银行	2.67
5	600030	中信银行	2.64
6	601166	兴业银行	2.53
7	600000	浦发银行	2.06
8	601088	中国神华	2.06
9	000002	万科A	1.87
10	601169	北京银行	1.51
11	601601	中国太保	1.44
12	601398	工商银行	1.43
13	600837	海通证券	1.41
14	000001	深发展A	1.35

续表

排名	股票代码	公司名称	权重%
15	600519	贵州茅台	1.15
16	600050	中国联通	1.11
17	000858	五粮液	1.08
18	600028	中国石化	1.05
19	600900	长江电力	1.05
20	002024	苏宁电器	1.04

2. 沪深 300 股指期货合约解读

沪深 300 股指期货合约的基本条款如表 7-2 所示,投资者有必要读懂其中的重要条款,以在交易时避免不必要的损失。

表 7-3 沪深 300 股指期货合约的基本条款

合约标的	沪深 300 指数
合约乘数	每点 300 元
报价单位	指数点
最小变动价位	0.2 点
合约月份	当月、下月及随后两个季月①
交易时间	9:15-11:30,13:00-15:15
最后交易日交易时间	9:15-11:30,13:00-15:30
每日价格最大波动限制	上一交易日结算价的 ±10%
最低交易保证金	合约价值的 12%
最后交易日	合约到期月份的第三个周五,遇法定节假日顺延
交割日期	同最后交易日
手续费	手续费标准为成交金额的万分之零点五
交割方式	现金交割
交易代码	IF
上市交易所	中国金融期货交易所

注:① 季月指 3 月、6 月、9 月、12 月。

(1)交易代码。

沪深 300 股指期货合约的交易代码为"IF",即"Index Futures"(即股指期货)的缩写。IF 加上相应的交割年月(四位数字)就成为具体的合约代码。例如:2010 年 3 月到期交割的合约代码就为"IF1003"。

(2)合约乘数。

① 合约乘数的含义。

股票指数是以点来计量的,将点和货币金额对应起来需要借助"合约乘数"进行转化。

合约乘数是指一个指数点所代表的货币金额。沪深 300 股指期货的合约乘数是每点 300 元,这意味着,假设某天某时沪深 300 股指期货合约的报价为 3 540 点。则一张沪深 300 股指期货的合约价值就等于"3 540×300 元",即 106.2 万元。

境外股指期货的合约乘数存在较大差异(参见表 7-4)。为满足不同投资者的需求,同一标的指数往往有合约乘数不同的两种或多种股指期货合约上市。如在我国香港期货市场,该交易所在 1986 年推出的恒生指数,合约乘数为 50 港元。之后在 2000 年,又推出了合约乘数仅为 10 港元的迷你型恒指期货,并获得了成功。

表 7-4 股指期货的合约乘数

合约名称	交易所	合约乘数
沪深 300 指数期货	中国金融期货交易所	300 元
恒生指数期货	中国香港交易所	50 港元
小型恒指期货	中国香港交易所	10 港元
S&P500 指数期货	芝加哥商业交易所	250 美元
迷你型 S&P500 指数期货	芝加哥商业交易所	50 美元

合约价值等于股指期货价格乘以乘数,因此一张合约的价值受到股指期货价格和合约乘数的影响而变动。在其他条件不变的情况下,合约乘数越大,意味着股指期货合约价值越大。在其他条件不变的情况下,随着标的指数的上升,股指期货的合约价值亦在增加。如恒指期货推出时,恒生指数低于 2 000 点(合约乘数为 50 港元),因而期货合约价值不超过 10 万港元。2009 年恒生指数超过 20 000 点,恒指期货的合约价值已超过 100 万港元。

近年来,境外期货市场为了吸引投资者参与股指期货交易,纷纷推出迷你型股指期货合约,降低单个期货合约的价值,有助于降低投资者参与股指期货的门槛,因此迷你型股指期货市场流动性水平较高,交易更为活跃。

② 沪深 300 股指期货合约乘数的制定原则。

截至 2009 年底,国际市场上合约价值比较大的指数期货合约有芝加哥商业交易所(CME)推出的 S&P500 指数期货合约,合人民币 191 万元;合约价值较小的是小型台指期货,合人民币 8 万多元。与国际主要股指期货合约相比,沪深 300 股指期货合约按 3 000 点计算,合约价值为 90 万元,在国际市场上属于中等偏上的水平。对于机构投资者来说,沪深 300 股指期货合约的乘数是比较合理的。这样的合约设计体现了管理层发展以机构投资者为主的市场的宗旨。

合约乘数的大小,关系着投资者的进入门槛,影响合约价值的大小,所以对市场的活跃程度会产生影响。一般来说,小合约交易活跃、流动性好,适合中小投资者参与;大合约则更适合机构投资者进行套期保值。

对我国来说,由于沪深 300 股指期货是我国推出的第一个股指期货品种,并且股指期货对证券市场及期货市场影响深远,因此监管部门和交易所都从交易的稳健性和安全性角度考虑,将合约乘数设置在较高位置。这样有助于逐步培育理性投资者群体,符合我国发展以机构投资者为主体的宗旨。

(3) 报价单位及最小变动价位。

报价单位是指在公开竞价过程中对期货合约报价所使用的单位。沪深300股指期货合约的报价单位为指数点。

最小变动价位是股指期货合约最小波动的点数,也就是说,在交易报价时,价格应该是最小变动价位的整数倍(参见表7-5)。沪深300股指期货合约规定的最小变动价位为0.2点,也就是说报价必须是0.2点的整数倍。假设沪深300股指期货合约的当前成交价格为3 500点,则交易者在买卖报价时只能是以类似于3 500.0、3 500.2、3 500.4、3 499.8或者3 499.6等点位进行报价,而3 500.1、3 500.5或者3 499.7等类似的报价都是无效的。最小变动价位乘以合约乘数,就是该合约的最小变动值。沪深300股指期货的最小变动值为"300元×0.2",即60元。

表7-5 股指期货的最小变动价位

合约名称	交易所	最小变动价位(指数点)
沪深300指数期货	中国金融期货交易所	0.2
恒生指数期货	中国香港交易所	1
小型恒指期货	中国香港交易所	1
MSCI 台期指数	新加坡交易所	0.1
S&P500 指数期货	芝加哥商业交易所	0.1
迷你型 S&P500 指数期货	芝加哥商业交易所	0.25
CAC40 指数期货	泛欧交易所	0.5
DAX 指数期货	欧洲期货交易所	0.5
FTSE100 指数期货	伦敦国际金融期货期权交易所	0.5

值得注意的是,沪深300股指期货将最小变动价位设为0.2。这是由于0.2的最小变动价位基本和国际通常的最小价位设置水平相当。全球股指期货市场的最小变动单位主要有0.05点、0.1点、0.2点、0.5点、1点和10点等多种。如韩国KOSPI200指数期货的最小变动价位是0.05点,恒指期货及道琼斯指数期货的最小变动价位则是1点。

对于最小变动价位的设置,从国际期货市场的情况来看,股指期货合约的最小变动价位通常要大于现货指数的最小变动价位。但如果最小变动价位过大,期货价格不仅难以对各类市场信息作出准确反映,并精确刻画市场的未来价格走势,还会减少交易量,影响市场的活跃程度;如果最小变动价位过小,最小变动额太小,交易者会觉得很"琐碎",报价会显得很麻烦,会增加交易成本,也不方便计算盈亏。

此外,最小变动价位的设置也和标的指数的点数有关。通常来说,如果标的指数的点数较大,对应股指期货的最小变动价位也较大。从最小变动价位与标的指数的比值来看,沪深300股指期货与恒指期货较为相近。例如在2009年12月15日,沪深300指数的收盘价为3 583.34,沪深300股指期货的最小变动价位与指数点数比值为0.000 056;恒生指数的收盘价为21 834.70点,恒指期货的最小变动价位与恒指点数的比值为0.000 046,两个比值相差不大。

(4) 合约月份。

股指期货的合约月份是指股指期货合约到期进行交割所在的月份。不同国家和地区股指期货合约月份的设置不尽相同。在境外期货市场上,股指期货合约月份的设置主要有两种方式:一种是季月模式(季月是指3月,6月,9月和12月)。欧美市场采用的就是这种设置方式,如芝加哥商业交易所的S&P500指数期货的合约月份以3月、6月、9月、12月为循环月份,如果当前时间是2008年2月,S&P500指数期货的合约月份为2008年3月、6月、9月、12月和2009年3月、6月、9月、12月。另外一种是以近期月份为主,再加上远期季月。如香港的恒生指数期货和台湾的台指期货的合约月份就是2个近月和2个季月。

沪深300股指期货合约的合约月份则为当月、下月及随后2个季月,共4个月份合约。如果当前时间是2010年1月4日,那么期货市场上同时有以下4个合约在交易:IF1001、IF1002、IF1003、IF1006。在这4个合约中,IF1001、IF1002是当月和下月合约;IF1003、IF1006是随后2个季月合约。其中,"1001"前面的两位数字"10"表示2010年,后面的两位数字"01"表示1月。"1001"表示2010年1月到期交割的合约。1月份合约到期交割后,1002就成为最近月份合约,1003合约从季月合约变为下月合约,此时需要再挂牌一个季月合约,即1009合约。以此类推,旧合约下市,新合约挂牌。在每一个时点上,都存在4个交割月份的合约。

之所以设4个合约,原因在于,国际上,近月合约往往是投资者交易需求最大的合约,也是功能发挥最充分的合约。同时,稍远一点的季月合约比较适合中长期投资者,也能够满足机构投资者为股票持仓进行长期保值的需要,减少在套期保值过程中因期货合约期限太短而频繁展期的不便。这种兼顾远近的设计方式能够较好地满足市场各类投资者的参与需求。

(5) 交易时间。

交易时间是指股指期货合约在交易所交易的时间。沪深300股指期货交易时间为交易日的9:15-11:30和13:00-15:15,最后交易日交易时间为9:15-11:30和13:00-15:00。股票市场的交易时间:9:30-11:30,13:00-15:00。对比起来,股指期货的交易时间比股票市场的交易时间要长,开市早开15分钟,闭市晚收15分钟。这种"早开盘、晚收盘"的方式同样是借鉴了国际经验。这种交易时间的确定具有下述优点:第一,早开盘,可以使期货市场能够对上一交易日到当天开盘前的市场信息提前作出反应,有效率地扮演价格发现的角色;第二,晚收盘,可以减缓现货市场收市时的波幅。在股票市场收盘后,投资者可利用沪深300股指期货进行对冲或者套期保值策略的调整,还可以方便一些以现货市场收盘价为指标的套期保值交易的进行。

另外,沪深300股指期货的集合竞价时间也与股票市场的集合竞价时间有所不同。中国金融期货交易所规定:沪深300股指期货集合竞价在交易日的9:10-9:15进行,其中9:10-9:14为指令申报时间,9:14-9:15为指令撮合时间。上海和深圳证券交易所规定:每个交易日的9:15-9:25为开盘集合竞价时间。

(6) 每日价格最大波动限制。

每日价格最大波动限制(涨跌停板幅度)是指期货合约在一个交易日中的交易价格不得

高于或者低于规定的涨跌幅度,超过该涨跌幅度的报价为无效报价,不能成交。涨跌停板一般是以合约上一交易日的结算价为基准确定的。每日价格最大波动限制条款的规定在于防止价格波动幅度过大而带来的风险。

每日价格最大波动限制主要是根据现货市场涨跌停板幅度与标的指数历史波动幅度而确定的。由于股票现货市场每日的涨跌幅度最大为10%,为了与现货市场保持一致,沪深300股指期货合约的涨跌停板幅度为上一交易日结算价的±10%。假定某期货合约涨跌停板幅度为10%,就是说每一交易日价格的最大波动范围是"上一交易日结算价×(1±10%)"。如果上一交易日的结算价为3 500点,则该交易日的价格波动范围就是3 150~3 850点。

值得注意的是,股票市场也有每日价格最大波动限制,但两个市场的计算依据有差异。沪深300股指期货涨跌停板的计算依据是上一交易日的结算价;股票市场没有当日无负债结算制度,因而也没有结算价的说法,涨跌停板的计算依据是上一交易日的收盘价。

上述涨跌停板幅度的规定适用于正常交易时期,但有两个特殊时期除外:一是季月合约上市首日,二是最后交易日。第一,季月合约上市首日涨跌停板幅度为挂牌基准价的±20%。上市首日有成交的,于下一交易日恢复到合约规定的涨跌停板幅度;上市首日无成交的,下一交易日继续执行前一交易日的涨跌停板幅度。第二,在股指期货合约最后交易日,涨跌停板扩大到±20%,这一方面有利于期货价格和现货价格趋于一致,另一方面也减少了期货价格的过度波动。

(7) 合约交易保证金。

合约交易保证金是指投资者进行期货交易时缴纳的用来保证履约的资金,一般占交易合约价值的一定比例。

沪深300股指期货合约最低交易保证金为合约价值的12%。这一水平是正常情况下交易所针对结算会员收取的保证金标准。交易所有权根据市场风险状况进行调整。比如出现连续的单边市时,或交易所规定的其他情况出现时,交易所都有可能会提高保证金比例,因此投资者有必要时常关注交易所的保证金比例调整通知。

结算会员、非结算会员在交易所规定的保证金标准的基础上,会对投资者加收一定数量的保证金。对投资者而言,不能把12%当成股指期货实际收取的交易保证金比例。为了控制风险,投资者向期货公司缴纳的保证金往往是在交易所规定的最低交易保证金的基础上再上浮3%~5%,即达到15%~17%(沪深300股指期货为3 500点、交易保证金为15%,1手股指期货合约需要保证金3 500×300×15%元,即15.75万元)。如果行情波动较大,交易所提高保证金水平的话,投资者缴纳的保证金也会相应提高。

从国际市场看,各国股指期货的保证金水平差别较大,大部分集中在5%~10%之间,少数合约达到15%。保证金水平的高低与股票现货市场股价指数的波动性及股指期货价格的波动性相关,波动性越大,保证金水平应越高;同时,保证金水平的高低对股指期货交易风险和流动性风险均产生影响。根据测算,我国股票价格指数波动率相对较高,出于提高履约能力、谨慎安全交易和控制市场风险的考虑,保证金过低将会增加股指期货交易穿仓[①]的可能性,提高违约事件发生的概率,最终影响期货市场的正常结算和投资者的正当利益;当保证金水平过高时,投资者参与股指期货的意愿可能降低,期货市场的流动性将受到影响。

因此,综合考虑股指期货的上述因素,沪深300股指期货合约的最低交易保证金为12%。并且,在股指期货交易过程中,交易所有权根据市场风险状况,比如期货交易出现涨跌停板单边无连续报价时,及时调整交易保证金标准。

(8) 最后交易日和交割日。

最后交易日是指沪深300股指期货合约可以进行交易的最后一个交易日,该日收市后的未平仓期货合约将按规定进行现金交割。最后交易日结束后,该合约就摘牌了。

沪深300股指期货合约的最后交易日为合约到期月份的第三个周五(遇法定节假日或异常情况时顺延),最后交易日即交割日。例如,1001合约的最后交易日为2010年1月的第三个星期五,即2010年1月15日,交割日也是这一天。

我国沪深300股指期货合约的最后交易日和交割日设为同一天,主要考虑到沪深300股指期货采用电子化交易和保证金控制方式,在最后交易日收盘后进行现金结算非常迅捷,当天即可完成,所以最后交易日和交割日可以设为同一天。同时,考虑到股票市场在月末通常波动性较大,受投资者为避开长假的政策风险而提前卖出股票、基金在季末拉高股价以提高净值等因素影响,为了避免股票市场"月末效应"与股指期货"到期效应"的重叠而增加股票市场的波动性,最后结算日和交割日均设在到期月份的第三个星期五,而非到期月份的最后一个交易日。

按中国金融期货交易所制定的合约规定:沪深300股指期货的交割日就是最后交易日。在最后交易日,由于股指期货到期时以现货指数最后2小时的算术平均价计算的交割结算价为基准进行现金交割,因此,最后交易日的股指期货市场收盘时间与股票市场一致。也就是说,与一般交易日相比,要提前15分钟收市,最后交易日的交易时间是9:15-11:30,13:00-15:00。

(9) 交割方式。

期货合约有两种交割方式:实物交割和现金交割。目前全球股指期货的交割方式均采用现金交割。现金交割是指合约到期时,按照交易所的规则和程序,交易双方按照交割结算价进行现金差价结算,了结到期未平仓合约。

我国沪深300股指期货合约采用现金交割方式。究其原因,有以下两个方面:一方面,股指期货以指数为标的物,指数并非实物资产而是抽象概念,因此用现金交割简单快捷;另一方面,大多数股指期货投资者并不愿意交收标的指数的成分股,他们的交易目的在于套期保值、套利或者投机。

(10) 交割结算价。

交割结算价是股指期货合约最后交易日收市后,交易所了结未平仓合约、划付持仓双方

---

① 交易穿仓是指客户账户上客户权益为负值的风险状况,即客户不仅将开仓前账户上的保证金全部亏掉,而且还倒欠期货公司的钱,俗称暴仓。

盈亏的基准价格,它直接关系到投资者最后的盈亏计算。交割结算价的设定应既能真实反映现货市场的价格水平,又能防止可能的市场操纵行为。

沪深300股指期货的交割结算价为最后交易日标的指数最后2小时的算术平均价。计算结果保留至小数点后两位。之所以选择以最后交易日标的指数最后2小时的算术平均价作为交割结算价,而不是沪深300股指期货价格的算术平均价,主要原因在于:通过这种方法,有利于有效地防范市场操纵的风险,并使沪深300股指期货的价格和沪深300指数的变动情况更为接近。

从全球主要股指期货的合约条款来看,对交割结算价的设置主要有三种方式(参见表7-6)。

表7-6 国际市场上股指期货的交割结算价设定

合约名称	交易所	交割结算价
MSCI 台指期货	新加坡交易所	最后交易日指数收盘价
S&P500 指数期货	芝加哥商业交易所	最后结算日指数特别开盘价
DJIA 指数期货	芝加哥期货交易所	最后结算日指数特别开盘价
台指期货	中国台湾期货交易所	最后结算日收盘前30分钟内标的指数的简单算术平均价
恒指期货	中国香港交易所	最后交易日每5分钟的恒生指数价格的平均值
CAC40 指数期货	泛欧交易所	最后交易日15:40-16:00指数价格的算术平均值

① 交割结算价直接采用最后交易日标的指数的收盘价;
② 以特别开盘价作为股指期货的交割结算价,特别开盘价一般是由最后结算日指数各成分股的开盘价计算出来的;
③ 以最后交易日一段时间内标的指数价格的平均值作为交割结算价。

交割结算价的设置应充分考虑期货价格的抗操纵性。不少交易所采用最后交易日一定时间内指数价格的平均值作为股指期货的交割结算价。计算交割结算价的时间越长,操纵股指期货交割结算价的难度就越大。但是,如果标的指数的当天波动较大,交割结算价可能与现货指数的最后收盘价相差较远。因而计算交割结算价的时间段过长,不利于投资者判断期货价格走势,进而影响套期保值效果。

因此,沪深300股指期货合约的交割结算价取最后交易日沪深300指数最后2小时的算术平均价。交易所有权根据市场情况对股指期货的交割结算价进行调整。

7.2 股指期货账户的开立

开立股指期货账户前,投资者要重点考虑两个问题。首先,投资者应对自身的资金实力和风险承受能力进行全面衡量,了解自己是否符合股指期货投资者的基本要求(投资者适当性制度),是否适合从事股指期货交易。其次,如果投资者符合股指期货投资者的要求,那么,应当找谁开户。

由于能够直接进入中国金融期货交易所进行交易的只能是中国金融期货交易所的会员,包括交易会员和结算会员。因此,要想参与期货市场交易的投资者须选择一个具备合法代理资格且获得金融期货经纪业务资格的期货公司会员或具有介绍经纪资格的证券公司开立期货账户。

7.2.1 投资者适当性制度

1. 什么是投资者适当性制度？

股指期货投资者适当性制度（以下简称投资者适当性制度），是指根据股指期货的产品特征和风险特性，区别投资者的产品认知水平和风险承受能力，选择适当的投资者审慎参与股指期货交易，并建立与之相适应的监管制度安排。

2. 为什么推出投资者适当性制度？

随着我国多层次资本市场体系建设的推进，积极探索建立与我国资本市场创新相适应的制度安排，使参与者的风险认知和风险承受能力与金融创新产品相适应，切实保护投资者的合法权益，已成为市场发展的迫切要求。股指期货在国际市场已经是一个成熟的金融产品，但在我国新兴转轨的特定市场环境下，推出股指期货必须考虑我国资本市场的发展阶段，切实落实"将适当的产品销售给适当的投资者"的原则。

与股票、债券相比，股指期货具有专业性强、杠杆高、风险大的特点，客观上要求参与者具备较高的专业水平、较强的经济实力和风险承受能力，不适合一般投资者广泛参与。充分对投资者进行股指期货风险教育的同时，在股指期货市场设置适当的程序和要求，建立与产品风险特征相匹配的投资者适当性制度，可以从源头上深化投资者风险教育，有效避免投资者盲目入市，真正做到保护投资者的合法权益。

股指期货投资者适当性制度是我国资本市场重要的基础性制度，是对投资者教育和保护投资者利益工作的深化，有利于进一步推动形成良好的资本市场文化和培育成熟的投资者队伍，是股指期货市场平稳起步和健康发展的重要保障。

3. 股指期货投资者适当性标准

根据中金所的规定，股指期货投资者适当性标准分为自然人和法人投资者标准两种。

（1）自然人投资者适当性标准包括以下几个方面：

一是资金门槛要求，申请开户时保证金账户可用资金余额不低于人民币50万元；二是具备股指期货基础知识，通过相关测试；三是股指期货仿真交易经历或者商品期货交易经历要求客户须具备至少有10个交易日、20笔以上的股指期货仿真交易成交记录或者最近3年内具有至少10笔以上的商品期货成交记录。

自然人投资者还应当通过期货公司的综合评估。综合评估指标包括投资者的基本情况、相关投资经历、财务状况和诚信状况等。

（2）法人投资者适当性标准从财务状况、业务人员、内控制度建设等方面提出要求，并结合监管部门对基金管理公司、证券公司等特殊法人投资者的准入政策进行规定。

自然人投资者和法人投资者均不能存在重大不良诚信记录；不存在法律、法规、规章和交易所业务规则禁止或者限制从事股指期货交易的情形。

在执行投资者适当性制度过程中，投资者应当全面评估自身的经济实力、产品认知能力、风险控制能力、生理及心理承受能力等，审慎决定是否参与股指期货交易。投资者应当如实申报开户材料，不得采取虚假申报等手段规避投资者适当性标准要求。投资者应当遵守"买卖自负"的原则,承担股指期货交易的履约责任,不得以不符合投资者适当性标准为由拒绝承担股指期货交易履约责任。投资者适当性制度对投资者的各项要求以及依据制度进行的评价,不构成投资建议,不构成对投资者的获利保证。此外,投资者应遵守法律法规,通过正当途径维护自身合法权益,不得侵害国家利益及他人的合法权益,不得扰乱社会公共秩序。

7.2.2 途径一:通过期货公司开立股指期货账户

投资者主要是通过具备合法代理资格且获得金融期货经纪业务资格的期货公司开立股指期货账户。为此,首先简要介绍一下期货公司的状况。

期货公司是依照《中华人民共和国公司法》和《期货交易管理条例》(2007年4月15日起施行)的规定设立的经营期货业务的金融机构。设立期货公司,应当经过国务院期货监督管理机构批准,并在公司登记机关登记注册。

截至2009年12月24日,我国期货公司有167家,正常经营的有164家,停业或风险整改的有3家,全国共有营业部834家。投资者应该从这些期货公司中选择便于自己交易、能够提供良好服务的期货公司进行交易。期货公司查询可登录中国证券监督管理委员会网站(www.csrc.gov.cn)进行。

2006年9月,中国金融期货交易所成立之后,监管机构陆续出台了《期货公司金融期货结算业务试行办法》(2007年4月19日起施行)、《证券公司为期货公司提供中间介绍业务试行办法》(2007年4月20日起施行)等规定。根据这些规定,证券公司可以接受其全资拥有或者控股的、或者被同一机构控制的期货公司的委托从事中间介绍业务。期货公司为客户提供经纪、咨询、结算、风控等多方面的服务。期货公司下设市场部、交易部、结算部、研究部、风控部等部门。

期货公司为客户开立账户前,应当向客户出示《期货交易风险说明书》和《股指期货交易特别风险揭示》,由客户签字确认已了解其中的内容,并签订期货经纪合同。期货公司应当向客户充分揭示期货交易的风险,在其营业场所备置期货交易相关法规、期货交易所业务规则,并公开相关期货经纪业务流程、相关从业人员资格证明等资料供客户查询。期货公司应当在期货经纪合同、本公司网站和营业场所提示客户可以通过中国期货业协会网站查询其从业人员资格公示信息。

客户可以通过书面、电话、计算机、互联网等委托方式下达交易指令。以书面方式下达交易指令的,客户应当填写书面交易指令单;以电话方式下达交易指令的,期货公司应当同步录音;以计算机、互联网等委托方式下达交易指令的,期货公司应当以适当的方式保存该交易指令。交易指令成交后,交易所按照规定发送成交回报。

期货交易的结算,由期货交易所统一组织进行。期货公司应当在每天交易闭市后为客户提供交易结算报告。客户可以通过期货保证金监控中心、期货公司提供的交易软件、传真等约定的途径得到自己的结算单。

根据2007年4月公布的《期货公司金融期货结算业务试行办法》,期货公司从事金融期货结算业务,应当经中国证监会批准,取得金融期货结算业务资格。期货公司取得金融期货结算业务资格后,应当向中国金融期货交易所申请相应结算会员资格。取得期货交易所全面结算会员资格的期货公司可以受托为其客户及非结算会员办理金融期货结算业务;取得期货交易所交易结算会员资格的期货公司可以受托为客户办理金融期货结算业务。若期货公司只对金融期货经纪业务感兴趣,则应当向证监会申请金融期货经纪业务资格。只取得金融期货经纪业务资格的期货公司,可以向期货交易所申请非结算会员资格。这类期货公司可以从事经纪业务,但需要通过全面结算会员或特别结算会员的结算平台进行结算。

期货公司一般都有专门从事信息搜集及行情分析的人员为投资者提供咨询服务,投资者可以在需要的时候向期货公司人员咨询相关问题,这样有助于投资者获得信息资源。期货公司作为交易所的会员,需要承担对客户交易的履约责任。因此,一旦投资者的交易违约,期货公司要先代为履约,保证交易的完成,再对客户进行追偿。在保证金交易的情况下,市场风险加大,若投资者账户穿仓后强行平仓,穿仓部分的亏损首先由期货公司的自有资金来承担。不管哪条原因,都督促期货公司建立起严格的风险控制制度。基于风险控制的考虑,期货公司对投资者收取的保证金比例均会略高于交易所收取的比例;同时,当投资者的保证金占用比例达到一定水平之上时,会要求投资者追加保证金,以保证账户头寸的安全,或者要求投资者平掉部分头寸,释放出一些资金,来保证剩余头寸的安全。

7.2.3 途径二:通过符合资格的证券公司中间介绍开立股指期货账户

中间介绍业务是证券公司为期货公司提供中间介绍业务的简称,是指证券公司接受期货公司委托,为期货公司介绍客户参与期货交易并提供其他相关服务的业务活动。

证券公司从事介绍业务,应当依照《证券公司为期货公司提供中间介绍业务试行办法》(2007年4月20日起施行)的规定取得介绍业务资格之后,才能开展相关业务。证监会及其派出机构依法对券商的介绍业务活动进行监管。

办法规定,证券公司只能接受其全资拥有或控股的、或者被同一机构控制的期货公司的委托从事介绍业务,不能接受其他期货公司的委托从事介绍业务。

证券公司受期货公司委托从事介绍业务,应当提供下列服务:协助期货公司为客户办理开户手续;给客户提供期货行情信息、交易设施等;中国证监会规定的其他服务。证券公司虽然可以协助客户开户并提供其他相关的服务,但其提供的仅为中间介绍业务。办法规定,证券公司不得代客户下达交易指令,不得利用客户的交易编码、资金账号或期货结算账户进行期货交易,不能代客户接收、保管或者修改交易密码。证券公司不得代理客户进行期货交易、结算或者交割,不得代期货公司和客户收付期货保证金,不得利用证券资金账户为客户存取、划转期货保证金。

证券公司开展介绍业务,应当在网站或经营场所显著位置,公示介绍业务范围、从事介绍业务的管理人员和业务人员的名单和照片、期货公司期货保证金账户信息、期货保证金安全存管方式、客户开户和交易流程、出入金流程、交易结算结果查询方式及中国证监会规定的其他信息。证券公司开展介绍业务时,应向客户明示其与期货公司的介绍业务委托关系,解释期货交易的方式、流程及风险。证券公司在协助客户开户时,需要对客户的开户资料和身份真实性等进行审查,并及时将客户开户资料提交期货公司,期货公司复核后,与客户签订期货经纪合同,办理开户手续。

7.2.4 开户流程及注意事项

1. 开户注意事项

（1）期货公司的查询与选择。

由于能够直接进入中国金融期货交易所进行交易的只能是中国金融期货交易所的会员，客户想参与股指期货交易，应当事先通过中金所具有代理业务资格的会员办理开户登记。会员列表可以在中金所的网站（www.cffex.com.cn）上查询到。

投资者在选择开户的期货公司时，应注意选择具有良好商誉、运作规范的和交易系统安全畅通的公司；充分了解该公司是否执照齐全，执照是否在有效期内；公司的商业信誉如何；公司的交易速度和服务如何等。

（2）开户所需资料。

选好期货公司之后，需要准备以下开户资料，注意个人开户和企业客户开户的不同。

① 自然人开户。

自然人开户须提供本人身份证原件（须在有效期内）、同名银行活期存款账户资料。

中国证监会规定，投资者从事期货交易，应当在期货结算银行开立用于期货交易出入金的银行结算账户（即期货结算账户）或选择已在结算银行开立的银行结算账户登记为期货结算账户，作为出、入金的唯一途径。因此需要在开户时提供银行活期存款账户资料。

② 一般法人机构开户。

一般法人机构开户应准备以下材料：

a. 《企业营业执照》、《税务登记证》、《组织机构代码证》原件；

b. 至少一个结算银行结算账号及开户行，并提供银行开户证明（开立单位银行结算账户申请书）；

c. 机构代表人身份证原件及机构代表人的身份证明；

d. 指令下达人、资金调拨人、结算单确认人及被授权人的身份证原件；

e. 机构授权书、法人证明书（国有企业须提供董事会批文）等。

特殊法人机构申请开户，除准备以上一般法人机构开户所需材料以外，还应当填写《中国金融期货交易所特殊法人机构交易编码申请表》。特殊法人机构指的是证券公司、基金公司、合格境外机构投资者等根据法律、行政法规、规章和有关规定需要对资产进行分户管理的法人机构。

2. 开户流程

为了更好地保障投资者的合法权益，目前按照中国证监会《期货市场客户开户管理规定》的要求，股指期货实行开户实名制。一般地，股指期货开户的具体流程如图7-1所示。

（1）自然人投资者本人亲自办理开户手续。

根据证监会实名制开户要求，自然人投资者办理开户手续，签署开户文件，不得委托代理人代为办理开户手续。开户时要出具本人身份证，开户公司应当对照核实投资者本人的真实身份。法人投资者开户时必须出具法人投资者的授权委托书、代理人的身份证和其他开户证件等。

（2）投资者必须符合股指期货投资者适当性制度的规定才能开户。

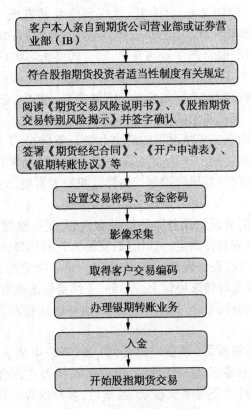

图 7-1 股指期货开户的具体流程

（3）风险揭示。

期货公司在接受客户开户申请时,需要向客户提供《期货交易风险说明书》和《股指期货交易特别风险揭示》。客户在工作人员指导下,完成阅读。自然人客户仔细阅读和理解后,在《期货交易风险说明书》和《股指期货交易特别风险揭示》上签字(参见本实验结尾处附录 7-1 和 7-2);法人投资者在仔细阅读并理解之后,由单位法定代表人签字并加盖单位公章。

期货交易有一定的特殊性,为保证期货市场的正常运作,保护投资者的合法权益,投资者在进行期货交易前应当对期货交易风险有较多的认识,声明理解说明书中揭示的期货风险,并承担可能发生的亏损。投资者应明确电子化交易的风险以及期货公司追加保证金和强行平仓规定。

（4）签署开户合同。

在投资者签署开户合同前,先了解客户须知的内容:一是客户需具备的开户条件;二是开户文件的签署;三是客户须知晓的事项。

投资者在开户的时候,应详细查看期货经纪合同书。期货经纪合同书对合同约定双方的权利和义务作出了明确约定。合同书具有法律效力,受法律保护,双方必须按照合同书的约定履行自己的权利和义务。各家期货经纪公司的合同书会在个别的细节上有所不同,但绝大多数内容相同,通常有下列内容：

①合同订立前的说明、告知义务;②委托;③保证金及其管理;④交易指令的类型及下达;⑤交易指令的执行与错单处理;⑥通知与确认;⑦风险控制;⑧现货月份平仓和交割;⑨信息、培训与咨询;⑩费用;⑪合同生效与变更;⑫合同终止与账户清算;⑬免责条款;⑭争议解决;⑮其他。

在这些条款中,客户应该特别关注条款③~⑦的内容。其中,条款③是关系到客户如何出、入金和保障资金安全。条款④明确如何下单以及相应的责任。条款⑤非常关键,该条款明确了下单出现分歧或者出现错单情况下的解决办法。条款⑥、⑦是最为关键的,也是不了解期货的投资者从没有接触过的。这两个条款主要讲如何通知客户追加保证金、期货公司和客户的义务如何划分、如何作好风险控制等内容。投资者需要逐字逐句阅读,有不明白的应该当场咨询。

期货经纪合同包含了期货经纪业务中的最基本内容,是一格式化文本。除了明确记载内容外,有些内容是可选择或有待商定的。比如,交易方式的选择、通知方式的选择;很多期货公司在客户出入金方面可以提供银期转账方式,客户可以决定是否使用银期转账,如果决定使用,那么还要签署银期实时转账协议书。另外,手续费标准也有待双方协商后确定。最后,如果客户有一些格式化合同书之外的特殊要求,也可以通过双方协商确定,但必须在签署合同之前确定。

投资者申请开户时,还须签署《期货经纪合同》和《开户申请表》、《银期转账协议》等。自然人投资者应在该合同上签字,法人投资者应由法人代表在该合同上签字并加盖公章。合同及合同附件经开户的期货公司审核签字、盖章后,客户留存一份,期货公司须存档。如果通过有中间介绍业务资格的证券公司开户,证券公司也须存档一份。

(5) 设置交易密码、资金密码。

投资者签署完毕合同后,期货公司工作人员根据客户资料为客户进行交易编码、交易账户等申请和分配工作,随后工作人员将交易密码、资金密码和中国期货保证金监控中心查询密码的初始密码告知投资者,并提示投资者必须登录交易系统和中国期货保证金监控中心网站进行初始密码修改。

注意,交易密码在登录交易软件时使用,资金密码在银期转账时使用,中国期货保证金监控中心查询密码在查询交易账单时使用。

(6) 影像采集。

投资者开户信息被系统录入后,工作人员需要按证监会实名制开户要求,实时采集并保存投资者影像资料,包括自然人投资者的头部正面照、身份证正反面扫描件,法人投资者的开户代理人头部正面照、开户代理人身份证正反面扫描件、法人投资者营业执照(副本)和组织机构代码证的扫描件。

(7) 办理银期转账业务。

如果投资者是自然人,需要持《银期转账协议》、本人身份证、银行卡前往开户时指定的结算银行办理银期转账业务。

需要注意的是,根据《期货交易管理条例》及《期货公司管理办法》等有关规定,下列单位和个人不能从事期货交易:

- 国家机关和事业单位；
- 国务院期货监督管理机构、期货交易所、期货保证金安全存管监控机构和中国期货业协会的工作人员及其配偶；
- 期货公司的工作人员及其配偶；
- 无民事行为能力人或者限制民事行为能力人；
- 证券、期货市场禁止进入者；
- 未能提供开户证明材料的单位和个人；
- 国务院期货监督管理机构规定不得从事期货交易的其他单位和个人。

7.2.5 拟定适合自己的交易策略

股指期货市场参与者应结合自身情况，根据自身的交易需要，确定适合自己的股指期货交易策略。那些出于风险对冲需要的投资者，应选择套期保值交易方式，运用成熟的套期保值理论，为自己的现货头寸进行保值避险操作；那些打算寻找套利机会的投资者，则应对套利理论和实践加深学习和了解；对于那些擅长把握股票市场大势、希望通过股指期货投资获取收益的投资者，则可以根据自身交易特点，进行期货投机交易，并考虑是进行长线操作还是中短线波段操作，是进行趋势交易还是短线交易，是基本面分析为主还是技术分析为主等。

7.3 股指期货交易流程

投资者完成开户手续之后，接下来就可以实际参与股指期货的交易。股指期货交易流程包括出入金、下单、结算、展期、交割、移仓等多个环节，在这些环节中又会涉及交易所制定的相应制度、规则和细则。下面将对相关流程逐一进行介绍。

7.3.1 出入金

当投资者和期货公司签署《期货经纪合同》和《开户申请表》等一系列开户文件后，在进行期货交易之前，投资者还需要向自己的账户入金，这样才能开始交易。当投资者需要资金时，可从自己账户出金，将期货资金转回到自己的银行账户上。这就是客户出入金的主要内容。

1. 个人户的出入金

出于保证金安全存管的需要，客户不能以现金办理出入金，而应通过银期转账或通过银行把结算账户资金转入期货公司保证金专用账户来办理。

2. 法人户的出入金

法人客户必须通过结算账户登记表上的指定账户办理出入金。

入金：通过电汇、网上银行等形式转入期货公司保证金专用账户，并将银行回单发送至期货公司财务部，财务部确认资金到账后，将资金打入客户保证金账户。

出金：应填写《划拨保证金通知单》，期货公司财务部根据客户要求通过电汇、网上银行等形式出金。

3. 保证金封闭运行制度

期货公司客户保证金必须全额存入从事期货交易结算业务的商业银行（以下简称结算

金融投资实务

银行),与期货公司自有资金分户存放,封闭管理。

期货公司必须将保证金存放于保证金专用账户。根据需要,保证金可以在期货公司保证金专用账户、期货公司在期货交易所所在地开设的专用资金账户、期货公司在交易所的资金账户之间划转。上述账户共同构成保证金封闭圈。保证金只能在封闭圈内划转,封闭运行。

期货公司自有资金账户与保证金封闭圈相互隔离。期货公司根据需要,在保证金封闭圈和自有资金之间划转资金,只能通过主办结算银行的保证金专用账户和专用自有资金账户之间进行。

期货公司为满足客户在不同期货交易所之间的交易需求,保证客户的交易结算,以自有资金临时补充结算准备金的,只能从专用自有资金账户调入主办结算银行的保证金专用账户,同时必须向主办结算银行说明该笔资金的用途。期货公司完成资金临时周转后,需要将调入的资金划回自有资金账户的,只能从主办结算银行的保证金专用账户划入专用自有资金账户,并向主办结算银行出具有关凭证及相关说明,且累计划出金额不得大于前期累计划入金额。

客户在期货交易中违约造成保证金不足的,期货公司应当以风险准备金和自有资金垫付,不得占用其他客户的保证金。以自有资金补足保证金时,应通过专用自有资金账户调入主办结算银行保证金专用账户,同时,必须向主办结算银行说明该笔资金的用途。

期货公司应当依据相关法规允许的结算方式从保证金专用账户为客户出金,不得将保证金划至自有资金账户后再从自有资金账户向客户出金。期货公司为客户办理出金时,收款人账户名称应与出金客户名称一致。

4. 保证金监控中心提供投资者查询服务系统

为更好地保护期货投资者的资金安全,2006年5月18日中国期货保证金监控中心(以下简称"监控中心")成立。监控中心网站上提供了投资者查询服务系统(以下简称"查询系统"),可供客户查询自身交易结算报告等信息的专业服务平台。通过该系统,期货投资者可以查询自身交易结算报告等信息,防止期货公司可能发生的欺诈行为,这是中国证监会保障投资者保证金安全和服务市场的重要举措。投资者开户时可以从期货经纪机构获取自身访问查询系统的用户名和初始密码;然后通过互联网访问监控中心官方网站(南方地区中国电信用户请访问 www.cfmmc.com,北方地区中国网通用户请访问 www.cfmmc.cn),并点击"投资者查询"链接进入查询系统;系统提供"资料维护"、"基本信息"、"投资者交易结算报告"、"操作记录"、"保证金账户"、"公告牌"、"术语说明"、"操作指南"等页面,可点击这些页面的标题进入相应页面。

7.3.2 下单与成交

1. 下单内容

所谓下单,是指客户通过期货公司交易系统等途径下达交易指令,说明拟买卖合约的种类、数量、价格、方向等的行为。

客户进行股指期货交易时,下单内容主要包括:

(1) 客户期货交易账号;

(2) 交易密码（客户可随时进行修改，并应妥善保管）；

(3) 交易合约（包括交易的品种以及合约月份，例如，要进行沪深300股指期货2010年6月份合约的交易，就要在下单合约中输入IF1006）；

(4) 交易方向（买或者卖）；

(5) 交易量（即交易手数，最低交易量为1手）；

(6) 申报价格（买/卖报价高/低于市场报价的即时成交，相反则为挂单申报；高/低于合约涨/跌停板价格的申报为无效申报）；

(7) 开仓、平仓。

在下单时，要特别注意交易方向、开仓还是平仓等重要环节。

2. 下单环节

下单时，投资者需要注意以下几个环节。

(1) 买卖方向。

投资者在股指期货下单时，要注意选择买卖的方向，是买入做多还是卖出做空。买入者（多头）认为股指期货合约的价格会上涨，所以会买进，以期将来股指涨到高位后卖出；相反，卖出者（空头）认为股指期货合约的价格高了，以后会下跌，所以才卖出，我们称之为卖空，空头期望将来股指下跌之后，以低价买入，这样就可获取价差收益。

(2) 交易指令。

在下单过程中还需要对交易指令进行选择。《中国金融期货交易所交易规则》（2010年1月19日公布的征求意见稿，下同）中规定：交易指令分为市价指令、限价指令及交易所规定的其他指令。

① 市价指令。市价指令是指不限定价格的、按照当时市场上可执行的最优报价成交的指令。市价指令的未成交部分自动撤销。

② 限价指令。限价指令是指按照限定价格或者更优价格成交的指令。限价指令在买入时，必须在其限价或者限价以下的价格成交；在卖出时，必须在其限价或者限价以上的价格成交。限价指令当日有效，未成交部分可以撤销。

市价指令和限价指令各有特点。市价指令的特点是成交速度快，一旦指令下达后不可更改；但不利之处是一旦市场出现大幅波动，成交价格和预期价格可能出现一定偏差，所以投资者应谨慎使用市价指令。限价指令的特点是可以按照投资者的预期价格成交，但成交速度相对较慢，有时甚至无法成交。在使用限价指令时，客户必须指明具体的价位。

③ 交易所规定的其他指令。为了适应未来的发展需要，交易所可能会随着市场的发展推出一些新的指令，最大限度地给予投资者方便。

《中国金融期货交易所交易细则》（2010年1月19日公布的征求意见稿，下同）中规定：

● 市价指令只能和限价指令撮合成交，成交价格等于即时最优限价指令的限定价格。

● 交易指令的报价只能在合约价格限制范围内，超过价格限制范围的报价为无效报价。交易指令申报经交易所确认后生效。

● 交易指令每次最小下单数量为1手，市价指令每次最大下单数量为50手，限价指令每次最大下单数量为100手。

(3) 开仓还是平仓。

在期货交易中,无论是买入还是卖出,新建头寸一律称为开仓。例如,投资者以3 500点的价位买入(卖出)2010年9月交割的10手沪深300股指期货合约,当这笔交易是投资者的新建头寸时,就被称为买入(卖出)开仓交易。建仓之后投资者手中持有的头寸,就称为持仓。投资者卖出建仓后所持有的期货头寸是空头头寸(简称"空头");买入建仓后所持有的期货头寸是多头头寸(简称"多头")。

平仓,是指期货交易者买入或者卖出与其所持合约的品种、数量和交割月份相同但交易方向相反的合约,了结期货交易的行为。如投资者以3 500点的价位买入(卖出)2010年9月份交割的10手沪深300股指期货合约后,当沪深300股指期货价格涨至3 600点时,投资者卖出(买入)10手IF1009期货合约以了结手头持有的股指期货合约,就称为多头(空头)平仓。

由于开仓和平仓有不同的含义,所以,投资者在持有期货头寸的情况下,再买卖股指期货合约时必须指明是"开仓"还是"平仓",特别是投资者进行平仓交易时,必须指明是"平仓"。这是因为有些交易系统可能默认为上次交易的操作,如果投资者不指明是"平仓",那么系统有可能默认为"开仓",这样投资者会发现,自己不但没有平仓,反而多了一张新单。这一点与股票交易有着明显差异,投资者需要注意。

3. 期货下单方式

客户在正式交易前,应制订详细周密的交易计划。在此之后,客户即可按照计划下单交易。《期货交易管理条例》规定,在我国,客户可以通过书面、电话、互联网等委托方式以及中国证监会规定的其他方式,下达交易指令。客户的交易指令应当明确、全面。主要下单方式有如下几种:

(1) 书面下单。

客户亲自填写交易单,填好后签字交期货公司,再由期货公司将指令发至交易所参与交易。

(2) 电话下单。

客户通过电话直接将指令下达到期货公司,再由期货公司将指令发至交易所参与交易。期货公司须将客户的指令予以录音,以备查证。事后,客户应在交易单上补签姓名。

(3) 网上下单。

客户通过因特网或局域网,使用期货公司配置的网上下单系统进行网上下单。打开下单系统后,客户需输入自己的客户号与密码登录下单系统,即可输入下单指令。下单指令通过因特网或局域网传至期货公司后,通过专线传到交易所主机进行撮合成交。客户可以在期货公司的下单系统获得成交回报。这是目前最为便捷的交易方式之一。

无论采取哪种下单方式,期货公司接受客户委托指令后,应当将客户的所有指令通过交易所集中交易,不得进行场外交易。

4. 撮合成交原则

客户的指令报到交易所后,就面临指令的撮合与成交问题。股指期货竞价交易采用集合竞价和连续竞价两种方式,对客户的指令进行撮合。集合竞价是指对在规定时间内接受的买卖申报一次性集中撮合的竞价方式;连续竞价是指对买卖申报逐笔连续撮合的竞价方式。

交易指令成交后,交易所按照规定发送成交回报。每日结算后,会员应当按照规定方式获取并核对成交记录。会员有异议的,应当在当日以书面形式向交易所提出。未在规定时间内提出的,视为对成交记录无异议。

(1) 集合竞价。

集合竞价是指对规定时间内接受的买卖申报一次性集中撮合的竞价方式。股指期货集合竞价在交易日 9:10-9:15 进行,其中 9:10-9:14 为指令申报时间,9:14-9:15 为指令撮合时间。

集合竞价产生的成交价格是开盘价。集合竞价未产生成交价格的,以集合竞价后第一笔成交价为开盘价。集合竞价指令申报时间不接受市价指令申报。集合竞价指令撮合时间不接受指令申报。

集合竞价采用最大成交量原则,即以此价格成交能够得到最大成交量。高于集合竞价产生的价格的买入申报全部成交;低于集合竞价产生的价格的卖出申报全部成交;等于集合竞价产生的价格的买入或者卖出申报,根据买入申报量和卖出申报量的多少,按照少的一方的申报量成交。开盘集合竞价中的未成交指令自动参与连续竞价交易。

(2) 连续竞价。

① 在期货连续竞价过程中,交易所系统按照价格优先、时间优先原则进行撮合成交。

限价指令连续竞价交易时,交易所系统将买卖申报指令以价格优先、时间优先的原则进行排序,当买入价大于、等于卖出价则自动撮合成交。

② 以涨跌停板价格申报的指令,按照平仓优先、时间优先的原则撮合成交。

5. 与交易相关的制度

在交易过程中,和客户关系密切的制度有涨跌停板制度、持仓限额制度和大户持仓报告制度。其中,涨跌停板制度规定了客户的有效报价范围;持仓限额制度规定了投机客户在某一期货合约上允许的最大单边持仓量;大户持仓报告制度规定了客户持仓数量达到交易所规定的报告标准或者交易所要求报告时,必须予以报告。

(1) 涨跌停板制度。

跟股票一样,沪深 300 股指期货实行涨跌停板制度。所谓涨跌停板制度(每日价格最大波动限制制度),即指期货合约在一个交易日中的交易价格波动不得高于或者低于规定的涨跌幅度,超过该涨跌幅度的报价为无效报价,不能成交。涨跌停板制度可以减缓、抑制一些突发性事件对期货价格的波动而造成的剧烈冲击,将期货价格的每日波动限制在一定范围内。

《沪深 300 股指期货合约》(2010 年 1 月 19 日公布的征求意见稿)中规定:沪深 300 股指期货合约的涨跌停幅度为前一交易日结算价的 ±10%。

(2) 持仓限额制度。

持仓限额是指交易所规定的会员或者客户对某一合约单边持仓的最大数量。同一客户在不同会员处开仓交易,其在某一合约单边持仓合计不得超出该客户的持仓限额。实行持仓限额制度的目的在于防范操纵市场价格的行为和防止市场风险过度集中于少数投资者。

《中国金融期货交易所风险控制管理办法》(2010年1月19日公布的征求意见稿,下同)对会员和客户的股指期货合约持仓限额具体规定如下:

① 对客户某一合约单边持仓实行绝对数额限仓,持仓限额为100张;

② 对从事自营业务的交易会员某一合约单边持仓实行绝对数额限仓,每一客户号持仓限额为100张;

③ 某一合约结算后单边总持仓量超过10万张的,结算会员下一交易日该合约单边持仓量不得超过该合约单边总持仓量的25%;

④ 进行套期保值交易和套利交易的客户号的持仓按照交易所有关规定执行,不受前款第一项限制;

⑤ 会员、客户持仓达到或者超过持仓限额的,不得同方向开仓交易。

上述持仓限额制度对客户、自营业务的交易会员、结算会员分类加以规范。投资者要注意相关的具体规定。单一客户某个合约单边持仓限额为100手,折合合约价值约为108亿元人民币(以2009年底仿真交易中近月沪深300指数合约3 600点成交价格计算,一手合约成交金额为3 600×300 = 108万元)。如果此客户在股票市场持有相当大的头寸,需要利用股指期货进行套期保值,就需要向中国金融期货交易所专门申请套期保值额度。

(3) 大户持仓报告制度。

中国金融期货交易所实行大户持仓报告制度。大户持仓报告制度是指会员或者客户持仓达到交易所规定的报告标准时或者交易所要求报告时,会员或客户应当于下一交易日收市前向交易所报告。客户未报告的,开户会员应当向交易所报告。大户报告制度与持仓限额制度紧密相关。通过实施大户报告制度,可以使交易所对持仓量较大的会员或客户进行重点监控,了解其持仓动向、意图,对于有效防范市场风险有积极作用。

关于大户持仓报告制度,需要注意以下几点:

① 交易所可以根据市场风险状况,公布持仓报告标准。

② 从事自营业务的交易会员或者客户不同客户号的持仓及客户在不同会员处的持仓合并计算。客户在多个会员处开户的,由交易所指定有关会员向交易所报送该客户应当报告的有关资料。

③ 交易所有权要求会员、客户再次报告或者补充报告。

④ 达到交易所规定报告标准或者交易所要求报告的会员或者客户应当提供下列资料:

- 《大户持仓报告表》,内容包括会员名称、会员号、客户名称和客户号、合约代码、持仓量、交易保证金、可动用资金等;
- 资金来源说明;
- 法人客户的实际控制人资料;
- 开户资料及当日结算单据;
- 交易所要求提供的其他资料。

7.3.3 结算

1. 结算流程

当天交易结束后,即进入结算环节。结算是指交易所根据交易结果、公布的结算价格和交易所有关规定对交易双方的交易保证金、盈亏、手续费及其他有关款项进行资金清算和划转的业务活动。

中国金融期货交易所实行会员分级结算制度(参见图7-2)。结算流程为:中国金融期货交易所对结算会员结算;结算会员对其客户、受托交易会员结算;交易会员对其客户结算。

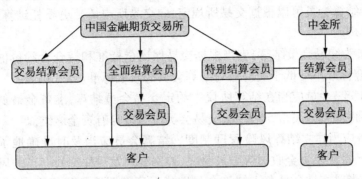

图7-2　中国金融期货交易所的分级结算

(1) 交易所对结算会员的结算规定如下:

① 当日收市后,交易所按照当日结算价对结算会员所有合约的盈亏、交易保证金及手续费、税金等费用进行清算,对应收应付的款项实行净额一次划转,相应增加或者减少结算准备金。

结算会员在交易所结算完成后,按照前款原则对其客户、交易会员进行结算;交易会员按照前款原则对其客户进行结算。

② 交易所实行保证金制度。保证金分为结算准备金和交易保证金。结算准备金是指结算会员在交易所专用结算账户中预先准备的资金,是未被合约占用的保证金。交易保证金是指结算会员存入交易所专用结算账户中确保履行的资金,是已被合约占用的保证金。

结算会员的结算准备金最低余额标准为人民币200万元,应当以自有资金缴纳。交易所有权根据市场情况调整结算会员结算准备金最低余额标准。

③ 结算完毕后,结算会员的结算准备金余额低于最低余额标准时,该结算结果即视为交易所向结算会员发出追加保证金通知,两者的差额即为追加保证金金额。

交易所发出追加保证金通知后,可以通过期货保证金存管银行从结算会员专用资金账户中扣划。若未能全额扣款成功,结算会员应当在下一交易日开市前补足至结算准备金最低余额。未能补足的,如结算准备金余额小于结算准备金最低余额,不得开仓;如结算准备金余额小于零,按照《中国金融期货交易所风险控制管理办法》的规定进行处理。

④ 交易所可以根据市场风险状况,在交易过程中向风险较大的结算会员发出追加保证金的通知,并可以通过期货保证金存管银行从结算会员专用资金账户中扣划。若未能全额扣款成功,结算会员应当按照交易所的要求在规定时间内补足保证金。结算会员未能按时补足的,交易所有权对其采取限制开仓、强行平仓等风险控制措施。

(2) 结算会员对受托交易会员的结算规定如下:

① 结算会员为交易会员结算的,应当建立并执行当日无负债结算制度。当日收市后,

结算会员应当根据交易所公布的当日结算价,按照交易所的计算方法计算交易会员所有合约的盈亏,同时计算交易保证金及手续费、税金等费用。

② 交易会员应当委托结算会员为其进行结算,且只能委托一家结算会员为其进行结算。结算会员受托为交易会员结算,应当签订结算协议,并报交易所备案。

交易会员和结算会员可以根据交易所规定,向交易所申请变更委托结算关系,交易所审核通过后为其办理。

③ 结算会员为交易会员结算,应当根据交易保证金标准和持仓合约价值收取交易保证金,且交易保证金标准不得低于交易所对结算会员的收取标准。

结算会员和交易会员应当在结算协议中约定交易会员结算,准备金最低余额。结算准备金最低余额不得低于人民币50万元,交易会员应当以自有资金缴纳。

④ 结算会员应当建立结算风险管理制度。结算会员应当及时准确地了解客户及受托交易会员的盈亏、费用及资金收付等财务状况,控制客户及受托交易会员的风险。

结算会员应当对交易会员存入结算会员期货保证金账户的保证金实行分账管理,为每一交易会员设立明细账户,按日序时登记核算每一交易会员的出入金、盈亏、交易保证金、手续费等。

⑤ 交易会员对结算会员发送的结算数据有异议的,应当以书面形式在结算协议约定的时间内提出;交易会员对结算数据无异议的,应当按照结算协议约定的方式确认。

交易会员在结算协议约定的时间内既未对结算数据的内容确认,也未提出异议的,视为对结算数据内容的确认。

(3) 期货公司(会员)对客户的结算规定如下:

① 期货公司为客户结算,应当建立并执行当日无负债结算制度。

当日收市后,会员应当根据交易所公布的当日结算价,按照交易所的计算方法计算客户所有合约的盈亏、交易保证金及手续费、税金等费用。对应收应付的款项实行净额一次划转,相应增加或者减少客户权益和可用资金。

② 期货公司对客户进行结算后,向客户提供交易结算单。

当每日结算后客户保证金低于规定的保证金水平时,会员按照约定方式通知客户追加保证金;客户不能按时追加保证金的,会员应当将该客户的部分或全部持仓强行平仓,直至保证金余额能够维持其剩余头寸。

③ 投资者结算单确认事宜。

中国期货保证金监控中心成立后,期货结算单确认更便捷。期货公司给投资者发送的结算单都可通过中国期货保证金监控中心进行查询。期货公司在收盘后将投资者的结算单发送给该中心,投资者有义务登录该中心网站查询自己的结算单。如果在第二天开盘前不提出异议,则视作已在账单上签字。

具体操作过程是:投资者可以凭用户名和查询密码直接登录中国期货保证金监控中心有限责任公司提供的查询服务系统,查询自己交易账户信息。投资者在监控中心查询系统的用户名和密码,在期货公司开户后即可以获得。

中国期货保证金监控中心有限责任公司投资者查询系统作为期货公司向投资者发送交

易结算报告、追加保证金通知、强行平仓通知等文件的主要通知方式。监控中心查询系统能够提供两种结算方式(逐日盯市和逐笔对冲两种盈亏计算方式)的账单。投资者对交易结算账单有异议的,须在约定时间前(通常为不超过下一交易日开市前)向期货公司提出。客户除了可以到中国期货保证金监控中心查找交易结算单外,还有其他可选通知方式,如网上交易系统当日首次登录弹出、短信、电子邮件等方式。

2. 结算价和结算公式

结算价是交易所公布的用于计算当日盈亏的基准。不同交易所对于结算价的规定也各有不同。中国金融期货交易所规定,当日结算价是指某一期货合约最后一小时成交价格按照成交量的加权平均价。

结算过程中涉及当日盈亏、交易保证金、结算准备金余额的计算。其计算公式如下。

(1) 当日盈亏的计算。

当日盈亏可分项计算:当日盈亏 = 平仓盈亏 + 持仓盈亏。

① 平仓盈亏 = 平历史仓盈亏 + 平当日仓盈亏;
- 平历史仓盈亏 = $\sum$[(卖出成交价 − 上一交易日结算价) × 卖出量 × 合约乘数]
  $\quad\quad\quad\quad + \sum$[(上一交易日结算价 − 买入成交价) × 买入量 × 合约乘数]
- 平当日仓盈亏 = $\sum$[(当日卖出平仓价 − 当日买入开仓价) × 卖出平仓量 × 合约乘数]
  $\quad\quad\quad\quad + \sum$[(当日卖出开仓价 − 当日买入平仓价) × 买入平仓量 × 合约乘数]

② 持仓盈亏 = 历史持仓盈亏 + 当日开仓持仓盈亏;
- 历史持仓盈亏 = (当日结算价 − 上一日结算价) × 持仓量 × 合约乘数
- 当日开仓持仓盈亏 = $\sum$[(卖出开仓价 − 当日结算价) × 卖出开仓量 × 合约乘数]
  $\quad\quad\quad\quad + \sum$[(当日结算价 − 买入开仓价) × 买入开仓量 × 合约乘数]

③ 当日盈亏综合公式。

将上述公式综合起来,可构成当日盈亏的总公式:

当日盈亏 = $\sum$[(卖出成交价 − 当日结算价) × 卖出量 × 合约乘数] + $\sum$[(当日结算价 − 买入成交价) × 买入量 × 合约乘数] + (上一交易日结算价 − 当日结算价) × (上一交易日卖出持仓量 − 上一交易日买入持仓量) × 合约乘数

(2) 当日交易保证金的计算。

当日交易保证金 = 当日结算价 × 合约乘数 × 当日交易结束后的持仓总量 × 交易保证金比例

(3) 结算准备金余额的计算。

当日结算准备金余额 = 上一交易日结算准备金余额 + 上一交易日交易保证金 − 当日交易保证金 + 当日盈亏 + 入金 − 出金 − 手续费等

3. 看懂结算单

期货公司对客户进行结算后,会向客户发出结算单。投资者看到结算单后,需要快速了解自己的持仓情况和资金状况。

客户结算单由客户号、客户名称、日期、资金状况、持仓明细、持仓汇总等项目组成。其中，客户应重点了解资金状况、持仓明细和持仓汇总三个部分。

4. 实际计算案例

例1：某客户在某期货公司开户后存入保证金50万元，在8月1日开仓买入9月沪深300股指期货合约2手，成交价为3 200点（每点300元），同一天该客户卖出平仓1手沪深300股指期货合约，成交价为3 215点，当日结算价为3 210点，假定交易保证金比例为15%，手续费收取比例为成交金额的万分之二，则客户的账户情况为：

当日平仓盈亏 = (3 215 - 3 200) × 1 × 300 = 4 500元；

当日开仓持仓盈亏 = (3 210 - 3 200) × 1 × 300 = 3 000元；

当日盈亏 = 4 500 + 3 000 = 7 500元；

手续费 = 3 200 × 2 × 300 × 2/10 000 + 3 215 × 1 × 300 × 2/10 000 = 576.9元；

今日结存 = 500 000 - 576.9 + 4 500 = 503 923.1；

客户权益 = 上日结存 - 手续费 + 平仓盈亏 + 持仓盈亏 = 今日结存 + 持仓盈亏
　　　　 = 503 923.1 + 3 000 = 506 923.1元；

保证金占用 = 3 210 × 1 × 300 × 15% = 144 450元（保证金占用按当日结算价计算）；

可用资金（资金余额）= 今日结存 + 持仓盈亏 - 保证金占用 = 客户权益 - 保证金占用
　　　　　　　　　　 = 506 923.1 - 144 450 = 362 473.1元。

例2：8月2日该客户买入1手9月沪深300股指期货合约，成交价为3 230点；随后又卖出平仓2手9月合约，成交价为3 245点。当日结算价为3 260点，则其账户情况为：

平仓盈亏 = (3 245 - 3 230) × 1 × 300 + (3 245 - 3 210) × 1 × 300 = 15 000元；

手续费 = 3 230 × 1 × 300 × 2/100 000 + 3 245 × 2 × 300 × 2/10 000 = 583.2元；

客户权益 = 503 923.1 - 583.2 + 15 000 = 518 339.9元；

保证金占用 = 0；

可用资金 = 客户权益 - 保证金占用 = 518 339.9元。

5. 与结算相关的制度

与结算环节相关的制度有强行平仓制度和强制减仓制度。这两种制度关系客户切身利益，建议投资者务必要深入了解，避免因为对这些制度了解不够而出现利益受损的情形。

（1）强行平仓制度。

① 强行平仓制度定义与作用。

强行平仓是指交易所按照有关规定对会员、客户持仓实行平仓的一种强制措施。会员或者客户存在违规超仓、未按照规定及时追加保证金等违规、违约行为或者交易所规定的其他情形的，交易所有权对相关会员或者客户采取强行平仓措施。强行平仓制度是交易所控制风险的重要手段之一，能够及时制止风险的扩大和蔓延。

对投资者而言，强行平仓制度最常使用的情形是投资者在规定的时限内没有及时补足应缴付的保证金时，为了降低由于保证金杠杆作用所引发的风险，投资者持有的有关合约将被强行平仓，且因此造成的损失由投资者自己负责。

② 中国金融期货交易所强行平仓制度的规定。

会员、客户出现下列情形之一的，交易所对其持仓实行强行平仓：

a. 结算会员结算准备金余额小于零,且未能在第一节结束前补足;

b. 客户、从事自营业务的交易会员持仓超出持仓限额标准,且未能在第一节结束前平仓;

c. 因违规、违约受到交易所强行平仓处罚;

d. 根据交易所的紧急措施应予强行平仓;

e. 交易所规定应当予以强行平仓的其他情形。

③ 强行平仓的执行程序。

强行平仓按照通知、执行及确认的程序予以执行。

a. 通知。

交易所以"强行平仓通知书"(以下简称通知书)的形式向有关结算会员下达强行平仓要求。通知书随当日结算数据发送,有关结算会员可以通过交易所系统获得,交易所特别送达的除外。

b. 执行及确认。

- 开市后,有关会员应当自行平仓,直至符合交易所规定。
- 结算会员超过规定平仓时限而未执行完毕的,剩余部分由交易所执行强行平仓。
- 强行平仓结果随当日成交记录发送,有关信息可以通过交易所系统获得。
- 强行平仓的价格通过市场交易形成。
- 因价格涨跌停板限制或者其他市场原因,无法在规定时限内完成全部强行平仓的,剩余强行平仓数量可以顺延至下一交易日继续强行平仓,并且交易所根据当日结算结果,对该会员作出相应处理。
- 因价格涨跌停板限制或者其他市场原因,有关持仓的强行平仓只能延时完成的,因此产生的亏损,由直接责任人承担;未能完成平仓的,该持仓持有者应当继续对此承担持仓责任或者交割义务。
- 由会员执行的强行平仓产生的盈利归直接责任人;由交易所执行的强行平仓产生的盈亏相抵后的盈利按照国家有关规定执行;因强行平仓产生的亏损由直接责任人承担;直接责任人是客户的,强行平仓后产生的亏损,由该客户所委托会员先行承担后,自行向该客户追索。

④ 期货公司对客户强行平仓的一般步骤如下所示:

第一步,期货公司以约定方式向客户发送追加保证金通知(注意:若行情剧烈波动,按照约定,期货公司有权直接强平);

第二步,客户按约定时间减仓或追加资金;

第三步,客户未按约定减仓或追加资金,期货公司执行强行平仓。

(2) 强制减仓制度。

① 强制减仓制度的定义与作用。

强制减仓是指交易所将当日以涨跌停板价格申报的未成交平仓报单,以当日涨跌停板价格与该合约净持仓盈利客户按照持仓比例自动撮合成交。

强制减仓是化解期货市场风险比较直接的一项措施,在国内商品期货交易中多次为交易所运用,发挥了一定的作用,并被引入沪深300股指期货交易中。

② 强制减仓的启用与方法。

《中国金融期货交易所风险控制管理办法》确定了强制减仓的启用条件、步骤和具体方法。

a. 启用条件。

期货合约连续两个交易日出现同方向单边市(第一个单边市的交易日称为D1交易日,第二个单边市的交易日称为D2交易日,D1交易日前一交易日称为D0交易日,下同),D2交易日为最后交易日的,该合约直接进行交割结算;D2交易日不是最后交易日,交易所有权根据市场情况采取下列风险控制措施中的一种或者多种:提高交易保证金标准、限制开仓、限制出金、限期平仓、强行平仓、暂停交易、调整涨跌停板幅度、强制减仓或者其他风险控制措施。

单边市是指某一合约收市前5分钟内出现只有停板价格的买入(卖出)申报、没有停板价格的卖出(买入)申报,或者一有卖出(买入)申报就成交,但未打开停板价格的情形。

b. 强制减仓的方法。

第一,同一客户(包括从事自营业务的交易会员)在同一合约上双向持仓的,其净持仓部分的平仓报单参与强制减仓计算,其余平仓报单与其反向持仓自动对冲平仓。

第二,申报平仓数量的确定。申报平仓数量是指在D2交易日收市后,已经在交易所系统中以涨跌停板价格申报未成交的,且客户合约的单位净持仓亏损大于等于D2交易日结算价10%的所有持仓。客户不愿按照上述方法平仓的,可以在收市前撤单。

第三,客户合约单位净持仓盈亏的确定。客户合约的单位净持仓盈亏是指客户该合约的持仓盈亏的总和除以净持仓量。客户该合约持仓盈亏的总和是指客户该合约所有持仓中,D0交易日(含)前成交的按照D0交易日结算价、D1交易日和D2交易日成交的按照实际成交价与D2交易日结算价的差额合并计算的盈亏总和。

第四,单位净持仓盈利客户平仓范围的确定。根据上述方法计算的单位净持仓盈利大于零的客户的盈利方向净持仓均列入平仓范围。

第五,平仓数量的分配原则。在平仓范围内按照盈利大小的不同分成三级,逐级进行分配。首先分配给单位净持仓盈利大于等于D2交易日结算价的10%的持仓(以下简称盈利10%以上的持仓);其次分配给单位净持仓盈利小于D2交易日结算价的10%而大于等于6%的持仓(以下简称盈利6%以上的持仓);最后分配给单位净持仓盈利小于D2交易日结算价的6%而大于零的持仓(以下简称盈利大于零的持仓)。以上各级分配比例均按照申报平仓数量(剩余申报平仓数量)与各级可平仓的盈利持仓数量之比进行分配。盈利10%以上的持仓数量大于等于申报平仓数量的,根据申报平仓数量与盈利10%以上的持仓数量的比例,将申报平仓数量向盈利10%以上的持仓分配实际平仓数量;盈利10%以上的持仓数量小于申报平仓数量的,根据盈利10%以上的持仓数量与申报平仓数量的比例,将盈利10%以上的持仓数量向申报平仓客户分配实际平仓数量;再把剩余的申报平仓数量按照上述的分配方法依次向盈利6%以上的持仓、盈利大于零的持仓分配;除此之外还有剩余的,不再分配。

c. 强制减仓的执行。

强制减仓于 D2 交易日收市后执行,强制减仓结果作为 D2 交易日会员的交易结果。

d. 强制减仓的价格。

强制减仓的价格为该合约 D2 交易日的涨跌停板价格。按照《中国金融期货交易所风险控制管理办法》进行强制减仓造成的损失由会员及其客户承担。该合约在采取上述措施后风险仍未释放的,交易所宣布进入异常情况,并按照有关规定采取紧急措施。

7.3.4 交割与其他环节

开户、出入金、下单与成交、结算环节是所有股指期货交易者必然经历的环节,但交割、展期与移仓却不是所有股指期货交易者必然经历的环节。为了增进有此需求的投资者对这三方面的了解,现对交割、展期与移仓略作说明。

1. 交割

股指期货在到期时采用现金交割方式,计算买卖双方的盈亏并划转资金。现金交割是指合约到期时,按照交易所的规则和程序,交易双方按照规定结算价格进行现金差价结算,了结到期未平仓合约的过程。股指期货的现金交割是由交易所结算机构确定一个价格作为交割结算价,多空双方根据这个交割结算价来结算盈亏并划转款项,这样就完成了履约义务。

例如,客户 A 卖出 2 手 IF1003 沪深 300 股指期货合约,2 个月后合约到期,交割结算价是 3 500 点,上一交易日结算价 3 520 点比交割结算价高出 20 点。由于客户 A 是空头,上一交易日结算价大于交割结算价意味着当日该客户有盈利。按照交易所的规定,每点 300 元,不计手续费和税收等费用的话,盈利为(3 520 - 3 500)×300×2 = 12 000 元,通过资金的划拨,客户 A 的账户会收到 12 000 元扣除手续费和税收之后的净盈利。反之,客户 B 是买入 2 手 IF1003 沪深 300 股指期货合约,其他条件同上,那么交割时,按照交易所的规定,不计手续费和税收等费用的话,客户 B 盈亏状况为(3 500 - 3 520)×300×2 = 12 000 元即亏损 12 000元。客户 B 相应亏损的资金将按照规定被划转出去。

交割结算价是最后交易日的结算价格,它和每日结算价有所不同。沪深 300 股指期货的交割结算价是最后交易日最后 2 个小时沪深 300 指数的算术平均价。期货合约的交割结算价是用沪深 300 指数的现货价格计算的,而不是期货合约的价格。

交易所有权根据市场情况对股指期货的交割结算价进行调整。股指期货进行现金交割时,交易者需要支付交割手续费,股指期货的交割手续费暂定为交割金额的万分之一。具体如何计算交割盈亏,可以通过以下案例予以解释。

案例:2009 年 6 月 30 日,某投资者在 3 100 点买入 1 手 IF0907 合约,并一直持有该合约(其间没有进行其他交易),7 月 16 日 IF0907 合约结算价为 3 495.2 点,投资者累计获利 118 560 元,该投资者将合约持有到期交割,7 月 17 日是最后交易日,沪深 300 股指期货的交割结算价为 3 511.67 点,则不计交易手续费等其他费用的情况下,该投资者的盈亏状况如何?

解析:7 月 16 日该投资者累计获利 118 560 元,不计手续费等其他费用,7 月 17 日交割盈亏状况为(3 511.67 - 3 495.2)×300 = 4 941 元;考虑到之前的盈利,7 月 17 日该投资者在

IF0907 合约上的总盈亏 = 截至 7 月 16 日累计获利 + 交割盈亏 = 118 560 + 4 941 = 123 501 元。

2. 展期

所谓展期,就是指交易者将近月期货头寸平仓的同时建立远月期货头寸,用远月期货调换近月期货的交易,实质是交易者将持仓移到远月合约的行为。通常,展期交易与套期保值交易相结合。开展展期交易的目的主要有以下几个:

(1)当现货头寸发生推延时,通过展期交易可以相应推迟套期保值头寸。例如,某基金预计 3 月初将获得 500 万元资金,拟将这笔资金投入股市交易,为防范股票价格上涨风险,该基金先买入 3 月沪深 300 股指期货合约。结果资金要推迟到 4 月初才能到位,该基金为了将股指期货套期保值交易与股票现货交易时间对应,选择展期交易。该基金卖出 3 月沪深 300 股指期货合约对冲平仓的同时,买入 4 月沪深 300 股指期货合约,从而完成以 4 月沪深 300 股指期货多头合约代替 3 月沪深 300 股指期货多头合约的目的。

(2)以更理想的基差来持有套期保值头寸。例如,某一交易者通过卖出 3 月沪深 300 股指期货合约建立了套期保值空头头寸,当时的期货价格高出现货价格 30 点,但经过一段时间后,交易者发现 4 月期货合约价格高出现货价格 60 点,扣除相关费用 6 个点后,要比现有的套期保值头寸拥有的基差多出 20 多个点。于是这个交易者将已持有的空头合约买入平仓,同时卖出 4 月的沪深 300 股指期货合约,从而以较远交割月的期货头寸替换了原有的期货头寸。从这个例子可以看出,这个交易者通过展期交易重新建立了具有较好基差的套期保值部位。

在进行展期操作时,近月和远月合约之间的价差会增加交易成本,而且一旦价差变动朝着不利于头寸变动的方向发展时,还会出现展期损失。因此,交易者需要密切关注近远期升贴水结构的变化,尽量选择距离近月合约到期仍有一段时间,同时远月合约流动性较充足的时机进行。

为尽可能降低移仓成本、降低展期风险,展期交易应注意以下三个问题:第一,考虑期限,选择合适期限的合约;第二,选择流动性强的合约;第三,选择价格合理的或者基差有利的合约。

3. 移仓

移仓是指会员因故不能从事金融期货经纪业务或者中国证监会要求移仓时,由会员提出移仓申请并经交易所批准,交易所可以对该会员受托客户的持仓及相应的交易保证金进行移仓。

会员向交易所提交的移仓申请材料应当包括以下内容:移出会员及其受托客户、移入会员同意移仓的声明书及需要移转的客户持仓的详细清单。移入会员或者移出会员为交易会员的,还应当提交其委托结算的结算会员同意移仓的声明书。移仓申请批准后,交易所通知会员移仓的约定日期。交易所在约定日结算后,为会员实施其受托客户移仓,并向相关会员提供移转清单,会员应当对移转清单进行核对确认。移入会员或者移出会员为交易会员的,还应当将移转清单提交其委托结算的结算会员确认。移仓内容包括客户的持仓及相应的交易保证金。会员应当核对移转的客户持仓清单,一经确认,不得更改。

7.4 股指期货投资基本分析

与股票投资分析方法类似,期货行情的分析方法也分为基本面分析法和技术分析法。基本面分析法主张对影响股市的主要因素进行分析,从而对股票指数的估值是否合理、未来走向等问题作出判断,进而指导股指期货的操作;技术分析法认为市场价格充分体现市场信息,根据过往的价格对未来的价格走势进行推断和预测,从而对股指期货买卖的操作给予一定参考。通常,基本面分析提供行情方向的判断,而技术分析则提供更优进场和离场时机的参考。这里主要介绍一些基本面分析方法,技术分析方法我们在本系列教材《金融理财分析与技巧》中专门做了介绍。

股指期货的基本面分析,主要有两种思路:一是就股票指数的各种影响因素进行分析,进而对股票指数的整体运行情况和未来走势作出综合判断;二是根据指数成分股未来的股价预测,综合计算出股票指数未来的合理估值情况。从难易程度上来讲,前者操作起来颇为简单,后者偏量化,操作较为复杂。前者(因素分析法)需要将影响因素加以区分,并对各个因素进行逐一分析,这个过程并不复杂,难点在于如何综合分析诸多因素对指数的作用力方向,并判断出主导市场的主流因素。后者(成分分析法)或者将成分股分成板块,或者直接对成分股进行分析,预测成分股板块或成分股的表现,根据其权重对指数的影响,分析指数未来的表现。成分分析法从分析方法上显得更严密,但是由于分析链条长,程序复杂,细小的差异可能会导致结果出现较大偏差,因此在使用过程中,对使用者的要求高一些。

7.4.1 影响股指期货的基本面因素

股票指数是经济运行的晴雨表,我国股市市值规模不断扩大,并且在长期内股市与国民经济呈正相关的趋势日趋明显。因此,分析股指期货时,应当将影响经济情况、影响股市整体状况的因素进行综合分析。归纳起来,影响股指期货价格走势的主要因素有以下几个方面。

1. 经济周期

经济周期是指总体经济活动的扩张和收缩交替反复出现的过程。期货价格的波动不仅与国内经济周期有关,与全球经济运行的周期也有较高的相关性。经济周期一般由四个阶段组成,即危机、萧条、复苏和高涨。

传统的周期理论认为,经济繁荣时期,企业盈利增加,股息提高,股票价格上涨;经济危机时期,企业盈利减少甚至亏损,股息自然受到影响,股票价格也随之下跌。在繁荣转向危机、萧条转向复苏的过程中,市场对未来经济的预期也会相应地反映到股价上。

为了能够更准确地把握经济周期,各国统计部门和众多经济学家、统计学家对经济数据进行过广泛的统计分析。研究表明,一些指标循环运行领先于经济周期,这些指标被称为先行指标;也有些指标与经济周期是同步的,这类指标被称为同步指标;还有一些经济指标滞后于经济周期,这类指标被称为滞后指标。通过对多重指标的研究,投资者可以对宏观经济运行作出初步判断。

(1) 先行指标,又称领先指标或超前指标,是指在总体经济活动达到高峰或低谷之前,先行出现高峰或低谷的指标。可利用的先行指标主要有金融机构新增贷款、企业订货指数、房地产业土地购置面积、土地开发面积、采购经理人指数、新订单数量、存货水平等。

（2）同步指标，又称一致指标，是指其达到高峰或低谷的时间与总体经济出现高峰或低谷的时间大致相同的指标。同步指标可描述总体经济的运行轨迹，确定总体经济运行的高峰或低谷位置。它是分析现实经济运行态势的重要指标。主要的经济同步指标有：国内生产总值、工业总产值、社会消费品零售总额等。

（3）滞后指标，又称落后指标，是指其高峰或低谷出现的时间晚于总体经济出现高峰或低谷时的指标。它有助于分析前一经济循环是否已结束，下一循环将会如何变化。滞后指标一般有：财政收入、工业企业实现利税总额、城市居民人均可支配收入等。

2. 宏观经济政策

宏观经济政策包括货币政策和财政政策。

（1）货币政策指的是一国央行为实现既定的经济目标（稳定物价、促进经济增长、实现充分就业和平衡国际收支）而运用各种工具调节货币供给和利率，进而影响宏观经济的方针和措施的总称。宽松的货币政策给市场注入流动性，有可能引发通货膨胀，在物价上涨过程中，企业的盈利将得到优化，有利于股价上涨；紧缩的货币政策提高了货币的借贷成本，企业获取贷款难度提高，有可能给企业经营带来困难，不利于股价。

（2）财政政策是指根据稳定经济的需要，通过财政支出与税收政策来调节总需求。增加政府支出，可以刺激社会总需求，从而增加国民收入，提升企业盈利能力，推动股价提升；反之则压抑总需求，减少国民收入，企业经营也将面临较为严峻的局面，不利于股价。税收对国民收入是一种收缩性力量，因此，增加政府税收，将抑制总需求，减少国民收入，企业盈利缩减，股市受抑制；反之，刺激总需求，增加国民收入，企业盈利改善，有利于整体股市上涨。

3. 利率

利率是我国货币政策实施的对象之一，央行根据货币政策实施的需要，适时运用利率工具，对利率水平和利率结构进行调整，进而影响社会资金供求状况，实现货币政策的既定目标。这与货币政策对经济的影响类似，提高利率（紧缩的货币政策）将提高企业的借贷成本，不利于企业正常运营，不利于股市整体走势；另外，利率提高将吸引资金流出股市，流入银行变为存款，影响股市的资金供应。而调低利率（宽松的货币政策）会降低企业的融资成本，促进企业经营顺利进行，利于股市走强；另外，较低的利率将刺激投资者减少存款，将资金投到证券上，以牟取更高收益，这样则相应增加资金量，从而推高股市。

4. 汇率

我国目前实行的是盯住一篮子货币的汇率制度，人民币汇率波动体现了国际主要货币之间汇率的变化，尤其是与美元之间的汇率变化。汇率变动会明显影响到一国的进出口，出口企业在本币贬值的情况下出口，将获得更丰厚的利润；而在本币升值的情况下，利润在一定幅度上会被汇率变动侵蚀。

对于整体国民经济而言，本币贬值，将降低本币购买外国商品的能力和意愿，国内消费者会愿意更多地消费国内生产的商品，有助于国内企业的经营；但是本币贬值一旦形成预期，有可能形成资金外流，本币贬值加剧，国内资产价格将被抛售，则不利于国内股市的稳定发展。反之,本币升值,会促进国内消费者购买更多的外国商品;若本币升值形成预期,将吸引外资流入,一方面推升国内资产价格,另一方面,热钱流入带来的外汇占款①的相应增长也将加大流动性。

5. CPI、PPI

（1）CPI 是居民消费物价指数,反映的是一定时期内城乡居民所购买的生活消费品价格和服务项目价格变动趋势和程度的相对数,是对城市居民消费价格指数和农村居民消费价格指数进行综合汇总计算的结果。利用 CPI,可以观察和分析消费品的零售价格和服务价格变动对城乡居民实际生活费用支出的影响程度。

（2）PPI 是反映全部工业产品出厂价格总水平的变动趋势和程度的相对数,包括工业企业售给本企业以外所有单位的各种产品和直接售给居民用于生活消费的产品。通过工业品出厂价格指数能够观察出厂价格变动对工业总产值的影响。

CPI 和 PPI 是用来衡量经济是否出现通胀的指标,经济出现通胀,在一定限度内,能够刺激企业销售收入增加,推动股市上涨;但是如果通胀超出一定限度,引发央行收紧货币政策,采取提高利率的措施,则会对股市带来负面影响。若经济出现通货紧缩,物价不断下行,则企业销售收入无法得到提升,经济效益无法提高,股市在这种经济情况下更倾向于下行。

7.4.2 成分股分析法

成分股分析法是研究构成指数的成分股的盈利情况、权重变动、成分股调整等因素对指数的影响,得出指数合理估值的研究方法。当成分股盈利情况良好,对股价的合理估值则提高,那么,由成分股构成的指数估值也将相应提高。对所有的成分股都进行分析估值之后,根据指数的编制方法,计算出指数的估值水平,然后根据股指期货的定价理论,计算得到股指期货的合理价格区间。在这个分析过程中,研究范围不仅涵盖整体经济情况,还涵盖个股、产业行业的情况分析判断,专业要求较高,研究难度相当高。

除了这样细致的分析方法之外,也有一种变通的分析方法,即分析行业板块的表现,根据各板块对指数的权重不同,对指数的影响大小也有差异。这一分析方法的基本功在于对个股或板块的分析,并且在此基础上,还要对指数的权重分布有细致的了解,熟悉指数编制规则和特点非常重要。指数编制有其特点,每半年成分股调整 10%。权重较大的成分股对指数的影响较大,权重较大的板块则对指数整体走势的影响力则更显著,因此影响权重板块、权重股的因素发生重大变化(如现金分红、存款准备金比例变化、坏账比例大幅变动等),投资者则需要立即对指数进行重新估值。

7.4.3 基本面分析的数据信息来源

基本面信息纷繁复杂,但是对指数的大方向有着显著的影响,投资者需要得到这些基本信息,才能对行情作出更好的判断。表 7-7 列举了部分信息数据来源。

---

① 外汇占款(Funds Outstanding for Foreign Exchange),指银行收购外汇资产而相应投放的本国货币。

表 7-7　获取基本面信息的相关途径

	数据来源	网址	公布频率
GDP 增长率	国家统计局	http://www.stats.gov.cn/	季度
CPI、PPI	国家统计局	http://www.stats.gov.cn/	月度
工业增长值	国家统计局	http://www.stats.gov.cn/	月度
固定资产投资	国家统计局	http://www.stats.gov.cn/	月度
社会消费品零售总额	国家统计局	http://www.stats.gov.cn/	月度
基准利率	中国人民银行	http://www.pbc.gov.cn/	不定期调整
金融机构新增贷款	中国人民银行	http://www.pbc.gov.cn/	月度
指数权重变动	中证指数公司	http://www.csindex.com.cn/	每日
上市公司报告	上海证券交易所 深圳证券交易所	http://www.sse.com.cn/ http://www.szse.com.cn/	季度

7.5　股指期货投资模拟实验

要求学生在教师的指导下,在初步了解沪深 300 股指期货投资特点和交易规则的基础上,在开市期间,通过世华财讯软件进行沪深 300 股指期货的模拟交易。

7.5.1　主界面

用户登录,进入股指期货模拟交易系统,如图 7-3 所示,界面上方为即时委托/限价委托和行情显示功能模块区;界面下方为每个功能模块操作区,显示每个功能模块对应的详细内容。

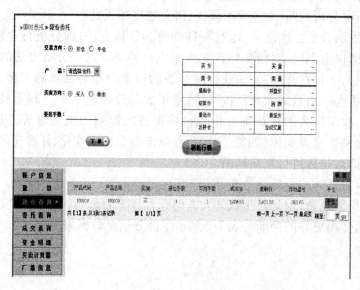

图 7-3　股指期货模拟交易系统主界面

7.5.2 功能介绍

1. 账户信息

用户点击"账户信息",切换到账户信息页面,用户可以查看到自己的姓名、账户名称、上次登录的时间、总浮动盈亏、下单冻结资金、占用保证金、可用保证金、总资产,如图 7-4 所示。

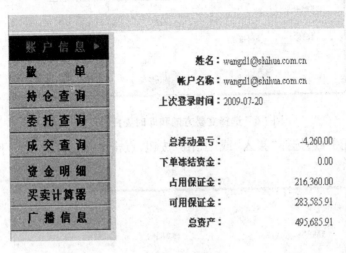

图 7-4 账户信息

2. 委托下单

（1）即时委托。

进入股指期货交易页面,进入委托下单页面,点击该页面的"即时委托"标签,如图 7-5 所示。

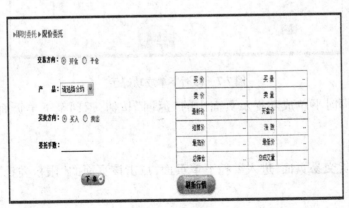

图 7-5 即时委托

选择交易方向和即时委托的产品,如图 7-6 所示。

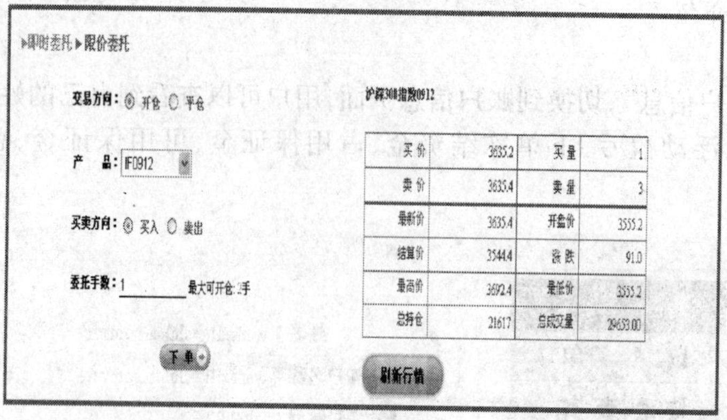

图7-6　选择交易方向和即时委托的产品

用户输入委托手数，选择"买入"或"卖出"按钮，点击下单，弹出"即时下单成功提示页面"，如图7-7所示。

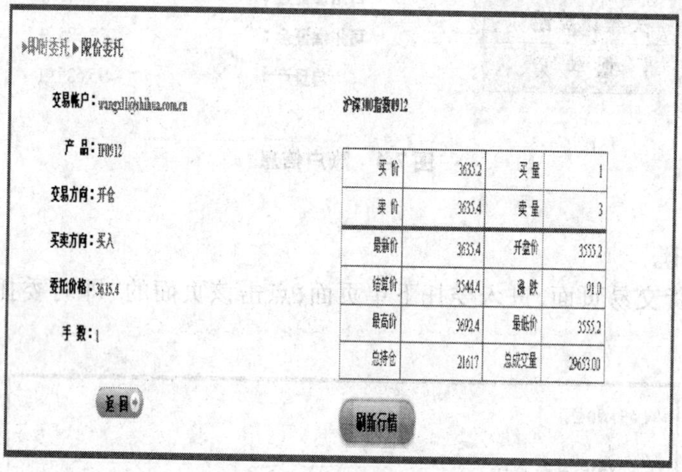

图7-7　即时下单成功提示

用户点击该即时下单成功提示页面中的"返回"按钮，返回至下单页面的"即时委托"标签。

（2）限价委托。

进入股指期货交易页面，进入委托下单页面，点击该页面的"限价委托"标签，如图7-8所示。

实验7 股指期货投资实务

图7-8 限价委托

选择交易方向和限价委托的产品,输入委托价格、委托手数,如图7-9所示。

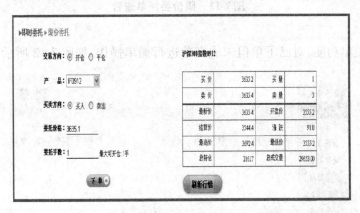

图7-9 选择交易方向和限价委托的产品

选择"买入"或"卖出"按钮,点击下单,弹出"限价委托交易下单确认页面",如图7-10所示。

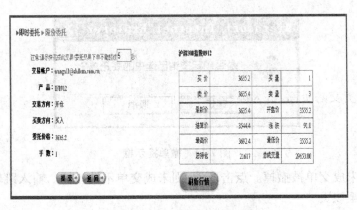

图7-10 限价委托交易下单确认

在限价委托交易下单确认页面,点击"确定",弹出"限价委托单查看页面",如图 7-11 示。点击"返回"按钮,返回至下单页面的"限价委托"标签。

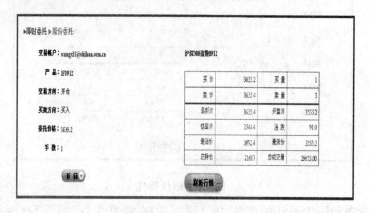

图 7-11　限价委托单查看

3. 撤单

用户点击撤单功能,对已下单但未成交单进行撤单操作,如图 7-12 所示。

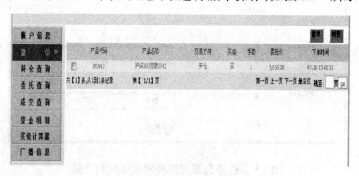

图 7-12　撤单

选择某个未成交单。点击撤单,弹出提示框,如图 7-13 所示。

图 7-13　撤单提示框

点击确定,未成交单被撤掉。点击取消,则未成交单不被撤掉。输入跳转页数,点击 GO 按钮,页面切换至该页。

4. 持仓查询

用户点击持仓查询,页面切换至持仓查询页面。页面显示当前所有持仓单,如图 7-14 所示。

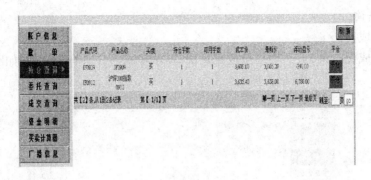

图 7-14 持仓查询

用户点击平仓按钮,页面跳转至下单页面。输入跳转页数,点击 GO 按钮,页面切换至该页。

5. 委托查询

(1) 当日委托。

用户点击委托查询,页面切换至委托查询页面,默认显示当日全部委托单,如图 7-15 所示。选择委托状态,默认查询全部,点击查询按钮,页面显示按委托状态查询的结果。

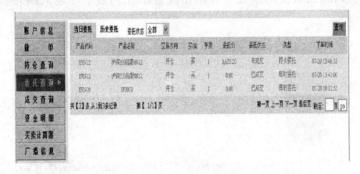

图 7-15 查询当日委托

(2) 历史委托。

点击历史委托翻页书签,起止日期默认显示前一天,如图 7-16 所示。选择起始时间、终止时间,选择委托状态,点击查询按钮。页面显示该段时间内按照委托状态查询的结果。输入跳转页数,点击 GO 按钮,页面切换至该页。

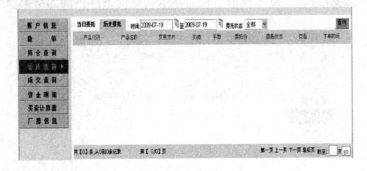

图 7-16 查询历史委托

6. 成交查询

（1）当日成交。

用户点击成交查询，页面切换至成交页面，默认显示当日所有成交单，如图7-17所示。

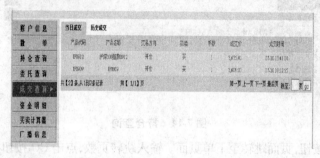

图 7-17　查询当日成交

（2）历史成交。

点击历史成交翻页书签，起止日期默认显示前一天，选择起始时间、终止时间，如图7-18所示。点击查询按钮，已成交的委托单详细情况显示在列表中。输入跳转页数，点击GO按钮，页面切换至该页。

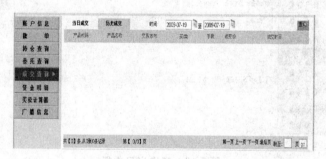

图 7-18　查询历史成交

7. 资金明细

（1）当日明细。

用户点击资金明细，页面切换至资金变动页面，默认显示当日所有变动，如图7-19所示。选择过滤信息复选控件，点击查询。页面显示按查询条件查询的结果。

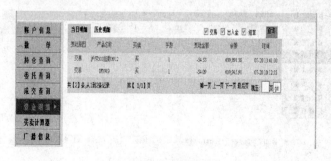

图 7-19　当日明细

（2）历史明细。

点击历史明细翻页书签，起止日期默认显示前一天，选择开始日期、结束日期，如图7-20所示。选择过滤信息复选控件，点击查询按钮。页面显示按照该段时间内按照过滤信息复选项查询的结果；输入跳转页数，点击 GO 按钮，页面切换至该页。

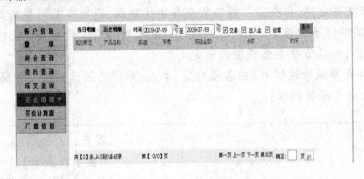

图 7-20　历史明细

8．买卖计算器

用户登录股指期货模拟交易系统，点击买卖计算器，页面右侧则自动流转到买卖计算器页面，如图 7-21 所示。用户选择产品代码名称，输入成交价格、交易手数、保证金比例。点击"计算"按钮，系统按照业务规则的公式计算参考保本汇率，在计算结果中显示。

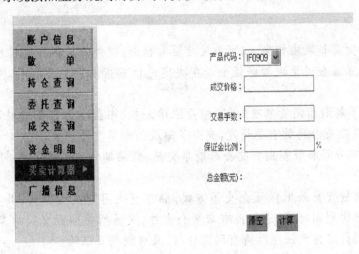

图 7-21　买卖计算器

附录7-1　期货交易风险说明书

本《期货交易风险说明书》无法揭示从事期货交易的所有风险和有关期货市场的全部情形。故您在入市交易之前,应全面了解期货交易法律法规、期货交易所规则及期货公司的业务规则,对自身的经济承受能力、风险控制能力、身体及心理承受能力(仅对自然人客户而言)作出客观判断,对期货交易作仔细的研究。

(以上《期货交易风险说明书》的各项内容,本人/单位已阅读并完全理解。)

请抄写以上括号里的内容:

_____

客　户:

(签字或盖章)

签署日期:　　年　　月　　日

附录7-2　股指期货交易特别风险揭示
(征求意见稿)
市场风险莫测,请谨慎从事

尊敬的客户:

进行股指期货交易风险相当大,可能发生巨额损失,损失的总额可能超过您存放在期货公司的全部初始保证金以及追加保证金。在决定进行股指期货交易前,您应充分了解以下事项:

一、您应当了解股指期货基础知识、相关法律法规、中国金融期货交易所(以下简称交易所)业务规则及期货公司的有关规定,充分了解股指期货交易风险。

二、您应当充分了解股指期货交易与股票交易、商品期货交易的区别,了解股指期货交易风险的特点。

首先,股指期货交易采用保证金交易方式,潜在损失可能成倍放大,具有杠杆性风险。其次,股指期货合约到期时,如您仍持有未平仓合约,交易所将按照交割结算价将您持有的合约进行现金交割,您将无法继续持有到期合约,具有到期日风险。

三、您应当了解我国股票市场属于新兴转轨的市场,市场发育不成熟,不确定性因素多,市场波动较为频繁。股指期货市场以股票市场为基础,股指期货价格的波动往往大于股票市场价格的波动。此外,股指期货合约标的较大,相应地,盈亏金额较大。因此,您的投资可能会面临巨大的风险。

四、股指期货市场实行投资者适当性制度,您应当满足中国证监会、交易所及期货公司关于投资者适当性标准的规定。投资者适当性制度对您的各项要求以及依据制度对您进行的评价,不构成对您的投资建议,不构成对您的获利保证。

您必须充分理解股指期货交易投资者所应当具备的经济能力、专业知识和投资经验,评估自身的经济承受能力、风险控制能力、身体及心理承受能力,审慎决定自己是否参与股指期货交易。

五、您应当充分理解并遵循"买卖自负"的金融市场原则,充分认识股指期货交易的风险,根据相关市场信息理性判断、自主决策,并自行承担交易后果,不得以不符合适当性标准为由拒绝承担股指期货交易履约责任。

本《股指期货交易特别风险揭示》仅是对从事股指期货交易投资者的特别提示,为全面了解期货交易的风险,您在入市交易前,必须同时阅读并签署《期货交易风险说明书》、《客户须知》。

(以上《股指期货交易特别风险揭示》的各项内容,本人/单位已阅读并完全理解。)

请抄写以上括号里的内容:

_____

客户:

(签字或盖章)

签署日期: 　　年　　月　　日

复习思考题

1. 什么是股指期货?
2. 股指期货的特点是什么?
3. 沪深300指数是怎样编制的?
4. 简述沪深300股指期货合约的基本条款。
5. 有哪些途径可以设立股指期货账户?
6. 股指期货开户流程是什么?有哪些注意事项?
7. 股指期货交易流程有哪些?
8. 股指期货交易保证金如何出入及运行?
9. 股指期货交易的下单环节应注意哪些问题?
10. 股指期货交易持仓限额制度是什么?
11. 股指期货交易的结算流程有哪些?
12. 股指期货交易在什么情况下启用强制减仓?如何强制减仓?
13. 股指期货投资如何交割?
14. 什么是股指期货投资的展期?
15. 什么是股指期货投资的移仓?
16. 如何进行股指期货投资分析?

实验 8 黄金投资实务

> **实验目的**：了解黄金投资的基础知识，掌握实物黄金、纸黄金、黄金递延交易以及黄金衍生产品的交易规则与交易特点，学会分析影响黄金价格因素，使用相关金融投资交易软件进行模拟黄金交易，以掌握黄金投资的技能与技巧。
>
> **实验内容与要求**：在初步了解黄金合约与交易规则的基础上，进一步认识在黄金交易所挂牌交易的各种黄金的行情信息，并在开市期间，通过新华 08 信息系统与世华财讯黄金模拟交易软件，进行黄金投资的模拟交易与投资分析。
>
> **实验工具**：新华 08 信息系统与世华财讯黄金投资模拟交易软件。

8.1 黄金投资的基础知识

8.1.1 黄金的属性及其种类

黄金是人类社会最早发现并利用的金属，非常稀有。它是一种贵金属，黄金有价，并且价值含量比较高。黄金已成为人类社会复杂机理的一个重要组成部分。

1. 黄金的属性

（1）黄金的物理性质。

黄金，又称金。金的柔软性较好，容易锻造和延展。在纯金上用指甲可划出痕迹，这种柔软性使黄金很容易被加工。目前的技术能够将黄金碾成 0.000 01 毫米厚的薄膜；将黄金拉成细丝，1 克黄金能够拉成 3.5 公里长、直径为 0.004 3 毫米的细丝。黄金的硬度比较低，矿物硬度是 3.7，24K 金首饰的硬度只有 2.5。其延展性令它易于铸造，是制造首饰的佳选。

金有吸收 X 射线的本领。金反射性可以在红外线区域之内，具有高反射率、低辐射率的性能。含有其他元素的合金可以改变波长，即改变颜色。另外，金还有再结晶温度低的特点。

（2）黄金的化学性质。

黄金具有极佳的抗化学腐蚀和抗变色性能力。金的化学稳定性极高，在碱及各种酸中都极稳定，在空气中不被氧化，也不变色。金在氢、氧、氮中明显地显示出不溶性。氧不影响它的高温特性，在 1 000℃高温下不熔化、不氧化、不变色、不损耗，这是金与其他所有金属最显著的不同。

金能溶解在王水（王水为盐酸和硝酸的 3∶1 的混合剂）、盐酸和铬酸的混合液以及硫酸和高锰酸的混合液中，并且也能溶解于氰化物盐类的溶液中。

金的化合物易被还原为金属。高温下的氢、电位序在金之前的金属以及过氧化氢、二氯化锡、硫酸铁、二氧化锰等都可作还原剂。还原金能力最强的金属是镁、锌、铁和铝。同时，还可以采用一些有机质来还原金，如甲酸、草酸等。

2. 黄金的分类

黄金分类方法主要有两种：一是按照性质分类，二是按照形态分类。按性质分类则是按照黄金产品的内部成色与特性不同进行的分类。

（1）按性质分类。

① 黄金是在自然界中以游离状态存在而不能人工合成的天然产物。按其来源的不同和提炼后含量的不同分为生金和熟金等。

a. 生金又叫作"原金"、"天然金"或者"荒金"，是人类从矿山或者河床边开采出来的、没有经提炼的黄金。生金分矿金和沙金两种。

矿金，又称为合质金，产于矿山、金矿，大多数是随地下涌出的热泉通过岩石的缝隙而沉淀积成，常常与石英夹在岩石的缝隙中，矿石经过开采、粉碎、淘洗，大颗的金能够直接拣取，小粒的可以用水银溶解。矿金多与其他金属伴生，其中除黄金外还有银、铂、锌等其他金属，在其他金属未提出之前叫作合质金。矿金产于不同的矿山而所含的其他金属成分不同，所以成色高低不一样，通常在50%～90%之间。

沙金则是产于河流底层或者低洼地带，常与石沙混杂在一起，经过淘洗出来的黄金。沙金来自矿山，是由于金矿石露出地面，经过长期风吹雨打，岩石被风化而崩裂，金就脱离矿脉伴随泥沙顺水而下，自然沉淀在石沙之中，在河流底层或者砂石下面沉积为含金层，从而形成沙金。沙金的特点是：颗粒大小不一致，大的似蚕豆，小的像细沙，形状各异。颜色因成色高低而不同，九成以上是赤黄色，八成是淡黄色，七成是青黄色。

b. 熟金是生金经过冶炼、提纯之后的黄金，通常纯度比较高，密度比较细，有的能够直接用于工业生产。经常见的有金条、块、锭与各种不同的饰品、器皿、金币及工业用的金丝、片、板等。由于用途不同，所需成色不一样，或者因没有提纯设备，而只熔化没有提纯；或者提的纯度不够，形成成色高低不一样的黄金。大家习惯上按成色的高低分为纯金、赤金、色金3种。

黄金经过提纯后达到相当高的纯度的金叫作纯金，通常指达到99.6%以上成色的黄金。

赤金和纯金的意思相接近，但因时间与地方的不同，赤金的标准有所不同，国际市场出售的黄金，成色达99.6%的叫作赤金；而我国的赤金通常在99.2%～99.6%之间。

色金，又叫作"次金"、"潮金"，是指成色比较低的金。这些黄金由于其他金属含量不一样，成色高的达99%，低的仅仅30%。

② 根据所含其他金属的不同划分，黄金又可以分为清色金、混色金、K金等。

清色金是指黄金中只掺有白银成分，无论成色高低统称为清色金。清色金比较多，常见于金条、锭、块以及各种器皿与金饰品。

混色金则是指黄金内除含有白银之外，还含有铜、锌、铅、铁等其他金属。按所含金属种类和数量不同，可以分为小混金、大混金、青铜大混金、含铅大混金等。

K金则是指银、铜按一定的比例，按足金为24K的公式配制成的黄金。通常来说，K金含银比例愈多,色泽愈青;含铜比例较大,则色泽是紫红的。我国的 K 金在解放初期是按照每 K 为 4.15% 的标准计算,1982 年之后,已经与国际标准统一起来,以每 K 为 4.166 6% 作为标准。

(2) 按形态分类。

按照形态分类是根据黄金产品的外部形状进行的分类。黄金按形态分比较多样化,比如块、条、叶、丝、粉以及币、锭等,民间还有叫作"瓜子金"、"砣砣金"的黄金形态。

8.1.2 黄金的商品价值和主要用途

1. 黄金的商品价值

黄金不同于一般商品,从被人类发现开始便具备了货币、金融以及商品属性,并始终贯穿整个人类社会发展的历史,只是其金融与商品属性在不同的历史阶段表现出不同的作用和影响力。

黄金作为一种特殊的商品,是一种贮藏手段。若将黄金当作财富的一部分,投资者就会选择具有自身价值的实金。业内一般这样描述黄金的价值:100 年以前,1 盎司的黄金可以购买一套好的男式西服;如今,1 盎司的黄金依然可以买到一套好的男式西服,而其他货币,或许已经贬值了。

黄金的商品价值体现在保值价值和避险价值两个方面。

(1) 保值价值。

在通货膨胀上升时,为了避免货币购买力的损失,实物资产包括不动产、贵金属(黄金、白银等)、珠宝、古董、艺术品等常常会成为资金追逐的对象。由于黄金价值的永恒性与稳定性,作为实物资产便成为货币资产的理想替代品,发挥保值的功能。所以,持有一定数量的黄金资产,具有最好的保值功能。

(2) 避险价值。

"乱世买黄金,盛世买古董"的传统智慧已经延续几千年,黄金在乱世成为避灾、逃难、安身立命的最好选择。在局势动荡的时期,直接影响经济的稳定性以及投资者对经济的信心,股市下滑,资金就有寻求避风港的需求;同时随着该地区国家货币的贬值,甚至在政局更替的情况之下,手中持有的货币便有可能变成一文不值。所以黄金价值高、易储存、流动性高和被普遍接受的特点使其替代货币成为财富的理想载体,发挥避险的功能。比如,在美国入侵伊拉克前夕,中东地区就掀起了抢购黄金的浪潮。

2. 主要用途

黄金自古以来被当作五金之首,有着"金属之王"的美称,其显赫的地位几乎永恒不变。正因为黄金具有这一"贵族"的地位,在相当长一段时间曾经是财富与华贵的象征,利用它作为金融储备、货币、首饰等。到目前为止黄金在上述领域中的运用依然占主要地位。

随着人类社会不断发展,黄金的经济地位和运用也不断地发生变化。它的货币功能在下降,在工业和高科技领域方面的运用在渐渐地扩大。

黄金的主要用途有以下三大类:

(1) 国际储备。

这是由黄金的货币属性所决定的。国际储备是一国货币当局为了弥补国际收支逆差、维持本国货币汇率的稳定以及应付各种紧急支付而持有的、为世界各国所普遍接受的资产。可以作为国际储备的资产应当具有如下特性:

① 公认性。国际储备资产应当是能为世界各国在事实上普遍承认与接受的资产。若该资产不能为世界各国普遍承认与接受,那么则不能充当国际储备资产。

② 流动性。国际储备资产应当具有充分的流动性,可以在其各种形式之间自由兑换,各国政府或者货币当局应当能够无条件地得到,并在必要的时候动用这些资产。

③ 稳定性。国际储备资产的内在价值应当相对稳定。

由于黄金的优良特性,历史上黄金充当货币的职能,比如价值尺度、流通手段、储藏手段、支付手段以及世界货币。随着社会经济的发展,黄金已经退出流通领域。20世纪70年代黄金与美元脱钩以后,黄金的货币职能也有所减弱,然而仍保持了一定的货币职能。当今许多国家,包括西方主要国家国际储备当中,黄金依然占有十分重要的地位。

(2) 珠宝装饰。

华丽的黄金饰品一直是社会地位和财富的象征。随着现代工业与高科技的发展,用金制作的珠宝、饰品、摆件的范围以及样式不断拓宽深化。随着人们收入的提高、财富的增加,保值和分散化投资意识的提高,也促进了这方面需求量的逐年增加。特别是随着亚洲国家生活水平的提高,使其成为黄金消费增长最快的地区。

根据世界黄金协会的数据,2007年黄金消费需求大幅上升7%,其中,世界最大黄金市场印度的消费需求增长17%,我国的需求量上升13%(主要是珠宝商和零售投资的需求)。

(3) 工业和高新技术产业。

众所周知,现代各项科学技术的发展都离不开电子工业,而且还占有重要地位。比如电子信息、航空航天、仪表仪器、计算机、收音机、电视机、集成电路等,都是电子工业飞跃发展的结果,而电子工业与黄金及其他贵金属的运用是密不可分的。电子元件所要求的稳定性、导电性、韧性、延展性等,黄金和它的合金几乎都能一并达到要求。因此,黄金在电子工业上的用量占工业用金的90%以上,而且还在不断地增长。

金以它特有的性能应用于原子能工业中。由于它有很好的抗化学腐蚀性能,在核反应堆的部件表面镀一层光滑无孔的金层(厚度为50~127微米)来防止零件腐蚀。在原子反应堆的铀棒上镀金,能够抗辐射。

金在其释放中子的能量为5电子伏特的时候,捕获截面积大得反常,达到2 000靶,人们通常运用这一特性来确定核子反应中具有低能量的中子流。核反应堆的火花室要求抗辐射、耐高温、不腐蚀等特性,可以用金以及金的合金作点火材料。现在的核电站和正研究的室温核聚变反应也需要金和其他贵金属。

在金的合金中有着各种触媒性质;还有良好的工艺性,很容易加工成超薄金箔、微米金丝和金粉,极易镀到其他金属、陶器及玻璃的表面上;在一定压力下金容易被熔焊和锻焊;可以制成超导体与有机金等,使它能够广泛应用到工业和现代高新技术产业中,比如电子、化工、通讯、宇航、医疗等领域。

8.1.3 黄金的重量计量单位和纯度计量方法

黄金交易单位,又叫作黄金交易计量,简称黄金单位,就是在黄金市场上买卖双方交易的重量计算单位。作为一种价格昂贵的金属,黄金交易单位是黄金买卖时确定买卖价格、结算买卖贷款的一项非常重要的要约。了解和掌握世界黄金市场常用的交易计量单位与换算方法,更是黄金投资者参与黄金交易之前必须掌握的基本知识。

1. 黄金的重量计量单位

计量黄金重量的主要计量单位为:盎司、克、千克(公斤)、吨等。国际上一般通用的黄金计量单位是盎司,人们经常见到的世界黄金价格都以盎司为计价单位。

目前在我国通常习惯于用克来做黄金计量单位,我国虽然采用公制,但黄金计量单位与国际市场约定成俗的习惯计量单位"盎司"是不一样的,我国投资者投资黄金应当首先要适应这种计量单位上的差异。

由于世界各国黄金市场交易的习惯、规则与所在地计量单位等不同,各国黄金交易的计量单位也有所差异。全球黄金市场上较为常用的黄金交易的计量单位主要有以下 7 种。

(1) 金衡盎司。

在欧美黄金市场上交易的黄金,其运用的黄金交易计量单位为金衡盎司,它与欧美日常运用的度量衡单位——常衡盎司是有所不同的。其折算如下:

1 金衡盎司 = 1.097 142 8 常衡盎司 = 31.103 480 7 克;

1 常衡盎司 = 28.349 5 克。

(2) 司马两。

司马两是现在香港黄金市场上常用的交易计量单位。其折算如下:

1 司马两 = 1.203 354 金衡盎司 = 37.428 497 91 克;

折合杆秤制:1 司马两 = 1.197 713 两(16 两制);

折合市制:1 司马两 = 0.748 57 两(10 两制)。

(3) 市制单位。

市制单位是中国黄金市场上常用的一种计量单位,主要有斤与两两种。其折算如下:

1 市斤 = 10 两;

1 两 = 1.607 536 金衡盎司 = 50 克。

(4) 日本两。

日本两是日本黄金市场上应用的交易计量单位,其折算如下:

1 日本两 = 0.120 57 金衡盎司 = 3.75 克。

(5) 托拉。

托拉是一种较为特殊的黄金交易计量单位,主要用于南亚地区的新德里、卡拉奇、孟买等黄金市场上。其折算如下:

1 托拉 = 0.375 金衡盎司 = 11.663 8 克。

(6) 漕平两。

在旧中国,黄金交易还用过漕平两单位作为黄金交易的计量单位。漕平两是中国明末清初杆秤制单位,其折算如下:

1 斤 = 16 漕平两;

1 漕平两 = 1.004 71 金衡盎司 = 31.249 978 09 克。

(7) 盘。

在解放前中国还曾用过一种被称为"盘"的黄金交易计量单位,其折算如下:

1 盘 = 70 漕平两 = 4.375 斤。

2. 黄金的纯度计量

黄金及其制品的纯度被称为"成色",市场上的黄金制品成色标识有两种:一种是百分比,比如 G999 等;另一种是 K 金,比如 G24K、G22K 和 G18K 等。中国对黄金制品印记和标识牌有规定,通常要求有生产企业代号、材料名称、含量印记等,无印算作不合格产品,国际上也是这样。但对一些特别细小的制品也允许不打标记。

(1) 用"K 金"表示黄金纯度的方法。

黄金饰品通常分为足金与 K 金。K 金(或者叫开金)是黄金与其他金属熔合而成的合金。"K"是国际上用来表示黄金纯度(即含金量)的符号。国家标准 GB11888-89 规定,每开(英文 carat、德文 karat 的缩写,常常写作"K")含金量为 4.166%,因此,各开金含金量(以百分数或千分数的方式表示)分别为:

8K = 8 × 4.166% = 33.328% (333‰);　　18K = 18 × 4.166% = 74.998% (750‰);
9K = 9 × 4.166% = 37.494% (375‰);　　20K = 20 × 4.166% = 83.320% (833‰);
10K = 10 × 4.166% = 41.660% (417‰);　　21K = 21 × 4.166% = 87.486% (875‰);
12K = 12 × 4.166% = 49.992% (500‰);　　22K = 22 × 4.166% = 91.652% (916‰);
14K = 14 × 4.166% = 58.324% (583‰);　　24K = 24 × 4.166% = 99.984% (999‰)。

24K 金往往被认为是纯金,成为"100%",然而实际含金量是 99.99%,折算为 23.988K。

(2) 用文字表达黄金的纯度。

有的金首饰上或者金条、金砖上打有文字标记,其规定为:足金的含金量不小于 990‰,一般是将黄金重量分成 1 000 份的表示法,比如金件上标注 9999 的为 99.99%,而标注为 586 的为 58.6%。在上海黄金交易所中交易的黄金主要是 99.99% 与 99.95% 成色的黄金。

(3) 用分数表示黄金纯度的方法。

例如,标记成 18/24,即成色为 18K(750‰);

例如,标记成 22/24,即成色为 22K(916‰)。

(4) 用阿拉伯数字表示黄金纯度的方法。

例如,990 表示"足金";

例如,999 表示"千足金"。

8.1.4 我国黄金投资品种的比较

当今我国黄金投资品种有四种:实物黄金(包括金条金块、纪念金币与黄金饰品)、纸黄金、黄金递延交易(黄金 T + D)以及黄金衍生产品(黄金期货与黄金期权)。

表 8-1 我国现有黄金投资品种对比

项目	交易起点	手续费用	特点
纸黄金	1 700 元	0.5~1 元/克之间	操作简单,不用提金
实物黄金	17 000 元	0.48 元/克左右	可以保值,要提金
黄金 T+D	—	0.48 元/克左右	风险较大,以小博大
黄金期货	20 400 元	0.06 元/克左右	风险大,以小博大

1. 实物黄金

在实物黄金当中,纪念金币与黄金饰品是由黄金零售商销售的,具有比较高的溢价,而且需缴纳增值税。金条、金块的交易主要集中于银行与投资公司,其交易成本低于纪念金币和黄金饰品且不征收交易税,但回购困难。假如购买实物黄金数量很大,则将面临保存成本高、安全性等问题。

目前的实物黄金交易品种为 Au99.99 和 Au100g 两个品种,报价方式是人民币元/克,最小交易量是 100 克。实物黄金有很好的抵御通胀的作用,更适合那些希望长期保值、有真正提金需求的投资者,并且双向交易手续费只有交易总额万分之十五(0.48 元/克左右),比纸黄金低廉。实物黄金供给不足是该领域的硬伤,而且炒卖实物黄金必须提金,而我国的提金地点非常有限,对于中小投资者来说不太方便。

投资者需要携带身份证与至少 17 000 元的资金去银行开户,获得网络操作"钥匙",通过该银行的内部网络系统间接参与黄金交易所交易。

2. 纸黄金

纸黄金是中国的几家银行推出的一种理财业务,比如中国银行和中国工商银行在北京、上海、深圳、成都等大城市推出了纸黄金理财产品。只能进行实盘交易,即你有多少钱才能买多少黄金,按"克"来计算,最低 10 克起,不能做"沽单"。就是说,只有在黄金价格上升的时候你才能赚钱。

纸黄金交易没有实金介入,是一种由银行提供的服务,以贵金属为单位的户口,投资者无需通过实物的买卖及交收而采用记账方式来投资黄金,由于不涉及实金的交收,交易成本可以更低。值得留意的是,虽然它可以等同持有黄金,但是户口内的"黄金"一般不可以换回实物,如想提取实物,只有补足足额资金后,才能换取。

目前,由于"纸黄金"业务操作简单,不存在实物储存问题,最适合中小投资者操作。只要秉承半年到 1 年以上的中长线操作原则,一般都可以有所获益,近年的年收益率为 20%~40%,完全与国际金价同步。

根据国际黄金现价,投资者只要准备 1 700 元人民币就可以从事"炒金"业务了,开户过程比股票开户要简单,只要携带本人身份证与至少 1 700 元人民币去银行柜台办理纸黄金专用账户即可,以后直接在银行账户上交易,不用委托第三方。

3. 黄金递延交易

2005 年起,上海金交所推出了黄金 T+D 交易品种,简称 TD,是黄金延期交收交易品种,俗称"黄金准期货"。它是指以保证金方式进行交易,会员及客户可以选择合约交易日当天交割,也可以延期至下一个交易日进行交割,同时引入延期补偿费机制来平抑供求矛盾的一种现货交易模式。当前交易所实行 10% 的首付款制度,可以递延交割,这就相当于 10% 保证金的黄金期货,不同点是没有交割期限,投资者能够永远持仓,也能够在买入当日就进行交割申报申请交割。

黄金 T+D 的特点是可以以小博大。还有一个做空机制,即在高价先卖出在低价再买入平仓赚取差额,手续费与金交所现货金手续费等同。

由于黄金准期货可以满足市场参与者对黄金保值、套利及投机等方面的需求,当前成为了金交所交投最活跃的交易品种。但与期货投资操作原理相同,T+D 产品风险较大,可期待收益率就预示着相同比例的风险,为此,中小投资者介入需要谨慎。

4. 黄金期货

一般来说,黄金期货的购买、销售书,均在合同到期日前出售和购回与先前合同相同数量的合约,也就是平仓,不需真正交割实金。每笔交易所得利润或者亏损等于两笔相反方向合约买卖差额。这种买卖方式,才是人们通常所称的"炒金"。黄金期货合约交易只需 10% 左右交易额的定金作为投资成本,具有比较大的杠杆性,少量资金推动大额交易。因此,黄金期货买卖又叫"定金交易"。其风险与收益被放大了八九倍,黄金期货的价格波动风险也远远高于实物黄金与纸黄金,所以交易黄金期货时需要严格进行资金管理。黄金期货交易非常便捷,流动性高,更适合专业投资者。黄金期货价格一般与现货黄金价格之间存在价差(即基差),理论价差反映为黄金期货合约持有期的持仓成本,所以在交易黄金期货时需要评估其理论价格,来防止黄金期货价格的过度基差风险。短线"做多"黄金期货比较保险。

黄金(T+D)递延交易与黄金期货交易特点相似,但递延交易的成本较高并且不确定。黄金期货交易手续费在众多黄金产品中最低,单边每手仅为 100 元。假如是日内双边交易,只收单边费用,而且黄金期货持仓成本仅为实物黄金和纸黄金的 1/8。随着黄金期货市场的逐步成熟,黄金期货价格逐步回归现货价格,黄金期货的投资优势越来越显著。

8.2 黄金投资品种

8.2.1 实物黄金投资

1. 实物黄金交易的品种和交易渠道

(1) 投资实物性黄金的品种。

实物黄金,从概念上来讲包括金条、金币和金饰等交易,以持有黄金作为投资。广义上的实物黄金可以分为纪念性、装饰性实物黄金以及投资性实物黄金。所谓纪念性与装饰性的实物黄金,前者包括纪念类金条与金币,比如"奥运金条"、"贺岁金条"和"熊猫金币"。后者是指各类黄金首饰制品,其不具有真正意义上的黄金投资性质是因为其价格并不完全取决于黄金价格的波动,影响其价格的因素还有收藏价值和艺术价值等;同时,因为其加工成本带来的较高溢价以及回购不便而造成的流动性欠佳,投资者购买这类实物金并不能充分享受黄金价格上涨带来的收益。

真正意义上的投资性实物金具有交易成本比较低、与黄金价格保持完全的正相关及连动性等特点。从目前我国黄金市场的投资品种看,独立金商的投资性金条以高赛尔金银有限公司的"高赛尔金"、中金黄金的"中国黄金投资金条"为代表,品种日渐丰富多样,交易成本也逐渐减少,正成为老百姓投资黄金市场的一大选择。

而上海黄金交易所也与各商业银行合作,推广 Au99 和 Au100g 等个人实物黄金投资品种,当前投资者已经可以通过兴业银行、华夏银行等代理机构开户投资。该品种有望成为我国主流的实物黄金投资品种——与投资性金条相比,具有交易方便快捷、交易成本低的特点,并且具有"纸黄金"所没有的可提取实物黄金的优势。

(2) 实物黄金投资的渠道。

对于普通投资者来说,投资黄金选择实物金无疑更实在,所以在我国,实物黄金是黄金交易市场上比较活跃的投资产品。那么,投资者可以通过哪些渠道来投资实物黄金呢?

① 金店。

金店是投资者购买黄金产品的一般渠道,一般通过金店渠道买金更偏重的是它的收藏价值而不是投资价值。例如,购买黄金饰品是比较传统的投资方式,金饰在相当大程度上已经是实用性商品,而且其在买入和卖出时价格相距比较大,投资意义不太大。

② 银行。

投资者还可以通过银行渠道进行投资,购买实物黄金,包括标准金条、金币等产品形式。银行是个人参与实物黄金投资最为重要的渠道,由于银行是最具资信、最受投资者认可的金融机构,个人通过银行进行定物黄金投资是最受市场欢迎的投资渠道。

当前我国银行提供的个人实物黄金投资产品有两大类:一种是银行代理的"上海黄金交易所"实物黄金交易,另一种是银行直接销售和代销的品牌实物黄金产品。

目前,开通代理"上海黄金交易所"的实物黄金交易的银行有五家:中国建设银行、华夏银行、兴业银行、深圳发展银行、中国工商银行。这五家银行实际上提供的是个人实物黄金投资代理服务,均是代理上海黄金交易所的交易。也就是说,个人投资者的实物黄金交易都是通过上海黄金交易所进行买卖的,而这些银行只是代理。这就像各家证券公司是上海证券交易所和深圳证券交易所的代理一样。这类产品以国际黄金价格为基准报出价格,并随国际金价波动而波动,最贴近国际金价的水平。

除了以上五家银行提供"上海黄金交易所"的实物黄金交易代理之外,现在银行市场上还有一种实物黄金产品,就是银行直接销售和代销的实物黄金产品,如中国工商银行的"如意金"实物金条、中国建设银行的"龙鼎金"实物黄金、招商银行代销的高赛尔黄金、中国农业银行代销的招金黄金。这些实物黄金产品都是销售的自有品牌黄金或者代销的其他品牌黄金,因为"品牌"原因,价格上要比"上海黄金交易所"的每天实时价格略高,而上面五家银行代理的"上海黄金交易所"实物黄金则是直接参照"上海黄金交易所"的每天实时价格,相当于"裸金"(即无品牌黄金)。表 8-2 列举了一些银行黄金投资工具。

表 8-2　银行黄金投资工具

机构名称	品牌	类型	计价单位	提取实物	投资起点	交易渠道
中国工商银行	如意金	实物黄金	元/克	可以	50 克	网点购买
中国建设银行	龙鼎金	实物黄金	元/克	可以	50 克	网点购买

续表

机构名称	品牌	类型	计价单位	提取实物	投资起点	交易渠道
兴业银行	兴业金	实物黄金	元/克	可以	100克	网点购买
华夏银行	金盈	实物黄金	元/克	可以	100克	网点购买
深圳发展银行	聚金宝	实物黄金	元/克	可以	100克	网点购买

2. 个人投资实物黄金的相关规则

个人实物黄金交易其实是上海黄金交易所的一个投资品种。与银行推出的个人实物黄金买卖业务不同，投资者进行个人实物黄金交易，既能够通过"低买高卖"获利，也能够直接提取实物黄金放在家里。

投资实物黄金，投资者只需持现金或者在银行开立的储蓄卡折以及身份证等有效证件进行开户，并按照银行公布的价格进行购买，银行将为投资者开立发票、成交单等凭证。下面以兴业银行为例，对实物黄金业务的具体流程及其相关专业知识进行详细介绍，以方便个人投资者。

（1）实物黄金的开户。

开户有以下4个步骤：

① 客户提供身份证原件或者中国护照；

② 提供兴业银行资金卡（理财卡或储蓄卡），用于黄金买卖或者清算；

③ 填写一式两联的《兴业银行代理个人实物黄金买卖业务签约表》；

④ 申请开立个人黄金账户卡，设置交易密码。

（2）实物黄金交易的规则。

① 交易品种：个人客户可交易黄金品种暂定为 Au99.99、Au100g 两种。

② 报价方式：上海黄金交易所现时报价。

③ 交易时段：周一至周五的早上 10:00-11:30，下午 13:30-15:30，晚上 21:00-02:30。

④ 提货申请时间：营业网点正常工作时间内都可以在柜面申请提取黄金现货，网银24小时可申请提货。

⑤ 交易费用：一是单边手续费用为 0.2%。二是提取实物黄金需缴的费用主要是仓储费、运保费、出入库费、溢短差仓储费等相关费用，一般个人客户提取实物黄金费用不超过人民币80元（金交所若有变动，以金交所规定为准）。

（3）实物黄金的提取。

个人客户通过实物黄金系统买入黄金之后，可以申请提出现货黄金。提取现货黄金有以下几个步骤：

① 在兴业银行网银或柜面填写《兴业银行代理实物黄金买卖业务提货申请专用凭证》；

② 在柜面确认提货身份；

③ 上海黄金交易所受理成功；

④ 客户凭《上海黄金交易所提货单》、《上海黄金交易所出入库申请单》由兴业银行指定专人陪同到上海黄金交易所指定金库提取实物黄金。

(4) 实物黄金的存取款。

兴业银行个人客户只需在开户时提供的兴业银行卡内存款即可,资金清算为 T+0。

3. 投资实物黄金的策略和注意事项

假如日常工作忙碌,没有足够时间经常关注世界黄金的价格波动,不愿意也无精力追求短期价差的利润,而且又有充足的闲置资金,最好投资实物黄金。购买黄金金条之后,将黄金存入银行保险箱中,做长期投资。

(1) 投资实物黄金的策略。

① 选择实物黄金,要根据发行主体、铸造机构、价格以及回购渠道等方面综合考量。对于普通投资者来说,如何才能选择适合自己的实物黄金产品,可谓是仁者见仁、智者见智。但有一点是肯定的,那就是要有权威性,比如交割的平台最好是上海黄金交易所的平台。在成色的认定上,最好是中国人民银行认可的。假如不能达到最好,也要保证相关机构在业界的权威,因为实物黄金投资毕竟拿到手的是实实在在的黄金,假如不能保证权威性,即使价格再便宜,也不能保证投资的安全性。

② 对于资金量不大的投资者来说,可以主要关注投资性金币和金条,虽然流动性差,但可以作为投资组合的一部分,抵御通货膨胀以及汇率风险。假如可以支配的资金比较多的话,那么可以从流动性出发,关注投资银行的实物黄金产品,在黄金价格波动比较大的时候,分享价差带来的收益。假如需要实物黄金,也可以通过提现方式获得。

③ 投资者需要有战略眼光,不急于变现,不急于盈利,而长期持有,主要是作为保值和应急之用。由于实物金条交易成本高,交易手续不便捷,是适合作为长线投资的品种。策略即是买入并长期持有或定额定投。实物金条的长线投资策略,无需多少专业知识和投入过多的时间精力,是符合大多数普通投资者自身特点,并切实可行的投资策略。

(2) 投资实物黄金的注意事项。

① 金币价值可大于本身。

纪念金币和礼品金条一样,价值可能会超过本身的铸金价值。在个人黄金业务没有放开的时候,纯金币的投资是小额黄金投资的一种手段。现在这种作用渐渐为实物金条、账面黄金业务这样的投资方式所冲减。

② 黄金首饰不适合投资。

很多人喜欢把黄金饰品作为"传家宝",然而,业内专家指出,足金饰品是适合用来投资的,不过由于金饰品加上征税、制造商、批发零售商的利润,价格要超出金价许多。此外,黄金饰品变现出售时,即使是全新的饰品,也只能按照二手饰品来对待,价格最高不超过新品的 2/3。

③ 认清实物黄金品种。

一般的投资者在选择实物黄金时,比如金条、金砖等,一定要确认是金融投资性金条,而不是饰品性工艺金条。一般的工艺性首饰类金条可以少量地购买用做收藏,但绝不适合作为金融投资品。只有金融投资性金条才是投资实物黄金的最好选择。

④ 注意控制实物黄金的风险。

投资实物黄金应注意以下风险:一是,回购渠道不畅通。在银行柜台直接出售的黄金,很多是由银行自行设计,并委托国家有关机构指定的黄金加工企业制造的,比如中国建设银行的"龙鼎金"。这样制造出来的黄金标准不一,回购渠道很不畅通。当投资者想把其卖出去时,往往只能先将其熔化,重新铸成金条,然后卖给上海黄金交易所。而且,这种黄金在制造过程中由于增加了设计成本、制造成本和人力成本、销售成本,其出售价高于上海黄金交易所的价格,投资价值不大。二是,提取实物黄金有风险。银行不提供回购金条业务。因此,投资者只能先到上海黄金交易所指定的交割所熔化金条,并重新铸造才能出售。在此过程中,会发生金条重量减损情况,出售价格会打折扣。这是投资者在进行实物黄金交易时必须考虑的问题。投资者应该澄清一个观念:实物黄金是用来保值的,最好是在用它的时候才提取出来。

4. 实物金条投资的对照

(1) 高赛尔金条。

交易场所:中国农业银行、招商银行、广发银行临柜交易。

规格:1、2、5、10 盎司,含金量 99.99%。

流动性:银行营业时间,随时买卖。但投资者提现后,银行不给予回购。

交易佣金:1.5 元/克。

报价:以国际黄金价格为基准,参考上海黄金交易所报价与人民币汇率走势制定。

分析与评价:高赛尔金条是中国最早面市的投资性金条。其优势是:第一,在当前的实物金条交易中,交易佣金较为低;第二,报价形成机制较科学,为投资者实施波段操作创造了条件;第三,对喜爱黄金实物的投资者来说,能够给予真正拥有财富的刺激,而不是"纸上富贵"。其不足是:第一,临柜交易,既不便利,交易时间也受到限制;第二,交易成本高于纸黄金;第三,提现后不予回购,而银行保管箱费用也不便宜。

(2) 中国黄金投资金条。

交易场所:金店柜台销售。

规格:50 克、100 克、200 克、500 克、1 000 克,含金量为 99.99%。

流动性:指定地点回购。

交易佣金:卖出加价 8 元/克,回购减 2 元/克。

报价:参照上海黄金交易所实时价格。

分析与评价:交易成本过高,报价比国际市场滞后,交易时间太短,并且不便利;提现之后不回购,增加保管箱租用成本。

(3) 上海黄金交易所黄金。

交易场所:深圳发展银行、华夏银行、兴业银行等各大银行。

规格:Au99.99 成色不低于 99.99%,标准重量为 1 000 克;Au100g 成色不低于 99.99%,标准重量为 100 克。

流动性:每周一至周五(国家法定节假日除外),上午 10:00-11:30,下午 13:30-15:30,夜间 21:00-2:30(除周五晚)。

交易佣金:成交额的 0.2%。

报价:上海黄金交易所官方报价,单位为元/手,每手为 100 克。

分析与评价:其优势是交易成本在银行金条交易中比较低。其不足是报价比国际市场滞后,交易时间太短,并且不便利;提现以后不回购,增加保管箱租用成本。

(4) 龙鼎金。

交易场所:中国建设银行柜台销售。

规格:50 克、100 克、200 克、500 克,成色是 Au99.99。

流动性:银行营业时间买卖,但提现以后不回购。

交易佣金:10 元/克。

报价:以上海黄金交易所报价为基准上浮。

分析与评价:交易成本过高,报价比国际市场滞后,交易时间太短,并且不便利;提现之后不回购,增加保管箱租用成本。

(5) 如意金。

交易场所:中国工商银行柜台销售。

规格:50 克/条,成色为 Au99.99。

流动性:银行营业时间买卖,但提现之后不回购。

交易佣金:10 元/克以上。

报价:以上海黄金交易所报价为基准上浮。

分析与评价:交易成本过高,报价比国际市场滞后,交易时间太短,并且不便利;提现之后不回购,增加保管箱租用成本。

8.2.2 纸黄金投资

1. 纸黄金交易规则

纸黄金业务是一种在商业银行开设的黄金账户与资金账户,通过电子交易将资金账户内的资金买进一定数量的黄金,存进黄金账户,委托商业银行托管。假如需变现,那么卖出黄金账户内的黄金,获取现金转入资金账户。由于这种形式的黄金投资只根据黄金价格而不涉及实物黄金,只是通过电子交易而不进行实物交割,因此被称为纸黄金业务。盈利模式则是通过低买高卖,获得差价利润。

纸黄金交易过程中不发生实金提取与交收的清算交割行为,进而避免了交易中的成色鉴定和重量检测等手续,省略了黄金实物交割的操作过程。在业务操作上,与个人实盘外汇买卖类似。当前采用元/克的报价方式,买卖点差是 1 元。在交易中,银行与个人投资者之间不发生实金提取与交收,所以纸黄金交易实际上是一种权证交易方式。具体来说,有下列交易规则。

(1) 纸黄金的开户。

中国建设银行、中国工商银行、中国银行等通常都有纸黄金业务,投资者只要带着身份证与不低于购买 10 克黄金的现金,就能到银行开设纸黄金买卖专用账户。专用账户开通之后,投资者只要按银行发送的"纸黄金投资指南"操作,就能够通过电话查询当天的黄金价格、进行直接交易。电话银行交易的全过程与股票市场的该交易基本是一样的。

(2) 纸黄金的交易费用。

买卖纸黄金一次收取 1 元/克的手续费,但一次购买量超过 1 000 克可以享受一定折扣。

(3) 纸黄金的交易起点。

每笔申报交易起点数额是 10 克，买卖申报是 10 克和大于 10 克的整克数量。

（4）纸黄金的交易方式。

纸黄金交易采用实时与委托两种方式进行。投资者可以直接按银行的买卖报价实时成交，也可以指定价格进行委托挂单。委托挂单分为获利挂单和止损挂单。投资者可以根据自身的需要，自由选择委托价格高于或者等于个人黄金买入报价的获利挂单交易，也可以选择委托价格低于或者等于个人黄金卖出报价的止损挂单交易。

（5）纸黄金的买入价、卖出价和中间价。

纸黄金交易的价格标示可以分为买入价与卖出价，买入价与卖出价之间的差价就是纸黄金交易的点差。

买入价是银行向客户买入黄金时所使用的价格，卖出价是银行向客户卖出黄金时所使用的价格。由于纸黄金买卖不作实金的交割，省略了黄金的运输、保管、检验、鉴定等部分步骤，所以其额外费用比实金买卖要少，即买入价与卖出价之间的差额要小于实金买卖的差价。

当前，我国商业银行开始操作的纸黄金交易的中间价就是商业银行在上海黄金交易所场内交易的基准价，税金、运输保险、仓储保管等场内交易的二次结算费用以及银行的手续费则以买入价与卖出价之间的差价所体现，银行不再向投资者另行收取其他交易费用，同时银行也不向储户支付存金利息。

（6）纸黄金价格的行情。

纸黄金、黄金 24 小时在线看盘，可登录 http://www.zhijinwang.cn/gold 查看。

纸黄金、黄金日线在线看盘，可登录 http://www.zhijinwang.cn/k 查看。

纸黄金技术分析图，可登录 http://www.zhijinwang.cn/tech/查看。

每周影响黄金价格的经济数据，可登录 http://www.zhijinwang.cn/shuju/查看。

2．纸黄金交易流程

纸黄金的发行通常是由黄金市场上资金实力雄厚、资信程度良好的商业银行、黄金公司或者大型黄金零售商所出具。比如，商业银行出具的黄金定期储蓄存单、黄金汇票以及黄金账户存折，上海黄金交易所出具的黄金提货单或者黄金仓储单据，黄金企业发行的黄金债券等。

当前可以提供纸黄金交易的银行有：中国银行、中国建设银行、中国工商银行 3 家。

（1）纸黄金在银行系统交易的方法。

① 中国工商银行纸黄金交易方法：

一是运用网上银行。带上或者办理中国工商银行灵通卡、e 时代卡或理财金卡，注册成为"金融 E 家"个人网上银行客户，并开设一个黄金账户，同时指定黄金交易的资金账户，就可以进行交易。

二是用电话银行。需要利用灵通卡、e 时代卡或者理财金卡自助注册电话银行或前往中国工商银行任意网点申请开通电话银行，并在网点开立黄金账户、申请电话银行黄金业务，即可拨打 95588，按照语音提示通过电话银行委托买卖。

② 中国银行纸黄金交易方法：

一是用电话银行。带上身份证、中国银行的借记卡与卡折，到柜台申请开通电话银行服务。每次交易的时候，即可拨打 95566 电话，按语音提示操作。

二是使用网上银行。带上身份证、中国银行的借记卡和存折,到柜台开通网上银行服务。回家以后,在中国银行网站 www.boc.cn 进行网上银行新客户激活操作,成功注册黄金宝交易功能,即可进行交易。

③ 中国建设银行纸黄金交易方法:

一是网上银行。带上或办理建设银行的龙卡、卡折以及个人身份证,到网点签约网上银行,通过电子渠道办理交易。

二是使用手机银行。带上身份证及复印件,在中国建设银行办理证券卡,签约手机银行,就可以交易。

(2) 具体的交易流程。

以中国工商银行为例,登录个人网上银行→进入"网上黄金——黄金账户管理",开立黄金账户→进入"网上黄金——黄金交易",可以查看目前黄金买入、卖出价格,也可以进行即时或委托交易→在"即时买卖"中选择相应的买卖标志、填写交易数量,即时提交即可完成即时交易→在"建立委托交易"中选择买卖标志和委托种类、填写黄金数量和委托价格,输入委托有效时间,提交即可建立委托交易→若您建立委托交易仍在委托有效期内且尚未成交,您可以进入"撤销委托交易",撤销您已经建立的委托。

(3) 应注意的事项。

在进行纸黄金交易时应注意以下事项:

① 当前,中国建设银行纸黄金电话银行交易还没有开通,但开通了手机银行,可以取代电话银行。移动用户在 2007 年 12 月 31 日之前,要缴纳 3 元/月;2008 年开始缴纳 6 元/月,这个费用由建设银行从账户中扣除。联通用户中,CDMA 用户缴纳 10 元/月的费用,其他用户缴纳 6 元/月,这个费用由联通扣除。

② 在中国建设银行开办手机银行的时候,必须应用中国建设银行的证券卡,龙卡不能办理。

③ 中国工商银行和中国银行都可开通电话银行服务。中国工商银行要缴纳 6 元/年的费用,金卡免费;而中国银行现在不收取任何费用。

④ 中国银行与中国工商银行提供 24 小时不间断交易,而中国建设银行的交易时间每天都有中断。中国银行交易时间是周一早上 8 时到周六凌晨 3 时。中国工商银行网上银行交易时间通常为周一早上 7 时至周六凌晨 4 时,部分地区交易时间会有不同,可以咨询当地 95588。中国建设银行的交易时间是周一到周五早上 10 时到下午 3 时 30 分,部分地区交易时间会有不同,可以咨询当地 95533。

3. 纸黄金交易选择标准

当前我国主要的纸黄金理财产品有 3 种:中国银行的"黄金宝"、中国工商银行的"金行家"和中国建设银行的"账户金"。面对这些纸黄金理财产品,投资者该如何选择? 各个银行所推出的"纸黄金"产品,都是根据自己的报价标准,这其中是否有一些差异? 收取手续费的方式是不是有所不同?

(1) 交易时间。

通常来说,银行的交易时间开放得愈长愈好,这样就能够随时根据黄金价格的变动进行交易。在这方面,中国银行"黄金宝"的交易时间是 24 小时不间断交易,中国工商银行"金行家"是从周一早上8时至周六凌晨4时不间断交易,不过中国建设银行"账户金"相对落后,其交易时间只有在周一至周五早上10时到下午3时30分。

(2) 报价方式。

当前,已经开办纸黄金业务的银行在报价上通常采用两种方式:按国内金价报价与按国际金价报价。前者是参照交易所黄金价格、市场供求情况以及国际黄金市场波动情况等诸多因素,再加上银行单边佣金来确定买卖双边报价;而按照国际金价报价,银行中间价则是国际金价折合成人民币的价格,银行在这个基础上加单边佣金形成报价。采取国际金价报价方式的优势在于,投资者可以24小时全天候的在互联网或者其他媒体上直接查询到国际黄金价格及走势,获得报价信息的渠道更有保障。

在报价上,中国银行"黄金宝"的报价参考国际金融市场黄金报价,通过即时汇率折算成人民币报价而来;中国建设银行"账户金"直接采用了根据金交所的Au99.99与Au99.95的实时报价为基准的报价方式;而中国工商银行"金行家"则把人民币与美元分开,综合采用了国内金价报价和按国际金价报价。

(3) 交易便捷性。

选择合适的"纸黄金"投资产品,自然也不能忽视产品在交易过程中的便捷性。我们可以从交易渠道、交易设置等方面来进行便捷性的考虑。

目前3家银行所推出的大部分"纸黄金"业务,只需要持有该行的账户到银行开通黄金交易账户就可以进行交易。其中持有中国工商银行的美元账户,还可以免去开户这一步,直接用账户进行交易。不过需要提醒投资者的是,假如你希望开通中国工商银行的"实物黄金"业务,则需要到特定的网点开设金交所的黄金交易账户,并缴纳60元的开户费。

在交易渠道与交易方式上,中国银行和中国工商银行采用的是网点交易、电话银行和网络银行的多渠道交易方式;而中国建设银行的"账户金"业务当前还只能在柜台上进行交易操作。

值得一提的是,为了方便投资者的交易操作,中国银行和中国工商银行的交易界面上均有"交易委托"的设置。假如投资者无暇顾及市场行情,充分利用委托的功能能够为你的"炒金"带来很大的便利。交易委托的主要方式是预先设定好卖出价格或者买入价格,或者设置"双向委托",中国银行的委托在每天的凌晨3时前有效(这时候银行会暂停一段时间交易进行清算),中国工商银行的交易委托时间则为委托以后的连续120个小时。

(4) 优惠措施。

当前银行的"纸黄金"交易通过点差收取佣金。佣金价差减去银行的交易点差是纸黄金的投资回报,所以,选择低的交易点差能够让自己的收益率更高。在此方面,中国银行"黄金宝"业务单边的交易点差是0.4元/克,中国建设银行"账户金"的单边交易点差是0.5元/克。中国工商银行"金行家"的单边点差则分成两种:"人民币账户金",是0.4元/克,"美元账户金"是3美元/盎司。

(5) 交易门槛。

对于投资者来说,交易门槛也是投资考虑因素之一。令人欣喜的是,现在市场上的"纸黄金"投资产品愈来愈有亲民性,交易门槛与单笔交易的最低要求均比过去有了大幅降低。这就意味着,即使投资者的资金量不太大,也能够投入黄金市场上分得一杯羹。

在这 3 家银行所提供的"纸黄金"业务中,中国工商银行的"人民币账户金"与"美元账户金"门槛最低,其中"人民币账户金"的起始投资量是 10 克,也就是说投资者只要 1 600 元左右就能够开始"轧"金了,此后则是以 1 克为单位来追加投资;而"美元账户金"采用盎司计量的方式,投资者的初始投资量是 0.1 盎司,大约 60 美元,合人民币也不超过 500 元。在追加投资的时候,中国工商银行采用的是以 0.01 盎司为单位来进行累加投资。中国银行的"黄金宝"业务与中国建设银行的"账户金"业务门槛也不高,这 2 家银行规定,单笔投资量只要达到 10 克就能够进行黄金投资了。我们在表 8-3 中列出了 3 家银行纸黄金交易的对比,以方便读者。

表 8-3 3 家银行纸黄金交易对比

	中国工商银行			中国银行	中国建设银行
	实物金投资产品	账户金投资产品		"黄金宝"业务	"账户金"业务
	实物黄金	人民币账户金	美元账户金		
交易币种	人民币	人民币	美元	人民币	人民币
标价	元/克	元/克	美元/盎司	元/克	元/克
交易起点	买入 1 000 克卖出 100 克	10 克	0.1 盎司	10 克	10 克
最小计量单位	1 手(1 手 = 100 克)	10 克	0.01 盎司	10 克	10 克
可否提金	可提金	不可提金		不可提金	不可提金
是否要开户	须开立金交所的黄金交易账户	须开立工行的黄金账户	无须开户	开立"黄金宝"交易账户	开立"账户金"账户
开户费	60 元	无		无	无
交易手续费	成交金额的 0.21%	单边价差 0.4 元/克	单边价差 1.5 美元/盎司	单边价差 0.4 元/克	单边价差 0.5 元/克
资金清算时间	日市:T+1,夜市:T+2	T+0		T+0	T+0
交易时间	周一至周五上午 10:00-11:30；下午 13:30-15:30；周一至周四晚间 21:15-23:30	每周一早上 8:00 至周六早上 4:00		每周一早上 8:00 至周六早上 4:00	周一至周五 10:00-15:30
交易方式	实时委托、撮合成交	实时交易、委托交易		实时交易、委托交易	实时交易
交易渠道	电话银行、网上银行、手机银行、柜台	柜台、电话银行、网上银行	柜台、电话银行、网上银行	柜台、电话银行、网上银行	柜台

4. 纸黄金如何利用委托交易

委托交易是指客户与银行订立的一种委托黄金买卖关系,依据约定的委托价格进行黄金买卖,在即时价格达到委托价格时而进行成交的一笔黄金买卖。委托交易包括获利委托、止损委托以及双向委托三种,委托价格分为获利委托价格与止损委托价格。

(1) 获利委托。投资者为了获得更好的收益,订立一种委托,使之在成交时带来的收益比以目前价格成交大,交易的时候需要设定获利委托价格。

(2) 止损委托。投资者为了避免价格波动带来更大的损失,订立一种委托,使之在成交时带来的收益比目前略小,交易的时候需要设定止损委托价格。

(3) 双向委托。投资者订立一笔委托,同时含有获利和止损,在一方委托成交以后,另一方自动作废,交易的时候需要设定获利委托价格与止损委托价格。

委托交易首先要选择买入还是卖出,如果是买入,选择获利,打上你的预想价格,然后再打入委托起止日,在这个起止日当中,假如有一刻达到你的价格了,就会按照你的报价买入。若选择卖出,确定你的卖出价格,再打入你的委托起止日,在这个起止日当中,假如有一刻达到你的价格了,则会按照你的报价卖出了,到不了你的委托报价就无法成交。

例如,假设目前纸黄金价格是200元,而你想195元买进,就可以使用获利委托195元买进,当纸黄金价格到达195元的时候,系统就会自动成交,成交价格就是你设定的195元。若填写大于195元的数值,系统就立即买入,买入价格就是你填入的价格了。而卖出黄金时与买进相反,在卖出黄金的时候,获利委托是指价格高于当前价位卖出,止损委托是指价格低于当前价位卖出。假设当前黄金价格是200元,而你想220元卖出,就可以使用获利委托220元卖出,当纸黄金价格到达220元的时候,系统就会自动成交,成交价格就是你设定的220元。当黄金价格下降的时候,为了控制风险,避免更大损失,可以设定止损委托。假设当前黄金价格为200元,而你设定的止损点为195元,当黄金价格下行到195元时,系统就会自动成交。

那么什么是双向委托呢?双向委托只能在买卖标志为卖出时使用。例如,你现在有黄金180克,目前价格是200元,你认为黄金价格会上涨到220元,但若跌破支撑位190元,就会有更大的下挫,可能会下挫到160元。那么你就可以设双向委托,获利委托价格是220元,止损委托价格是190元。当价格真的跌破190元,系统就会自动以190元卖出黄金,防止更大损失。当价格上升到220元时就以220元的价格成交,获得收益。

要特别注意在买入黄金的时候,只可以使用获利委托,其他委托无意义;而卖出黄金的时候则获利委托、止损委托、双向委托3种都能够使用。

8.2.3 黄金期货投资

1. 黄金期货开户指南

"到哪里去开户?"这是第一次炒黄金期货的投资者面对的首要问题。根据规定,只要是上海期货交易所的会员,就有为个人投资者办理黄金期货的业务,当前共有100多家期货公司可供投资者选择。

(1) 期货公司的选择。

事实上,挑选期货公司存在很多学问,这种差异主要体现在交易费上。与股票开户不同的是,期货开户时是没有开户费用的,却要收取交易费用。根据对一部分期货公司的了解,期货公司收取的交易费用存在很大的差别。与其他期货品种一样,黄金期货依照每手作为交易单位,当前一些期货公司的交易费用是每手90~120元不等。当然,这并不意味花钱愈少就愈好,其中更重要的是所提供的服务。一些期货交易公司收费只有60元/手,但没有其他增值服务,都是投资者自己操作。而一些收费超过90元/手的期货公司,其提供的服务则包含定期培训、客户经理跟踪指导等综合的服务项目。

业内人士认为,股东背景、注册资本金、对期货品种的研发实力以及后台的IT技术支持是衡量一家期货公司专业与否的四大标准。不过,市场也有依据交易量的活跃程度来判断一家期货公司的好坏。不能只看一年的交易量,而应当看连续几年的交易量是否位居前列和稳定。

总之,期货公司是客户和交易所之间的纽带,投资者若想参加黄金期货交易只能通过期货公司进行。因此,普通的投资者在进入期货市场交易前,应当首先选择一家具备合法的期货代理资格、信誉良好、资金安全、运作规范以及收费合理的具有交易所会员资格的期货公司。另外,还要看其是否每年都通过年检。在选择期货公司时,应尽量选择团队能力强、服务质量高的公司,同时还要对比各家公司的开户门槛、手续费和提供的服务质量等择优选择。

(2)黄金期货的开户流程。

在完成期货公司的遴选以后,投资者接着就是去期货公司开户了。

在开户前,投资者最好与期货公司的客户服务部门预先电话联系。由于期货公司在一个城市的营业部一般只有一家。尤其是在黄金期货受到热捧的情况下,为了能在早上9点到下午3点半前的开户时间实现开户,这种联系显得十分必要。

对自然人来说,开户通常有两种方式:一种是现场开户;另一种是异地开户。在与期货公司服务部预约后,投资者能够直接到期货公司找相关的客户经理办理开户业务。

办理开户需要携带身份证与指定的银行卡,由于监管部门加强了对期货业洗钱的力度,规定投资者必须携带身份证明亲自到期货经纪公司或其营业部现场摄像才能予以开户,由期货公司工作人员携带数码摄像设备为客户记录影像资料。对于法人投资者开户时还须提供营业执照、税务登记、银行开户证明、法人代表人证明书等。而银行卡是用来完成"银期转账"的。到目前为止,可以与期货公司携手开展银期转账业务的,也只限具有期交所结算银行资格的中国建设银行。另外,投资者要了解风险签署合同。投资者必须签订与上海期货交易所、郑州期货交易所和大连期货交易所的协议,以示了解期货所带来的风险。

若异地开户,投资者将通过邮寄获得合同,在了解风险以后签署相关的合同。合同签订之后,投资者将获得期货公司的行情软件与交易密码,剩下的程序是将资金从银行卡转移到期货账户上,然后投资者便可以放心地进行黄金期货交易了。

客户在按规定足额缴纳开户保证金后,即可进行期货交易,通过书面委托交易、电话委托交易或网上委托交易进行下单。通常,客户应先熟悉和掌握有关的交易指令,常用的交易指令包括市价指令、限价指令、止损指令和取消指令,然后选择不同的期货合约进行具体交易。黄金期货交易流程如图8-1所示。

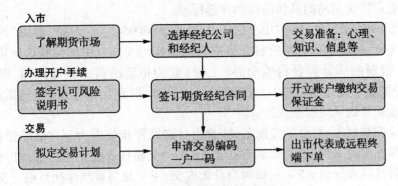

图 8-1 黄金期货交易流程图

2. 黄金期货的交易规则

炒黄金期货之前,必先熟悉黄金期货相关的交易规则。

(1) 黄金期货交易的门槛。

上海期货交易所黄金期货标准合约的交易单位为每手 1 000 克,交割单位为每一仓单标准重量(纯重)3 000 克,交割应当以每一仓单的整数倍交割。交易所实行交易保证金制度。黄金期货合约的最低交易保证金为合约价值的 7%。

根据《上海期货交易所黄金期货标准合约》规定,自然人客户持仓不允许进入交割月。也就是说,个人投资者炒黄金期货不能进行实物交割。此外,根据合约标准,黄金期货的交易单位为 1 000 克/手。粗略估算,如果按照黄金现货价格每克 200 元左右计算,1 手合约价值就是 20 万元左右。而一般黄金期货交易的保证金比例为 10%,即做 1 手合约需要 2 万元的保证金,由于期货交易最忌满仓操作,常规的持仓比例为 1/3。也就是说,启动 1 手黄金期货,至少需要 6 万元左右的资金。

(2) 黄金期货交割规则。

黄金期货交割方式为实物交割,其特殊之处在于明确规定自然人客户不能进行实物交割。最后交易日为合约交割月份的 15 日(遇法定假日顺延),交割日期为最后交易日后连续 5 个工作日。交割品级为金含量不小于 99.95% 的国产金锭及经交易所认可的伦敦金银市场协会(LBMA)认定的合格供货商或精炼厂生产的标准金锭。交割地点为交易所指定交割金库,确定交割手续费为 0.06 元/克。

(3) 黄金期货的信息披露和交易费用。

在信息披露和交易费用方面,黄金期货也有专门规定。如当某一黄金期货合约持仓量达到 2 万手时,交易所将公布该月份合约及交割月份合约前 20 名会员的成交量及买卖持仓量排名。而就交易费用而言,黄金期货合约交易手续费不高于成交额的万分之二,一般为 30 元/手。交易所对交易中同一客户当天开平仓的,免收平仓手续费;对交易 6 个月后的合约,交易手续费按执行标准减半收取。交易所同时还经协商确定储运环节相关收费的标准,如下所示:

① 入库费为 2 元/千克,出库费为 2 元/千克;
② 仓储费为 1.8 元/千克·天;
③ 入库调运费为 0.04 元/克,出库调运费为 0.07 元/克。

（4）黄金期货交割品的具体品牌和评选标准。

中金黄金（600489）生产的"中金"牌、山东黄金（600547）生产的"泰山"牌等9大品牌金锭已获准注册，可以用于上期所黄金标准合约的履约交割。中国检验认证集团检验有限公司、国家金银制品质量监督检验中心（上海）成为指定的黄金检验机构，中国工商银行（601398）、中国建设银行（601939）、交通银行（601328）则为上海期货交易所指定交割金库。

（5）黄金期货的风险控制制度。

对于风险控制制度，黄金期货规定，挂盘当日涨跌停板幅度为正常涨跌停板的2倍（即不超过挂盘基准价的±10%）。如果有成交，于下一交易日恢复到正常涨跌停板水平（即不超过前一交易日结算价的±5%）；如果当日无成交，下一交易日继续执行前一交易日涨跌停板幅度；如果3个交易日无成交，交易所可对挂盘基准价作适当调整。

（6）黄金期货合约价格的计算方法。

计算公式为：某月黄金期货合约合理价格＝国内现货金价×1＋一年期贷款基准利率×合约到期前月数/12）×（1＋通货膨胀率×合约到期前月数/12）。例如，我国现货金价按金交所的210元计算，一年期贷款基准利率为7.47%，通货膨胀率为4.5%，那么某月黄金期货合约（假设还有6个月到期）合理价格＝210×（1＋7.47%×6/12）×（1＋4.5%×6/12）＝222.745元。如果考虑外盘的影响，还可将公式中的国内现货金价相应替代为以人民币计的国际现货金价。

我们在表8-4中列举了上海期货交易所黄金期货标准合约，以供参考。

表8-4 上海期货交易所黄金期货标准合约

交易品种	黄金
交易单位	1 000 克/手
报价单位	元（人民币）/克
最小变动价位	0.01 元/克
每日价格最大波动限制	不超过上一交易日结算价±5%
合约交割月份	1-12 月
交易时间	上午9:00-11:30 下午1:30-3:00
最后交易日	合约交割月份的15日（遇法定节假日顺延）
交割日期	最后交易日后连续5个交易日
交割品级	含金量不小于99.95%的国产金锭及经交易所认可的伦敦金银市场协会（LBMA）认定的合格供货商或精炼厂生产的标准金锭
交割地点	交易所指定交割金库
最低交易保证金	合约价值的7%
交易手续费	不高于成交额的万分之二（含风险准备金）
交割方式	实物交割
交易代码	AU
上市交易所	上海期货交易所

3. 黄金期货交易的特点

作为期货投资一个品种,黄金期货是针对黄金现货推出的一种在将来某一特定时间与地点交割一定数量标的物的标准化合约,其购买者和销售者均需要在合同到期日之前,出售和购回与以前合同相同数量的合约,也就是平仓,不需真正交割实金。每一笔交易所得利润或者损失,相当于两笔相反方向合约买卖差额。

黄金期货是属于商品期货范畴,但由于黄金商品的特殊性,除了作为饰品之外,还具有金融和货币等属性。在交易模式方面,与商品期货没有差别,其中的杠杆交易,即保证金制度,通过资金放大,将资金有效地利用起来。同时,杠杆效应也是一把双刃剑,会使缺乏谨慎、机敏的投资者伤害其身。其主要具有以下投资的特点:

第一,黄金期货交易最大的特点是可以进行双向交易。也就是说,既可以买入开仓,也可以在没有持仓的情况下卖出黄金期货合约开仓,前者称持有多头,后者则为持有空头。因此,无论黄金价格是涨是跌,投资者都有获利的机会,而股票投资只有在价格上升时,投资才能有收益。

第二,黄金期货投资采取的是保证金交易制度,投资者能够以小博大。黄金期货交易只需缴纳7%~10%的履约保证金就能完成数倍乃至数十倍的合约交易。由于期货交易保证金制度的杠杆效应,使之具有"以小博大"的特点,交易者可以用少量的资金进行大宗的买卖,节省大量的流动资金,吸引了众多交易者参与。不过,放大的可期待收益也伴随着同样倍数的风险。假如投资者判断失误,做反了方向,其损失也是同样十倍放大。

第三,黄金期货是T+0的交易规则,即开仓当日即可平仓,买入后当日即可卖出平仓,卖出后当日即可买入平仓。因此在一天内可以多次买卖,不必受持有时间的限制;而股票是T+1交易规则,即当日买入后,最早也要次日才能卖出,黄金期货交易更灵活。

第四,在交易成本方面,黄金期货在交易过程中只收取手续费,不需要缴纳任何税费,而股票交易需要缴纳印花税。

第五,黄金期货交易便利。黄金期货市场中买卖的是标准化的合约,只有价格是可变因素。这种标准化的合约既可作为"抽象商品"代表实物商品,又可作为一种交易单位,商品本身并不进入市场。合约的标准化提高了合约的互换性和流通性,合约采用对冲方式了结义务十分方便。因此交易者可以频繁地进行交易,创造了更多盈利机会。

第六,黄金期货价格公开、公正,24小时与国际联动,不容易被操控。

4. 纽约商品期货交易所(COMEX)的黄金期货合约

表8-5 纽约商品期货交易所(COMEX)的黄金期货合约

交易单位	100盎司
报价单位	美元和美分/盎司
交易时间	喊价交易为8:20至当日13:30 盘后电子交易为周一至周四:14:00至次日8:00 周五:14:00至当日17:15 周日:18:00至次日8:00

续表

交易月份	即月、下两个日历月,23 个月内的所有 2、4、8、10 月,60 个月内的所有 6 月和 12 月
最小价格波动	0.10 美元/盎司,即 10 美分/盎司
最后交易日	每月最后一个工作日之前的第三个交易日
交割期限	交割月的第一个工作日至最后一个工作日
期货与现货转换(EFP)	买方或卖方可以用等量的期货合约与现货头寸进行转换,EFP 可以用于建仓或平仓
级别及品质要求	纯度不得低于 99.5%
头寸限制	所有月份合约不超过 6 000 手,即月合约不超过 3 000 手
保证金要求	会员及套期保值客户为 2 500 美元/手,非会员为 3 375 美元/手

5. 芝加哥商品交易所(CBOT)的黄金期货交易规则

表 8-6　芝加哥商品交易所(CBOT)的黄金期货交易规则

交易市场	芝加哥交易所(CBOT)
交易代码	ZG
交易时间(香港)	全电子交易周一至周五:上午 7:16 至次日上午 5:00(冬令时间延迟 1 个小时)
交易月份	2、4、6、8、10、12 月(最近期 3 个月)
合约大小	100 盎司
最小价格波动	0.10 美元/盎司,即 10 美分/盎司
交收类别	实物
最初保证金	2 511 美元(不定期调整)
维持保证金	1 860 美元(不定期调整)

8.2.4　黄金 T+D 延期交易投资

T+D 交易品种简称是 TD,是指上海黄金交易所规定的延期交收交易品种。它是指以保证金方式进行交易,会员及客户能够选择合约交易日当天交割,也能够延期到下一个交易日进行交割,同时引入延期补偿费机制以平抑供求矛盾的一种现货交易模式。

(1)黄金 T+D 的特点。

黄金 T+D 交易有以下 6 个特点:

① 买卖采用 T+0 制度。

投资者在交易时间之内随时均可以开仓平仓,每日申报交割一次,对不平仓也不交割的合约,每日进行盈亏计算,亏损补齐,盈利可以提走。依据市场情况,延期补偿费可以为正、负或者为零。当市场在供不应求的情况之下,延期补偿费是卖方付给买方;当市场供大于求的时候,延期补偿费是买方付给卖方;当供求平衡的时候,延期补偿费为零。

② 交易时间灵活。

黄金 T+D 的交易时间为上午 9:00-11:30、下午 13:30-15:30、晚上 21:00-02:30。

③ 双向交易。

黄金 T+D 能够进行双向交易,在认为未来黄金价格上升时,买入黄金等到上涨获得收益;在认为未来会下跌时,可以先约定价格卖出,等未来黄金价格跌至预期或者更低的价格时再买入黄金,从而赚取一个差价收益。

④ 保证金模式。

运用"杠杆"原理,投入资金比较少,只需要 10% 的保证金就可以投资。比如,按照 150 元/克的价格来计算,买 1 手黄金即 1 000 克。传统的实物黄金交易需要投资者一次性投入 15 万元人民币,然后取走 1 千克的黄金,等到黄金价格上涨以后再带着黄金到交易所卖掉,赚取差价。这样既耽误投资者的时间又会产生一定的风险。如果是在 T+D 的业务里做,只需要 15 万的 10% 即 1.5 万就能够在家自己进行交易,不但节省了投资者的时间,而且没有了随身携带黄金所带来的风险,轻轻松松赚钱。

⑤ 没有交割时间限制。

黄金 T+D 业务中没有交割的时间限制,持仓多久都行,由投资者自己把握,不必像期货那样到期以后不论价格多少必须交割,这样大大减少了投资者的操作成本。

⑥ 手续费用。

在手续费用上,银行双边点差为 0.8~1 元/克;上海黄金交易所是采取交易总额万分之十五(0.48 元/克左右)。银行黄金均是实盘交易,资金占有量较高,而上海黄金交易所 T+D 黄金延期交易采取保证金模式,只需 10% 资金能够操作,还有一个做空机制,即在高价先卖出,在低价再买进平仓赚取差额。

(2) 黄金 T+D 的交易规则。

① T+D 的延期补偿费机制。

T+D 品种允许投资者当天申请交割,而由于市场主体供求双方交割意愿的不一致,因此必然会出现交割申报的不一致。交割申报占优势(申报数量多)的一方收取延期补偿费,劣势一方则需向对方缴纳延期补偿费。延期补偿费计算公式为:延期补偿费 = 延期合约数量×当日结算价×延期补偿费率×天数;交割申报时间为:15:00-15:30。

② T+D 的中立仓机制。

为了扩大交收比,交易所采用中立仓来鼓励市场参加交割申报。当交收申报数量不相等的时候,具有可用资金或者存货的会员与投资者可以参与中立仓申报。中立仓的申报实行 7% 的交易首付款制度,一经申报,按照上一交易日结算价冻结相应资金。

中立仓申报时间为 5:30-15:40,申报在 15:40 前可以撤单或者修改,15:40 申报结束;中立仓申报无效或者撤单,首付款即时解冻。中立仓申报成功的会员或投资者可获得相应的延期补偿费收入,并生成反向持仓。

③ 违约责任。

构成交收违约,由交易所扣除违约方违约部分合约价值 7% 的违约金支付给守约方,同时交收终止。

④ 黄金现货延期交收业务有如下一些具体规定。

交易品种为 Au(T+D);交易首付款 10%;交易单位为千克/手;报价单位是元/克;最小

变动价位为 0.01 元/克;交易时间为上午 10:00-11:30,下午 13:30-15:30,夜市时间 21:00-02:30;可交割条块为 1 千克、3 千克;可交割成色为 99.95% 以上;最小交割量为 1 千克;交易方式为自由报价,撮合成交;交割地点为任意指定仓库存取;交割期为交割申请确定日。

（3）黄金 T+D 盈亏的计算方法。

① 假如投资者看跌价格,可以采用先卖后买的方式获得收益,我们举一案例来计算此种情况下的盈亏,如下所示:

卖出价为 150 元/克开卖;

买入价为 140 元/克平买;

交易量为 5 手(1 手 1 千克);

保证金为 10%,大约为 75 000 元;

手续费单边为 1 手 1.45‰,双边总共(150+140)×5 000 ×0.001 45 = 2 102.5 元。

延期补偿费按照每天交清情况和交易所公告为准,在此不作计算。

盈亏计算:(150-140)×5 000-2 102.5 = 47 897.5 元。

② 假如投资者看涨价格,可以采用先买后卖的方式获得收益,我们同样举一案例来计算此种情况下的盈亏,如下所示:

买入价为 150 元/克开买;

卖出价为 160 元/克平卖;

交易量为 5 手(1 手 1 千克);

保证金为 10%,大约为 75 000 元;

手续费单边 1 手 1.45‰,双边总共(150+160)×5 000×0.001 45 = 2 247.5 元。

延期补偿费按照每天交清情况和交易所公告为准,在此不作计算。

盈亏计算:(160-150)×5 000-2 247.5 = 47 752.5 元。

值得注意的是,当交收申报数量相等时,不发生延期补偿费的支付;当交收申报数量不相等时,申报数量少的一方支付给申报数量多的一方延期补偿费,延期补偿费现定为万分之二。对于超期持仓合约加收超期补偿费,超期补偿费不分方向,向买卖双方收取。延期超过 250 个交易日以上的合约,超期补偿费定为每天万分之一。

8.3 影响黄金价格的因素

8.3.1 黄金价格的主要类型

世界上黄金价格主要有三种类型:市场价格、生产价格以及准官方价格。其他各类黄金价格都是由此派生。

1. 市场价格

市场价格包括现货与期货价格。这两种价格既有一定的联系,又有一定的差异。它们均受供需等各种因素的制约与干扰,变化较大,而且价格确定机制非常复杂。通常现货价格与期货价格所受的影响因素相似,所以两者的变化方向与幅度基本上是一样的。然而由于市场走势的收敛性,黄金的基差(即黄金的现货价格与期货价格之差)会随期货交割期的接近而不断地减小,到了交割期时,期货价格和交易的现货价格大致相同。从理论上来讲,期货价格应当稳定地反映现货价格加上特定交割期的持有成本。所以,黄金的期货价格应该高于现货价格,远期的期货价格应该高于近期的期货价格,基差为负数。但由于决定现货价格与期货价格的因素错综复杂,例如,黄金的近、远期供给,包括黄金年产量的大小、各国央行黄金储备的抛售等,黄金的市场需求情况,这里又包括黄金实际需求(工业、首饰业等)的变化、黄金回收和再利用等,通胀率的高低、利率、世界和各国政局的稳定性及一些突发事件均是影响投资者心理的主要因素,从而影响黄金价格的走势;投机者运用突发事件、金价波动大肆炒作;此外,还有各种对冲基金入市兴风作浪,人为制造供需的假象。这一切均有可能使得世界黄金市场上黄金的供求关系失衡,出现现货与期货价格关系扭曲的现象,此时,因黄金供不应求,持有期货的成本很难得到补偿,甚至出现基差为正值的状况,造成现货价高于期货价、近期期货价格高于远期期货价格的现象。

随着香港黄金市场等黄金市场的成立,全世界黄金市场已形成了一个连续不断的整体,交易24小时不间断。由于受到上述这些因素的作用,世界市场上的黄金价格往往强烈变动。只有中、长期的平均价格,因其综合了各种投机因素,才是一个较为客观反映黄金受供求影响下的市场价格。例如,国际货币基金组织在1976—1980年间的45次黄金拍卖当中,平均价格是228.56美元/盎司,该价格很接近伦敦黄金定价市场在同一时期的平均值。

2. 生产价格

生产价格是按照生产成本建立一个固定在市场价格上面的较稳定的价格基础。以目前的汇价估算,黄金开采平均总成本大约稍微低于每盎司260美元(1986年,南非黄金生产成本大概是每盎司258美元)。事实上,随着科学技术不断的进步,找矿、开采、提炼等的费用一直不断地在降低,黄金开采成本呈现下降的趋势。世界黄金协会的统计表明,当前世界每年新增的黄金大概是2 600吨,而黄金每年的需求量均大于开采量300~500吨。然而因1996年以来各国中央银行的大规模抛售黄金行为,国际市场的金价从418美元/盎司的高位一路下挫,甚至下跌到257.60美元/盎司,低于一定时期的黄金生产成本,使得各大黄金生产国蒙受非常大的损失。

3. 准官方价格

准官方价格是被中央银行用作和官方黄金进行有关活动而使用的一种价格。1998年,世界各国中央银行官方黄金总储备量大概是34 000吨。按照现有生产能力计算,这相当于13年的全球黄金矿产量,并占经开采的全部黄金存量137 400吨的24.7%,这是确定准官方金价的一个重要因素。在准官方价格当中,又分为抵押价格与记账价格。

(1) 抵押价格。

抵押价格是在1974年,意大利为了实现向联邦德国借款,以本国的黄金作抵押而产生的。抵押价格的确定在现代黄金史上具有极其重要意义:一是符合国际货币基金组织的每盎司黄金相当于35个特别提款权的规定;二是满足了持有黄金的中央银行不冻结黄金的需要。事实上这种价格,是由美国对黄金不要"再货币化"的要求,与欧洲对黄金"非货币化"谨慎要求的组合。借款时,以黄金作为抵押,黄金依据市场价格作价,再给折扣,在一定程度上金价给予保值,因为有大量黄金作抵押。假如金价下跌,那么借款期的利息就得高于伦敦同业银行拆借利率。

(2) 记账价格。

它是在 1971 年 8 月布雷顿森林体系解体以后提出的。由于市场价格具有很强的吸引力,在市场价格和官方价格之间存在巨大差额的情况之下,世界各国因为其官方黄金储备定价的需要,都提高了自己的黄金官价,因而便产生了为确定官方储备的准官方记账价格。在操作过程中主要有三种方法:一是,根据不同折扣标准(以市场净价或者直至 30% 的折扣)与市场价格联系起来,按照不同的基础以不同的调整期以确定金价(分为 3 个月的平均数、月底平均数等)。二是,以购买价当作定价的基础。三是,一些国家以历史官价来确定,比如美国 1973 年 3 月定的 42.22 美元/盎司,有的国家根据 1969 年国际货币基金组织 35 美元/盎司确定的。准官方价格在世界黄金交易中已经成为一个比较重要的黄金价格。

8.3.2 黄金市场价格机制的确定

目前,全球黄金市场的定价权主要由美国黄金市场和伦敦黄金市场所主导,我国黄金价格是按照国际金价来确定的,国际金价和国内金价具有非常高的相关性。

全球黄金市场是一个有着很复杂层次的网络体系,主要可分为场外市场与场内市场。场外市场经营黄金现货与黄金远期合约产品,伦敦金银市场协会(LBMA)通过五大报价银行等大型黄金批发商同苏黎世、香港等黄金零售市场的信息传递,主导着全球黄金现货的价格;场内交易市场经营黄金期货、黄金期权与黄金 ETF 等产品,纽约是全球黄金期货定价中心。

1. 伦敦主导黄金现货市场的定价

伦敦是一个典型的场外交易市场(OTC),伦敦黄金市场的交易者都不通过中间商而直接进行交易,包括信用在内的所有风险都由交易双方共同承担。这是 OTC 市场相对于场内交易明显的区别。独特的定价机制是伦敦黄金市场的最大特色。

1919 年,伦敦黄金市场就开始实行日定价制度,每天两次,该价格是世界上最主要的黄金价格。从 1919 年 9 月 12 日,伦敦五大金行的代表第一次聚会"黄金屋",开始制定伦敦金市场每日的黄金价格,此种制度一直延续至今。五大金行每日制定两次金价,分别为上午 10 时 30 分与下午 3 时。由五大金商代表几乎全世界的黄金交易者,包括黄金的供给者、黄金的需求者和投机者们,决定出一个在市场上对买卖双方最为合理的价格,而且整个定价过程是完全公开的。定价的时间长短要看市场的供求情况,短则 1 分钟,长则可以达 1 小时左右。随后,新价格就会迅速传递到世界各地。

伦敦金价之所以重要,与伦敦黄金市场在世界黄金交易中的核心地位密不可分。伦敦垄断了世界最大产金国南非的全部黄金销售,使得世界黄金市场的大部分黄金供给都通过伦敦金市进行交易。而且伦敦黄金市场上的五大金商在全球也是声誉显著,与很多金矿、金商等拥有十分广泛的联系;五大金商有许多的下属公司,下属公司又与许多商店和黄金顾客联系,这个范围不仅涉及伦敦黄金市场,而且扩展到整个世界;加上在定价过程中,提供给客户的是单一交易价,没有买卖差价,价格较为合理,因此许多人喜欢在定价时进行交易。正因为伦敦金价有以上的特点,伦敦黄金市场价格成为全球最重要的黄金价格。目前,伦敦黄金市场上的四大定价金行分别是洛希尔国际投资银行、加拿大丰业银行、德意志银行和英国汇丰银行。

2. 苏黎世黄金市场的定价机制

苏黎世黄金市场是二战后快速成长起来的世界性的黄金自由交易中心。虽然其本身没有黄金供给，但由于瑞士特殊的银行体系与辅助性的黄金交易服务体系，为黄金交易提供了一个既自由又保密的环境。所以，苏黎世黄金市场在世界实物黄金交易中保持了独特的优势。由瑞士三大银行——瑞士银行、瑞士信贷银行以及瑞士联合银行构成苏黎世黄金总库。苏黎世黄金市场没有金价定盘制度，银行的个别头寸是不公开的，而由联合清算系统对银行的不记名头寸进行加总，并借这些头寸的变动，在每个交易日的任一特定时间，结合供需状况确定当天交易金价。这种价格是苏黎世黄金市场的黄金官价，全天金价在该价格的基础上自由波动，而无涨停板的限制。苏黎世黄金官价对苏黎世黄金总库成员具有约束力，并且对世界上其他银行起到指导作用。

3. 纽约主导全球黄金期货的定价

美国黄金市场是世界上最主要的黄金场内市场。其主营黄金的金融衍生品，包括黄金期货、期权和黄金 ETF 等产品。虽然每年用于投资的黄金实物交割量不大，但由于大部分交易都采用对冲方式交割，所以黄金期货期权交易量十分巨大，并在稳步增长。

美国黄金市场的建立是具有历史背景的。19 世纪 70 年代，美国陷入越南战争泥潭，国际收支不断地恶化，再无力承担布雷顿货币体系（该体系要求美元以官价兑换黄金，各国货币与美元挂钩）。1971 年 8 月 15 日，美国政府不得不宣布停止履行对外国政府或者中央银行以美元向美国兑换黄金的义务。1973 年 3 月美元贬值，此后黄金价格高涨美元贬值的趋势再无法逆转。美国投资者为了避免美元贬值带来的亏损，快速发展起黄金市场。现在，纽约黄金市场已经是世界上最大的黄金期货集散地。纽约商品交易所（COMEX）自身并不参加期货的买卖，只是提供一个场所并规定设在纽约交易的所有黄金均应当在纽约交易所里通过公开喊价的方式进行成交。任何交易者均有机会以最佳的价格成交，而且像其他期货交易所一样，纽约商品交易所对现货和期货的合约都有很复杂的规定。其期货合约的单位规定是 100 金盎司，最小价格变动是 10 美分/盎司。

美国黄金市场以 COMEX、CBOT 和 NYSE 为组织核心，占据了全球黄金衍生品市场的中心地位。此外，在与 CME 收购 CBOT 的竞争中失败后，美国洲际交易所（ICE）收购了传统产金国加拿大的温尼伯商品交易所（WCE，在 1972 年即开始试验黄金期货），将美国黄金市场的影响力进一步扩大。

4. 香港金银业贸易场的定价机制

香港金银业贸易场组建于 1910 年，是一个由华资金商占优势地位的市场。开业近 100 年来，一直保持着与众不同的黄金交易方式，会员能够在场内以公开喊价的方式进行交易，假如庄家开价，一口价能够成交 2 000 司马两（香港金银业贸易场的黄金交易规格是 5 个司马两为一条的 99 标准金条），即为"公开减价＋庄家制"，所有交易均以口头拍板的形式决定，不需要签订合约。

以上各大黄金市场的价格是相互影响的。全球各大金市的交易时间，以伦敦时间为准，形成伦敦、纽约（芝加哥）接连不停的黄金交易。伦敦每日上午 10:30 的早盘定价揭开北美金市的序幕。此后,纽约、芝加哥等市场先后开市。当伦敦下午定价以后,纽约等市场仍在交易中,香港市场也会加入。伦敦的尾市价格会影响美国的早市价格,美国的尾市会影响到香港的开盘价,而香港的尾市价和美国的收盘价又会影响伦敦的开市价,如此循环。

从上述的分析可以看出,商业银行对国际金价形成起到至关重要的作用。黄金作为一种准货币商品,其定价机制不同于普通商品,离不开商业银行的参与。这些参与黄金定价的银行具有很大的经济实力和地位,黄金交易规模占十分大的比例,所以它们的成交价对其他金商来说有重要的参考价值。

8.3.3 影响黄金价格的因素

工欲善其事,必先利其器。投资黄金首先要了解影响黄金价格的因素。左右黄金价格的因素很多,诸如国际政治、经济、汇市、欧美主要国家的利率以及货币政策、各国央行对黄金储备的增减等因素,对黄金走势的影响最大。具体来说,可以分为以下 7 个方面。

1. 供求关系的影响

世界黄金市场供求关系决定价格的长期走势。黄金价格是基于供求关系的基础之上的。如果黄金的产量大幅增加,则黄金价格会受到影响而下挫。当前,影响全球黄金市场供给的主要因素是黄金生产量与各国中央银行的黄金出售。黄金生产量的提高,关键是新金矿的发现以及黄金提取方法的提高。由于黄金矿的发现很不容易,而且一个金矿从发现到开采过程需要几年甚至十几年的时间,所以在短期内对黄金产量影响不大。

当前世界已开采出来的黄金约 15 万吨,世界各国央行的储备金大约有 4 万吨,个人储备的有 3 万多吨。因而,世界上黄金官方储备量的变化将会直接影响世界黄金价格的变动。20 世纪 70 年代,浮动汇率制度登上历史舞台后,黄金的货币性职能受到削弱,作为储备资产的功能得到加强。各国官方黄金储备量增加,直接造成了 20 世纪 70 年代后全球黄金价格大幅度上涨。20 世纪八九十年代,全球各国中央银行开始重新看待黄金在外汇储备中的作用。中央银行逐渐独立并且日益市场化,使其更加强调储备资产组合的收益。在此种背景之下,没有任何利息收入的黄金(除了参与借贷市场能够得到一点收益之外)地位有所下降。一些国家中央银行决定减少黄金储备,结果 1999 年比 1980 年的黄金储备量减少了 10%,正是由于主要国家抛售黄金,造成了当时黄金价格处于低迷状态。

黄金的需求主要是指黄金饰品需求与投资需求。2006 年全球首饰加工业需求量下降了 16%,但 2007 年上半年,首饰加工需求在 2006 年较低的水平上出现强劲反弹,为 2008 年黄金价格上扬奠定了基础;同时由于美元继续看跌,国际政治局势紧张以及国际金融市场不稳定,促进了黄金投资需求的增长,这也是这一波黄金价格上扬的重要原因。

2. 美元走势的影响

美国的经济总量占世界第一,是世界经济的火车头,同时全球黄金价格采用美元为计价单位,这使得美国经济的发展状况以及美元走势对黄金价格有重大影响。主要体现在:当美国经济发展状况良好、金融市场稳定、通货膨胀率低时,这会增强人们对美元的信心,从而吸引大量的国际资金流入美国进行投资,促使美元升值,这样就会影响黄金价格。同时,美联储会依据美国经济状况作出不同的货币政策安排,例如,当美联储决定加息,这会促使在外汇市场上美元升值,投资者认为持有美元能获取高利息的收入,而持有黄金的机会成本太高,在此种情况下投资者投资取向会发生变化,从而影响全球黄金市场的需求和价格。1970年,美国处于高通货膨胀中,黄金价格直冲云霄。美联储为了遏制通货膨胀,改变市场对通货膨胀的预期,在 1981 年将利率提到一个前所未有的高度,随之而来的就是黄金市场牛市的崩溃;21 世纪初美国的新经济泡沫破裂,造成金融恐慌,大量资金为了避险选择了黄金及其各种黄金的衍生工具进行投资,为今后几年黄金的价格上涨开启了上升通道;2007 年下半年次级债危机使得美国金融市场、资本市场受到重创,而黄金价格则在随后的 9-11 月 3 个月中出现大涨。

美元价格跟美国经济状况有着密切的关系,2001 年以来,美元贬值的单边形势明显,而国际黄金价格由美元标价,美元贬值对国际金价是一个有力的支撑。美元价格通过美元指数表现出来,黄金价格与美元指数的走势具有明显的反向性,其变动具有负相关性。从投资的角度分析也可以得出相同的结论,美元的升值或者贬值代表着人们对美元的信心。美元升值,说明人们对美元的信心增强,从而增加对美元的持有,相对来说减少对黄金的持有,从而造成黄金价格回落;反之,美元贬值则造成黄金价格上涨。

3. 国际政治军事变动的影响

国际政治军事变动对黄金价格的影响,是由现代货币制度造成的。1970 年,货币本位由黄金本位转换为信用本位之后,国际政治军事局势变动成为影响黄金价格走势的一个重要因素,正如俗话所言的"大炮一响黄金万两"。

权力主导的正式货币制度安排是以国家权力主导的立法与制度为前提的信用货币制度,其货币制度稳定性受制于权力主导下的政治稳定。也就是说,进行货币制度设定的权力主导者——政府必须能够保持稳定与延续。而当国际政治军事局势发生变动的时候,局部战争会通过相对的权力主体预期的变动,影响局部或者全球信用货币体系的稳定,从而导致黄金价格走势的波动。

2001 年的"9·11"事件的发生,使得美国国际政治与军事力量政策转向反恐,同时美国在反恐战略中奉行的先发制人战略,进一步加大了美国国际政治与军事力量发展的不稳定性。这造成美国这个信用泡沫蓄水池中的游资加速逃离美国,美元承受很大的经济压力,开始新一轮的贬值,美元价值的变动将直接影响国际黄金价格。从 2001 年下半年黄金价格开始回升,开始一步步走出熊市阴影。2007 年 12 月国际黄金价格突破历史新高,也与巴基斯坦前总理贝·布托遇刺以后引发的政局动荡有关。

4. 石油价格的影响

石油是重要的战略与经济资源,石油价格的上升常常使得以石油为原料的生产成本上涨,从而可能导致通货膨胀,投资者就会买入黄金进行保值,使得黄金价格上涨。

从历史经验来看,黄金和石油的价格具有正相关性,即两者价格变动具有同向性。1970年原油价格大升,同时期黄金价格也大涨;1980 年石油价格一路走低,黄金牛市也于 1981 年结束,进入下降通道;1990 年,石油的价格在低位徘徊,黄金的价格更是跌入历史低点;最近几年,特别是 2007 年黄金和石油的价格同时大幅上扬,石油价格冲击 100 美元/桶,而黄金的价格则是冲击 1981 年创下的最高价格 850 美元/盎司,跃到 910 美元/盎司以上。黄金和石油价格的正相关性主要由以下几点因素造成:

（1）国际黄金和石油价格都采用美元标价，美元汇率波动会直接引发黄金价格和石油价格的同向波动。

（2）高油价会加剧通货膨胀，通货膨胀引发黄金价格上涨。

（3）石油价格变动直接影响着石油产出国对黄金的运作，从而引发黄金价格波动。这些石油生产大国，比如沙特、卡塔尔、阿联酋、科威特、伊朗等大多集中在海湾地区，多为阿拉伯国家，手中持有巨额的石油美元。当国际黄金价格波动时，它们对石油美元的操作常具有同向性。

为了转移风险，石油输出国常常把石油美元中极大的一部分投入国际金融市场上去，而黄金作为规避风险、投资保值的优良工具，自然也在这些石油输出国的选择范围内。

石油价格上升时期，产油国所持有的石油美元会快速膨胀，因而这些国家就会相应地提高黄金在其国际储备中的比例，增加国际黄金市场上对黄金的需求，从而推动黄金价格的上涨。此种情况在2005年表现得特别明显。当年，黄金价格与石油价格都大幅上涨，为石油输出国带来了十分丰厚的收入，尤其是中东地区国家的黄金需求也随着石油收入的大幅增加而增长。据世界黄金协会的统计，2005年中东地区的黄金投资需求同比增长了38%，其中几个重量级产油国对黄金的投资需求特别强烈，阿联酋的黄金需求增长率达到33%，沙特的黄金需求增长率同比增加82%，埃及的增长率更是高达150%，正是这些来自中东的石油美元推动了黄金投资需求增长，从而推动了黄金价格的上涨。

5. 世界金融危机的影响

如果出现了世界级银行的倒闭，黄金价格会有什么反应呢？

其实，此种情况的出现就是因为危机的出现。人们自然都会保留金钱在自己的手上，银行便会出现大量的挤兑或破产倒闭。情况就像前不久的阿根廷经济危机一样，全国人民都要从银行兑换美元，而国家为了保留最后的投资机会，禁止了美元的兑换，进而发生了不断的骚乱，全国陷入了恐慌之中。当美国等西方大国的金融体系出现了不稳定的现象的时候，世界资金就会投向黄金，黄金需求增加，黄金价格即会上升。黄金在此时就发挥了资金避难所的功能。只有在金融体系稳定的情况下，投资者对黄金的信心就会大打折扣，将黄金沽出造成黄金价格下跌。

20世纪90年代，金融危机的频繁发生已经表明，金融全球化进入了一个新阶段。一是，新兴国家的地位提高，影响力增强，小国货币问题也会引发全球金融动荡；二是，全球化作为一把双刃剑，有利也有弊；三是，随着金融全球化和信息化的发展，国际金融风险日益加大。因此，在经济全球化的大趋势中，人们还必须探索新型的国际金融安全机制。然而作为全球霸主的美国，在国际社会的表现却常常令人难以理解。在国际金融危机的关键时刻，美国并没有担当起"救世主"的角色。这加剧了人们对美国及美元的担忧，但是全球的动荡局势又使人们期盼美元稳定。黄金和石油价格的大幅上扬，促使大量的国际对冲基金参与逐利，进而对美元走势产生影响。国际市场关系正日渐复杂化。

6. 通货膨胀的影响

2007年11月，欧盟区CPI达3.1%，创下6年来的新高；在食品涨价因素的带动下，美国CPI数据为4.3%；在中国2008年2月份CPI数据再次创下11年新高，高达8.7%。一直等到通胀的加剧,黄金价格的上涨才愈发猛烈。另外,有人计算,若加入通胀因素,1980年的850美元大约相当于现今的2 000多美元。也就是说,现在1 000美元金价较其实质历史高价仍相差超过五成。

大家知道,一个国家货币的购买能力是由物价指数决定的。当一个国家的物价稳定时,其货币的购买能力便会愈稳定;相反,通胀率愈高,货币的购买力便会愈弱,这种货币便会愈缺乏吸引力。假如美国和世界主要地区的物价指数保持平稳,持有现金也不会贬值,又有利息收入,必然成为投资者的首选。相反,假如通胀剧烈,持有现金根本没有保障,获得利息也赶不上物价的暴涨。大家就会采购黄金,因为此时黄金的理论价格会随通胀而上升。西方主要国家的通胀越高,以黄金作保值的要求也就越大,世界黄金价格也会越高。其中,美国的通胀率最容易左右黄金的变动。而一些比较小国家,例如智利、乌拉圭等,每年的通胀最高能达到400倍,却对黄金价格毫无影响。

7. 本地利率的影响

投资黄金不会获得利息,其投资的获利完全凭价格上涨。在利率偏低的时候,相当之下,投资黄金会获得一定的好处。但是当利率升高的时候,收取利息会更加吸引人,无利息黄金的投资价值便会下降,既然黄金投资的机会成本比较大,则不如放在银行收取利息更加稳定可靠。尤其是美国的利息升高的时候,美元就会被大量地吸纳,黄金价格必然下跌。利率与黄金有着密切的联系,假如本国利息较高,则要考虑一下丧失利息收入去购买黄金是否值得。

综上所述,左右国际黄金价格的因素是多方面的,这些因素通过相互作用或连锁反应对黄金价格将产生重要影响。

8.4 黄金期货投资模拟实验

要求学生在教师的指导下,通过新华08信息系统与世华财讯黄金投资模拟交易软件进行黄金期货投资的模拟交易。全面了解黄金模拟交易系统;掌握黄金期货交易品种的合约特点与交易方法以及保证金变动要求;学习如何进行黄金期货模拟交易账户的开户、销户、挂失、解挂、批量开户等;了解黄金期货模拟交易账户资金的分配、资金存取、资金的冻结、解冻及资金冲账等;了解黄金期货资金流水账、汇总账的查询;以新开设的交易账户进入自助委托系统,查询模拟交易资金是否到账等操作;进行黄金期货投资分析等。

8.4.1 登录系统

1. 登录步骤

在Windows系统中,依次点击"开始→程序→模拟黄金投资客户端",或直接双击桌面快捷图标,系统弹出"世华财讯黄金模拟交易系统"登录窗口,如图8-2所示。

图 8-2　黄金模拟交易系统登录窗口

请输入登录名称及密码,单击"确定"。

注:一个用户名在同一时刻只允许一个登录。同一个用户名的第二个登录将被提示用户已在线。

2. 设定服务器

设定服务器界面:用户可以通过该页面设置服务器,如图 8-3 所示。

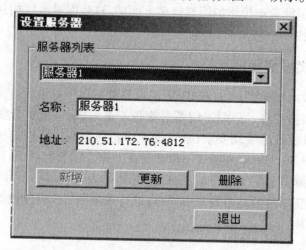

图 8-3　设定服务器

3. 个人资料

(1) 个人资料界面:用户可以在此页面查看个人资料并更改信息和修改密码,如图 8-4 所示。

(2) 修改信息窗口:用户可以在此页面修改姓名和昵称,如图 8-5 所示。

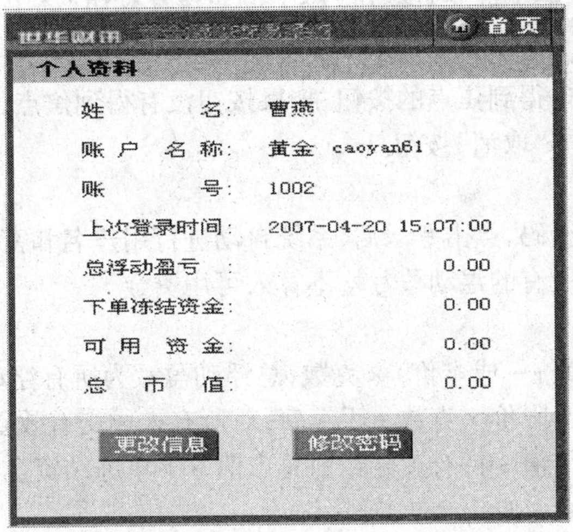

图 8-4 个人资料

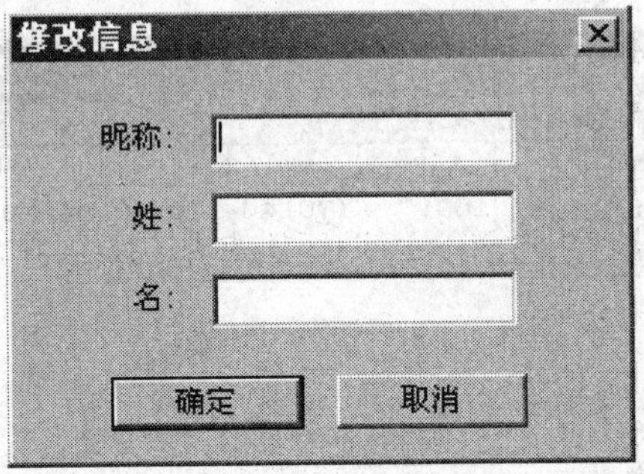

图 8-5 修改个人信息

Tab 顺序:"昵称"输入框、"姓"输入框、"名"输入框、"确定"按钮、"取消"按钮；

输入回车,相当于点击获得焦点的按钮,如果"确定"按钮与"取消"按钮均未得焦点则相当于点击"确定"按钮；

输入 Esc 相当于点击"取消"按钮。

(3) 修改密码弹出窗口:用户可以在此页面修改密码,如图 8-6 所示。

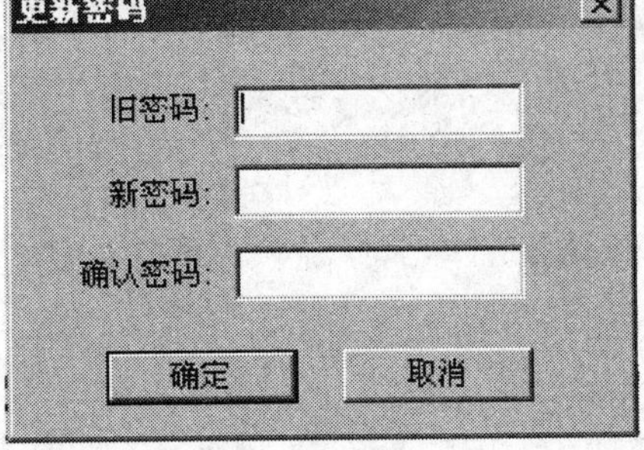

图 8-6 更新密码

Tab 顺序:"旧密码"输入框、"新密码"输入框、"确认密码"输入框、"确认"按钮、"取消"按钮;

输入回车相当于点击得到焦点的按钮,如果按钮没有得到焦点,则相当于点击"确认";

输入 Esc 相当于点击"取消"按钮。

4. 业务规则

用户输入用户名和密码,点击登录后,系统自动进行用户名和密码的校验。

黄金在持仓状态下所有的浮动盈亏均不算入可用资金。

计算公式:

(1) 浮动盈亏 = (市价 – 成本价) × 克数;总浮动盈亏为所有浮动盈亏之和。

(2) 下单冻结资金 = 限价 × 克数 + 手续费;对所有未成交有效委托单进行求和累加。

(3) 可用资金 = 总市值 – 持有黄金当前总市值 – 下单冻结资金。

(4) 总市值 = 总入金 – 总出金 + 总盈亏。

8.4.2 黄金行情显示

行情显示区域包括:右键"自选商品"菜单、行情列表,如图 8-7 所示。

图 8-7 黄金行情显示

自选产品界面：如图 8-8 所示。

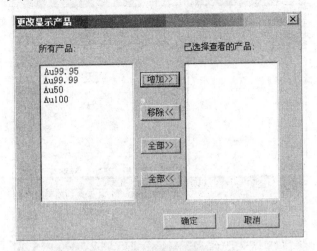

图 8-8 自选产品界面

Tab 顺序：所有产品列表、已选择查看的产品列表、"增加"按钮、"移除"按钮、"全部增加"按钮、"全部移除"按钮、"确定"按钮、"取消"按钮；

输入回车等同于点击"确定"按钮。

8.4.3 交易状态

交易状态界面，包括：交易账户基本信息抬头、交易状态列表，如图 8-9 所示。

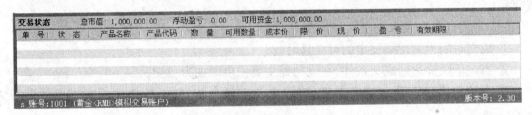

图 8-9 交易状态

8.4.4 下单

1. 下单界面

用户可以在该页面对商品进行买卖的操作。下单界面包括："确定"按钮、代码下拉列表控件、买卖方向下拉列表控件、"手数"输入框、"限价"输入框，如图 8-10 所示。

2. 业务规则

（1）下单有效性检查包括以下 4 点，经过有效性检查，将该委托单视为有效单；系统自动冻结相应的资金，或者扣除相应的资金并增加相应的持仓：

① 该单合约代码是否存在，且可交易；

② 该单委托数量是否小于用户最大的可卖出数量或者最大可买入数量，并且大于零；

③ 最大可卖出数量为用户在该交易中所持有的数量；

④ 管理端的其他限制。

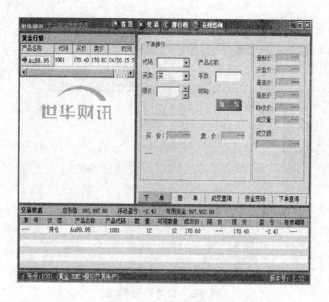

图 8-10　下单界面

（2）下单成功,且未成交时：

① 该下单为买入单时,系统自动冻结用户的资金；

② 该下单为卖出单时,系统自动冻结该下单所标的持仓；

③ 如果该单在当日收盘后仍未成交,则自动撤销该单,并且返回该单的所有冻结资金或商品。

（3）成交条件以及成交价：

① 成交时间为管理端设定的可交易时间；

② 当该单限价达到成交条件,在成功提交委托单即视为成交；

③ 当该单限价未达到成交条件,将该单置于撮合队列中,价格达到成交条件即视为成交；

④ 价格条件:委托买单,限价≥实时行情的卖价,即成交,成交价为成交时刻实时行情的卖价；委托卖单,限价≤实时行情的买价,即成交,成交价为成交时刻实时行情的买价。

（4）该单成交后,自动解冻资金,并按照成交价扣除相应的资金,同时增加相应的持仓；后者自动减少相应的冻结持仓,并按照成交价变动相应的资金。

（5）黄金涨跌停为：±10%；交易规则为 T+0。

（6）黄金交易时间为：上午 10:00-11:30；下午 13:30-15:30。

（7）Au99.95/Au99.99：每次成交数量为 1000 克的整数倍。

（8）Au50 每次成交数量为 50 克的整数倍。

（9）Au100 每次成交数量为 100 克的整数倍。

3. 计算公式

（1）总市值 = 总入金 − 总出金 + 总浮动盈亏。

（2）浮动盈亏 =（市价 − 成本价）× 克数；总浮动盈亏为所有浮动盈亏之和。

(3) 可用资金 = 总市值 – 持有黄金当前总市值 – 下单冻结资金。

8.4.5 撤单

撤单界面：如图 8-11 所示，包括："刷新"按钮、"撤单"按钮、未成交有效委托单列表。

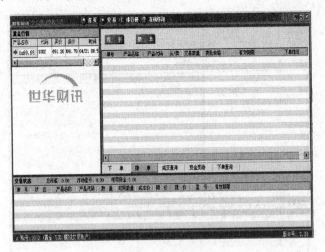

图 8-11 撤单界面

8.4.6 查询

1. 持有产品界面

持有产品界面如图 8-12 所示。

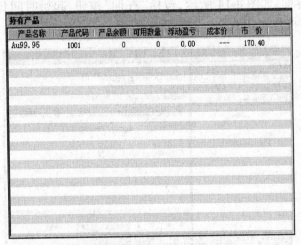

图 8-12 持有产品界面

2. 持有产品查询

市价为该商品最新的买价或者卖价，如果该持仓为买入则取买价，如果该持仓为卖出则取卖价。

黄金在持仓状态下所有的浮动盈亏均不算入可用资金。

3. 成交查询

成交查询界面：如图 8-13 所示，包括"查询"按钮、起始时间日历控件、终止时间日历控件。

图 8-13　成交查询

4. 资金变动查询

资金变动查询界面：如图 8-14 所示，包括"查询"按钮、起始时间日历控件、终止时间日历控件、"交易"选择控件、"出入金"选择控件。

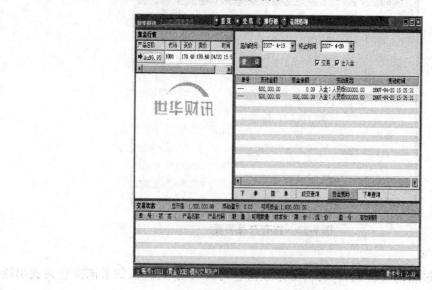

图 8-14　资金变动查询

系统按照用户选择的开始时间到终止时间内（包括开始时间和终止时间）的时间段查

询资金变动；

"交易"选择控件为选中状态时，系统查询该时间段内由于交易引起的资金变动；"出入金"选择控件为选中状态时，系统查询该时间段内由于出入金引起的资金变动；这两个控件可选多个。

5. 下单查询

下单查询界面：如图 8-15 所示，包括"查询"按钮、起始时间日历控件、终止时间日历控件。

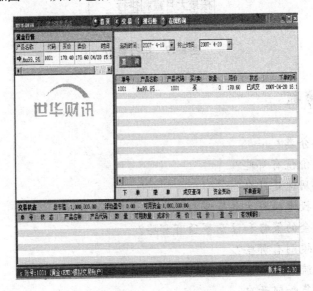

图 8-15　下单查询

8.4.7　排行榜

排行榜界面：如图 8-16 所示。

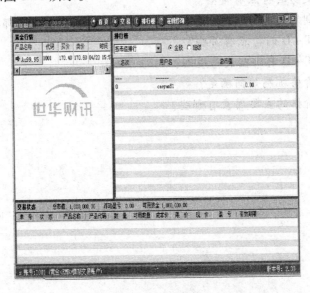

图 8-16　排行榜界面

排行类型:如图8-17所示,界面包括排行类型选择框、排行范围(全校、班级)单选控件、排行榜。

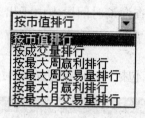

图8-17 排行类型

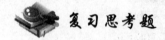

1. 黄金有哪些分类?
2. 黄金的商品价值有哪些?
3. 黄金的主要用途是什么?
4. 我国的黄金投资品种主要有哪些?
5. 投资实物黄金的策略和注意事项有哪些?
6. 纸黄金交易规则有哪些?
7. 纸黄金交易流程是什么?
8. 要做黄金期货如何开户?
9. 上海期货交易所黄金期货标准合约主要内容有哪些?
10. 黄金期货如何交割?
11. 黄金期货交易的特点有哪些?
12. 纽约商品期货交易所(COMEX)的黄金期货合约主要内容有哪些?
13. 投资黄金T+D的特点有哪些?
14. 投资黄金T+D有哪些交易规则?
15. 黄金市场价格机制如何确定?
16. 影响黄金价格的主要因素有哪些?

参考文献

1. 〔美〕滋维·博迪:《投资学》第七版,北京,机械工业出版社,2009年。
2. 郑木清:《证券投资资产配置决策》,北京,中国金融出版社,2003年。
3. 周爱明、刘晓峰:《实验投资学》,北京,中国财政经济出版社,2008年。
4. 张旺军:《投资理财——个人理财规划指南》,北京,科学出版社,2008年。
5. 王兴德:《投资学原理及其计算机方法》,北京,清华大学出版社,2008年。
6. 杨老金、邹照洪:《投资规划》,北京,经济管理出版社,2007年。
7. 张伟:《投资规划》,北京,中国金融出版社,2006年。
8. 刘德红:《股票投资技术分析》,北京,经济管理出版社,2004年。
9. 张文云:《证券投资实验教程》,北京,中国金融出版社,2006年。
10. 徐国祥:《证券投资分析》,北京,科学出版社,2006年。
11. 杨伯元、赵宝元:《证券投资实务实验教程》,南京,东南大学出版社,2008年。
12. 宋玉臣、刘柏:《金融市场投资实验》,长春,吉林大学出版社,2008年。
13. 王广宇、蓝一:《个人外汇买卖指南》,北京,经济管理出版社,2000年。
14. 邵新力:《外汇交易分析与实验》,北京,中国金融出版社,2005年。
15. 胡日东、赵林海:《外汇投资一点通》,北京,清华大学出版社,2008年。
16. 王应贵、苏蕊、黄志勇:《外汇交易操作指南》,北京,清华大学出版社,2007年。
17. 杨老金:《最新外汇投资实用读本》,北京,经济科学出版社,2007年。
18. Midas:《Midas 外汇交易指南》,长春,吉林大学出版社,2007年。
19. 鲁西根:《外汇交易实验教程》,北京,中国金融出版社,2006年。
20. 罗孝玲:《期货投资案例》,北京,经济科学出版社,2005年。
21. 中国期货协会编著:《怎样进行期货交易》,北京,中国财政经济出版社,2006年。
22. 中国期货协会编著:《国内期货交易品种:铜、铝、天然橡胶、燃料油》,北京,中国财政经济出版社,2006年。
23. 中国期货协会编著:《国内期货交易品种:大豆、豆粕、玉米、豆油》,北京,中国财政经济出版社,2006年。
24. 中国期货协会编著:《国内期货交易品种:小麦、棉花、白糖》,北京,中国财政经济出版社,2006年。
25. 汤洪波:《期货投资实验教程》,北京,中国金融出版社,2006年。
26. 栗建:《国债投资实用指南》,北京,中国工人出版社,2007年。
27. 陈彼得、胡建军:《债券投资》,南京,南京大学出版社,2008年。

28. 曹丽:《基金实战技巧必读全书》,北京,中国纺织出版社,2008 年。
29. 郭勇:《玩转权证市场》,北京,机械工业出版社,2008 年。
30. 张春志、梁渊:《权证投资秘诀》,北京,清华大学出版社,2009 年。
31. 朱玉辰:《沪深 300 股指期货交易手册》,上海,上海远东出版社,2010 年。
32. 宋军:《股指期货必备全书》,北京,中国戏剧出版社,2007 年
33. 党剑、方世圣:《股指期货实战解析》,上海,上海财经大学出版社,2007 年。
34. 章劼:《股指期货全攻略一周通》,上海,上海财经大学出版社,2000 年。
35. 徐国祥:《股指期货投资指南》,上海,上海人民出版社,2007 年。
36. 李忠祥:《炒股票、黄金、期货一本通》,北京,企业管理出版社,2007 年。
37. 中国就业培训技术指导中心组织编写:《黄金投资分析师:基础知识》,北京,中国劳动社会保障出版社,2007 年。
38. 中国就业培训技术指导中心组织编写:《黄金投资分析师》,北京,中国劳动社会保障出版社,2007 年。
39. 中国就业培训技术指导中心组织编写:《高级黄金投资分析师》,北京,中国劳动社会保障出版社,2007 年。
40. 彭真武:《彭真武谈黄金投资要领》,北京,机械工业出版社,2009 年。
41. 简军:《黄金投资一本通》,南京,南京大学出版社,2009 年。
42. 蓝天祥、刘震、石劭原:《黄金期货半月通》,北京,北京大学出版社,2008 年。
43. 霍明、穆瑞年:《黄金交易——投资者必读》,北京,机械工业出版社,2008 年。
44. 姜昌武等:《赢在金市》,北京,中国金融出版社,2008 年。
45. 世华财讯模拟交易系统手册。
46. 伦敦金银市场协会网站:www.ibma.org.uk,该网站主要介绍伦敦金银市场的有关信息,投资者可方便地查到伦敦黄金市场的相关信息。
47. 24k99 网站:www.24k99.com,该网站提供黄金报价、黄金信息和金价走势分析图。
48. 中国黄金网站:www.gold.org.cn,由北京黄金经济发展研究中心、中国黄金报社主办。是黄金、首饰企业获取市场信息最快捷的途径。
49. 中国黄金集团公司网站:www.chinaoldgroup.com,主办者是中国黄金集团公司,提供有关黄金的新闻、公司的信息等。
50. 中国金币网站:www.chinaoldcoin.net,主办者是中国金币总公司,主要介绍收藏的知识、金币发行情况、政策法规、相关资讯等。
51. 中国黄金协会网站:www.cngold.org.cn,主办者是中国黄金协会,提供有关黄金的信息、知识以及协会的活动情况等。
52. 上海黄金交易所网站:www.sge.com,主办者是上海黄金交易所,主要介绍交易所有关内容,尤其是面向会员。具体内容包括政策、信息、交易所动态、每日行情等。
53. 世界黄金协会网站:www.gold.org,该网站提供黄金市场各类黄金产品(包括金首饰、金制品、金条等),以及金币和工业用金的有关信息,尤其是市场的需求和供应信息,此外,该网站还介绍黄金知识,并提供科技信息、专利信息、合作伙伴。

54. 上海证券交易所网站:www.sse.com.cn。
55. 深圳证券交易所网站:www.szse.cn。
56. 全景网:http://www.p5w.net/index.htm。
57. 中国银行网站:http://www.boc.cn/#。
58. 中国工商银行网站:http://www.icbc.com.cn/icbc/。